Crónica del
ROCK

Redbook

EZIO GUAITAMACCHI

Crónica del
ROCK

Prefacio de RENZO ARBORE

Traducción de Josep Maria Pinto

MA
NON
TROPPO

© 2014, Ulrico Hoepli Editore, S.p.A, bajo licencia de Ulrico Hoepli Editore, Milán

© 2019, Redbook Ediciones, s. l., Barcelona

Diseño de cubierta e interior: Regina Richling

ISBN: 978-84-949285-8-1

Depósito legal: B-7.445-2019

Impreso por Sagrafic, Passatge Carsi 6, 08025 Barcelona

Impreso en España - *Printed in Spain*

«El rock es como el sexo: se pasa más tiempo hablando de él que haciéndolo.»

BOY GEORGE

«Quería ganar dinero y conocer a chicas guapas: por esto empecé a tocar rock.»

GRAHAM NASH

«El rock es libertad y rebelión.»

JOHN DOE (X)

Este libro se ha realizado con la importante contribución de:

Carmelo Genovese, gran aficionado y experto en rock'n'roll de la década de 1950, que me ha ayudado en su «zona de competencia» y ha revisado y completado diferentes secciones de la obra;

Roberto Caselli, responsable de todo el filón de la black music, desde el blues hasta el nuevo soul.

Y además, gracias a

Claudio Todesco, que ha revisado las secciones relativas al punk y al rock progresivo.
Luca Garrò, que ha hecho un seguimiento de la sección de la década de 1980.
Barbara Volpi, musa inspiradora de la sección dedicada al grunge.
Maurizio De Paola, iluminado mentor para el hard rock y el heavy metal.
Mauro Eufrosini, experto en Folk Revival.
Melissa Siano, «relectora» apasionada.

Deseo dar las gracias de modo particular a

Maurizio Vedovati por haber sido el artífice inicial del proyecto y el motor entusiasta de la iniciativa.
Andrea Sparacino por haber seguido la obra, paso a paso, con paciencia, competencia, pasión y dedicación.
Marco Sbrozi por su confianza (y por sus refinados gustos deportivos).

El libro está dedicado a la más brillante, paciente y colaborativa «pareja rock» del mundo: la que forman la «bella Nico» y su fiel (y peludo) ayudante Dylan.

ÍNDICE

EL BEAT LO HE INVENTADO YO

por RENZO ARBORE

E n Foggia había un cine-teatro llamado «Flagella». Un día de 1957 el Flagella dio finalmente sentido a su nombre («azote»): la dirección había decidido proyectar *Semilla de maldad* (*The Blackboard Jungle*). Al ver la película, como sucedió en las salas de medio mundo, también allí, en mi ciudad, los espectadores excitados por el rock'n'roll de Bill Halley saltaban sobre los asientos, los arrancaban y los arrojaban de modo irreverente hacia la gran pantalla.

Aunque no era un «teddy boy», aquel día, en el cine Flagella también estaba yo. Y junto a mí, estaban mis amigos del Jazz College, pese que habían acogido la revolución rock con escepticismo y mirándola como por encima del hombro. Ya se sabe, el jazzista es, por definición, un purista riguroso, y nosotros no éramos ninguna excepción.

Por otra parte, frente a mi casa estaba el círculo de oficiales norteamericano y, desde pequeño, todas las noches me dormía con las notas y los ritmos procedentes de allí: boogie-woogie, jazz, blues y swing me hacían soñar... Soñar con encontrarme en Nueva Orleans, en los locales del barrio francés, escuchando a Louis Armstrong, Sydney Bechet, Louis Prima.

Pero, en comparación con mis amigos, siempre fui más abierto. Y no solo musicalmente: por ejemplo, fui el primero en la ciudad en ponerse unos tejanos, que mi padre detestaba porque decía que eran «pantalones de electricista». No es que aquella vez en el cine Flagella me hubiera puesto a saltar sobre los asientos, pero a mí, al contrario que a los chicos del Jazz College, el rock'n'roll me apasionaba.

Lo había descubierto unos años antes escuchando los *race record*, gracias a artistas irresistibles como los saxofonistas Tab Smith, Illinois Jacquet o el gran Louis Jordan, que practicaban aquella especie de R&B acelerado que, de hecho, era un rock *avant la lettre*. Pero mi preferido siempre fue Lionel Hampton: incomprensiblemente olvidado por los musicólogos, Hampton fue un pionero, que usaba bajo, batería y progresiones armónicas como harían los futuros rockeros. Escuchen su «Hey Ba-Ba-Re-Ba» para comprobarlo. Así que cuando llegó el rock'n'roll propiamente dicho no me maravillé: musicalmente, la atmósfera era la que ya conocía. La misma, incluso, que la de gente como Johnny Ray, Frankie Laine y Jackie Wilson, y otros que habían anticipado el advenimiento de Elvis. También él, como ellos, cantaba con voz «negra» y hacía una música que, como el jazz, presentaba estrechos vínculos con el blues.

Elvis era increíble: confieso haberme aprendido de memoria «That's All Right» (un blues canónico) y «Teddy Bear», que canturreaba acompañándome con la guitarra. Inicialmente me atrajo la parte negra del rock: Little Richard, Chuck Berry, Fats Domino. Pero luego comenzaron a gustarme también los blancos como Bill Halley, Gene Vincent, Eddie Cochran o ese desgraciado de Colin Hicks... Y no solo. Sin esnobismo alguno, de hecho con mucha envidia, comencé a mirar lo que sucedía en Milán, en el Santa Tecla o en el Aretusa. Allí estaba nuestra escena rock: Ghigo y su «Coccinella», pero sobre todo Adriano Celentano, Gian Franco Reverberi, Ricky Gianco, Giorgio Gaber, Enzo Jannacci o aquel Jack La Cayenne que bailaba el rock'n'roll a su manera. Y luego Tony Renis y, naturalmente, Mina, que había aparecido ya en televisión en el programa «Il Musichiere». Leía acerca de aquellas veladas milanesas en los periódicos musicales y las mitificaba.

Luego, en 1964 gané un concurso en la RAI y comencé a trabajar en la radio. Pero entretanto el rock había cambiado. Hacía ya un par de años, cuando todavía estaba en Nápoles, había conocido (artísticamente) a los Beatles, porque vivía en una pensión donde había turistas británicos y estadounidenses que me dejaban escuchar los singles originales. Debo decir que cuando oí por primera vez «Love Me Do» no me impresionó mucho. Pensé: me parece rock'n'roll inglés a la Tommy Steele, un «subproducto» de Elvis. Aun así, una vez llegué a la RAI con Gianni Boncompagni, decidió transmitir aquella nueva música que, por entonces, no se escuchaba en la radio. Entre otras cosas porque era preciso someterlo todo al tamiz de una comisión, formada por maestros con formación clásica, que elegía los temas que tenían derecho a ser programados. Y aquella comisión se había cargado a los Beatles porque, cito textualmente, eran un «grupo vocal e instrumental de afinación incierta». Pero, entre otros, también se habían cargado a Celentano y a Jannacci. Así que nos saltamos la comisión recurriendo directamente a nuestros jefes, dirigentes de la RAI, entre los cuales me place recordar a Maurizio Riganti, director de variedades y de música ligera en la radio. Así nació Bandiera Gialla (Bandera Amarilla), cuyo título era una idea de Luciano Rispoli, que en aquellos años era dirigente de la radio.

**«Si el jazz me cambió la vida, el rock me divirtió muchísimo.
Justamente como este libro.»**
RENZO ARBORE

Nos divertimos muchísimo: cuando programábamos algún tema, por así decir, «pasado de vueltas» (tipo «I Got My Mojo Working») hablábamos cuando sonaban las partes de texto peliagudas, a fin de burlar a la censura. Gracias a aquel truquillo transmitimos temas que ni siquiera se radiaban en los Estados Unidos... Luego dimos espacio a toda la música británica. Fuimos los primeros en dar a conocer a los Beatles, Rolling Stones, Kinks, Yardbirds y Who: todavía conservo las muestras originales que las discográficas nos dejaban oír anticipadamente. Entretanto, por mi cuenta, me había abonado al servicio de Billboard que enviaba a los disc jockey los Hot 100. Cada semana recibía diez discos de 45 rpm que entrarían en la lista de los cien y, prescindiendo de las presiones de las discográficas de la época, programaba a Otis Redding, Sam The Sham & The Pharaohs u otras perlas no publicadas todavía en Italia. De esta manera, Gianni y yo habíamos «bautizado» también a los originales de aquellas canciones que luego se convertirían en «covers» en italiano a cargo de Equipe 84, Dik Dik, Camaleonti, más que de Caterina Caselli.

Pero aquella música de la década de 1960 precisaba de un nombre.

Ya no era el rock'n'roll de Elvis, Little Richard o Chuck Berry. Era algo diferente. A nosotros no nos gustaba el término «yeyé», que por entonces se usaba para cancioncillas como las de Catherine Spaak («L'esercito del surf») o de Gianni Morandi («Fatti mandare dalla mamma a prendere il latte»), a años luz, en cuanto a forma y en cuanto a espíritu, de los temas de, por ejemplo, Bob Dylan, Byrds o Rolling Stones.

«Llamémosla música beat», dije un día a Boncompagni. Gianni no recordaba que el término «beat» estaba asociado ya a los poetas de la «beat generation». No le dije nada porque aquella palabra funcionaba a la perfección: significaba ritmo, pulsación, y además recordaba a los Beatles. Y de este modo, decidí «birlarla» a Ferlinghetti, Ginsberg y compañía. Luego telefoneé a Marcello Mancini, por entonces director de *Big*, revista líder de la música joven junto a *Ciao Amici* y *Giovani*, para proponerle mi idea. Del mismo modo se avisó a los responsables del Piper: todos sabían que estábamos a punto de lanzar la «música beat». El término, que proponíamos a diario en la radio, tuvo un tal éxito que muy pronto se adoptó como sinónimo de todo lo que era juvenil, transgresor, contracorriente. Pero también como estilo de vida o como moda propiamente dicha. Me hace gracia pensar que incluso se exportó a Francia donde, durante un cierto período, se habló de «beat musique».

El gran éxito de Bandera Gialla propició que me hiciera amigo de la mayor parte de los músicos beat italianos, pero no me permitió conocer a los grandes del rock, salvo de refilón... Recuerdo, por ejemplo, la vez que conocí a Bob Dylan en Roma, en 1962. Era casi desconocido, había tocado en el Folk Studio y lo encontramos solo, con su guitarra, cantando sus canciones. A veces las discográficas nos organizaban entrevistas. Un día me dieron el número de teléfono de Mick Jagger, que estaba de vacaciones en una isla griega: pero cuando al otro lado del hilo oí un jaleo increíble, colgué el teléfono...

Pero no me perdí ninguno de los grandes conciertos rock de la época: de los Who a los Rolling Stones. Y luego toda la música soul y R&B que, también en Bandera Gialla, Boncompagni y yo fuimos los primeros en promover en Italia. Hasta el punto de que el «Hit Parade» del gran Lelio Luttazzi, en cierto punto, se volvió más negro que las clasificaciones de Memphis...

En definitiva, puedo decir que si el jazz me cambió la vida, el rock en todas sus formas (psicodélico, sinfónico, progresivo o... regresivo) me ha divertido muchísimo.

Hoy, a los 60 años de su nacimiento, el rock mantiene vivo su espíritu rebelde y anticonformista. Pero como todas las formas de arte más auténticas, ya pertenece a la historia. Por este motivo, un libro como este de Ezio, puede ser una herramienta excelente para conocer en profundidad y, por qué no, de manera más divertida, la evolución de un fenómeno artístico, cultural y de costumbres que cambió el mundo.

NO ES «SOLO ROCK'N'ROLL», POR ESTO NOS GUSTA TODAVÍA MÁS

por EZIO GUAITAMACCHI

E l rock es una forma de arte.

Y en algunos casos, una forma de arte «suprema», comparable, por valores, influencia y longevidad, a las más extraordinarias expresiones de talento, creatividad y fantasía de la historia del hombre.

Pero es una forma de arte popular. Es decir, indisolublemente ligada a los tiempos, lugares y contextos socio-culturales que la han generado. En efecto, ¿sería posible imaginar a los Beatles en Helsinki en 1862, a los Pink Floyd en el París de la «Belle époque» o a un Dylan ajeno a la escena del Greenwich Village de principios de la década de 1960? ¿O pensar, por ejemplo, en los Pearl Jam en el Memphis de los cincuenta o a Elvis en el Seattle de final del milenio?

La mera hipótesis resulta ya imposible, si no ridícula.

Como también sería absurdo concebir la música popular como abstraída de la realidad, de la vida. Si un músico culto es perfectamente capaz de componer un réquiem o escribir música para bodas por encargo, un artista popular no tocará nunca un tema para unos funerales si no está el «malogrado», ni dará vida a una danza nupcial sin la presencia de la esposa. Basta pensar en Goran Bregovic, que se forjó una carrera a base de bodas y funerales...

Acerca del hecho de que el rock'n'roll pertenezca a la filiación de la música popular no creo que puedan existir dudas. Es más, desde su génesis y codificación, posee sus mismos elementos fundacionales: las denominadas «funciones». En particular, las funciones primarias de entretenimiento y comunicación (la «sacra y religiosa» emerge tan solo de vez en cuando). Ciertamente, con el advenimiento del mundo editorial musical y de la industria discográfica, entre finales del siglo XIX y principios del XX, todo cambia de modo radical. Lo que se transmite primeramente por «vía oral» (que en consecuencia es cambiante por definición) ahora se imprime en una partitura o incluso se graba. El músico debe medirse con nuevos estándares aunque, en el curso del siglo XX, no modifica su enfoque. Intenten reflexionar: desde que la música se comienza a escuchar en un gramófono de 78 rpm hasta que se oye con auriculares desde un iPhone, no cambian las funciones, más bien las modalidades de disfrute son diferentes. Las diferentes épocas mezclan y alternan las dos tipologías: si, por ejemplo, en la década de 1980 (en pleno boom de la discografía) prevalece la segunda, en la última década el «live» vuelve a primer plano del escenario, y nunca mejor dicho.

Sin embargo, el rock mantiene siempre intactos su espíritu y su naturaleza originarios. Es decir, los de una expresión artístico-cultural fruto de las raíces norteamericanas, que nace y se desarrolla en los Estados Unidos a principios de la década de 1950 como rebelión al sistema y fuerza transgresora disruptiva. La que los estadounidenses definen como de los «teen-ager», es decir, de los jóvenes de 13 a 19 años que, hasta ahora, si son varones, van a trabajar antes de casarse o, si son mujeres, buscan un «buen partido» para crear su familia. Al contrario, los chicos de los años cincuenta son en gran parte estudiantes con expectativas profundamente diferentes a las de sus padres. Quizás no saben todavía muy bien qué esperan, pero sí saben perfectamente qué es lo que no quieren: el esquema de vida de papá y mamá. Por ello, el rock de Elvis, Chuck Berry, Buddy Holly, Little Richard y Jerry Lee Lewis encarna a la perfección sus sentimientos, como también el folk de Pete Seeger, Bob Dylan y Joan Baez refleja los de la generación siguiente, compuesta por «jóvenes intelectuales políticamente comprometidos». Estos últimos, al menos inicialmente, rechazan el rock'n'roll, que consideran demasiado «físico» para su gusto y, sobre todo, sin un auténtico objetivo socio-cultural. Será Bob Dylan, entre mil polémicas, el que ponga las cosas en su sitio antes del advenimiento de los Beatles y de la fascinante época del Swinging London. En efecto, porque un par de siglos después de las emigraciones de las islas británicas hacia el nuevo continente, todo «vuelve a casa». Y el rock, nacido de la fusión de la raíz negra afroamericana (blues) con la blanca (country & folk), se acuerda de que esta última se originaba justamente de las músicas de las tradiciones inglesas, escocesas e irlandesas. La Inglaterra de principios de la década de 1960 es un crisol de creatividad y de ideas que sacude al mundo: la «british invasion» condiciona la música y la cultura rock de los años siguientes mientras en la costa oeste de la Unión está a punto de comenzar la mayor revolución artístico-cultural desde los tiempos del Renacimiento. En la California de la década de 1960 arraigan mejor que en cualquier otra parte el pensamiento y las filosofías orientales, y nace una nueva aventura existencial llamada psicodelia. No es casual que el quinquenio 1967-1972 sea el más variado, original y luminoso de la historia del rock. Hasta el punto de que casi todo, desde el punto de vista artístico, nace en aquellos años.

El rock tiene éxito: de ello se da cuenta la industria, y no solo la discográfica. Los jóvenes representan un nuevo y gigantesco mercado y la música rock es su aglutinante cultural: se convierten en un *target* muy codiciado por el marketing. Por este motivo, a mediados de los años setenta, algo cambia de nuevo. Hay quien no comparte la actitud artística y de vida de las estrellas del rock (decadentes y lascivas, como se canta en «Hotel California») o el exagerado barroquismo de las bandas de rock progresivo, e intenta volver a las motivaciones originales y al auténtico espíritu del rock'n'roll. Y lo hace con una revolución, el punk, que se produce a ambos lados del océano y que trae consigo un soplo de aire fresco saludable para todo el mundo. Nueva York primero y Londres después vuelven a ser las capitales de un movimiento que ahora ya no tiene fronteras. Pero el rock, especialmente en la década de 1980 y a pesar del terremoto punk, se ha convertido ya en un negocio colosal. Y también quien, ya sean heavy metal o bandas alternativas, lo interpreta de modo anticomercial, sabe que puede contar con un público de vastas proporciones y altamente receptivo. Es más, entre finales de los años ochenta y principios de los noventa, se produce lo impensable. Una escena *underground*, la grunge de Seattle que encarna el nihilismo de los jóvenes de final del milenio, desbanca a Michael Jackson del primer puesto en la clasificación y llega a convertirse en una moda. Todos, en los años noventa, se visten como los leñadores, aunque vivan en Honolulu, Río de Janeiro o Sicilia. El poder de una música que sigue transmitiendo «vibraciones» extraordinarias y proponiendo esquemas de valores y modelos de vida alternativos al *mainstream*. El 8 de abril de 1994, cuando encuentran el cadáver de Kurt Cobain (muerto tres días antes), pocos se dan cuenta de que la historia del rock se encuentra ahora en parábola descendente. Y no porque en los veinte años siguientes no se haga más buena música ni nazcan talentos importantes. Todo lo contrario: basta pensar, tan solo por nombrar a algunos, a Ben Harper, White Stripes, Norah Jones, Alanis Morissette, Muse, Lady Gaga, Radiohead, Mumford & Sons (y la lista podría ser larguísima). Pero es un hecho indiscutible que con la muerte de Kurt Cobain se cierra también la última gran escena que certifica nuestro argumento inicial: el rock es arte (supremo) popular que se expresa en un lugar, en un tiempo y en un contexto cultural preciso. En ausencia de ello, se basaría en valores puramente estéticos, en parámetros emotivos (y, en consecuencia, subjetivos) y sobre todo perdería, la mayor parte de las veces, el contacto con la realidad.

Si consideramos el rock un arte, debemos aceptar que en el arte la primogenitura tiene un valor. He aquí por qué, hoy más que nunca, se produce, más si cabe, un incremento de la fascinación y la atención por los grandes maestros que, a su vez, están en competición no tanto con los jóvenes epígonos sino con su gran (y a menudo incluso demasiado voluminoso) pasado.

Un pasado que comenzó, en todos los casos, hace 60 años, el 5 de julio de 1954, cuando un chaval de Misisipi entraba casi por casualidad en los estudios de Sam Phillips, en Memphis, y salía con la corona de rey del rock en la cabeza. Desde entonces, durante muchos lustros, el rock y las músicas relacionadas con él, o que se desarrollaron a partir del rock, han sido una banda sonora fantástica para las vidas de centenares de millones de jóvenes (y menos jóvenes) en todo el planeta Tierra, acompañando la evolución del ser humano del siglo xx.

INSTRUCCIONES DE USO

por EZIO GUAITAMACCHI

E sta historia está concebida por «momentos» que, en la mayor parte de los casos, coinciden con las «grandes escenas» que han caracterizado 60 años de rock. Entendemos por «escena» el mundo artístico-musical que se ha desarrollado en un determinado lugar, en un preciso lapso temporal y que es fruto de un cierto contexto histórico. Todo ello a fin de demostrar que nada nació «por casualidad». O mejor dicho, que ciertas «escenas» no podían nacer más que allí, en aquellos años y a partir de aquel específico humus socio-cultural.

Es más. De esta manera, ha sido posible trazar un recorrido ordenado y homogéneo que, aun sin seguir una rígida secuencia cronológica, permite entender los orígenes, desarrollos y evoluciones de la «música que cambió el mundo».

Hemos querido comenzar desde las «raíces» de esta música justamente para reforzar el concepto según el cual el rock es un arte popular. En algunos puntos hemos extendido el horizonte temporal, pero solo cuando había las premisas adecuadas para hacerlo.

Aun tratándose, en algunos aspectos, de un trabajo enciclopédico, esta es una «historia», y no una «enciclopedia». Por ello, no es tan importante que se pueda encontrar el artista preferido citado o no, y durante cuántas líneas o páginas, como el hecho de que esta obra nos ayude a entender, apreciar y (por qué no) amar todavía más una música que ha influido en valores, costumbres y estilos de vida a varias generaciones. Y que, aunque de modo diverso, lo sigue haciendo. El libro lleva diversas secciones que llevan como título un tema emblemático de la escena que en ella se explica. En el interior de cada sección hay varios capítulos, escritos y compaginados como un artículo de profundización o un pequeño ensayo divulgativo; y que comprenden varios tipos de recuadros (curiosidades, personajes, lugares, temas musicales, álbumes o festivales), una cronología y, como cierre de cada sección, una discografía general sugerida. Para un total de 250 álbumes aconsejados, 500 fechas fundamentales además de una incalculable marea de datos.

El libro se puede consultar como se quiera: leyéndolo desde el principio pero también «mordisqueándolo» a pequeños bocados. De hecho, cada capítulo es cerrado, pero al mismo tiempo relacionado con los que lo preceden y siguen. El verdadero objetivo es el de satisfacer a los aficionados, acaso permitiendo ver el objeto de su deseo desde una perspectiva diferente o despertando su curiosidad, de modo que puedan descubrir nuevos horizontes musicales. Porque, como he dicho en otras ocasiones, aunque el rock quizás no nos salve la vida, sin duda nos ayudará a vivir mejor.

CLAREMONT, CALIFORNIA

EL Folk Music Center de Yale Street es uno de los lugares de culto para los aficionados a la música del Inland Empire. Fundado en 1958 por Charles y Dorothy Chase, ofrece a la venta instrumentos, una abundancia capaz de contentar hasta al exigente paladar del más refinado aficionado a la world music. En la década de 1960, el matrimonio Chase gestionaba también el Golden Ring, local que acogía a las mayores estrellas del folk y del blues: Doc Watson o el reverendo Gary Davis, así como Sony Terry o John Fahey tocaban allí a menudo.

En la década de 1980, el nieto de Charles y Dorothy se pasaba los días en el Folk Music Center. En lugar de mirar la MTV, como sus coetáneos, o intentar copiar a Michael Jackson, el joven Ben se ejercitaba para tocar como Robert Johnson, cantar las baladas de Leadbelly o imitar el banjo de Earl Scruggs.

De vez en cuando, por la tienda transitaban Leonard Cohen, Jackson Browne, Taj Mahal: todos daban buenos consejos a Ben. También Ellen Chase, su madre, amante de la música: era una cantautora y daba lecciones de guitarra. Por el contrario, su padre, Leonard Harper, artista afroamericano, desapareció cuando Ben tan solo tenía 5 años. Negro de piel, blanco de educación pero perfectamente integrado en ambas culturas, Ben Harper, una de las estrellas del rock más aclamadas del planeta, es la representación viva de cómo el folk y el blues interactuaron para dar vida al rock.

> «Crecí con una dieta a base de folk, góspel y blues. Estas son las raíces del rock: yo las metabolicé por completo y siempre están presentes en todas mis canciones.»
>
> Ben Harper

THIS LAND IS YOUR LAND

FOLK & BLUES

Las raíces del rock

«Si no se
conocen
el folk y el blues,
es perfectamente inútil
tocar rock.»
Keith Richards

POR LAS RUTAS DEL FOLK

La travesía del Atlántico llevó a Norteamérica sonidos, culturas y tradiciones de las islas británicas. Implantadas en el nuevo continente, dieron vida al variado mundo de la música folk.

por MAURO EUFROSINI

S e llamaban Padres Peregrinos, habían dejado Plymouth e Inglaterra para colonizar el nuevo mundo: su epopeya se convirtió en la historia de una nación. Hoy solo podemos imaginar la babel de voces, sonidos y emociones que brotaba de sus labios y de sus corazones; una babel que al mismo tiempo se transformó para componer un cancionero variado y en constante mutación: el de la música folk.

El bagaje folclórico que los Padres Peregrinos cargaron en las bodegas del *Mayflower* era, a su vez, un destilado de tradición cultural oral, una acumulación de historias que habían atravesado siglos y continentes, sobrevivido a sus cantores pero con una pizca de sus propias almas pegada en su interior. Eran las «folkway», las rutas a través de las cuales las canciones habían atravesado Europa, moviéndose incluso desde el norte de África, llevadas por trovadores, soldados, mercaderes. Renaciendo cada vez en lugares y lenguas diversas, modificándose también en su desarrollo narrativo. El punto de llegada era el archipiélago inglés, a su vez «folkway», es decir, puerto de embarque hacia América.

Las primeras formas musicales practicadas por los colonos que se habían establecido en las tierras de América del Norte eran estrictamente religiosas, y los primeros cancioneros fueron los libros de salmos. A pesar de estar plasmada por escrito, la música religiosa sufrió modificaciones estructurales que simplificaron su ejecución, su disfrute y su transmisión. En particular, para facilitar el aprendizaje por parte de los colonos, que no eran capaces de leer una partitura; textos y melodías se modelaban sobre la fórmula más simple del *call and response* (llamada-respuesta entre voz que recitaba y coro). Para limitar cambios y adaptaciones, a menudo circunscritas a cada comunidad, en 1720 el reverendo Thomas Symmes intentó poner orden, invitando a las iglesias a favorecer el aprendizaje de la música por parte de los propios fieles a través de sus textos escritos. De este modo, en el plazo de unos pocos años, el repertorio que se había quedado congelado durante casi un siglo se cuadruplicó, aunque numerosas comunidades alejadas de las ciudades resistieron a las novedades, prefiriendo seguir cantando y transmitiendo los salmos aprendidos de oído.

«Para mí, el Paraíso es el lugar en el que el Misisipi atraviesa los montes Apalaches, donde el blues se encuentra con el folk.»

MARK KNOPFLER

En los estados del Sur, la forma musical más difundida, y antigua, era la balada, composición caracterizada por una marcada configuración narrativa. Historia, leyenda y mitología, pero también elementos más cercanos a la vida cotidiana, como el amor o la diatriba, eran temas preferentes de estas antecesoras de la canción moderna, cuya función, además de la de entretenimiento, a menudo incluía la crítica de costumbres, los valores de la vida común, la moralidad y la justicia. Se trataba de piezas de estructura repetitiva, que se podían aprender y compartir fácilmente, a veces ejecutadas *a cappella*.

Los versos, organizados en cuartetas de rima alternada, presentaban un lenguaje simple y de cariz narrativo. En el siglo XIX, estas baladas fueron recopiladas por investigadores como Francis James Child (cuyo «The English And Scottish Popular Ballads» contiene 305 baladas en diferentes versiones), Cecil J. Sharp y, más recientemente, Bertrand H. Bronson, cuyo monumental «The Singing Tradition of Child's Popular Ballads» contiene 4.120 baladas.

Junto a las baladas de tradición oral se desarrolló asimismo una primera forma de editorial musical, las llamadas *broadside*, es decir, canciones vendidas por poco dinero, de forma escrita, conocidas en Inglaterra desde el siglo XVI. De forma lenta pero inexorable, la balada de origen británico adoptó connotaciones innovadoras que revolucionaron su sintaxis y su vocabulario textual, modificando también su estructura musical, que pasó, de la escala diatónica inglesa de 7 notas, a simplificarse a la pentatónica, de cinco notas.

Un tercer arquetipo de canción de derivación británica, preferentemente dirigido a los niños, es el constituido por las llamadas *nursery rhyme* que, respecto a la balada, se caracterizaban por un componente narrativo, a menudo alegórico, y por un desarrollo más breve.

Los pioneros también se trajeron consigo desde las islas británicas un repertorio

¿QUÉ SIGNIFICA HILLBILLY?

El término apareció escrito por primera vez en 1900, en un artículo del *New York Journal*, en el que se describía a las poblaciones de los Apalaches como «gente iletrada, hostil, a menudo ebria, que vive entre los montes». Obviamente, la palabra asumió un significado despectivo, aunque es el resultado de la unión de dos términos, *hilly* (que vive en los montes) y *billy* (nombre masculino muy común) que de por sí no son insultantes. Musicalmente, la palabra la empleó en 1925 el pianista Al Hopkins, pero nunca fue apreciada, ni por los músicos ni por los aficionados. Una sitcom de la década de 1960, «The Beverly Hillbillies» popularizó definitivamente el término: una familia de los Apalaches, que se trasladaba a California, demostraba, a pesar de sus maneras rudas, que era más sensata y comprensiva que la gente de ciudad.

consistente de música instrumental y de baile, sustituyendo a las gaitas por el violín, reel, jig y piezas originariamente previstas para gaitas constituyeron su repertorio principal. Tocadas sin partitura, estas músicas se desarrollaron en América de modos diversos: las *fiddle tune* de la región de los Apalaches y del sur de los Estados Unidos, por ejemplo, difieren de hecho de las de todo el resto del país.

La dependencia americana respecto a las culturas europeas, británica y francesa, aunque también alemana e italiana, hasta la Revolución de 1776, prosiguió sus efectos también en el campo musical. Al menos hasta las primeras décadas del siglo XIX, que vio, en torno a mediados de la centuria, la afirmación de una vía americana para la música, sobre todo popular. Eran los presagios de lo que sería, y sigue siendo hoy, la música pop. Un camino que inició su camino a partir del trabajo de Stephen C. Foster, primer autor verdadero de música popular («Oh! Susanna», «My Old Kentucky Home», «Hard Times» o bien «Old Folks At Home»), que se inspira tanto en la tradición británica como en el patrimonio de la ópera lírica italiana. El éxito de Foster y la rápida afirmación de esta música entre la capa burguesa norteamericana, preferentemente del nordeste, dio impulso a la expansión de las ediciones musicales y a toda la industria musical de la época. La difusión de la música popular a través de la venta de partituras abrió un surco con la música folk: la primera, en cierto modo como la música clásica, se convirtió en patrimonio del mundo culto, mientras que la segunda fue la música del mundo campesino no culturizado, de los marginados, de las clases menos favorecidas.

> ## FRANCIS CHILD
> ## El coleccionista de baladas
>
> En 1846, Francis James Child se diplomó en Harvard con la máxima calificación posible. Era un pequeño genio, e inmediatamente se le ofreció una cátedra: podía elegir entre matemáticas, historia y economía política. Pero los intereses de Child eran otros: le gustaba la filología y la crítica. Para seguir su pasión abandonó Harvard y se fue a Alemania a estudiar dramaturgia. A su regreso obtuvo finalmente algo que lo satisfacía, se convirtió en docente de retórica. Durante sus 25 años en la enseñanza reunió y coleccionó baladas en diferentes lenguas, colaborando con expertos de todo el mundo. Su obra más famosa («*The English And Scottish Popular Ballads*») se conoce como «Child Ballad»: 305 baladas tradicionales inglesas y escocesas reunidas en cinco volúmenes. Se trata de una obra monumental, única en su género y de carácter universal. Aun sin interesarse directamente por la música, en la recopilación incluyó también las melodías con una partitura aproximada, cosa que nunca se había hecho nunca.

Pero sobre todo, el surco que se creó fue a nivel ideológico. Una división neta entre la música pop (o de entretenimiento), cuya finalidad era el beneficio, y la música sin ánimo de lucro (la música folk), que perseguía en cambio ideales de comunidad y anhelo de compartir.

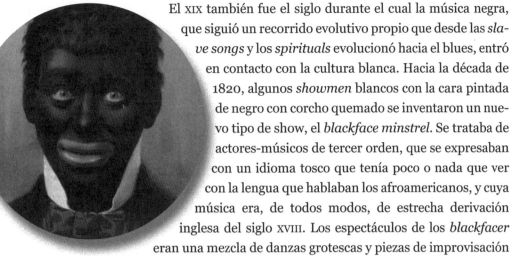

El *blackface minstrel* aunaba la ópera inglesa con la música de origen negro, procedente de las plantaciones del sur.

El XIX también fue el siglo durante el cual la música negra, que siguió un recorrido evolutivo propio que desde las *slave songs* y los *spirituals* evolucionó hacia el blues, entró en contacto con la cultura blanca. Hacia la década de 1820, algunos *showmen* blancos con la cara pintada de negro con corcho quemado se inventaron un nuevo tipo de show, el *blackface minstrel*. Se trataba de actores-músicos de tercer orden, que se expresaban con un idioma tosco que tenía poco o nada que ver con la lengua que hablaban los afroamericanos, y cuya música era, de todos modos, de estrecha derivación inglesa del siglo XVIII. Los espectáculos de los *blackfacer* eran una mezcla de danzas grotescas y piezas de improvisación teatral recitadas en el lenguaje caricaturesco del afroamericano. La representación era un conjunto de imitaciones, sátiras, música; los negros eran ridiculizados, definidos con epítetos ofensivos y descritos como charlatanes, deshonestos, perezosos, mentirosos. Justamente en los escenarios de los *blackface minstrel* apareció un instrumento, hasta entonces propio de la cultura musical afroamericana, destinado a incidir profundamente en la música folk blanca del siglo siguiente, el banjo de 5 cuerdas. Su introducción se atribuye a Joel Walker Sweeney, considerado (equivocadamente, según dicen algunos) el inventor de la quinta cuerda del banjo, que en cualquier caso, a partir de 1831, se convirtió en uno de los instrumentos clave de la música folk. El siglo XIX, fundamental en la evolución de la música norteamericana, lanzó las bases de lo que sería el dominio, ejercido durante buena parte del siglo siguiente, de América sobre el resto del mundo occidental en el campo de la música no culta. Es interesante subrayar también un último tema relacionado con la canción política y de compromiso civil. Corría el año 1843 y un grupo vocal, compuesto por tres hermanos y una hermana más joven, se convirtió en la atracción más solicitada del país. Se llamaban The Hutchinson Family y, aunque estilísticamente no constituían una gran novedad, ya que remitían a la música religiosa canónica de las áreas urbanas, temáticamente se pueden considerar los progenitores de la canción de protesta. Temas políticos realmente incómodos para la época, como la igualdad entre blancos y negros, campañas de salud pública, como por ejemplo contra el alcoholismo, sucesos diversos: la Hutchinson Family llevó sus canciones hasta dentro de las prisiones, tocando tanto para el público culto, al que tenía que conceder alguna autocensura, como para los marginados, cantando lo que más de cien años más tarde serían los temas tan queridos por la canción protesta como por la cultura psicodélica: «peace, love and understanding». Dos episodios marcaron los inicios del siglo XX en los Estados Unidos, incidiendo profundamente en lo que sería el desarrollo de la folk music: el nacimiento, en 1905, del sindicato obrero (Industrial Workers of the World), y el boom de la industria discográfica, que cubrió toda la década de 1920, y se interrumpió tan solo ante la Gran Depresión.

Las canciones folk se convirtieron bien pronto en un elemento de comunicación importante en las estrategias del IWW, utilizadas como vehículo de difusión política sindical, y también como elemento, una vez más oral, de continuidad y de memoria histórica para el sindicato y sus afiliados. A estas canciones se les sumaron otras, igualmente de protesta, al estallar el primer conflicto mundial. Entre 1911 y 1961, el IWW publicó regularmente recopilaciones de canciones, conocidas como *Little Red Songbook*, cuyo lema era: «Para alimentar las llamas del descontento».

La politización de la música folk relacionada con las luchas sindicales encontró, en torno a la década de 1920, un contrapunto en la difusión masiva de lo que los musicólogos definieron luego como *prairie music* y *mountain music*, o bien *old time country music*. Ambas músicas autóctonas norteamericanas provenían la primera del sur de los Estados Unidos, la segunda de los montes Apalaches. Justamente esta última música, solo aparentemente apolítica, se convirtió en el objeto del primer gran boom de la industria discográfica, protagonizado en 1920 por «Crazy Blues», de Mamie Smith, que ya en su primer año vendió un millón de copias, éxito casi igualado tres años más tarde por «The Little Old Log Cabin in the Lane», de Fiddlin' John Carson, que inauguró el mercado de la «early country music».

Por primera vez, gente de las comunidades y culturas más aisladas y olvidadas tenía la ocasión de hacerse oír.

THOMAS EDISON
La primera grabación de la historia

Thomas Alva Edison nació en Milan, Ohio, en 1847. Era un empleado del telégrafo y posteriormente de Western Union. Trabajó en los turnos de noche, de modo que podía desarrollar su gran pasión: los inventos.

El 6 de diciembre de 1877, Thomas Edison efectuó la primera grabación en fonógrafo de cilindro de una voz humana, recitando una cantilena de origen inglés. Se titulaba «Mary Had a Little Lamb», y rezaba: *Mary had a little lamb/whose fleece was white as snow* (Mary tenía un corderito cuyo pelaje era blanco como la nieve). Poco tiempo antes, Edison había grabado la palabra «Hello», pero la grabación no se había conservado. Al año siguiente, Edison registró la patente del fonógrafo de cilindros; en la época, los cilindros podían contener 2/3 minutos de grabación.

En 1972, Paul McCartney grabó con los Wings una versión de «Mary Had a Little Lamb».

DE MALI AL MISISIPI

La deportación de los esclavos de África, la llegada a Nueva Orleans y la vida en las plantaciones. Nace una forma de comunicación sonora llamada blues.

El nacimiento del blues fue un acontecimiento absolutamente singular que se derivaba del impacto violento de dos civilizaciones, una de las cuales, la africana, poderosamente dominada por la otra, blanca, de matriz europea.

Cuando en 1607 los ingleses establecieron su primera colonia americana en Jamestown, Virginia, los primeros colonizadores cultivaban tabaco para exportarlo a Inglaterra, utilizando una mano de obra que provenía en gran parte del suroeste de la madre patria. Pero cuando, a partir de 1632, extendieron sus intereses tanto en Norteamérica como en el Caribe, comenzaron a utilizar esclavos africanos con los que traficaban los negreros portugueses y españoles, que desde finales del siglo XIV habían comenzado la trata para llevarlos a Madeira, donde se cultivaba la caña de azúcar.

EL PRIMER BLUES

Nueva York, 10 de agosto de 1920. Perry Bradford era un compositor con veleidades de mánager. A partir del momento en que comprendió el naciente interés por el blues se puso a escribir canciones para su pupila Mamie Smith, cantante de color de talento extraordinario a quien había conocido en los clubs de Harlem. Finalmente, la etiqueta alemana Okeh, en busca de un lugar en el mercado estadounidense, aceptó grabar y producir «Crazy Blues», tema escrito justamente por Bradford e interpretado por Smith. Las ventas fueron sensacionales y aseguraron a ambos un lugar en la historia de la música. «Crazy Blues» fue reconocido oficialmente como el primer blues grabado, y a la Okeh se le atribuyó el mérito de haber abierto las puertas a la música negra, marcando el inicio de una auténtica carrera para fichar a cualquier mujer cantante capaz de cantar blues de manera convincente.

A partir de 1650, Inglaterra se sumó al comercio de esclavos que países como Holanda, Dinamarca, Suecia, Francia y Portugal ya estaban llevando a cabo. El motivo era la creciente necesidad de trabajo en las cada vez más vastas tierras ocupadas por el nuevo mundo. La Royal African Company de Londres llegó a tener durante unos treinta años el monopolio de la trata. Luego, el parlamento inglés deliberó que también los mercaderes privados pudieran acceder al mercado humano. Los buques esclavistas ingleses seguían una ruta triangular: partían de los puertos ingleses, sobre todo de Bristol, con cargas de hierro, cobre, telas, vidrio, armas y municiones que, una vez llegaban a las costas occidentales africanas, intercambiaban por hombres, mujeres y niños del lugar. Los africanos capturados se transportaban a través del Atlántico y, los que sobrevivían al viaje, se vendían en las colonias americanas. Los barcos regresaban a Inglaterra cargados de azúcar, tabaco, café, ron y algodón. Los esclavos que los traficantes blancos capturaban eran el fruto de correrías efectuadas por los propios mercaderes, pero muy a menudo también eran prisioneros de guerra de tribus enemigas que comerciantes negros de la zona reclutaban en las localidades del interior y ponían a disposición de los traficantes. Allí vivían en condiciones de sumisión y, después de largas y extenuantes marchas, llegaban a los puertos, en los que atracaban los barcos negreros para luego ser usados como material de intercambio. Se estima que los europeos transportaron con sus barcos más de doce millones de esclavos de África a América. Antes de llegar a su destino, los prisioneros eran hacinados en condiciones dramáticas de espacio e higiene y se cree que, durante aquellos trayectos, que llegaban a durar dos meses, murieron cerca de 450.000 mil africanos. Las primeras deportaciones masivas que dieron origen

W.C. HANDY
El padre del blues

Era una tarde sofocante y el sol pegaba fuerte en el andén de la estación de Tutwiler, Misisipi. W.C. Handy estaba de gira con su banda, los Mahara's Minstrels. Había rechazado un puesto como profesor en el Alabama Agricultural and Mechanical College para dedicarse a su gran pasión: la música. En esta estación ferroviaria, Handy asistió a algo que le cambió la vida para siempre. «Un negro descoyuntado comenzó a rascar una guitarra —recordaba—, en la mano izquierda tenía un cuchillo que frotaba en las cuerdas obteniendo un sonido arrastrado... mientras se acompañaba entonó una de las melodías más extrañas que jamás había oído».

Durante aquel mismo viaje, Handy escuchó otras músicas procedentes de las plantaciones y que le parecían similares a la del muchacho de Tutwiler. De este modo comenzó a adaptar aquellos sonidos a sus actuaciones, transcribiéndolo todo en partitura. En 1912 compuso el instrumental «Memphis Blues», primer tema que contenía la palabra blues. Fue solo el inicio de un catálogo importante. W.C. Handy pasó a la historia como «The Father of Blues». Su estatua se encuentra en Memphis, en Beale Street.

a asentamientos estables de esclavos africanos en los Estados Unidos se remontan, pues, a las primeras décadas de 1600. Con anterioridad, los negreros procuraban solo de manera ocasional esclavos machos africanos a los grandes latifundistas para la temporada de cosecha de los grandes monocultivos, al final de los cuales en general eran eliminados.

Las regiones africanas de las que fueron literalmente erradicados miles de negros sin distinción de sexo o de edad se situaban sobre todo en el arco occidental que hoy comprende naciones como Costa de Marfil, Liberia, Ghana, Benin y Togo. Las poblaciones más afectadas por este enorme éxodo forzado fueron los yoruba, los fante, los baule y los ashanti. Justamente los descendientes de estas tribus, que a menudo crecieron separados de sus familias originarias, fueron los que tuvieron que encontrar un equilibrio entre las confusas fuentes orales de la cada vez más mítica tierra de origen y la dura cotidianeidad del nuevo contexto ambiental de la plantación o, en el mejor de los casos, de la casa del amo. Lo que el negro americano conocía de su pasado era un simple retazo de la narración de los viejos que ya no tenía referente alguno con su realidad y no les confería ninguna esperanza a la que apelar. Debieron enfrentarse a las tremendas condiciones de la esclavitud que los condenaban desde el nacimiento. El negro americano tuvo que reinventarse una cultura y una tradición propias, y la única manera de hacerlo era aprovechar lo poco de que disponía: una herencia genética entremezclada con algún retazo de signo visual y sonoro que remitía a algunas danzas y cantos, que se pudieron conservar como aspectos inmateriales de una cultura intencionadamente negada por los amos blancos. Debía aprender a comprender y a expresarse en una lengua que no conocía y lo tenía que hacer de manera por fuerza informal, sin que nadie se lo enseñara, en una comunidad que a su vez ya estaba creando una jerga particular, constituida más por sonidos que se aproximaban a un lenguaje que no por términos codificados de alguna manera. A aquella lengua debía traducir sus estados de ánimo, sus sensaciones. En el momento en que lo logró, probablemente nació el blues, término al que resulta difícil remontarse etimológicamente, pero que de buen seguro representa la vida del negro americano a partir del momento en que sale el sol hasta el ocaso. El blues era la reorganización del hombre negro de africano a americano, el renacimiento de dignidad en el esclavo, la nueva comunicación colectiva, elaborada personalmente por un nuevo americano. Pero la herencia del hombre negro todavía llevaba en sí misma un germen de los antiguos ritos y de la antigua religión que, de alguna manera, había llegado con los primeros deportados y había permanecido como tal justamente porque representaba un aspecto que no se podía eliminar físicamente y, en consecuencia, era imposible de extirpar. En la plantación, los amos operaban una aguda discriminación de todos los usos y costumbres que se pudieran ir aglutinando para convertir a los esclavos en potencialmente peligrosos. Se entremetían poderosamente en la esfera personal de estos últimos y les negaban cualquier forma de comunicación superestructural. Por ejemplo, los elementos musicales, generalmente de percusión, fueron severamente prohibidos, y se hizo todo lo posible para convertirlos a la nueva religión cristiana, a fin de debilitar cualquier veleidad de revuelta o de emancipación. A medida que las generaciones se iban alternando, los elementos adquiridos por la cultura blanca aumentaron cada vez más respecto a los originales que habían sobrevivido tras las deportaciones esclavistas. La nueva cultura preveía la adquisición paulatina de parámetros y de modelos cada vez más difíciles de materializar, y si la consciencia de esta imposibilidad venía obligada por una parte por la religión impuesta por los amos blancos, pero la otra todavía seguía viva y generaba más frustración. Desde el punto de vista musical, esta dicotomía llevó por un lado a africanizar los himnos de matriz cristiana, a dar lugar a los *jubilee* y a los *spiritual*, y por otro lado, como contrapartida, a la definición del

▶ **11 DE NOVIEMBRE DE 1620**

El *Mayflower* de los Padres Peregrinos echa el ancla en Cape Cod, en Provincetown. Los primeros colonos británicos se establecen en la costa este.

▶ **16 DE MAYO DE 1888**

En el Franklin Institute de Filadelfia, Emile Berliner explica su último invento: un nuevo tipo de fonógrafo que emplea un disco con incisiones fotográficas horizontales: se llama gramófono. Los discos giran a 30 rpm, tienen una capacidad máxima de 2 minutos de grabación y solo suenan por un lado.

▶ **15 DE ENERO DE 1889**

Edward D. Easton funda la Columbia Phonograph Company. La sociedad nace con la finalidad de comercializar los gramófonos, pero muy pronto (gracias a la grabación y venta de cilindros con música de la banda de los Marines) es la primera compañía que dispone de un catálogo discográfico.

▶ **23 DE NOVIEMBRE DE 1889**

Nace en San Francisco, California, el primer jukebox, con cuatro cilindros sonoros. Funciona con una moneda y produce 1.000 dólares de recaudación en los seis primeros meses.

▶ **15 DE ABRIL DE 1894**

Nace en Chattanooga, Tennessee, Bessie Smith; la llamarán la emperatriz del blues.

▶ **4 DE AGOSTO DE 1901**

En Nueva Orleans nace Louis Armstrong. Se convertirá en un grande del jazz, pero, sobre todo, en un «padre» de la música norteamericana.

▶ **20 DE ENERO DE 1908**

El etnomusicólogo John Lomax, en su primer viaje al oeste, graba el tema «Home on the Range»: lo canta el propietario de un saloon. El texto de la balada se publica dos años más tarde en el libro *Cowboy Songs and Frontier Ballads*. A lo largo del tiempo, John y su hijo Alan Lomax efectuarán más de 10.000 grabaciones de música tradicional norteamericana.

blues como estructura laica en la que las alabanzas al Señor eran sustituidas por los problemas existenciales y materiales de la cotidianeidad.

El blues, en toda su complejidad, fue, pues, el primer producto cultural del negro norteamericano. La parcial supervivencia de la cultura tradicional africana y el peso de la cultura de los amos blancos crearon esta única y extraordinaria nueva forma musical. Desde las primeras deportaciones, los africanos llevaron consigo a Norteamérica una tonalidad y un sistema armónico propio de sus tradiciones. Solo más tarde se acercaron a una línea melódica occidental, sobre todo con la audición de los cantos religiosos de las diferentes iglesias protestantes. Muchos recursos rítmicos que sirven para enfatizar las partes sincopadas del tema y que se encuentran en el golpeo a tempo de las manos, en el contracanto, entendido como respuesta coral a una frase anterior, y en la misma sonoridad de la voz, son ciertamente de matriz africana. Según Paul Oliver, pueden observarse elementos del blues en las técnicas de interpretación de los *griot*, músicos profesionales, cuyos ecos se pierden a lo largo de los siglos y que, al parecer, desempeñaron varios papeles en la tradición africana, desde el más antiguo de anunciador de batallas, hasta el de bufón de corte, al que se acaba remontando si se analiza la etimología, y finalmente al de contador de historias y paladín de la denuncia social. La acentuación del tono vocal discursivo y del fraseo rítmico irregular de la voz, típico del blues, también se encuentra, en efecto, en el modo de concebir las canciones del *griot*, que se servía de esta técnica para comunicar más directamente con la gente e informarla sobre cuestiones candentes que no se podían difundir de otro modo. Después de ser vendidos en las subastas que generalmente se celebraban en los mismos lugares en los que desembarcaban los barcos negreros (Nueva Orleans fue uno de estos, y la famosa Congo Square fue el lugar en el que esperaban nuevo destino), los esclavos eran llevados a las plantaciones, áreas generalmente aisladas en las que pasarían el resto de su vida. Allí les esperaba una barraca para descansar del largo y duro trabajo al que eran sometidos cada día y una esfera personal que debían reinventar por completo. El esclavo, al que se confiaba una parcela para trabajar, raramente estaba cerca de otra persona de su condición, por lo que no tenía ninguna posibilidad de intercambiar opiniones, sentimientos o simples chismes. El único modo era entonar frases, generalmente breves y de ritmo marcado, a las que pudiera seguir una respuesta igualmente concisa, al mismo ritmo, desde otro lado de la plantación. De esta manera nació el canto de trabajo, una especie de lamento, de tosco intento de comunicación en una lengua todavía no bien definida que rompía el aislamiento y ponía en comunicación entre sí a los cuatro puntos cardinales de la plantación. La asociación del trabajo con el canto rítmico infundía más armonía a los movimientos y aliviaba un poco el cansancio que daba la continuidad del gesto, convirtiéndose al mismo tiempo en una especie de refugio que implicaba a toda la plantación. Los cantos de trabajo se diferenciaban en *field holler*, *cry* y *shout*, y cada uno tenía una peculiaridad propia. Los *holler*, en general, eran breves frases no específicas que se repetían varias veces y tenían una finalidad informativa acerca de la peligrosidad de los trabajos que se tenían que efectuar, mientras

25 DE ENERO DE 1917 ◄

La Original Dixieland Jass Band, un grupo de blancos de Nueva Orleans, graba el primer disco de jazz, *Livery Stable Blues*.

3 DE FEBRERO DE 1919 ◄

La compañía Victor ya no tiene el monopolio en el sector del disco. Nacen nuevas realidades como Okeh, Vocalion y Gennett. Esta última será la casa discográfica del gran pianista de ragtime Jerry Roll Morton.

10 DE AGOSTO DE 1920 ◄

Mamie Smith & Her Jazz Hounds graban «Crazy Blues», primer blues canónico que ve la luz.

30 DE JUNIO DE 1922 ◄

El violinista Eck Robertson graba el instrumental «Arkansas Traveler», primer tema de folk & country inmortalizado en disco.

28 DE NOVIEMBRE DE 1925 ◄

La compañía WSM de Nashville produce el primer episodio del «Grand Ole Opry», el primer y más longevo show radiofónico en la historia de la country music.

12 DE JULIO DE 1927 ◄

El investigador Ralph Peer comienza su trabajo de recopilación de grabaciones de «early country music», con nuevos aparatos de Western Electric.

4 DE FEBRERO DE 1929 ◄

RCA y Victor se funden para dar vida a la que, durante mucho tiempo, será la compañía discográfica más famosa del mundo. Costo de la operación: 154 millones de dólares. El presidente de la sociedad, David Sarnoff, pasará a la historia como «el padre de las telecomunicaciones».

5 DE OCTUBRE DE 1930 ◄

La RCA lanza al mercado un producto revolucionario: un disco de vinilo a 33 rpm llamado «Program Transcription». Comercialmente, los inicios son desastrosos.

que los *cry* eran lamentos relativos a las duras condiciones de trabajo, y se diferenciaban de los *holler* por un carácter más introspectivo. Mucho más interesantes eran los *shout* que, aun sin apartarse mucho de las dos formas anteriores en cuanto a los argumentos abordados, presentaban una forma estructural nueva y más organizada. De hecho se podían considerar la primera modalidad de composición en la que aparecían tres versos: los dos primeros repetidos para dar mayor énfasis al mensaje, y el tercero que constituía la respuesta a la introducción anterior. En realidad se trataba ya de una primera forma de blues arcaico y simplificado, pero ya no desestructurado.

> «Crecí en una plantación de algodón, y sé qué significa la pobreza.
> Por esto toco blues.»
>
> B.B. KING

Resulta interesante observar que la frase repetida que comienza a tomar forma en el *shout* se convertiría luego en una constante de muchísimas formas musicales sucesivas, como el jazz y el rock, y que se manifiesta en el denominado riff, es decir, en la reproposición, en el interior de una misma pieza, de una misma línea musical y textual que se convierte en característica, explicativa de la misma pieza.

CONGO SQUARE, RAÍCES AFRICANAS
La primera grabación de la historia

En la época de la trata de esclavos, Congo Square, en el corazón de Nueva Orleans, era el lugar en el que estos eran expuestos para ser vendidos a los ricos lugartenientes del Sur. Luego, en la Luisiana franco-española del siglo XVIII, en aquella misma plaza, los esclavos se reunían en su único día de reposo, el domingo. Después de la célebre «compra de Luisiana» por parte de los Estados Unidos, en la Place des Nègres (como se llamaba inicialmente) prosiguió la tradición y la que, entretanto, se rebautizaba como Congo Square acogió mercadillos y tenderetes, pero sobre todo se convirtió en el lugar en el que se podían cantar, tocar y bailar músicas de origen africano. Esta costumbre se prolongó a lo largo de los años y fue creciendo cada vez más. A finales del siglo XIX, Congo Square era uno de los lugares más frecuentados para quien quisiera asistir a espectáculos musicales y de danza. Mucha música para bandas, originaria del primer jazz, nació aquí. En la década de 1960, después de un protestado decreto del municipio de Nueva Orleans, se instituyó el Louis Armstrong Park, que incorporaba Congo Square, que pese a todo ha seguido una institución del Barrio Francés y que hoy se puede transitar recorriendo la parte norte de Rampart Street.

WILL THE CIRCLE BE UNBROKEN

Old Time, bluegrass, early country music: los estilos de la tradición blanca. El advenimiento de la radio y los grandes padres del «folk and country»: Carter Family, Bill Monroe, Jimmie Rodgers, Hank Williams.

Los Apalaches son una cadena montañosa que atraviesa buena parte de la costa oriental, pero cuyo corazón se encuentra entre Virginia Occidental, Virginia, Carolina del Norte, Kentucky y Tennessee. Y justamente estos estados están considerados la «cuna» de la música tradicional norteamericana blanca. Ya a mediados del siglo XVIII, en aquellas zonas preferentemente rurales, basadas en economías agrícolas o mineras, nacieron pueblos cuyas comunidades residentes tendían a consolidar su identidad a través de los valores de las culturas tradicionales.

La música desempeñó un papel primordial. Especialmente la de danza, directa evolución del repertorio céltico, cuya función fundamental era la de entretener y promover la socialización de las poblaciones de los Apalaches. De hecho, casi siempre, al término de una dura semana de trabajo en los campos o en las minas, el sábado por la noche se dedicaba al ocio y a la diversión. Los músicos, a menudo parte de aquella misma comunidad y, en consecuencia, no profesionales, estaban presentes con una única finalidad: hacer bailar. Por este motivo no se situaban sobre un escenario para que los admiraran; su objetivo era otro: procurar que el resto de «amigos» se divirtiera lo más posible. Porque en las fiestas que animaban no era raro que los protagonistas fueran más los que bailaban que los músicos, aunque fácilmente se intercambiaban los papeles en el curso de la misma velada.

El concepto no era tan diferente para quien, en cambio, utilizaba la música para contar historias; el llamado *balladeer* no era más que un vehículo para comunicar.

EL BLUEGRASS EN EL CINE

1967: la pareja de forajidos *Bonnie & Clyde* fascina al país. Por las interpretaciones de Warren Beatty y Faye Dunaway, pero también por las excitantes persecuciones acompañadas por un imparable bluegrass instrumental («Foggy Mountain Breakdown», de Flatt & Scruggs). Gracias al éxito de la película, el tema y el bluegrass se vuelven muy populares. Cinco años más tarde, John Boorman también recurre al bluegrass en *Deliverance* («Defensa»), un éxito de taquilla de 1972. La música del «duelo» banjo-guitarra al comienzo de la película (en la banda sonora el intérprete de banjo es Eric Weissberg), gana el Grammy como mejor instrumental country. Tendrán que pasar treinta años antes de que el bluegrass vuelva a la escena cinematográfica. Y tendrá que ser un belga quien lo logre: *The Broken Circle Breakdown* roza el Óscar como mejor película extranjera, batida en última instancia por *La gran belleza*.

A finales del siglo XIX, es decir, cuando lo que se había propagado hasta aquel momento solo por vía oral se «fijó» sobre un soporte físico (primeramente cilindros de cera, más tarde discos de vinilo), todo cambió. Con la invención del gramófono y el advenimiento de la industria discográfica, las funciones de la música se modificaron profundamente. Ahora, ritmos y melodías procedentes de los lugares más remotos de la Unión podían ser escuchados incluso en los salones de Boston, Nueva York y Filadelfia. Es más, en ciertos aspectos, justamente estos fueron los que los solicitaron más porque eran portadores de valores éticos y autóctonos. En consecuencia, las firmas discográficas comenzaron a soltar a sus cazadores de talento, etnomusicólogos *avant la lettre* que conocían la materia y sabían dónde ir a buscar a los músicos más brillantes y originales. Las etiquetas entendieron bastante de prisa la importancia del término «catálogo», y decidieron invertir en él. A veces, las grabaciones se producían directamente «sobre el terreno» con aparatos portátiles (*field recording*). Otras veces fueron los mismos cazadores de talentos los que acompañaron a los músicos a los estudios de las grandes ciudades. Y de esta manera, por ejemplo, el mundo descubrió la valía de la Carter Family (combo musical/familiar de Maces Springs, Virginia), formado por Alvin Pleasant Carter, llamado A.P., su mujer Sara y su cuñada Maybelle, mujer del hermano de A.P., así como prima de Sara. En agosto de 1927, A.P. convenció a Sara y a Maybelle a viajar a Logan, en Virginia Occidental, para una

LA DINASTÍA DE LOS WILLIAMS

Holly Williams es la última heredera de la mayor dinastía de la música country: hija de Hank Williams Jr., y hermana de Hank III, Holly es la nieta del gran Hank Williams. El primero en seguir los pasos del viejo Hank fue su hijo, Hank Williams Jr., quien, después de la desaparición de su padre, obtuvo los primeros éxitos reinterpretando «Your Cheatin' Heart», «Long Gone Lonesome Blues» y otros caballos de batalla del célebre progenitor. Pero era solo el principio: Hank Jr. se convirtió pronto en una superestrella del country moderno vendiendo millones de discos. Su hijo Hank III siguió desde niño un recorrido diferente. Se apasionó por el punk y el metal, dando vida a los Assjack, una banda hardcore pero, como el gen del country no puede eliminarse, mezclaba estos mundos con la música de las raíces. Y su hermana Holly recogió, quizás mejor que nadie, la herencia del abuelo, proponiendo un country & folk de autor introspectivo y melancólico cercano al espíritu del viejo Hank. Holly no desdeña, en concierto, rendir homenaje a la memoria de su abuelo cantando algunos de sus grandes clásicos. Quién sabe si Hank Williams habría imaginado jamás que su música se transmitiría de generación en generación.

Hank Williams está considerado un icono de la música country y uno de los más influyentes músicos del siglo XX.

audición con Ralph Peer, cazador de talentos de la Victor Talking Machine Company. Los tres obtuvieron un contrato que les reportaba 50 dólares por cada nueva canción grabada y 50 centavos de royalties por cada copia vendida. Pocas semanas más tarde, la compañía Victor publicó un primer disco de 78 rpm con «Wanderin' Boy» en la cara A y «Poor Orphan Child» en la B. Escritas por A.P., cantadas por Sara y «orquestadas» por el hábil *picking style* de Maybelle (que también efectuaba segundas voces), las canciones de la Carter Family eran seductoras baladas de amor y de muerte, en la más pura tradición de las *murder ballads* británicas. Pero, aunque siempre eran de tono crepuscular, los temas de la Carter Family también tenían momentos de serenidad («Keep on the Sunny Side»), de aliento religioso («Can the Circle Be Unbroken) o incluso de compromiso social. Una de sus canciones más populares (grabada en aquellas primeras sesiones de agosto de 1927) se titula «Single Girl, Married Girl» y, con un texto muy simple, denunciaba las discriminaciones que experimentaba una mujer casada. El éxito de la Carter Family (casi 300.000 copias vendidas en 1930) no favoreció la longevidad de la banda que, después de varias peripecias, se disolvió a mediados de la década de 1940. Pero permaneció en el corazón de los norteamericanos, en parte porque June Carter, una de las tres hijas de Maybelle y Ezra J. Carter, se casó con Johnny Cash, dando vida a una extraordinaria historia de amor que sanciona la unión entre dos *royal families* de la música country.

Otro descubrimiento de Ralph Peer fue Jimmie Rodgers. De orígenes inciertos, como sus amigos *bluesmen* (hay quien dice que había nacido en Meridian, Misipi, hay quien dice en Geiger, Alabama), Rodgers era un joven ferroviario con la música en la sangre. En 1924, con tan solo 27 años, descubrió que tenía tuberculosis: abandonó el ferrocarril y se dedicó a la música. Tres años más tarde, grabó con Ralph Peer en un almacén de Bristol, Tennessee, pero sus temas pasaron desapercibidos. Al mes siguiente, Rodgers convenció a Peer para grabar otros temas, pero esta vez en los estudios Victor de Nueva Jersey. Entre las piezas grabadas se encontraba «Blue Yodel», más conocida como «T for Texas», de la que se vendie-

OLD TIME
UNA «NUEVA» MODA

En el año 2000, los hermanos Coen estrenaban su nueva película, *O Brother, Where Art Thou?*, una especie de versión corregida y aumentada de la *Odisea*, ambientada en la Norteamérica de los años treinta, interpretada por George Clooney y John Turturro. Su pasión por la música les llevó a elegir a un productor excepcional (T. Bone Burnett) y una banda sonora estilísticamente impecable. La *old time music* de Ralph Stanley, Gillian Welch, Doc Watson, John Hartford y Emmylou Harris fue un éxito estratosférico: casi ocho millones de copias vendidas, un Grammy y un espectáculo itinerante (*Down from the Mountain*), muy solicitado. Es más: punkeros y metaleros se vieron hechizados por el sonido de *fiddle* y banjo. La «música de los viejos tiempos» se convirtió en una moda.

▶ 2 DE SEPTIEMBRE DE 1931

Bing Crosby hace su debut radiofónico: en el curso de la década se convierte en el cantante más popular de los Estados Unidos.

▶ 20 DE AGOSTO DE 1932

Comienza la producción de la «Frying Pan», la primera guitarra eléctrica de la historia. Diseñada un año antes por George Beauchamp, la produjo la National Guitar Company.

▶ 3 DE ENERO DE 1933

La compañía Wurlitzer comienza a distribuir jukeboxes en bares y restaurantes del país.

▶ 26 DE MAYO DE 1933

Jimmie Rodgers, el «ferroviario cantarín», muere de hemorragia pulmonar en el Taft Hotel de Nueva York. Dos días antes había terminado sus últimas grabaciones. Tenía 35 años.

▶ 1 DE DICIEMBRE DE 1934

Benny Goodman actúa en el programa «Let's Dance», de la NBC; comienza la era del Swing.

▶ 3 DE FEBRERO DE 1935

Martin Block lanza su nuevo programa, «Make Believe Ballroom», en la WNEW de Nueva York, la original emisora radiofónica que solo emite música y noticias. Block es el primer disc jockey que se convierte en una estrella.

▶ 20 DE ABRIL DE 1935

Nace el programa «Your Hit Parade», esponsorizado por Lucky Strike.

▶ 23 DE NOVIEMBRE DE 1936

En la habitación 414 del Gunter Hotel de San Antonio, Texas, Robert Johnson comienza una sesión de tres días. Un año más tarde, en Dallas, completa el trabajo. En total, 29 blues.

▶ 30 DE MARZO DE 1940

El guitarrista country Les Paul termina su *log guitar*, un prototipo de madera obtenido a partir de una Epiphone, primer ejemplo de guitarra semiacústica. Nada que ver con el celebérrimo modelo que Gibson comienza a producir en 1952 y que lleva el nombre del propio Les Paul.

ron medio millón de copias y que proyectó al «ferroviario cantarín» al Olimpo de la música folk. Su manera de cantar, en la que incluía el yodel alpino, que en aquella época sonaba extremadamente «exótico», fue uno de los secretos del éxito, aunque sus baladas contenían los presagios de la futura música country. No es casual que Rodgers (además de los de «ferroviario cantarín» y *blue yodeler*) se ganara el título de «padre de la música country».

El término *country music*, que comenzó a utilizarse con éxito entre finales de la década de 1940 y principios de la de 1950, resulta impropio para definir la música de los montes Apalaches. Es mucho más pertinente la definición *old time country music* (o, más simplemente, *old time music*). Basada en un repertorio de temas instrumentales (*fiddle tune*) en los que el violín (*fiddle*) es el instrumento melódico principal, se basa en el núcleo banjo/*fiddle*, en torno al cual se construye la estructura de la pieza. Los miembros de las *string bands* (es decir, los conjuntos que ejecutaban *old time music* tocando instrumentos de cuerda como violín, banjo, guitarra, contrabajo y, a veces, mandolina) no poseían percusiones, pero, dado que tenían la necesidad de hacer bailar, utilizaban técnicas que enfatizaban el lado rítmico de sus utensilios sonoros. Y, reiterando las melodías *ad libitum* para que el baile durara lo más posible, indujeron en el oyente una familiarización de escucha tal que casi lo hacían caer en trance. Si bien todo ello tenía una extraordinaria eficacia en vivo, de hecho resultaba irreproducible en disco. Por este motivo, en el frente discográfico tuvieron éxito algunos violinistas virtuosos como el texano Eck Robertson, que en 1922 grabó «Arkansas Traveler», o como el ya citado Fiddlin' John Carson, que procedía de la escena musical de Atlanta, Georgia, de donde provenían también los Skillet Lickers del formidable *fiddler* Gid Tanner y del guitarrista ciego Riley Puckett. Decididos e irresistibles, los Lickers eran el arquetipo de la *string band old timey*. También gracias a ellos comenzó a adoptarse el término *hillbilly music*.

En el repertorio de las *string band* había temas preferentemente instrumentales (el canto era una simple variación sobre el tema), que podían ser de marcadísimo compás 4/4 o bien románticos valses. Pero también había baladas retomadas de la tradición, aunque, más a menudo, estas se convertían en la especialidad de los denominados *brother duets*.

Los duetos entre hermanos, basados en un acompañamiento guitarra/mandolina, se caracterizaban sobre todo por las armonías vocales. En muchas familias del Sur, el canto era una tradición fundamental. Ejecutado entre las paredes del hogar, bajo el porche o el domingo en la iglesia, se convirtió en un arte en sí mismo que se repetía cotidianamente y que producía resultados asombrosos. Porque a todo ello se sumó un timbre vocal muy similar que «acercaba» las dos voces de manera evidente, casi confundiéndolas al oído del oyente, hasta que parecieran una sola voz desdoblada.

Entre los más brillantes estaban los Delmore Brothers, de Alabama, y los Monroe Brothers, de Kentucky. Estos últimos, Charlie y Bill Monroe, después de obtener éxitos discretos a principios de los años treinta, se separaron. Bill estaba desarrollando un nuevo género que aunaba las habilidades vocales de los *brother duets* con un repertorio de *string band* más rápido, hasta el punto de que ya no se podía bailar; en consecuencia,

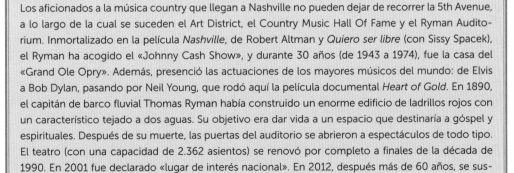

RYMAN AUDITORIUM, TEATRO DEL COUNTRY

Los aficionados a la música country que llegan a Nashville no pueden dejar de recorrer la 5th Avenue, a lo largo de la cual se suceden el Art District, el Country Music Hall Of Fame y el Ryman Auditorium. Inmortalizado en la película *Nashville*, de Robert Altman y *Quiero ser libre* (con Sissy Spacek), el Ryman ha acogido el «Johnny Cash Show», y durante 30 años (de 1943 a 1974), fue la casa del «Grand Ole Opry». Además, presenció las actuaciones de los mayores músicos del mundo: de Elvis a Bob Dylan, pasando por Neil Young, que rodó aquí la película documental *Heart of Gold*. En 1890, el capitán de barco fluvial Thomas Ryman había construido un enorme edificio de ladrillos rojos con un característico tejado a dos aguas. Su objetivo era dar vida a un espacio que destinaría a góspel y espirituales. Después de su muerte, las puertas del auditorio se abrieron a espectáculos de todo tipo. El teatro (con una capacidad de 2.362 asientos) se renovó por completo a finales de la década de 1990. En 2001 fue declarado «lugar de interés nacional». En 2012, después más de 60 años, se sustituyó la madera del escenario.

▶ 31 DE AGOSTO DE 1941

En la plantación de Stovall, Misisipi, dos etnomusicólogos (Alan Lomax y John Work III), graban por primera vez al que para muchos es el heredero de Robert Johnson. Se llama McKinley Morganfield, pero todos lo conocen como Muddy Waters. Dos años más tarde, deja el Sur para reunirse con su familia en Chicago, y se convierte en el mayor intérprete de blues urbano.

▶ 1 DE DICIEMBRE DE 1945

Los Bluegrass Boys de Bill Monroe celebran la entrada de un nuevo miembro: es el legendario intérprete de banjo Earl Scruggs que, con su estilo, revoluciona el instrumento y pone un sello definitivo a la música bluegrass.

▶ 11 DE JUNIO DE 1949

Hank Williams debuta en el «Grand Ole Opry» para una multitud entusiasta que le pide seis bises. Ha nacido una estrella.

▶ 1 DE ENERO DE 1951

Willie Dixon entra oficialmente en Chess Records. Este antiguo artista e intérprete se convierte en productor, cazador de talentos, músico de sesión y autor. Sus temas más famosos del período son «Hoochie Coochie Man», «Little Red Rooster», «Spoonful» y «You Can't Judge a Book by the Cover», interpretados por Muddy Waters, Howlin' Wolf, Little Walter y Bo Diddley. Pero Dixon también es un importante eslabón entre la escena blues y la rock de finales de los cincuenta.

▶ 10 DE MAYO DE 1962

Aparece «Boom Boom», el mayor éxito de John Lee Hooker. Aunque es un blues a todos los efectos, su autor lo describió como «el tema más pop que compuse».

▶ 5 DE MARZO DE 1963

Patsy Cline muere en un accidente aéreo cerca de Nashville. No había cumplido 31 años. Fue la primera reina del country moderno.

fundía el virtuosismo instrumental constituido por un trasfondo poco habitual y solos impresionantes, con una pizca de «blue note» robada a uno de sus maestros, el violinista Arnold Schultz. El resultado era una mezcla rítmica/sonora absolutamente única que fue bautizada con el nombre de *bluegrass*. Y no era casual; Bill Monroe procedía de Kentucky, el estado en el que la hierba es tan verde que presenta reflejos azulados. Y luego porque (justamente en honor a su estado, definido *the bluegrass state*) Bill Monroe llamó a su banda The Bluegrass Boys.

«El *bluegrass* es una música que une: Solo soy un granjero, con una mandolina en la mano y con una voz de tenor.»

Bill Monroe

Mucha gente comenzó a seguir su música: era una forma de old time progresiva que cuesta bailar pero que es perfecta para escuchar. Es más, abre el apetito de los *pickers* más brillantes en circulación, que se desvivían por retarse en solos vertiginosos. Pero lo que es más importante, creaba espectáculo. De ello se dieron cuenta los organizadores del «Grand Ole Opry», el primero, más ambicioso y más escuchado «radio show» de los Estados Unidos. En efecto, porque a principios de la década de 1930, un nuevo medio (además de la jukebox y el gramófono) llevaba la música a las casas de los norteamericanos.

Iniciadas en la década anterior, las transmisiones radiofónicas en los Estados Unidos representaron un vehículo de comunicación extraordinario y un impagable medio de difusión de las músicas de tradición blanca y afroamericana. En 1925, en la emisora WSM de Nashville, Tennessee, comenzaba el «Grand Ole Opry», una mezcla entre músicas hillbilly, sketches cómicos y publicidad de los patrocinadores del programa. En unos pocos años se convertiría en uno de los eventos más escuchados del país. El show acogió a algunas estrellas ya confirmadas, como la Carter Family, Bill Monroe y otros músicos de bluegrass como los Stanley Brothers o Lester Flatt & Earl Scruggs, pero también a personajes que se convirtieron en ídolos justamente gracias a su participación en el Opry. Entre todos, la muy graciosa Minnie Pearl y el histriónico Uncle Dave Macon, intérprete de banjo y cuentista a caballo entre música y cabaret.

Roy Acuff creó una de las compañías de edición musical más autorizadas de la historia (Acuff-Rose).

El éxito del «Grand Ole Opry», que se realizaba en Nashville, desplazó a la capital de Tennessee los intereses del variado mundo del folk y el country. Justamente, algunas estrellas del Opry, como el violinista Roy Acuff, o el *troubadour* texano Ernest Tubb, comenzaron allí actividades empresariales de éxito: el primero dio vida a una de las compañías de edición musical más autorizadas de la historia (Acuff-Rose), el segundo a una de las primeras tiendas de discos de los Estados Unidos (Ernest Tubb Record Shop). Pero muy pronto nacieron estudios de grabación como el Castle, etiquetas discográficas como Bullett, así como agencias de *management*. En definitiva, a principios de la década de 1950, Nashville era ya la «Music City USA». Entretanto, las posibilidades que proporcionaban los nuevos instrumentos eléctricos modificaron el estilo y hasta las actitudes de los músicos country. Old time, bluegrass y baladas acústicas dejaron su lugar a la nueva música y a las primeras estrellas del género, cantantes (masculinos y femeninos) con una banda a sus espaldas.

Y si los violines, banjos y mandolinas (los dos últimos con mayores dificultades) resistieron, se produjo el ascenso de un nuevo instrumento, la pedal steel guitar, destinado a marcar el sonido de la música country en los años venideros. Elaborada sobre el modelo *steel guitar* de Rickenbaker, el pedal tenía palancas y pedales que favorecían vibratos y sonidos todavía más suaves y deslizantes, así como virtuosismos incomparables.

Si bien originario de la costa este, el country experimentó contaminaciones del estado de Texas. Por ejemplo, el cruce entre aquella música y el swing (cuya fiebre contagió a toda la nación entre los años treinta y cuarenta) dio origen al «Western Swing», del que Bob Wills y sus Texas Playboys fueron soberanos absolutos. En parte por este motivo, durante varios años, el sonido de Nashville fue etiquetado como «Country & Western», con lo que por otra parte se justificaba la indumentaria preferida por las estrellas country, constituida por sombreros y botas de cowboy. Y no era casual, porque en el mismo período, Hollywood celebraba la epopeya del Far West a través de películas legendarias.

En realidad, la vida (y la música) del cowboy estaba más bien alejada del estilo de Nashville: solo tenían en común un machismo acentuado.

Pero también había quien se apartaba del estereotipo de la estrella country tradicionalista y conservadora. Si, de hecho, Hank Thompson narraba en «The Wild Side of Life» las correrías nocturnas de maridos en busca de emociones extraconyugales, Kitty Wells (animosa muchacha de Nashville) respondía con «It Wasn't God Who Made Honky Tonk Angels». En efecto, porque Thompson definía como «ángeles de los honky tonk» a las «chicas fáciles» que los mencionados maridos buscaban en los locales provinciales (los «honky tonk bars»), donde bastaba tocar la bocina (en inglés *to honk*) para reclamar a la muchacha deseada. Los honky tonk bars, lugar de encuentro y perdición, contaban con una banda sonora extraordinaria: una música country más intensa y sincopada, pero también más intrigante desde el punto de vista de los textos. Uno de los más relevantes exponentes de este estilo fue Hank Williams, personaje extremadamente influyente sobre los honky tonker futuros, pero sobre todo sobre la inminente generación de los representantes del rock'n'roll. Textos melancólicos e introspectivos, una actitud en cierto modo «tenebrosa», un estilo de vida lascivo, su muerte misteriosa en el asiento del automóvil en la noche de fin de año de 1953, lo convirtieron en una especie de estrella del rock *avant la lettre*. Sus canciones, desde «Cold Cold Heart» hasta «I'm So Lonesome I Could Cry», pasando por «Hey, Good Looking» o «Lovesick Blues», se convirtieron en éxitos imperecederos, y su voz en un modelo muy imitado.

NOTHIN' BUT THE BLUES

Acústico o eléctrico, tosco o refinado, el blues es una música que viene del alma. Del alma del pueblo afroamericano.

Las work songs fueron el primer lenguaje que los afroamericanos comenzaron a codificar, los primeros intentos de conjugar el pasado con el presente de forma autónoma, primer germen de una cultura que generó una nueva tradición y que solo con la formulación del blues se volvió realmente significativa. La enorme potencialidad de sensibilidad y de comunicación presentes en estas primeras formas de canto constituiría el *pathos*, el núcleo evolutivo del que iba a brotar el blues, el tormento del alma que se explicaba finalmente en su verdadera esencia después de casi trescientos años de incubación. El blues canónico, de doce compases, está construido de tal modo que cada estrofa está formada por tres versos y cada verso por cuatro compases. Las palabras del texto ocupan, aproximadamente, la mitad de cada verso y dejan dos compases para la respuesta cantada o instrumental. Las primeras formas del blues, en cambio, confiaban a la improvisación y a la extensión tímbrica de la voz la construcción de la canción a entonar, lo que iba en detrimento, inevitablemente, de la precisión de ejecución. Así, pues, hasta que no se introdujeron los primeros instrumentos musicales, que los negros aprendieron a conocer viendo cómo los usaban los blancos, no nacería la estructura definitiva del blues, y a este respecto, la guitarra y el banjo fueron los instrumentos que demostraron ser más adecuados para la ejecución. Por otra parte, ofrecían la gran ventaja de poder acompañar en cada momento la propia voz, cosa que, por ejemplo, un instrumento de viento no puede garantizar. Así, pues, la guitarra fue preferentemente el instrumento en el que se desarrollaron elaboraciones estilísticas particularmente interesantes, descubriendo y potenciando posibilidades ejecutivas

PRIMEROS EFECTOS ESPECIALES: UN CUELLO DE BOTELLA

Hay quien dice que el origen se remonta a un instrumento africano de juguete, de una sola cuerda, el *diddley bow*. En realidad, la utilización del cuello de una botella roto, en el que se introduce el dedo medio o el anular de la mano izquierda y que se usa deslizándolo sobre las cuerdas *(slide)*, fue un pequeño invento de los *bluesmen* de los años veinte y treinta, aunque la influencia hawaiana resulta evidente. Para ello es fundamental el uso de afinaciones abiertas para obtener el máximo de efecto, esa seductora desviación que puede resultar muy suave o, por el contrario, más bien abrasivo. Blind Willie Johnson, Son House, Bukka White y Robert Johnson lo dominaron de manera absoluta. Hoy, el cuello de botella se reemplaza por más cómodos objetos de metal o de resina de vidrio.

antes insospechadas. El blues es, pues, la consecución de un proceso gradual que pasa a través de la extinción de muchas de las viejas tradiciones y la formación de nuevas que, sin embargo, no abandonarían completamente los viejos elementos. Este hecho comenzó a ejemplificarse de modo definitivo hacia finales del siglo XIX, cuando después de la guerra civil, la condición de la esclavitud comenzó a retroceder, cuanto menos formalmente. La libertad, y el mayor tiempo libre tuvieron una gran importancia en la estandarización de las nuevas formas de blues y en su difusión en áreas mucho más vastas. A pesar de que se creara una diferencia bastante marcada de estilos, generalmente estructurados según su procedencia regional, se crearon técnicas de base y estructuras clásicas absolutamente recurrentes y fácilmente reconocibles que, genéricamente, participan en la música blues. Obviamente, la adquisición de la libertad no fue lo único que llevó al negro norteamericano a vagar por los diferentes estados de la confederación, sino sobre todo la crónica necesidad de trabajo, a menudo de carácter estacional, que lo obligaba a una continua búsqueda para la supervivencia.

«El blues tuvo un hijo: lo llamaron rock'n'roll.»

MUDDY WATERS

Con la abolición de la esclavitud, los negros, de forma paradójica, quedaron más disgregados porque ya no podían siquiera tener como referencia viejos puntos fijos como la barraca de la plantación o el mínimo de comida que se les daba para alimentarse. Ahora, a pesar de que la consideración social no cambió en absoluto, se las tenían que arreglar solos. Sobre todo aquellos que, ciegos o con alguna minusvalía física, no tenían otra posibilidad de supervivencia que la de aprender a tocar un instrumento y ganarse la vida cantando blues en las esquinas de las calles y en los lugares de reunión lúdica. En este período, el *bluesman* a menudo era un *hobo*, un vagabundo que se subía a los trenes de mercancías en marcha y se desplazaba con su guitarra en busca de un lugar en el que fuera provechoso tocar. En general, una comunidad negra siempre estaba bien dispuesta a aceptarlo. Si, en sustancia, la esclavitud creó el blues y plasmó su estructura particular de forma y contenido, la emancipación, con los nuevos problemas que se producían, trazó el nuevo camino a seguir. En su continuo vagabundeo de región en región, los *bluesmen* fueron conociendo nuevos y diferentes estilos y coincidieron también con la tradición blanca de los montes Apalaches, conservada celosamente y transmitida de generación en generación, incluso por familias enteras de músicos. Los modos de tocar de ambas culturas se influyeron mutuamente, y no es casual que el blues de aquellas regiones denota a menudo una ejecución basada en un típico *finger picking* sincopado que usaban los blancos. La concentración de los músicos más dotados en determinadas áreas, a menudo las que eran capaces de ofrecer más posibilidades comerciales, provocó que coincidiera el estilo regional con el de una ciudad o de una realidad todavía más circunscrita: el estilo del Misisipi, por ejemplo, terminó por identificarse con el del Delta, el blues de Tennessee con el de Memphis, la escuela de Georgia con la de Atlanta, y así sucesivamente, involucrando en este proceso a buena parte de los estados del Sur. El blues del Delta, justamente por el aislamiento geográfico al que estaba sometido, fue el que mantuvo un estilo más próximo a las raíces del *shout*, y representa probablemente la forma más antigua, particularmente cargada de introspección y sustancialmente privada de oropeles. Por Delta se entiende la sección noroccidental del estado de Misisipi, la incluida entre los ríos Yazoo y Misisipi. Definida por algunos como «la región más al sur del mundo» (entendiendo como sur, el Sur de los Estados Unidos), fue una de las áreas más ricas en plantaciones de algodón y, en consecuencia, en esclavos negros. Por este motivo se la considera la cuna del blues rural. Si, ciertamente, personajes como Charley Patton, Robert Johnson, Frank Stokes, Blind Lemon Jefferson, Barbecue Bop y, en tiempos más recientes, Sam Lightin' Hopkins, John Lee Hooker, Muddy Waters, Howlin' Wolf y B.B. King actuaron como propulsores de un estilo y, a juzgar por sus epígonos, dejaron una marca indeleble en la evolución del blues, también es verdad que muchos otros músicos, quizás los más aislados geográficamente, se expresaron según otros cánones, que no se pudieron difundir porque no tuvieron la fortuna de un éxito discográfico serio. Aparece entonces la duda de si el estilo regional, más que la ejemplificación de una tradición local, no se concibió quizás como el modelo discográfico sugerido por los grandes maestros y luego retomado por la legión de artistas menores que intentaron emularlos para obtener un posible éxito comercial.

ROBERT JOHNSON, el fantasma del blues

Una noche de 1931, Son House y Willie Brown, dos famosos *bluesmen* del Misisipi, estaban actuando en el escenario de Banks cuando vieron llegar a un viejo conocido: Robert Johnson, intérprete de armónica que, desde hacía años, intentaba tocar la guitarra, con escasos resultados, y había vuelto a la ciudad. Johnson les convenció de que le dejaran un poco de espacio y los dejó a todos anonadados: tenía un estilo fabuloso y totalmente diferente. El público estaba encantado.

«¡Seguro que ha vendido el alma al diablo!», exclamó sobrecogido Son House, sirviendo en bandeja de plata el inicio de una leyenda que aún hoy está llena de misterio. La historia reza que un día Johnson se presentó a medianoche a una cita con el diablo en persona, el cual, después de escucharlo tocar en la encrucijada, le propuso un pacto, escalofriante en cuanto a contenido, simple en su forma: el talento musical a cambio de su alma. Otros, más pragmáticos, sostienen que Johnson mejoró después de haber tomado lecciones del *bluesman* Ike Zinneman. Pero ni siquiera esto ha servido para aclarar los misterios que rodean a este personaje: ¿cómo y cuándo murió Robert Johnson? ¿Fue envenenado por celos? ¿Por qué, a pesar de su talento y su fama, solo grabó 29 blues? ¿Por qué solo existen tres fotos de este músico extraordinario?

En toda la primera mitad del siglo xx, las dificultades de trabajo crearon flujos migratorios que, partiendo de los estados del Sur, tenían como destino las ciudades septentrionales y alcanzaban dimensiones considerables coincidiendo con eventos de gran alcance que tuvieron su reflejo en la economía del país. Las dos guerras mundiales, por ejemplo, impusieron un esfuerzo bélico que precisó de mucha mano de obra y que, con el espejismo de unos buenos salarios, atrajo a muchas familias de negros a trabajar en las fábricas de Nueva York, Chicago y Detroit. Tras la estela de estas migraciones también se apuntan los músicos, que esperaban poder trabajar en un contexto más rico y encontrar a gente mejor dispuesta para gastar. Los lugares en los que iban a tocar eran muy diferentes de los de las zonas rurales de donde procedían: las eras y los bares se vieron sustituidos por locales ruidosos frecuentados por gente con ritmos de vida más intensos y nerviosos, y los instrumentos acústicos ya no eran capaces de imponerse al ruido de fondo, como tampoco una voz potente. La electrificación de los instrumentos les dio una mano y, al mismo tiempo, modificó la modalidad de ejecución. Las primeras bandas eléctricas que se impusieron a la atención del público, aunque aquí ya estamos en la década de 1940, generalmente estaban formadas por batería, bajo y dos guitarras, una rítmica y una solista, que sorprendía con sus solos vertiginosos. A veces se sumaba un piano y una armónica que Little Walter, de la banda de Muddy Waters, fue el primero en amplificar. Esta formación estándar, que en cierta medida sigue siendo actual, creó un nuevo sonido que

pasó a la historia acoplado al nombre de la ciudad en la que se creó. Nacieron así el blues de Chicago, el de Detroit, el de Kansas City, y así sucesivamente, para indicar la peculiaridad de los músicos de aquella zona. Ciertamente, el blues de Chicago tuvo mayor resonancia que los otros porque, en la Windy City, recalaron músicos como Muddy Waters y Howlin' Wolf, que contaban en sus bandas con los mejores instrumentistas: gente como Otis Span al piano, Jimmy Rogers, Buddy Guy y Hubert Sumlin en las guitarras, Little Walter, James Cotton y Junior Wells en la armónica, Willie Dixon al bajo y S.P. Leary a la batería. Pero también porque en Chicago estaba la sede de Chess Record, que con gran habilidad acogió bajo su ala protectora a lo mejor de los *bluesmen* de aquel momento, creando un sonido tan particular que se identifica con el de Chicago. Pero naturalmente no se puede olvidar a John Lee Hooker, afincado en Detroit, o a B.B. King, que después de un aprendizaje en Memphis recorrió los Estados Unidos introduciendo la técnica del «vibrato». Desde mediados de la década de 1940, el blues eléctrico conquistó cada vez mayor espacio hasta convertirse, quince años más tarde, en un modelo para muchos epígonos, y también en el mundo del rock. Desde las plantaciones de Misisipi, a lo largo de recorridos ideales, el blues remontó por los locales llenos de humo de las ciudades industriales del norte, y pasó de ser acústico a eléctrico, pero sus intérpretes siguieron contando las historias de siempre: las dificultades y el sufrimiento de un pueblo en busca de una dignidad y de una afirmación que siempre se les había negado.

Muddy Waters es una de las figuras más reconocibles del Chicago blues, todo gracias a su impresionante voz y su carisma en el escenario.

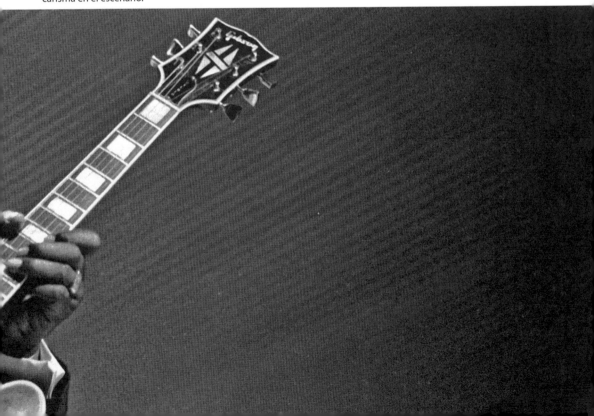

BLUES

REVEREND GARY DAVIS
1935-1949
(Yazoo, 1970)

Su clásico *East Coast Blues*, obtenido gracias a un *picking* personal, fue objeto de estudio por parte de muchos músicos blancos que posteriormente propusieron una visión revisada de su estilo.

Este disco es fundamental porque presenta todavía blues profanos que, a partir de un momento dado, Davis abandonaría en favor de un repertorio de trasfondo religioso.

ROBERT JOHNSON
The Complete Recordings
(Sony Music, 1990)

Doble CD que reúne las 29 piezas, grabadas entre noviembre de 1936 y junio de 1937, de uno de los personajes clave de la historia del blues. También contiene varios *alternative tracks* que nunca habían visto la luz antes. El *booklet* que presenta todos los textos y un buen ensayo sobre la música del Delta es fundamental.

BUDDY GUY
Damn Right I've Got the Blues
(Silverstone, 1991)

Crecido en la corte de Muddy Waters, Buddy se desvinculó muy pronto para comenzar una extraordinaria carrera como solista.

Exponente de relieve del West Side blues, supo elaborar con su guitarra un estilo que se convirtió en el punto de partida de muchos músicos rock. Sus solos desgarradores crearon escuela. Este disco, grabado en 1991, incluye como invitados a algunos de sus grandes émulos: Eric Clapton, Jeff Beck, Mark Knopfler y Neil Hubbard.

JOHN LEE HOOKER
Boom Boom
(Pointblank, 1992)

Columna vertebral del blues de Detroit, Hooker fue uno de los primeros en introducir en su estilo los presagios del rhythm'n'blues y en imponerse por su voz baja y potente. Este disco es uno de los últimos que grabó en su larga carrera, cuando (ya anciano) podía enorgullecerse de contar con el prestigio y el reconocimiento de toda la escena rock del momento.

El tema homónimo forma parte de la historia del blues.

BLIND WILLIE JOHNSON
The Complete Blind Willie Johnson
(Sony Legacy, 1993)

Willie Johnson, icono del holy blues, fue una de las voces más potentes y dramáticas de este género. En este doble CD están todas las grabaciones efectuadas entre 1927 y 1930. El *booklet* explica el estilo y la historia de los temas y contiene un ensayo de Sam Charters que se recrea en el personaje y en el blues de Misisipi.

SAM LIGHTNIN' HOPKINS
Po' Lightnin'
(Arhoolie, 1995)

El *bluesman* texano, con su inseparable Gibson, supo crear un estilo urbano sofisticado y elegante que creó escuela. A medio camino entre tradición e innovación, se le considera un clásico de voz cortante y de toque nervioso. En este disco, que presenta grabaciones de los años sesenta, también toca el piano y el órgano.

B.B. KING
His Definitive Greatest Hits
(Universal, 1999)

El último de una generación de músicos de blues de estilo inigualable. B.B. King incluye en esta espléndida recopilación todo lo mejor de su larga carrera. Con el trémolo de su «Lucille» despliega su blues en toda su variedad e intensidad. En los dos CD del disco se incluyen piezas como «The Thrill Is Gone», «Sweet Little Angel», «Rock Me Baby» y muchas más.

MISSISSIPPI JOHN HURT
1928 Session
(Yazoo, 2000)

En su estilo se funde el *picking* de los músicos tradicionales blancos con el blues más ortodoxo. El resultado es un proceder relajado y agradable que oculta una técnica superlativa. Redescubierto en el período del *revival*, influyó a muchos músicos blancos enamorados de su manera de tocar sincopada.

LEADBELLY
Huddie Leadbetter's Best
(BGO, 2002)

Personaje fundamental del blues pero, más en general, de la tradición folk norteamericana, Leadbelly muestra con estas grabaciones su potencia vocal y su inconfundible estilo guitarrístico, desarrollado en una guitarra de doce cuerdas. A él se debe el redescubrimiento de un patrimonio tradicional oral que de otro modo se habría perdido.

MUDDY WATERS
Muddy «Mississippi» Waters Live
(Sony Legacy, 2003)

A él y a su banda se debe la explosión del blues de Chicago de las décadas de 1940 y 1950.

La electrificación de los instrumentos no impidió mantener el *pathos* de los orígenes. Este directo presenta una de sus últimas bandas, con gente como Johnny Winter y Bob Margolin a la guitarra y Pinetop Perkins al piano.

FOLK, COUNTRY & BLUEGRASS

THE CARTER FAMILY
The Carter Family
(Decca, 1963)

Lo mejor del repertorio de la primera familia de la música country. 16 baladas melancólicas y reflexivas, desde «Worried Man Blues» a «Wildwood Flower», pasando por el himno protofeminista «Single Girl Married Girl».

GID TANNER AND THE SKILLET LICKERS
Old Timey's Favourite Band
(JSP, 1973)

Un cofre de cuatro CD que encierra las grabaciones de una banda old time con el corazón rock. Entre las perlas presentes, melodías de *fiddle* arrolladoras como «Hell Broke Loose in Georgia», «Cripple Creek» y «Sugar in the Gourd», con el ardiente violín de Gid Tanner y los increíbles toques de bajo de la guitarra de Riley Puckett.

HANK WILLIAMS
40 Greatest Hits
(Polygram, 1990)

Todo el espíritu oscuro del gran Hank en 40 temas significativos. Escuchando «Cold Cold Heart», «Lovesick Blues», «Lost Highway» o «I'm So Lonesome I Could Cry» se entiende por qué sigue siendo la estrella country más querida por los rockeros de ayer y de hoy.

BOB WILLS & HIS TEXAS PLAYBOYS
For the Last Time
(Capitol Records, 1994)

En 1973, el rey del Western Swing reunió a sus Playboys en un estudio de Dallas para una última reunión después de 40 años de la fundación de la banda. Incluso sobre una silla de ruedas, «Bob is still the King».

FLATT & SCRUGGS
At Carnegie Hall: The Complete Concert
(Koch Records, 1998)

Corría el mes de diciembre de 1962, y gracias al *revival* folk renacían viejas leyendas.
Entre ellas, Lester & Earl subían al prestigioso escenario del templo musical de la Gran Manzana para dar vida a una retahíla sensacional de 32 clásicos del bluegrass.

BILL MONROE & HIS BLUEGRASS BOYS
The Very Best of Bill Monroe and His Bluegrass Boys
(MCA, 2002)

22 temas grabados entre los cincuenta y los ochenta con formaciones diversas, todas excelentes, que demuestran que Bill Monroe fue, en el bluegrass, un «buque insignia» equivalente a Miles Davis en el jazz.
Sus grandes clásicos están todos ahí: de «Blue Moon of Kentucky» a «Walls of Time», pasando por «Molly and Tenbrooks» o «Uncle Pen».

THE STANLEY BROTHERS
All-time Greatest Hits
(King, 2002)

11 temas que encierran la formidable mezcla de old time y bluegrass de los hermanos más queridos de los Estados Unidos. Además de una supersónica «How Mountain Girls Can Love», hay piezas extraídas de la película *O Brother, Where Art Thou?*, como «Oh Death». Armonías vocales incomparables.

PATSY CLINE
The Definitive Collection
(MCA Nashville, 2004)

Una de las primeras grandes reinas de la música country. Atormentada y desafortunada, Patsy murió a los 30 años en un accidente aéreo. Dejó tres álbumes, un puñado de éxitos (de «Walking After Midnight» a «Crazy») y un halo de leyenda que no se desvanece a más de 50 años de su muerte.

CHARLIE POOLE
You Ain't Talkin' To Me : Charlie Poole and the Roots of Country Music
(Sony, 2005)

El legendario intérprete de banjo de Carolina del Norte, inspirador del bluegrass de Bill Monroe y de la música country de Hank Williams. En este cofre, además de las pistas originales también se encuentra el tributo de jóvenes epígonos.

JIMMIE RODGERS
The Essential Jimmie Rodgers
(RCA Legacy, 2013)

El primer álbum en CD que recoge lo mejor del «ferroviario cantarín». De «Blue Yodel No. 1» a «Frankie and Johnny», pasando por «The Jailhouse Now» y «Mule Skinner Blues», todo el arte del «padre de la música country».

Un chico guapo con patillas entra en los estudios de Sun Records, en Memphis.

Corre el 5 de julio de 1954 y aquel joven de Tupelo, Misisipi, ya ha estado allí un par de veces, aunque nunca ha coincidido con el jefe, Sam Phillips.

Pero su voz, su *sex appeal*, encantaron a Marion Keisker, la secretaria de aquel productor que, después de trabajar como disc jockey e ingeniero de sonido, había adquirido un pequeño taller en el 706 de Union Avenue y lo había transformado en un estudio de grabación.

Marion había anotado el nombre y el número de teléfono de aquel tipo fornido, vestido con colores chillones y con el mechón con brillantina. A decir verdad, había escrito mal el apellido: Elvis Presley, con una «s» de más. Pero había anotado tam-

> «Para nosotros, el rock'n'roll fue la única cosa capaz de penetrarnos el alma, permitirnos comunicar, darnos una identidad.»
> **BRUCE SPRINGSTEEN**

bién un comentario: «Brillante intérprete de baladas: no dejarlo escapar».

Así, ni siquiera un mes antes, Marion había pensado en él cuando su jefe buscaba a alguien que cantara «Without You», una balada que precisaba de una voz importante.

Al principio, Presley no convenció a Phillips. Pero luego saltó la chispa.

Durante una pausa, Elvis se lanzó a interpretar una divertida versión de «That's All Right», una pieza de estilo blues de Arthur Crudup.

Phillips se quedó anonadado y grabó inmediatamente lo que se convertiría en el primer 45 rpm de Elvis Presley. Casi sin saberlo, aquel día «el chico guapo con patillas» se topó con una nueva música descubriendo que había nacido para cantarla...

BE-BOP-A-LULA

ROCK'N'ROLL AÑOS '50

Nacimiento, explosión y declive de una nueva música

«Si te gusta el rock'n'roll significa que lo sientes dentro de ti, que lo vives, que te arrolla. A mí me pasó exactamente así.»

ELVIS PRESLEY

ROCK AROUND THE CLOCK

Los primeros balbuceos de una música rebelde en la América racista y conservadora de los años cincuenta, la importancia del cine en la naciente cultura juvenil y de una canción que cambió la historia del mundo.

L os artistas que acompañaron al pueblo estadounidense a través de la Segunda Guerra Mundial y la guerra de Corea, ya fueran Bing Crosby o Frank Sinatra, las orquestas de Duke Ellington o Glenn Miller, tenían un común denominador: su música era tranquilizadora, incluso en sus declinaciones más vivas. Los Estados Unidos vivían un período de ansia causado por la tensión política internacional derivada del proceso de cristalización de dos bloques opuestos.

Era un período de gran preocupación que, en sus degeneraciones más evidentes, había llevado a casos de paranoia, como la caza de brujas del maccartismo: sospechas y acusaciones afectaban a personajes públicos, a menudo pertenecientes al «disoluto» mundo del espectáculo. Para dar una idea del clima sociopolítico de aquellos días, un sondeo de 1954 evidenciaba que más del 50 por ciento de los ciudadanos estadounidenses pensaba que era justo encarcelar a todos los comunistas, «aun a costa de castigar inevitablemente a algún inocente…». Frente a los valores de aquella generación, la explosión del rock'n'roll se consideró una desgracia. Una música salvaje e inmoral que ponía en peligro el futuro de los Estados Unidos: era un enemigo a combatir. Pero el rock'n'roll era, sobre todo, el cómplice de los adolescentes que, desde principios de la década de 1950, adoptaron inconscientemente la nueva música como un formidable código de pertenencia. Vivido como identidad de masas que se oponían a la que el *establishment* había previsto para su futuro, el rock se convirtió en el motor y la banda sonora de aquellos años llenos de agitación.

Los jóvenes de la década se encontraron proyectados hacia una perspectiva diferente.

«"Rock Around the Clock" sonaba excitante como si fuera
el himno nacional de los teenagers.»

FRANK ZAPPA

Su realidad cotidiana era completamente diferente a la de los que habían nacido en el período de la Depresión y crecido con la guerra. Todavía no eran soñadores despreocupados, como los pintaría de manera un poco fabulosa la nostálgica serie de televisión *Días felices*; más bien parecían «rebeldes sin causa», como se los representaba eficazmente en la película homónima protagonizada por James Dean o en *El salvaje*, con Marlon Brando, encarnando la desazón de una generación agresiva y atormentada en busca de una dimensión propia. Pero sobre todo fue *Blackboard Jungle* (*Semilla de maldad*), una obra cinematográfica cuya intención era proporcionar un punto de reflexión sobre la necesidad de controlar el fenómeno de la delincuencia juvenil, la película que ejerció de involuntario detonador de la explosión del rock'n'roll, con la inclusión en su banda sonora de «Rock Around the Clock» de Bill Haley, lo cual proporcionó el primer impulso vital que se podía percibir en toda la nación. La canción, grabada el 12 de abril de 1954, había pasado casi inadvertida. Pero el éxito de la siguiente «Shake Rattle and Roll» favoreció la inclusión de «Rock Around the Clock» en *Semilla de maldad*. La película ponía el foco en el problema de la violencia juvenil, que se había convertido ya en una cuestión de actualidad: los padres en la guerra, las madres trabajando y los hijos que crecían entre la despreocupación y una excesiva permisividad habían creado una descompensación en la educación de la nueva generación. *Semilla de maldad* contaba la historia de un joven y voluntarioso profesor superviviente de la

guerra que intentaba redimir a un grupo de adolescentes rebeldes en una escuela de la degradada periferia de Nueva York. No sin dificultades, lo lograría gracias en parte a la alianza con un estudiante de color. Y sin embargo, ni siquiera el final políticamente correcto, que tomaba un decidido atajo hacia la moral más tranquilizadora, logró evitar el imprevisto escándalo que se produjo. La mecha que encendió la carga explosiva era, justamente, la escena inicial de la película, cuando algunos estudiantes aparecían frenéticamente bailando con las notas de «Rock Around the Clock».

Semilla de maldad, estrenada en Nueva York el 20 de marzo de 1955, reforzó el vínculo entre el rock'n'roll y la rebelión en las convicciones de los adultos, y su contenido multirracial no favoreció precisamente la afirmación. En las páginas de *Time* se formuló la hipótesis según la cual la película representaba una protesta contra el «American way of life» que jugaba a favor de los comunistas, y en muchas ciudades se censuró la banda sonora de la escena inicial (con la canción de Bill Haley). El verano de 1955 representó, pues, el auténtico punto de partida para aquel movi-

UNA ENFERMEDAD SOCIAL

Durante dos años, incluso la revista *Time* publicó decenas de artículos que combinaban episodios de violencia con la nueva música. En una ocasión se llegaron a vincular las reuniones del rock'n'roll con las del nazismo, y a sostener que la nueva música se utilizaba para rituales orgiásticos y eróticos durante los cuales se utilizaba a muchachas blancas para satisfacer los instintos bestiales de personas de color. El rock'n'roll fue señalado como el responsable de todos los males de la sociedad, identificándolo con el comunismo y acusándolo también de ser un instrumento utilizado por la mafia para someter a las nuevas generaciones.

miento que muchos años más tarde se conocería como cultura rock. «Rock Around the Clock» ascendió inmediatamente en el primer puesto de las clasificaciones, y durante mucho tiempo siguió siendo el single más vendido en la historia del rock. Incluso la Enciclopedia Británica tomó nota del fenómeno y lo incluyó entre los neologismos, utilizando la definición más bien despreciativa de *jungle music*. Hubo diversos intentos de encerrar en un gueto la nueva tendencia, relacionándola con noticias y situaciones deplorables, e incluso se comenzó a acreditar la tesis del complot, denunciando el rock'n'roll como instrumento de desestabilización organizado por negros, comunistas y judíos para atentar contra la «raza americana». El conocido psiquiatra Francis J. Braceland llegó a definir el rock'n'roll como «caníbal y tribal», y *communicable disease*, lanzando la hipótesis de una auténtica patología que estaba desembocando en una epidemia. En San Antonio, Texas, se prohibió la inclusión de discos de rock'n'roll en las jukebox de las piscinas municipales, ya que «el beat primitivo atrae a personajes incómodos que efectúan acrobacias descoyuntadas en traje de baño». Incluso entre los cantantes más populares hubo un clima difuso de hostilidad frente a los nuevos ídolos de los *teenagers*, y Frank Sinatra afirmó que el rock'n'roll «apesta a falso, lo cantan, tocan y escriben principalmente cretinos, y se caracteriza por una reiteración estúpida, con lo que parece una música marcial para delincuentes con patillas».

La gran industria discográfica, apoyada por el clima general de condena hacia la primera encarnación del rock'n'roll, comenzó a canalizar el fenómeno hacia un negocio más previsible, gobernado por el marketing.

Quien encabezaba la apasionada comedia del conflicto entre música rebelde y moralistas, fue casi exclusivamente una élite de adultos blancos que, movida por una mezcla de intereses e ideales realmente ambiguos, combatía en nombre de valores que se llamaban ideología, conformismo y beneficio. El jovencísimo cantante de color Frankie Lymon cantó con ironía tranquilizadora «I'm Not a Juvenile Delinquent» (escrita por un autor blanco de cuarenta años), como si quisiera aclarar que no había por qué preocuparse. En

El mechón de
BILL HALEY

Nacido en 1925 en Highland Park, Michigan, William John Clifton Haley formó la banda Bill Haley & The Four Aces of Western Swing, que solía tocar entre Delaware y Pennsylvania definiéndose como «Ramblin' Yodeler», y siguiendo la estela de sus ídolos Hank Williams y Gene Autry. A principios de la década de 1950, su banda, que entretanto había sido rebautizada como Bill Haley & His Comets, se aproximó al estilo de Louis Jordan y grabó las excelentes «Rock the Joint» y «Crazy, Man, Crazy». En realidad, Haley era un personaje bastante improbable con su chaqueta de héroe juvenil y rebelde, a sus treinta años, y su rotundidad de charcutero, sus problemas de visión y aquel mechón en tirabuzón que remitía a las películas de los años treinta y que en cambio intentaba disimular un mal soportado estrabismo.

efecto, gradualmente, la música rebelde se convirtió en un bien de consumo que se vendía a los jóvenes junto a los vaqueros, las bebidas con soda y las piruletas. Pero, al mismo tiempo, se oponen a los artistas más ofensivos, manipulando el mercado a través de la imposición de modelos inofensivos, los *teen-idol*, en parte para atenuar la evidencia de la contribución afroamericana, portadora de un estilo considerado pecaminoso por los principios mojigatos y conformistas del período, que ciertamente no podían aceptar que un negro se pudiera convertir en una estrella en una sociedad que no preveía que sus hijos se sentaran junto a jóvenes afroamericanos. En efecto, la cuestión racial se estaba convirtiendo en un argumento que ya no se podía diferir en la sociedad estadounidense, después de que muchísimos negros hubieran combatido junto a sus conciudadanos blancos para derrotar la amenaza nazi y defender los ideales de libertad e independencia. En la comunidad afroamericana comenzó a emerger un fuerte sentimiento de unidad, y la música que se originó en los centros urbanos, el rhythm'n'blues, fue su involuntario pero extraordinario catalizador. Por

otra parte, esta música atraía cada vez más a los adolescentes blancos, ya que constituía una celebración del baile, los automóviles y el sexo: una mezcla de irresistible y multirracial atractivo.

El 17 de mayo de 1954, el Tribunal Supremo emitió una histórica sentencia que establecía la inconstitucionalidad de la segregación en las escuelas, invitando a llevar a cabo la integración racial «lo más rápidamente posible». La tensión en el país aumentó. En lugar de aceptarla, muchos padres blancos cambiaron a sus hijos a institutos privados y algunas comunidades del Sur llegaron a abolir incluso el sistema de escuelas públicas. En agosto de 1955, un muchacho afroamericano de Chicago, de catorce años, fue brutalmente asesinado mientras estaba de vacaciones en casa de sus tíos en Money, Misisipi, por haber mantenido un comportamiento irreverente con una chica blanca del lugar. En su funeral, en el que participaron más de 100.000 personas, la madre solicitó que se abriera el ataúd para mostrar el cuerpo martirizado, a fin de que sirviera de advertencia a todos, para entender que el odio racial del Sur era un problema

COVER: UN GRAN CAMELO

La primera víctima del odioso fenómeno de los covers fue el grupo doo-wop The Chords, que en 1954 entró en la clasificación con «Sh-Boom», inmediatamente desbancada por la versión que hicieron los blancos y canadienses Crew Cuts, que gozaron de una mejor distribución y reservaron el mismo tratamiento a la bellísima «Earth Angel» de los Penguins. Otros temas fueron retomados pocas semanas después de la salida del original: «Pledging My Love», de Johnny Ace desapareció de las clasificaciones al aparecer el cover de Teresa Brewer, mientras que «Tutti Frutti» de Little Richard fue saqueada por Pat Boone con una ridícula versión que vendería millones de copias.

para toda la nación. El impacto emotivo fue enorme. Tres meses más tarde, el uno de diciembre de 1955, en un autobús de la población de Montgomery, Alabama, la ciudadana de color Rosa Parks se negó a ceder su asiento a un pasajero blanco. La consecuencia fue su detención y un célebre y largo boicot de los medios de transporte públicos por parte de la comunidad negra, dirigida por el joven reverendo Martin Luther King Jr., que culminó con la declaración de inconstitucionalidad de la segregación racial en los medios públicos. Todos estos acontecimientos interactuaron de forma inevitable con la expresión musical y artística de la recién nacida música rock. Los artistas de color debían enfrentarse a situaciones de gran tensión cuando actuaban en el Sur, donde por norma el público negro

se separaba del blanco. Frankie Lymon fue severamente reprendido por haber osado marcarse unos pasos de baile con una joven blanca. En este período, Little Richard decidió acentuar el aspecto excéntrico y cómico de sus actuaciones con el fin de resultar menos peligroso para la rígida moral puritana. Quizás fueron todas estas historias del Sur y el coraje de Rosa Parks lo que inspiraron a Chuck Berry la canción «Brown Eyed Handsome Man», el primer ejemplo de

Little Richard creció bajo el góspel de las iglesias baptistas.

celebración en la música del orgullo negro. El éxito que obtenía el rhythm'n'blues entre el público blanco empujó a las casas discográficas más importantes a poner en marcha el odioso fenómeno de los covers, efectuados de inmediato con el intento de aprovechar económicamente la mayor capacidad logística y comercial respecto de las pequeñas etiquetas independientes que producían música negra. En la lucha entre originales y covers resultó claro el dominio de la sociedad blanca estadounidense en la gestión del liderazgo de la industria cultural, aunque es preciso reconocer que acercaron el nuevo estilo a millones de oyentes y legitimaron públicamente el idioma afroamericano como algo que no era inconveniente. Se mire como se mire, resulta difícil discernir las luces de las sombras, la mera búsqueda de beneficio de la apreciación sincera. Por fortuna, queda la música para desvelar los secretos para quien tiene oídos para escuchar: a partir del jadeo lascivo de los primeros temas de rock'n'roll de Elvis se refleja toda la espontánea capacidad de compartir y de comunicar del blues; en el aséptico y embarazoso remedo del estilo de Little Richard por parte de Pat Boone se revela en cambio una desagradable obra de aprovechamiento del idioma original que repudia simultáneamente su pecaminosa impetuosidad.

EN LAS RAÍCES DE LA NUEVA MÚSICA

Desde varias ciudades de los Estados Unidos se enviaron postales sonoras destinadas a toda la Unión. La nueva música derribó las barreras raciales, y la radio ejerció de caja de resonancia de sonidos y ritmos que excitaron a las jóvenes generaciones.

La música estadounidense, en busca de su propia identidad, bebe de las fuentes más diversas, desde las influencias culturales y populares europeas hasta las latinas, caribeñas y africanas que llegaban a Nueva Orleans, puerta en la que recalaban no solo barcos, mercancías y esclavos, sino también culturas y tradiciones.

La música popular se convirtió en realmente norteamericana cuando, con la explosión del rock'n'roll, los diferentes elementos «blancos y negros» se fundieron en un proceso espontáneo que dio origen al nuevo idioma musical. En este sentido, el rock puede considerarse como moderno folk estadounidense porque, siendo una forma de arte popular, era expresión directa de la sociedad, del tiempo, de la cultura y de la historia política que lo generaron.

EL PRIMER CONCIERTO ROCK DE LA HISTORIA

El viernes 21 de marzo de 1952 en Cleveland, Ohio, tuvo lugar el Moondog Coronation Ball, que posteriormente se definiría como «el Big Bang del Rock and Roll». Organizado por Alan Freed con artistas tanto blancos como negros, el espectáculo tuvo que programarse también para el día siguiente a causa de la gran demanda. Sin embargo, en las entradas no se distinguían las dos fechas, y el viernes se presentó una multitud excesiva para la capacidad del Cleveland Arena. El espectáculo terminó de la peor manera posible: los bomberos dispersaron con sus mangueras a la muchedumbre enfurecida. La batalla produjo heridos y daños en las estructuras.

En el curso de la primera mitad del siglo XX, el creciente bienestar de amplias capas de la población de color, posterior a las migraciones hacia las grandes ciudades del Norte, llevó a la difusión de las radios especializadas en música negra, definida entonces como *race music*, y al nacimiento de un floreciente mercado discográfico.

A Chicago, en la década de 1940, llegaron varios centenares de miles de afroamericanos; una comunidad de importante potencial económico, que inmediatamente llamó la atención de los hermanos Chess, quienes tuvieron la idea de fundar una pequeña casa discográfica que lograra satisfacer las demandas. La llegada de Muddy Waters y Little Walter en primer lugar, y luego de Howlin' Wolf, dio inicio a una de las tradiciones musicales más relevantes.

▶ 9 DE JUNIO DE 1951

«Rocket 88», de Jackie Brenston & His Delta Cats (banda comandada por Ike Turner), grabada en el Memphis Recording Service de Sam Phillips, alcanza el primer puesto de la clasificación R&B. Muchos lo consideran el primer tema de rock'n'roll.

▶ 21 DE MARZO DE 1952

Alan Freed organiza en Cleveland el Moondog Coronation Ball, en el que actúan artistas blancos y negros, y que se considera el primer concierto en la historia del rock.

▶ 15 DE MARZO DE 1954

Los Chords graban «Sh-Boom», la primera canción doo-wop que entra en las clasificaciones pop. Estalla la moda de los grupos vocales R&B, así como el denominado fenómeno de los covers, inmediatamente realizados por artistas y grupos blancos, que gracias a una mejor distribución superan a los originales en las clasificaciones.

▶ 12 DE ABRIL DE 1954

En el Pythian Temple de Nueva York, Bill Haley & The Comets graban el tema «Rock Around the Clock», que obtendrá un enorme éxito después de su inclusión en la banda sonora de la película *Semilla de maldad*.

▶ 17 DE MAYO DE 1954

El Tribunal Supremo declara inconstitucional la segregación racial en las escuelas.

▶ 5 DE JULIO DE 1954

Elvis Presley graba «That's Allright» en los estudios de la Sun Records, en compañía de Bill Black y Scotty Moore. El particular estilo instrumental de la guitarra y del contrabajo, unidos a la revolucionaria (para un blanco) manera de cantar y el uso del eco por parte de Sam Phillips, decretan el nacimiento del rockabilly y de la luminosa estrella de Elvis.

En Kansas City, una de las ciudades del vicio llena de locales y atracciones nocturnas, operaba el legendario *shouter* Big Joe Turner desde los años treinta, junto al pianista Pete Johnson. A ambos los llevó John Hammond Sr. a Nueva York, en 1938, y actuaron con los pianistas Meade Lux Lewis y Albert Ammons en el histórico espectáculo *From Spirituals to Swing*, que se celebraba en el Carnegie Hall y dio inicio a la arrolladora pasión de los Estados Unidos por el boogie-woogie y el swing de las orquestas de Tommy Dorsey y Benny Goodman. El poliédrico Louis Jordan, protagonista en los clubs neoyorquinos, se convirtió en el exponente principal del rhythm'n'blues de los años cuarenta. Procedente de la orquesta de Chick Webb, fue uno de los primeros en captar el potencial del swing y de la utilización de un combo, una banda con efectivos reducidos, más ágil y económica a la hora de efectuar giras, igualmente eficaz a través del uso de riffs de viento repetitivos e incisivos.

En Nueva York también actuaba Jesse Stone, histórico líder de banda y posteriormente autor de temas como «Shake, Rattle and Roll» y «Flip, Flop and Fly» (con el seudónimo de Charles Calhoun), y que fue uno de los artífices de la entrada de la Atlantic de Ahmet Ertegun en el mercado del rhythm'n'blues. Jesse Stone recordaba haber recorrido los *juke joints* del Sur para intentar entender el secreto de aquella música. Probablemente los locales que visitó no debían encontrarse a mucha distancia de Memphis, el principal catalizador urbano de los estilos country blues y Delta blues de una amplia zona de los alrededores, que comprendía, además de Tennessee, Alabama, Misisipi y Arkansas. Memphis, una meta menos difícil que Chicago, permitía que los músicos intentaran fortuna en los numerosos locales que se sucedían en Beale Street. Durante toda la década de 1940 faltó una compañía discográfica o simplemente un auténtico estudio de grabación, pero la llegada de Sam Phillips desde Florence, Alabama, solucionó estas carencias, y trajo consigo una formidable capacidad a la hora de descubrir nuevos talentos. Por su estudio pasó una retahíla de artistas de color, como B.B. King y Howlin' Wolf, hasta el descubrimiento de Elvis y el nacimiento del rockabilly. Siguiendo el Misisipi más hacia el sur, se encontraba Nueva Orleans, The Big Easy, con su afamada tradición de música en vivo.

Nueva Orleans, antigua cuna del jazz, representaba el lugar ideal para el desarrollo de un rhythm'n'blues de expresión más relajada pero impulsado por el *backbeat* de derivación «dixieland» y caracterizado por originales variaciones rítmicas y armónicas, fruto de músicos eclécticos como el pianista Professor Longhair, que condensó en su estilo elementos europeos y caribeños, además de la tradición del estilo *barrelhouse*.

Finalmente, en la costa oeste, que había atraído a decenas de miles de afroamericanos en busca de un trabajo en la industria bélica, aumentó consiguientemente la demanda de discos y espectáculos de música negra. Entre los personajes activos en esta escena estaban los pianistas Jay McShann, Wynonie Harris, Amos Milburn –que influyó mucho a Fats Domino y a Little Richard– y el guitarrista texano T-Bone Walker, padre del estilo eléctrico y gran showman, que tuvo una influencia fundamental en B.B. King y Chuck Berry.

Si, en cambio, se quiere trazar la contribución de la música blanca al nacimiento del rock'n'roll, es preciso volver a Tennessee, pero esta vez a Nashville, donde se estaba consolidando la naciente tradición del country & western con el «Grand Ole Opry», el espectáculo más prestigioso de este género transmitido por la radio. En el escenario del Ryman Auditorium se forjaron las carreras de Hank Williams y de Elvis

9 DE ABRIL DE 1955 ◄

Bo Diddley entra en la clasificación de *Billboard* con su primer sencillo, que contiene la homónima canción del innovador jungle beat y el rock blues «I'm a Man».

21 DE MAYO DE 1955 ◄

Chuck Berry graba su primer sencillo, «Maybellene». La canción, que une de manera moderna el country y el R&B se caracteriza por partes de guitarra eléctrica que introducen un estilo nuevo e irresistible.

9 DE JULIO DE 1955 ◄

Tras la estela del escándalo suscitado por la película *Semilla de maldad*, «Rock Around the Clock» alcanza el primer puesto en la clasificación y permanece en ella dos meses. Es el primer gran éxito de la nueva música.

14 DE SEPTIEMBRE DE 1955 ◄

En los estudios de Cosimo Matassa, en Nueva Orleans, Little Richard graba «Tutti Frutti». Dos meses más tarde, la firma Specialty lo publica y da a conocer al mundo al artista más explosivo del rock and roll.

30 DE SEPTIEMBRE DE 1955 ◄

Muere James Dean en un trágico accidente de carretera, justamente cuando la película *Rebelde sin causa* se estrenaba en las salas de cine. Su interpretación del problemático adolescente Jim Stark representa a la perfección las inquietudes de los jóvenes norteamericanos.

1 DE DICIEMBRE DE 1955 ◄

Rosa Parks se niega a ceder su asiento a un pasajero blanco en un autobús de Montgomery, Alabama, y es arrestada. Comienza un largo boicot de los medios públicos por parte de los ciudadanos negros, organizado por Martin Luther King, que lleva a la abolición de la segregación en los medios públicos.

Presley. En Nashville, en aquel tiempo, todavía se evitaba la batería, considerada un instrumento indigno de contaminar el puro sonido country & western. El primero que la introdujo fue el violinista y líder de banda texano Bob Wills, que con sus Texas Playboys tocaba aquella mezcla de country y jazz bautizada como western swing.

Otra pieza a añadir fue el papel que revistió la música «bluegrass», evolución directa de la llamada *old time music* de los montes Apalaches, caracterizada por una gran pericia técnica y virtuosismo. Inventada por Bill Monroe, ejerció una cierta influencia en aquel híbrido definido como rockabilly.

Pero si hubo un personaje fundamental fue Hank Williams, cuya «Move It On Over» presentaba un aire country boogie con un marcado *backbeat* y acentos que la aproximaban mucho al típico rock'n'roll de la década siguiente. No se precisa mucha intuición ni oído para descubrir las similitudes entre este tema y «Rock Around the Clock» de Bill Haley. Es más, Hank era un autor introspectivo y melancólico que afrontó temas como el amor (por ejemplo «So Lonesome I Could Cry» y «Cold Cold Heart») con un estilo diferente a los esquemas de la época, con lo que atra-

jo la atención de la opinión pública: «Cold Cold Heart», por ejemplo, se convirtió en un éxito *mainstream* en la versión de un *crooner* como Tony Bennett. Williams contaba, además, con el físico apropiado: su mirada de guapo tenebroso daba en la diana. Además, quemó muy de prisa a su familia y su carrera en los excesos de alcohol y drogas, convirtiéndose a todos los efectos en una estrella del rock *avant la lettre*. Murió a las 7 de la mañana del día de Año Nuevo de 1953 en el asiento trasero de su Cadillac, con una mezcla de morfina y alcohol en el cuerpo, mientras que un conductor desconocido contratado poco antes lo acompañaba hacia Canton, Ohio, donde tenía que ir a tocar. Su cadáver lo descubrió el policía que acababa de hacer parar el coche por exceso de velocidad. En aquel momento, Hank tenía 29 años y el último disco que había grabado se titulaba *I'll Never Get Out of This World Alive*...

A principios de la década de 1950, con la difusión de la televisión, la programación de las radios se orientó de manera casi exclusiva a la música, dando impulso de este modo al crecimiento de la industria discográfica independiente y permitiendo que muchos jóvenes blancos entraran en con-

PROFESIÓN DJ

Los disc jockeys como Dewey Phillips se convirtieron en un indeseado factor de incomodidad para la sociedad conservadora estadounidense y no fueron aceptados de buen grado por los padres de los jovencísimos oyentes que escuchaban sus programas. Phillips atraía la atención de más de cien mil personas, y su frase icónica, «Tell'em Phillips sent me!» estaba en boca de todos los chavales de la ciudad, fascinados por su alegre locura. Entre sus efectos pasó a la historia cuando logró que centenares de automóviles de bocinas de automóviles tocaran al unísono como burla a la policía de Memphis.

tacto con los sonidos y ritmos de derivación afroamericana. La importancia de la radio fue sobre todo la de situar la música antes que nada, más allá de cualquier implicación racial. La mayor parte de los jóvenes blancos escuchó por primera vez la música negra en los jukebox o en la radio. La característica común a todas las radios era la importancia

de la figura de los Dj. Habitualmente desplegaban un estilo exuberante que lograba atraer y mantener la atención de los oyentes con hallazgos y efectos personales y el uso de expresiones pintorescas. Una de las figuras más legendarias fue Dewey Phillips, carismático, anticonformista, blanco pero apasionado por la música negra, que transmitió «Red Hot and Blue» desde Memphis radiando los discos de Muddy Waters, Howlin' Wolf o Elmore James. En el mismo período, en Cleveland, comenzó a dejar su huella Alan Freed, Dj blanco apa-

Dewey Phillips está considerado la principal figura radiofónica durante la eclosión del rock and roll.

sionado por el jazz que fue el primero en indicar con el término rock'n'roll a la música R&B que transmitía en el curso del programa *The Moondog House*. En 1954, Freed recaló en Radio WINS de Nueva York, para la que condujo el programa *Rock and Roll Party*. Aunque el término ya existía, con Alan Freed asumió un nuevo significado que trascendió la simple mezcla de referencias sexuales y musicales.

Rock'n'roll indicaba a la perfección una nueva tendencia musical que pertenecía en igual medida a los jóvenes, blancos y negros, y representaba sus ansias y necesidad de emancipación.

THE ROCK'N'ROLL HALL OF FAME

Nueva York, 26 de enero de 1986. Se celebra en Nueva York la ceremonia que certifica al primer grupo de artistas que entran a formar parte del recién creado Rock'n'Roll Hall of Fame, auténtico Olimpo del rock. Son Chuck Berry, James Brown, Ray Charles, Sam Cooke, Fats Domino, The Everly Brothers, Buddy Holly, Jerry Lee Lewis y, obviamente, Elvis Presley. A partir de aquel momento, el Rock'n'Roll Hall of Fame se convierte en sinónimo de «Olimpo del rock». La fundación se crea en 1983 y solo en un segundo momento se construye la sede física en Cleveland, Ohio, con el magnífico museo del rock anexo (1100 E 9th st.): la torre con pirámide de vidrio la proyecta el renombrado arquitecto chino-americano I.M. Pei. Hoy, las siete plantas de la estructura acogen muestras permanentes y/o itinerantes en las que se exponen algunos de los recuerdos rock más preciosos. Para ser candidato a entrar a formar parte del Hall of Fame deben haber transcurrido 25 años desde la primera grabación.

LET THE GOOD TIMES ROLL

De Fats Domino a Little Richard, el rock'n'roll recoge nueva savia en Nueva Orleans, «The Big Easy», la ciudad donde todo es fácil. Incluso un funeral es ocasión para tocar y celebrar.

N inguna otra ciudad ha contribuido al desarrollo de la música popular estadounidense del siglo xx como Nueva Orleans. Agazapada entre los meandros del Misisipi y del lago Pontchartrain, fue el foco de una zona más amplia en la que prosperó una multitud de estilos musicales. Del jazz al blues, del cajun al zydeco, cada uno de ellos aportó una pequeña o gran contribución a la identidad musical de la ciudad, cuya escena, en la inmediata posguerra, se condensó en torno a la figura de Cosimo Matassa, uno de los productores más importantes para el nacimiento y la afirmación del rock'n'roll. A su lado operaba el líder de banda y arreglador Dave Bartholomew, cazador de talentos de la etiqueta californiana Imperial Records. Fue Bartholomew quien descubrió a Fats Domino, pianista y cantante cuyo estilo expresaba a la perfección la índole de Nueva Orleans y que se convirtió en su mayor estrella. Originario de una familia de músicos, Antoine «Fats» Domino comenzó muy pronto a tocar el piano y actuó en los honky-tonk club de la zona. En 1949, por invitación de Bartholomew, grabó «The Fat Man», lograda reelaboración del tema «The Junker's Blues» de Champion Jack Dupree, que le hizo ganar un disco de oro en 1953. Las inflexiones criollas de la voz de Domino lo aproximaban a la sonoridad de la música francófona, atenuando la identificación como artista afroamericano. Una característica, esta, que facilitó su éxito entre el gran público. Bartholomew contribuyó al lanzamiento de muchos músicos importantes, colaborando también con la Specialty Records de Art Rupe, otro personaje que había entendido con antelación que el atractivo del rhythm'n'blues no iba a dejar de crecer. Entre estos es obligado recordar a Lloyd Price, cuyo «Lawdy Miss Clawdy» obtuvo éxito convirtiéndose en uno de los temas preferidos de Elvis Presley, que grabó una bella versión del mismo. Un día, Lloyd Price, mientras se encontraba de gira por Macon, Georgia, fue abordado por Richard Wayne Penniman, un joven pianista y cantante prometedor destinado a ser famoso con el apelativo de Little Richard. «Lloyd tenía un Cadillac precioso de color negro y dorado –recuerda Penniman-, yo también quería uno. El único lugar en el que había visto una cosa tan bonita era en una empresa de pompas fúnebres... tendría que morirme para poder dar una vuelta en un coche así... Así que le pedí consejo y me sugirió que enviara una demo a Art Rupe, de la Specialty». Little Richard había probado ya su suerte en Nueva Orleans, pocos años antes, y luego se había desplazado a Houston, donde se había fijado en él el líder de banda Johnny Otis: «Recuerdo que alguien me había llamado para decirme que no me perdiera a un tipo extraño que era el protagonista de un espectáculo inolvidable en el Club Matinée de Lyon Avenue. Cuando llegué vi a este tío de aspecto extravagante y afeminado, con un largo mechón esculpido. Pero, además de dar espectáculo, cantaba realmente bien. Recuerdo que era fascinante, extraño y exótico, y al final se presentó así: "Hola, soy Little Richard: el rey... iy también la reina del rhythm'n'blues!" El público, estupefacto y cautivado, comentaba: "Esto sí es algo nuevo".»

> «Mi estudio era uno de los pocos lugares en los que un músico negro podía encontrarse con su novia blanca sin preocuparse de que le arrestaran.»
>
> COSIMO MATASSA

Richard siguió el consejo de Price y envió una demo a la Specialty, que terminó en manos del director artístico Robert «Bumps» Blackwell, músico de color diplomado en el conservatorio de Seattle, que había contribuido ya en la formación artística de Ray Charles. Art Rupe y Blackwell, impresionados, decidieron organizar una sesión en los estudios de Cosimo Matassa. A su regreso a Nueva Orleans, Little Richard encontró a su disposición a la fantástica banda de Fats Domino, con Lee Allen y Alvin «Red» Tyler a los saxofones y Earl Palmer a la batería. Pero el resultado fue decepcionante y, según Blackwell, «había una gran diferencia entre su aspecto excéntrico y el sonido resultante. Era como si Tarzán tuviera la voz de Mickey Mouse... No podía funcionar.» Blackwell decidió en-

Cosimo Matassa fue un ingeniero de grabación y propietario de un estudio estadounidense, responsable de muchas grabaciones de R&B y de rock and roll.

La leyenda de
COSIMO MATASSA

Cosimo Matassa, cazador de talentos y pionero del rock'n'roll, fue un productor e ingeniero de sonido *avant la lettre*. Dotado de intuición y creatividad, se convirtió en una figura clave en la grabación de los grandes éxitos del R&B de Nueva Orleans. Un poco gurú y un poco genio, este italoamericano de origen siciliano logró hacer orbitar alrededor de su pequeño estudio de grabación a músicos maravillosos y de talento, haciéndoles participar en los temas de Fats Domino, Little Richard, Professor Longhair, Ray Charles, Sam Cooke y Dr. John. Su estudio se encontraba en el número 840 de Rampart Street, en el Barrio Francés, pero en 1956 se trasladó al 525 de Governor Nichols Street y, finalmente, en los años sesenta, al 748 de Camp Street, donde los Meters grabarían sus primeros temas dando origen a la escena funk.

tonces hacer una pausa para aclararse las ideas y llevó a todos los músicos a tomar algo al Dew Drop Inn. Allí, el joven Richard se fue a sentar al piano para que Lee Allen escuchara su estilo. En aquel momento saltó de repente la magia: una martilleante introducción sobre las notas del teclado y el explosivo sinsentido de «¡¡¡A Wop-Bop-A-Loo-Mop Alop-Bam-Boom!!!» erizó súbitamente las orejas a Bumps Blackwell, que gritó: «¡Eso es, Richard! Esto es lo que quiero de ti. ¡Tenemos un hit!». Blackwell llamó a Dorothy La Bostrie (una autora que aspiraba a grabar para la Specialty) para «pulir» el texto de «Tutti Frutti» de algunas partes demasiado osadas. Tras volver al estudio para proseguir la sesión, los músicos dedicaron el último cuarto de hora a la canción. Richard, con la voz ya cansada y sin arreglos, se puso directamente al piano y se lanzó a una salvaje versión con las últimas energías que le quedaban. Quince minutos más tarde, uno de los mayores temas de la historia del rock había sido guardado a buen recaudo para la posteridad. El fruto de aquel cuarto de hora del 14 de septiembre de 1955 fueron 500.000 copias vendidas en poco tiempo, y el nacimiento de una nueva estrella. Por desgracia, el éxito del tema se vio oscurecido en seguida por la versión de Pat Boone, que grabó un cover inmediato, purificado de la negritud y de la excitación, en beneficio de la América puritana. También la sucesiva «Long Tall Sally», con los chillidos en falsete, que se convertirían en su marca de fábrica e influirían en los Beatles, contó con una versión de Pat Boone, siempre con resultados que rayaban el ridículo, pero esta vez no triunfó en su intento: fue Little Richard quien obtuvo el disco de oro de manos de un complacido Art Rupe.

Después del triunfo de «Long Tall Sally», que interpretó también en la película *Don't Knock the Rock*, otros temas grabados en ese mismo año, «Slippin' and Slidin'», «Ready Teddy» y «Rip It Up», se convirtieron en clásicos. Entre finales de 1956 y principios de 1957, Richard grabó «Jenny Jenny», «Good Golly Miss Molly» y «Lucille», que calcan el estilo de los éxitos anteriores. «Lucille» es una de las canciones más bonitas de la historia del rock: la atmósfera electrizante que desprende es increíble, con el beat percusivo del piano y los vientos ardientes que impulsan al tema con sus riffs poderosos. Su voz, punzante y explosiva, cierra cada vez la segunda sílaba del nombre que da título a la canción con un grito entrecortado entre falsete y sollozo, coloreado con una locura consciente. La emocionante representación cinematográfica de la canción en la película *Mr. Rock and Roll*, proporcionó a la historia la imagen de Little Richard y de su irrefrenable carga vital, con aquellas ganas egocéntricas de ser siempre el mejor, autoproclamándose el auténtico rey (o reina...) del rock'n'roll.

Paralelamente a Little Richard, también Fats Domino dio en el blanco con «Ain't That a Shame». La canción se aleja de la extravagancia de Little Richard o del ritmo rápido de «Maybellene» de Chuck Berry, pero el simple y vital ritmo está marcado por continuos *breaks* en cada estrofa, graciosos por su repetición tan cercana. El tono de la voz, con el arrastrado acento criollo, no hace más que añadir una fascinación exótica a la grabación. Sin embargo, también Domino sufrió la estrategia de Pat Boone, que se adueñó inmediatamente de «Ain't That a Shame» y la llevó a la cima de las clasificaciones.

> «Hay quien me llama el arquitecto del rock'n'roll y tiene razón.
> Si Elvis es el rey del rock, yo soy la reina.»

LITTLE RICHARD

Parafraseando el título: ¿no es una vergüenza? Respecto a los demás rockeros que emergieron en el período entre finales de 1955 y principios de 1956, el cantante de Nueva Orleans aprovechó la ventaja de su aire bonachón, en absoluto amenazador, que se reflejaba también en la música que tocaba. «Su aspecto era simplemente el de una persona sencilla y feliz. No representaba una amenaza para la moral puritana», decía el músico y arreglador Harold Battiste, y el crítico John Broven, con una intuición muy atinada, lo definió de modo ajustado como «la válvula de seguridad del rock'n'roll. Basta pensar que Domino fue el artista que obtuvo el mayor éxito comercial después de Elvis Presley

en los años cincuenta. Ningún otro artista de color se acercó, ni siquiera de lejos, al éxito de Fats Domino: a partir de la citada «Ain't That a Shame», de 1955, hasta «Walking to New Orleans», de 1960, situó hasta una cuarentena de éxitos en la clasificación pop. «Blueberry Hill», un viejo clásico interpretado con gran estilo, a partir de la inconfundible obertura de piano, sería su mayor éxito. Pero deben recordarse también otros temas auténticamente rock'n'roll: entre estos, «I'm Walkin'», «Sick and Tired» y «I'm Ready», que tenían un ritmo pegadizo y desprendían todo el buen humor y la alegría de la música de Nueva Orleans.

Nativo de Nueva Orleans, Fats Domino llegó a vender más de 65 millones de discos.

SWEET HOME CHICAGO

La saga de Chess Records en la «windy city». Del blues de Muddy Waters al primer tema de rock'n'roll de la historia, los éxitos de Bo Diddley y Chuck Berry.

Chicago, tan fría y ventosa en cuanto al clima como tórrida y densa en su blues eléctrico que nació y conoció aquí su apoteosis expresiva, representó la meta ideal para centenares de miles de negros que huían del Sur explotador y segregacionista, llevándose consigo los secretos y los hechizos del Delta.

La historia del blues y el nacimiento del rock en Chicago es, sobre todo, la historia de los hermanos Chess, Leonard y Phil (su verdadero apellido era Czyz), llegados a los Estados Unidos en otoño de 1928 desde Polonia. Ninguno de los dos, que iban a Chicago a reunirse con su padre, tenía ninguna particular vocación por la música y no sabían tocar ningún instrumento. Su historia es la demostración de que en la base de las grandes agitaciones de la escena musical de los años cincuenta hubo sobre todo historias de hombres que tuvieron ideas, ganas de triunfar y de afirmarse en la sociedad estadounidense, más allá de cualquier visión puramente romántica vinculada exclusivamente a la música. Todo comenzó en 1947, cuando Leonard, que gestionaba el Macomba Lounge de Chicago, conoció a Evelyn Aron, surgida de una de las familias más acomodadas de la comunidad judía de Chicago, que había fundado hacía poco la Aristocrat Records. Chess decidió invertir en la pequeña casa discográfica y, a pesar de algunos desacuerdos, aceptó secundar la intuición de Evelyn. De este modo, grabó un disco de McKinley Morganfield, nombre artístico Muddy Waters, *bluesman* de voz poderosa, crecido en las plantaciones de algodón de Misisipi, que había desarrollado un estilo en el surco de la tradición trazada por Robert Johnson y Son House. El mismo día de la publicación, las tres mil copias impresas de «Can't Be Satisfied» y «Feel Like Going Home» se agotaron en pocas horas. En la siguiente «Louisiana Blues», para obtener un sonido más robusto, Waters decidió añadir batería, a pesar de las reticencias de Leonard Chess, que prefería mantener la fórmula de voz, guitarra y bajo.

El blues se estaba convirtiendo en rock.

Aristocrat Records pasó a llamarse Chess, y logró birlar a los hermanos Biharis de Los Ángeles una grabación que Sam Phillips acababa de efectuar en sus estudios de Memphis.

El disco se titulaba «Rocket 88», y era obra de la banda de Ike Turner con el cantante Jackie Brenston. El ritmo rápido, el texto que hablaba con entusiasmo de un nuevo automóvil, la guitarra ligeramente distorsionada a causa de la rotura accidental del altavoz del amplificador tras una caída, lo convirtieron en una novedad absoluta. Hasta el punto de que mucha gente considera que esta canción es el primer tema de rock'n'roll de la historia. «Rocket 88» alcanzó la cima de la clasificación rhythm'n'blues, arreglando brillantemente las finanzas de la casa discográfica, que entretanto había sido rebautizada Chess Records. Después del desaire de «Rocket 88», Chess birló otro artista a los hermanos Biharis: gracias, también, a los favores de Sam Phillips, llegaba a Chicago Chester Burnett, un gigante con una garganta de papel de lija, dotado de una grandísima personalidad, que se había ganado el apodo de Howlin' Wolf, el lobo que aúlla. Un artista que sí escapó tanto a los hermanos Chess como a Sam Phillips, pero que es obligado recordar, fue Elmore James, legendario guitarrista *slide* que representó el vínculo entre Robert Johnson y «Johnny B. Goode», y que grabó para la Meteor de Chicago, para la que realizó temas que luego fueron clásicos absolutos del rock-blues: «Shake Your Money Maker», «The Sky Is Crying» y «It Hurts Me Too». 1955 fue el año del cambio de rumbo para la Chess. Comenzó con la llegada de un personaje extraño y original, Othas Ella Bates, nacido en 1928 en McComb, Misisipi, que a continuación adoptó el nombre de su tía adoptiva, convirtiéndose en Ellas McDaniel. A mediados de la década de 1930, Ellas se trasladó a Chicago con su familia y aquí comenzó a estudiar música clásica y violín, pero muy pronto se procuró una guitarra económica marca Harmony y abandonó a Bach y Beethoven para dedicarse a la música de Louis Jordan y John Lee Hooker.

Una noche, en el curso de una actuación, conoció a Joe Leon «Jody» Williams, con el que formó The Hipsters, un grupo en el que también estaban Roosevelt Jackson, que tocaba el *washtub* (rudimentario contrabajo de una sola cuerda construida con un mango de escoba y una palangana), el intérprete de armónica Billy Boy Arnold y el intérprete de maracas Jerome Green, que permanecería a su lado hasta mediados de la década de 1960. El grupo tocaba por la calle en Maxwell Street y terminó por proponerse primero a Vee Jay, donde su música fue rechazada con la despectiva definición de «jungle music», y luego en la Chess, donde Leonard se quedó impresionado sobre todo por el sonido y el estilo guitarrístico de McDaniel, muy rítmico, con una calidad casi percusiva y la utilización contundente del trémolo. Grabaron «Uncle John», cuyo título se cambió posteriormente por el de «Bo Diddley»: la canción que marcaba su importante debut discográfico se convirtió en su nombre artístico.

La pieza traía a la mente memorias primordiales de ritmos afro que en la nueva versión rock se harían más célebres con el nombre *jungle beat*, al que llegarían decenas de artistas, de Buddy Holly y Everly Brothers a los Rolling Stones y los Doors, por hablar solo de los años cincuenta y sesenta.

La otra canción grabada, «I'm a Man», con un vigoroso riff que retomaba el de «Hoochie Coochie Man», era un blues con una marcha más: faltaba la indolencia típica de los temas de tradición negra, al no haber ninguna vena nostálgica o de autoconmiseración. Era uno de los primeros ejemplos de la música que luego se llamaría rock blues. Ambas canciones escalaron rápidamente la clasificación de rhythm'n'blues al comenzar el mes de mayo de 1955, hasta llegar al primer puesto.

Bo Diddley fue, pues, el primer artista rock que se encaramó a lo alto de la clasificación, aunque en la de rhythm'n'blues, pocas semanas antes del ciclón de «Rock Around the Clock», que catalizó la atención y las ventas. Muy pronto, Bo Diddley comenzó a destacar en sus actuaciones en vivo, gracias a sus directos irresistibles y hallazgos extravagantes. Se inventó guitarras rectangulares con mil diabluras y efectos e introdujo en su banda a una mujer, Lady Bo (cuyo nombre real era Peggy Jones), que sería la primera guitarrista solista femenina en la historia del rock. Escribió canciones históricas, como «Pretty Thing» y la hipnótica «Who Do You Love», que tendrían un gran impacto en las generaciones futuras, pero nunca lograría obtener reconocimientos tangibles. Años más tarde, observó, abatido: «Fui el primero en abrir aquella puerta, y todos entraron corriendo, dejándome allí con la mano en el picaporte».

Quien sí logró llevar a lo alto a la Chess fue Chuck Berry. Charles Edward Anderson Berry nació en Elleardsville, un suburbio de Saint Louis, el 18 de octubre de 1926. Ya desde niño le gustaba el boogie de las orquestas de Count Basie y Tommy Dorsey y las atmósferas divertidas y alegres del *uptown* blues de Louis Jordan. Le encantaba tocar la guitarra y se apasionó por el blues de T-Bone Walker, pero también por el hillbilly de los Delmore Brothers. A finales de 1952, cuando lo llamó el pianista Johnnie Johnson para sustituir al saxofonista que les había dejado colgados, tenía ya varias experiencias, entre ellas la participación en la banda boogie del reformatorio en el que estuvo internado por robo de coches. Johnson, pianista de talento pero humilde y esquivo, dejó muy pronto a Berry el papel de líder. Ambicioso, fantasioso, capaz de atraer la atención del público con sus hallazgos, Berry obtuvo un contrato fijo en el Cosmopolitan Club de Saint Louis y se creó una buena fama gracias sobre todo a la presencia escénica y a un repertorio inusual que comprendía asimismo temas country. Muy pronto, también los blancos, atraídos por la fama de este *black hillbilly*, comenzaron a frecuentar el local. Berry, agudo observador, se dio cuenta del poder que tenía la música a la hora de franquear las barreras raciales que, en la vida cotidiana, parecían insuperables. Entre finales de abril y principios de mayo de 1955 se fue a Chicago para escuchar en concierto a Howlin' Wolf, Elmore James y a su héroe Muddy Waters. Justamente fue este último quien le aconsejó que contactara con la Chess Records. Cuando llegó a la oficina de South Cottage Grove, Leonard Chess le pidió que le llevara canciones originales y, pocas semanas más tarde, Berry regresó a Chicago con cuatro temas escritos específicamente para la ocasión. Phil Chess quedó muy impresionado por «Ida Red». «Inmediatamente resultó evidente que aquella música era diferente –recuerda–, diferente de Bo Diddley, diferente de todos los demás. Sonaba verdaderamente nueva y rápidamente entendimos que teníamos un hit al alcance de la mano».

El título, considerado demasiado anticuado, se modificó y pasó a ser «Maybellene», elegido ahí mismo después de observar, cerca de la mesa de despacho de la secretaria una caja de maquillaje de la conocida marca de cosméticos con aquel nombre (luego se cambió una vocal para evitar eventuales problemas legales). «Maybellene» se publicó el 30 de julio de 1955. La introducción de una guitarra algo distorsionada, el ritmo insistente y el texto que hablaba de automóviles tuneados y de chicas infieles, la perfecta dicción que no revelaba el origen afroamericano del cantante, fueron elementos que la llevaron en breve tiempo a los primeros puestos de las clasificaciones de ventas, mientras que Chuck Berry fue nominado el «artista más prometedor del año» por la revista *Cash Boxs*.

CHESS STUDIOS

2120 South Michigan Avenue. Es la dirección de la Chess Records de Chicago, la etiqueta responsable del nacimiento del blues eléctrico, además que del rock'n'roll de Chuck Berry. En estos estudios, Muddy Waters, Little Walter, Howlin' Wolf y Bo Diddley sentaron las bases del rock blues, mientras que Chuck Berry inventó la receta más seguida del rock'n'roll, grabando aquí todos sus clásicos.

Un encuentro célebre fue el que se produjo en 1964 entre los muy jóvenes y presumidos Rolling Stones (que grabaron aquí varios temas, entre ellos la primera demo de «Satisfaction») y Muddy Waters, su héroe, una canción del cual dio nombre a su banda, que estaba pintando los estudios y los ayudó a descargar los instrumentos.

«Ver a un grandísimo artista trabajando con tanta humildad fue una auténtica lección para nosotros», recordó Keith Richards.

GOOD ROCKIN' TONIGHT

La epopeya de Sam Phillips y de Sun Records. El descubrimiento de Elvis, sus primeros éxitos, el paso a RCA y el nacimiento del rockabilly.

Memphis es el mágico cruce de caminos entre country, bluegrass y blues del Delta, en el que nació el rockabilly, el estilo que identifica, quizás más que cualquier otro, el rock'n'roll. Un viejo dicho cuenta que si Nashville es la capital de Tennessee, Memphis lo es de Misisipi. De hecho, Memphis siempre miró hacia el Sur, y en su música resulta evidente una expresión cálida de derivación negra desde que W.C. Handy (el gran compositor universalmente reconocido como «el padre del blues») había dejado Florence, Alabama, para encontrar allí fama y fortuna.

Justamente fue el éxito de Handy el que inspiró al joven Sam Phillips, conciudadano suyo, a seguir sus sueños. También Sam, en 1945, a los 22 años, viajó a Memphis y encontró trabajo en algunas radios locales: se encargaba de transmitir los conciertos de las big bands que actuaban en el Skyway Ballroom del Hotel Peabody. En enero de 1950, Phi-

llips alquiló un pequeño taller en el 706 de Union Avenue y lo convirtió en un estudio de grabación. De este modo nació el Memphis Recording Service. Capturar en una cinta un momento irrepetible era su única finalidad, «We record anything – anywhere – anytime» era su clarísimo mensaje. Música, bodas, banquetes, cualquier cosa. Entre los primeros *bluesman* grabados por Phillips estaban Little Milton, B.B. King y Howlin' Wolf.

En 1951 se produjo el gran salto gracias al éxito de «Rocket 88», grabada en el Memphis Recording Service por cuenta de Chess. De este modo, Phillips decidió fundar una etiqueta propia, Sun Records, para la que Little Junior Parker, artista de color de estilo poliédrico, grabó las excelentes «Feelin' Good» y «Mystery Train». Los resultados esperados no llegaron, y Phillips, preocupado por las deudas contraídas y por la excesiva carga de trabajo, tuvo dos agotamientos nerviosos, que se trató con electroshocks. En

EL CUARTETO DE UN MILLÓN DE DÓLARES

El 4 de diciembre de 1956, unos músicos blancos que se encontraban por casualidad en torno a un piano improvisando varias canciones de la tradición norteamericana, del góspel al country y al R&B, esbozan «Brown Eyed Handsome Man», por cuyo texto sienten admiración, y un puñado de otros temas populares. Eran Carl Perkins, Elvis Presley, Johnny Cash y Jerry Lee Lewis, cuatro blancos que se encontraron en medio de la polémica por su compromiso con la música negra. Al día siguiente, en un diario de Memphis, aparecía un artículo sobre aquella sesión. El título: Million Dollar Quartet.

este período maduró una idea: para concretar sus proyectos y «ganar un millón de dólares», tenía que encontrar a un blanco que supiera cantar con la intensidad de un negro. Sin saberlo todavía, el destino había decidido ya echarle una mano. Justamente en aquel período, Elvis Aron Presley, un chaval de dieciocho años nacido el 8 de enero de 1935 en Tupelo, Misisipi, se presentó en los estudios Sun para grabar, previo pago, un par de canciones. Tres dólares y noventa y ocho centavos por cada tema. La secretaria, Marion Keisker, que en un primer momento lo confundió con un vagabundo a causa de su cabello largo y el aspecto poco cuidado, le preguntó en qué artista se inspiraba. «No me parezco a nadie», contestó. La ejecución de los dos temas, «My Happiness» y «That's When Your Heartaches Begin», no era inolvidable, pero había algo en la voz de aquel muchacho que intrigó a Marion, que se encargó directamente de la grabación y decidió hacer una copia más para que la escuchara Sam. También anotó el nombre, el número de teléfono del cantante y el siguiente comentario: «Elvis Presley, good ballad singer».

Seis meses más tarde, Elvis volvió a Sun y grabó dos baladas, «Casual Love Affair» y «I'll Never Stand in Your Way». Phillips se quedó impresionado y en el mes de junio siguiente lo llamó para grabar «Without You», una canción que le había llegado en una demo de un cantante negro

EL HOMBRE DE NEGRO

Con su aire de rebelde silencioso y su estilo country veteado de góspel y de locura, Johnny Cash llegó a Sun porque sentía que su música sería más valorada en Memphis que en Nashville. Sam Phillips le dejó una gran autonomía y las canciones, caracterizadas de forma nada casual por un acompañamiento esencial, hacían resaltar su voz cálida, profunda, de tonos épicos.

«Cry Cry Cry», «Folsom Prison Blues», «Get Rhythm» y «There You Go» fueron algunos de sus temas más representativos, pero con «I Walk the Line» obtuvo su mayor éxito para la Sun, para la que grabó el primer long play en la historia de la etiqueta, *Johnny Cash with His Hot and Blue Guitar*, antes de pasar a Columbia para iniciar una carrera que, a lo largo de los siguientes años, resultaría legendaria.

desconocido. El experimento no funcionó, pero Phillips, intrigado por la voz de Presley, lo invitó a cantar todas las canciones de su repertorio. Después de pedir que lo acompañaran el guitarrista Scotty Moore y el contrabajista Bill Black, Elvis finalmente se topó con su destino: el 5 de julio de 1954, durante una pausa entre sesiones de grabación, el chico se lanzó medio en broma a una desatada interpretación del tema country blues de 1947 «That's All Right», de Arthur «Big Boy» Crudup, mientras que Moore y Black lo secundaron divertidos. Parecía tan solo una manera de desahogarse de la tensión, pero Sam Phillips captó al vuelo que había encontrado a la persona adecuada. Ingenuo, dotado de un talento todavía inmaduro, pero determinado, Elvis sorprendió a Phillips por la instintiva elección de una canción del repertorio blues, de la *race music* y, sobre todo, por su capacidad para darle la vuelta: el canto jugaba con los estilos country pero dibujaba trazos de melismas típicos del blues, sin nunca dejarse ir demasiado, cabalgando la tensión. La guitarra de Scotty Moore añadía ornamentos minimalistas, ejecutando un contrapunto nunca invasivo y situándose en primer plano con un solo perfecto y conciso. El contrabajo de Bill Black introducía nuevas referencias, con un swing rítmico que por momentos recordaba el repiqueteo de un tren.

Había nacido el rockabilly. Para la segunda cara del sencillo se eligió una descarada y arrolladora versión de «Blue Moon of Kentucky», un clásico del «padre del bluegrass» Bill Monroe, que algunos Djs rechazaron transmitir porque la consideraban estilísticamente «ofensiva». No pensaba lo mismo Dewey Phillips, que la radió varias veces. Llamadas telefónicas y telegramas se sucedieron entonces para preguntar dónde se podía encontrar el disco. Dewey buscó de inmediato al cantante para una entrevista y, el 19 de julio, «That's All Right» estaba a la venta.

El 30 de julio, Elvis, con las rodillas temblorosas por la emoción, hizo su primera aparición en directo actuando en el Overtone Park Shell de Memphis, donde hizo enloquecer a la multitud a sus pies con una desatada versión de «Good Rockin' Tonight», el espléndido sencillo siguiente.

La banda comenzó a actuar incesantemente por el Sur y, al cabo de pocos meses, la curiosidad comenzó a transformarse en leyenda. En el mes de abril de 1955 se publicó otro de los discos fundamentales de Elvis Presley para Sun: una versión llena de adrenalina de «Baby Let's Play House», del *bluesman* Arthur Gunter, que la eficaz interacción entre voz, guitarra y el estilo slap-back de Bill Back, con su perfecta utilización del eco, transformó en una obra maestra absoluta de la historia del rockabilly.

A finales de verano de 1955, el rock'n'roll se había convertido en un fenómeno nacional, mientras que la fama de Elvis seguía confinada a los estados del Sur, aunque la revista *Billboard* lo señalaba como artista más prometedor. El último sencillo de Elvis para Sun Records, «Mystery Train», fue el sello final de una producción destinada a entrar en la historia, que hacía justicia al talento de Elvis y al genio de Sam Phillips. Había llegado la hora de dar el gran salto a la escena nacional. Con Elvis estaba naciendo también un fenómeno que no tenía parangón en el country o en el blues, en términos de reacción del público. Antes de que fuera conocido para el gran público, comenzaron a producirse episodios de histeria colectiva, sobre todo por parte del joven público femenino.

Elvis se convirtió en un objeto de deseo: la música parecía ser el único medio a través del cual celebrar un auténtico rito de liberación social y sexual.

Entretanto, Presley había conocido al Coronel Parker, personaje controvertido de gran olfato para el negocio, que se ganó su confianza y convenció a la RCA para que invirtiera en él. Por su parte, Sam Phillips pasaba por problemas financieros a causa del hecho de que muchos distribuidores a menudo saldaban sus cuentas devolviendo discos no vendidos de su catálogo. En consideración al hecho de que el contrato de Elvis debía rescindirse en 1957, Phillips decidió intentar pedir una cifra considerable para, luego, modular eventualmente su demanda. RCA no parpadeó siquiera y pagó los 40.000 dólares que le pedía, 35.000 para hacerse con el contrato y el catálogo, y 5.000 por Elvis. A Phillips, ver como llegaba todo aquel dinero no le parecía real, que no era el «millón de dólares» esperado, pero el trato le pareció bueno de todos modos: a la puerta de la Sun estaban llegando una miríada de chicos blancos y ambiciosos que soñaban con verse tocados por la magia del hombre que había inventado a Elvis Presley. Jóvenes de talento que respondían a los nombres de Carl Perkins, Johnny Cash, Jerry Lee Lewis y Roy Orbison.

SUN STUDIOS

Situado en el número 706 de Union Avenue, este garaje convertido en estudio de grabación se convirtió en un lugar más que emblemático en la historia del rock'n'roll. Aquí, Sam Phillips grabó en 1951 «Rocket 88», considerado el primer tema del nuevo estilo, grabó los primeros discos de B.B. King y Howlin' Wolf, reveló al mundo entero el talento de Elvis y lanzó a leyendas del calibre de Carl Perkins, Johnny Cash y Jerry Lee Lewis, además de a decenas de artistas que dejaron su huella en la música popular estadounidense. Después de trasladar los estudios en 1959 a un local más amplio, en el 639 de Madison Avenue, en 1987 el estudio original volvió a abrirse y, además de poderse visitar, en él han grabado algunos artistas, de los U2 a Brian Setzer y John Mellencamp.

ELVISMANIA

De camionero a rey del rock, la fantástica historia de Elvis Presley, que en menos de tres años se convirtió en el hombre más popular y querido de los Estados Unidos, así como en emblemática encarnación del Sueño Americano.

L a fama le llegó a Elvis con las primeras grabaciones en la RCA y, sobre todo, a través del medio de comunicación que, de hecho, lanzó al rock'n'roll como fenómeno socio-cultural de masa: la televisión. Elvis entró en el estudio en Nashville bajo la dirección del responsable artístico de la RCA, Steve Sholes. Llevaba consigo a sus fieles Scotty Moore a la guitarra, Bill Black al contrabajo y DJ Fontana a la batería, a los que se sumaron el pianista Floyd Cramer y Chet Atkins como guitarrista rítmico y asistente a la producción. Parecería natural volver a dar con el mismo sonido mágico que había caracterizado las memorables grabaciones en la Sun y, sin embargo, al principio, no se logró capturar la frescura del sonido de Presley. Bajo presión a causa de la inversión sin precedentes de la RCA, Sholes pidió consejo a Sam Phillips, quien le dijo que simplemente no forzara a Elvis y le dejara plena libertad.

Los resultados no se hicieron esperar: después de la grabación de «I Got a Woman», Chet Atkins telefoneó a su mujer y le dijo: «Ven en seguida, ¡aquí hay algo que tienes que escuchar!».

La siguiente canción fue «Heartbreak Hotel», un tema escrito por Mae Axton y Tommy Durden, e inspirado en un artículo del periódico que hablaba de un suicidio y de un mensaje de adiós que rezaba «I walk a lonely street». Elvis supo plasmar a la perfección la atmósfera dramática de la canción. «Heartbreak Hotel» era al mismo tiempo violenta y mesurada, tierna y pasional, y mostraba inmediatamente su innata capacidad de atravesar con la voz todo el espectro emotivo de los sentimientos. La sesión de grabación se completó con una bella versión de «Money Honey» (homenaje al estilo de Clyde McPhatter, que la había grabado con los Drifters en 1953), la balada de inspiración country «I'm Counting on You» y un tema doo wop, «I Was the One».

> «Solo es música. Muchos periódicos han escrito que el rock'n'roll es la causa principal de la delincuencia juvenil. No estoy de acuerdo, no veo ningún nexo... me han acusado de ser culpable de todos los males de este país.»
>
> ELVIS PRESLEY

Al escuchar aquel trabajo, los jefes de la RCA miraron a Sholes con perplejidad: Carl Perkins, con Sun Records, estaba escalando las clasificaciones con «Blue Suede Shoes», y temían haber apostado por el caballo equivocado. Quien seguía sin tener dudas era el mánager de Elvis, el Coronel Parker, que entendió que la televisión era capaz de ofrecer lo que le faltaba a Presley para asombrar realmente a la nación, y comenzó a organizar una serie de «invitaciones» en los principales programas del país.

El 28 de enero de 1956, Elvis actuó en los estudios CBS de Broadway, en su primera aparición en la pequeña pantalla.

«Tenemos el placer de presentarles a un joven que, como muchos otros artistas, ha surgido de la nada para convertirse, en poco tiempo, en una estrella. Esta noche asistirán a un momento que va a ser historia de la televisión». Con esta hiperbólica presentación, Bill Randle presentó la actuación de Elvis en el *Stage Show* de los Dorsey Brothers. Para su primera vez en la televisión, en lugar de promover el single que acababa de publicar, Presley eligió

OTIS BLACKWELL
Cuestión de suerte

Otis Blackwell es uno de los héroes desconocidos y menos celebrados del rock'n'roll. Crecido en Brooklyn realizó su debut en el teatro Apollo en 1952 y se convirtió en uno de los primeros cantantes de R&B de la escena de Nueva York. Mostró su carácter prolífico y original como autor y escribió clásicos insuperables como «Daddy Rolling Stone», «Fever», «Don't Be Cruel», «All Shook Up», «Great Balls of Fire». «Breathless» y «Handy Man». Pocos saben que Elvis, al grabar «Don't Be Cruel» y «All Shook Up» se inspiró mucho en la cinta de demo de Blackwell, con lo que se convertiría en parte integrante de su propio estilo. Otis Blackwell no conoció nunca a Elvis y, cuando en 1962, el Coronel Parker le pidió que apareciera en la película *Girls Girls Girls* (para la que el autor escribió «Return to Sender»,) se negó por superstición: estaba convencido de que si lo conocía se acabaría su buena suerte.

«Shake Rattle and Roll» y «Flip Flop & Fly», del *shouter* Big Joe Turner, mostrando claramente sus influencias. En los días siguientes, Elvis grabó varios covers en los estudios RCA de Nueva York, entre los cuales «Blue Suede Shoes», «My Baby Left Me», «Tutti Frutti» y las logradísimas «Shake Rattle & Roll» y «Lawdy, Miss Clawdy». Pocos días más tarde, el cantante actuaba de nuevo en el show de televisión de los Dorsey Brothers. Aparecería otras cuatro veces, hasta el 24 de marzo. Cuando recaló en el *Milton Berle Show*, la profecía de la revista *Billboard*, que el año anterior lo había señalado como el artista más prometedor, ya se había hecho realidad: «Heartbreak Hotel» estaba en la cima de las clasificaciones. En el imaginario colectivo, la canción, con la visión del hotel de los corazones rotos y la vulnerabilidad de la interpretación, cerraba el círculo con el *Rebelde sin causa* de James Dean. Los adolescentes quedaron subyugados por la fascinación del nuevo ídolo. En el curso de su segunda actuación en el *Milton Berle Show*, el 5 de junio de 1956, Elvis interpretó «Hound Dog», contorneándose como un obseso, dando golpes de caderas y girando la pelvis como si estuviera en medio de un arrebato. Cuarenta millones de norteamericanos se quedaron estupefactos.

«No soy sexy de manera deliberada:me muevo así naturalmente.»

ELVIS PRESLEY

Y los más jóvenes, turbados.

Los padres se enfrentaban a la peor amenaza desde el fin de la guerra. Al día siguiente, la prensa machacó a Elvis, sosteniendo que había «disimulado la mediocridad de sus cuerdas vocales tras un comportamiento obsceno», o bien que «había mostrado un gusto por el exhibicionismo que volvía a conducir a la humanidad a la edad de piedra». Preocupado por la confusión desencadenada, en su siguiente exhibición televisiva en el *Steve Allen Show*, Elvis decidió seguir el guion que se le había preparado, con el fin de mostrar al «nuevo Elvis»: vestido de modo impecable, con esmoquin y capa, fue invitado a cantar «Hound Dog», pero esta vez hablándole a un perro salchicha con sombrero... Era una trampa que desencadenó las iras de sus fans.

Entretanto, Elvis seguía dominando las clasificaciones con «Hound Dog» y «Don't Be Cruel», grabadas una vez más en Nueva York, en el mes de julio. «Hound Dog», escrita por Jerry Leiber y Mike Stoller para la pirotécnica cantante blues Big Mama Thornton, se convirtió en uno de los clásicos de Elvis, con la voz áspera que estalla a cada comienzo de estrofa, después del break marcado por el redoble de la batería, con los

GRACELAND

El 26 de marzo de 1957, Elvis Presley adquirió por 102.500 dólares Graceland, lujosa mansión de estilo colonial construida en 1939 y llamada así en honor a la hija del propietario de la granja original sobre la que surgía la propiedad. Elvis se trasladó, pues, a Bellevue Boulevard (que se convirtió más tarde en Elvis Presley Boulevard) con sus padres Vernon y Gladys, que hasta hacía pocos años habían vivido en condiciones de extrema pobreza. Graceland, lugar en el que Elvis fue enterrado después de su muerte, acaecida aquí mismo el 16 de agosto de 1977, es, desde hace muchos años, el lugar más visitado de los Estados Unidos después de la Casa Blanca, y representa a la perfección, en todas sus entretelas, el sueño de la América del siglo xx.

Jordanaires que mantenían la tensión y la guitarra de Scotty Moore que esculpía otro solo memorable.

«Don't Be Cruel», escrita por el gran Otis Blackwell, con esa voz que se abandonaba a los gemidos, sollozos y exclamaciones que prometían de manera seductora lo que las palabras tenían prohibido decir, desencadenó una tormenta hormonal en las muchachas estadounidenses, que interceptaron el inequívoco mensaje. La apoteosis del fenómeno Elvis llegó el 9 de septiembre de 1956, con su participación en el show de Ed Sullivan. Las canciones de Elvis se sucedieron con un éxito sin precedentes, consagrado por decenas de discos de oro: en 1956, Elvis estuvo presente en las clasificaciones pop once veces. Su música, con la adición del piano y los coros de los Jordanaires, que conferían una mezcla de sabores doo wop y góspel, estaba ya lejos del instintivo rockabilly de los tiempos de la Sun, y tenía un atractivo universal que sabía un poco a equilibrio. El 21 de noviembre debutó en el cine con la película *Love Me Tender*, con la canción homónima que retomaba la melodía de la antigua balada titulada *Aura Lee*. El éxito fue previsible y arrollador, y representó el inicio de la carrera cinematográfica de Elvis. El año 1957 comenzó intensamente: el 4 de enero se sometió a las visitas médicas en vista a su alistamiento para el servicio militar, y dos días más tarde se produjo la última actuación en el *Ed Sullivan Show*. Para intentar atenuar su carga sexual solo se encuadró el busto, evitando mostrar los descarados movimientos de las piernas y la pelvis.

Así nació el apodo Elvis «The Pelvis».

Pocos días más tarde entró en un estudio de grabación en Los Ángeles y grabó otras canciones, entre las cuales «All Shook Up», escrita de nuevo por Otis Blackwell. El descarnado acompañamiento de la canción ponía todavía más en evidencia el swing del fraseo; los matices de su voz, sobre todo en las pausas en las que se quedaba en perfecta soledad, lograban conducir toda la excitación del texto y todavía mucho más de difícil definición que convertía en absolutamente inútil cualquier intento de notación musical. Fue uno de sus discos más representativos, no solo por su extraordinario éxito comercial.

En un solo año, intenso e increíble, Elvis

ELVIS HAS LEFT THE BUILDING

Al Dvorin pronunció esta frase centenares de veces durante los 22 años en los que acompañó a Elvis en gira. Cada noche, al final del concierto, su cometido era desanimar a las fans que iban en busca de su ídolo, gritando desde el escenario «Elvis ha dejado el edificio». Una frase que quedó asociada a su persona más que su mismo nombre, y que con los años se hizo de uso común en la cultura popular. Actualmente (muchos comentadores deportivos estadounidenses lo hacen a menudo) se usa para indicar que alguien se ha ido o para subrayar una salida de escena particularmente dramática y teatral. Frank Zappa y los Dire Straits citaron la frase en sus canciones mientras que, en 2004, *Elvis Has Left the Building* se convirtió en una película: Harmony, la protagonista interpretada por Kim Basinger, mata por equivocación a tres sosias del rey del rock.

había grabado con fuego la marca de su talento en la historia del rock, contribuyendo de forma fundamental en el desarrollo de la música popular contemporánea. Había nacido para cantar: le encantaban las baladas country, había soñado con formar parte de un grupo de góspel y seguía fascinado por el sentimiento de libertad que emerge de la música negra; admiraba los virtuosismos vocales y el *pathos* de la tradición cantora italiana.

Blanco, guapo, con un irrefrenable deseo de superar su originaria condición de pobreza, Elvis Presley tenía los papeles en regla para ser quien pusiera en marcha de modo definitivo aquella especie de primitivo proceso de globalización que conquistaría países y culturas diversas y se convertiría simplemente en música rock.

A los ojos de los más jóvenes, Elvis representaba la nueva Norteamérica. La que tenía prisa por sacarse de encima el pesado recuerdo de las décadas de 1930 y 1940. En Presley se materializaron también los sueños y las aspiraciones de tantos jóvenes estadounidenses de las clases sociales más pobres. Elvis representaba la superación social y el Sueño Americano: no era solo el rey del rock, era un «self made King». Un joven rabioso con una sociedad que parecía haberlo excluido de sus proyectos, hambriento de superación. Inseguro y bravucón al mismo tiempo. Arrogante y deferente. Orgulloso y vulnerable.

Elvis representaba no tanto la idealización de luchas sociales y civiles como la revolución de los jóvenes blancos contra la autoridad y el conformismo de padres que pretendían juzgar sin apelación y tener todas las respuestas, tranquilizadoras y bastante mojigatas, a las inquietudes de las nuevas generaciones. Sus exclamaciones, sus suspiros, la gestualidad de su cuerpo, desencadenaron la fantasía de los adolescentes. El shock que causaron a las familias estadounidenses sus primeras actuaciones televisivas, definidas en el mejor de los casos como simplemente ultrajantes, pronto quedaría superado y aceptado gracias a su carisma y a la acertada gestión de su mánager a la hora de hacer resaltar su apego a la nación con ocasión de su partida para el servicio militar y su naturaleza de hijo atento y solícito. En este punto, su revolución había terminado, y la mayor parte de los padres habrían dejado salir gustosamente a su hija con este «all american boy»...

ROLL OVER BEETHOVEN

Chuck Berry y el nacimiento de una cultura rock. De los riffs fulgurantes de guitarra al duck walk, Chuck se convierte en el primer «guitar hero» de la historia.

P or ironía de la suerte, en los años en los que la sociedad estadounidense estaba en turbulenta transformación social, fue justamente un artista de color, atento a los detalles, quien celebró el naciente mito americano moderno. Su capacidad de enfocar de manera surrealista la narración le permitió observar y describir con la precisión de quien mira desde fuera (tenía ya treinta años cuando representó a la adolescencia estadounidense), pero con el arrebato de quien es protagonista de un momento irrepetible de evolución de la sociedad estadounidense. La exigencia de escribir temas originales era evidente, y Chuck Berry lo lograba con facilidad, aunque al principio le costaba crear otra canción de atractivo comercial universal. «Thirty Days», similar en sus atmósferas country a «Maybellene», e innovadora, trataba temas que no atraían al público adolescente, y quedó confinada en las clasificaciones R&B. Lo mismo sucedió con «No Money Down», aguda representación del mundo de los vendedores de coches y de sus triquiñuelas, y con «You Can't Catch Me», a pesar de que en esta última se hablara de automóviles en los límites de la ciencia ficción, persecuciones por el New Jersey Turnpike y radios que sintonizaban rock'n'roll. Los coches siempre serían un tema recurrente en el microcosmos de Berry. Los ensalzaba como símbolo de libertad y emancipación, y fue perfeccionando el tema a principios de la década de 1960 en una de sus últimas obras maestras, «No Particular Place to Go».

El 16 de abril de 1956, Berry grabó tres canciones representativas: «Brown Eyed Handsome Man», «Roll Over Beethoven» y «Too Much Monkey Business». Esta última se inspiraba musicalmente en el swing boogie de Louis Jordan, con la guitarra recreando los riffs de los vientos de una big band; pero una vez más, el texto era lo que merecía particular atención. La canción pasaba revista a un muestrario de problemas cotidianos con los que debían enfrentarse los comunes mortales. Vívidas imágenes como «Trabajando en la estación de servicio / demasiadas responsabilidades / limpia el parabrisas / comprueba los neumáticos / controla el aceite / un dólar de gasolina», o bien «Teléfono por piezas, hay algo que no va, moneda perdida, tengo que prestar. Tengo que presentar una reclamación a la centralita, total para que me cuenten otra historia» eran realmente inusuales en 1956.

En una estrofa musitaba también el ideal de protesta de los *teenagers* que se sentían incomprendidos por los adultos: «Cada día la misma historia, levantarse, ir a la escue-

▶ 10 DE ENERO DE 1956

Elvis graba «Heartbreak Hotel» en Nashville, el single de debut para la RCA. El productor Steve Sholes se ve obligado a recolocar todos los micrófonos del estudio para obviar el hecho de que Elvis no logra ni siquiera dejar de menearse mientras toca y canta.

▶ 28 DE ENERO DE 1956

Gracias a la clarividencia de su mánager, Elvis debuta en televisión en el *Dorsey Brothers Stage Show*, donde lo invitarán seis veces en menos de dos meses. Sus actuaciones desencadenan crecientes polémicas pero al mismo tiempo su popularidad crece vertiginosamente entre los jóvenes: en abril, la canción le hará ganar su primer disco de oro.

▶ 10 DE MARZO DE 1956

«Blue Suede Shoes» de Carl Perkins se convierte en el primer *million seller* para Sun Records y alcanza el segundo puesto de las clasificaciones de R&B. Es el primer disco de un artista de origen country que lo logra, tres semanas antes de «Heartbreak Hotel» de Elvis Presley.

▶ 16 DE ABRIL DE 1956

Chuck Berry graba «Roll Over Beethoven», la canción «manifiesto» del rock'n'roll. El tema, que celebra todo el mundo que gira en torno a la nueva música, es una respuesta de Berry a su hermana Lucy, que monopolizaba el piano de su casa tocando música clásica.

▶ 4 DE MAYO DE 1956

Gene Vincent graba «Be-Bop-A-Lula» y poco después hace su entrada en la escena nacional. En ocasión de un concierto es denunciado por actos obscenos en un lugar público después de una versión particularmente explícita de «Woman Love».

la. De nada sirve lamentarse, mis objeciones siempre acaban rechazadas».

La canción no pasó desapercibida para un joven Bob Dylan, que la tomó como modelo para escribir la visionaria «Subterranean Homesick Blues» diez años más tarde.

> «El rock'n'roll fue generoso conmigo: me aceptó y me hizo ganar dinero. El rock es para mí un hijo y, al mismo tiempo, un abuelo.»
>
> CHUCK BERRY

Pero fue «Roll Over Beethoven» la canción que fotografiaba a la perfección el momento y el espíritu del rock'n'roll. Berry introducía por primera vez su incendiaria introducción de guitarra que alcanzaría posteriormente la apoteosis con «Johnny B. Goode». La energía del solo y la dinámica del tema se reflejaban a la perfección en el texto, al mismo tiempo espontáneo y sofisticado, que comunicaba la excitación del rock'n'roll -«¿sabes? mi temperatura está creciendo y los fusibles del jukebox están a punto de quemarse», como si aquello fuera al mismo tiempo una enfermedad y una cura «tengo pulmonía rock, necesito una inyección de rhythm'n'blues»-, y proclamaba el advenimiento de la nueva música con la genial y descarada declaración «Roll Over Beethoven y dad a Tchaikovski las últimas noticias». Chuck Berry introducía además referencias a Djs y zapatos de ante azul concluyendo con la descripción de una pareja desatada que bailaba delante de una jukebox y la afirmación que, mientras tuvieran una sola moneda la música no se detendría nunca. «Roll Over Beethoven» se convirtió en el primer manifiesto reconocible de la cultura juvenil en la música rock. Es curioso pensar que, veinte años más tarde, Chuck Berry (con «Johnny B. Goode») se encontraría justamente en compañía de Beethoven entre las muestras que contenía el Golden

Phonograph Record enviado al espacio a bordo del Voyager 1.

«Nunca me gustaron ni el blues ni el jazz.
A mí me gustaba Chuck Berry.»

JOHNNY RAMONE

Con «Roll Over Beethoven», Chuck dio en el blanco y siguió describiendo la cotidianeidad de los adolescentes en «School Day». La canción tenía un ritmo en el que se fundía el *shuffle* con nuevos acentos más marcados, sobre los que en el futuro prosperaría el rock, y era la crónica de una típica jornada de escuela de los estudiantes estadounidenses. A cada frase respondía de manera eficaz la guitarra, en un juego de preguntas y respuestas particularmente electrizante. El viraje de la canción se produce con la descripción del sentimiento de libertad que reaparecía al finalizar las clases para encontrarse en torno al jukebox y dejarse transportar por la música, que se convertía de este modo en sinónimo de placer, en oposición a las imposiciones de los adultos. Pero la verdadera invocación a la nueva música se produce al final: «Hail! Hail! Rock and Roll, deliver me from the days of old!», un deseo de liberación del mundo de los adultos, que de todos modos podría esconder también una referencia oculta a la tan esperada mejora de las condiciones de vida en las que «the days of old» eran los más oscuros de la discriminación racial. La posterior «Rock and Roll Music» es una pura y apasionada representación del nuevo género musical, mientras que «Sweet Little Sixteen», dominada por una excitante aparición del piano de Johnnie Johnson, describía la pasión por el rock'n'roll de una chica de dieciséis años que posee una interminable colección de autógrafos e implora a sus padres que le dejen ir a conciertos rock. La figura de la muchacha apasionada por el rock'n'roll sería utilizada también en «Carol»,

5 DE JUNIO DE 1956 ◀

Elvis canta «Hound Dog» en el *Milton Berle Show*. En la última estrofa ralentiza a tiempo de blues y mueve de modo lascivo la pelvis, ganándose el apelativo de Elvis «The Pelvis». Estalla el escándalo: al día siguiente toda la prensa se ceba en él y se le acusa de ser tosco, incapaz y vulgar, así como un pésimo ejemplo para la juventud blanca norteamericana.

2 DE JULIO DE 1956 ◀

Johnny Burnette & The Rock and Roll Trio graban en Nashville el single «Train Kept A-Rollin'». Se considera el primer tema en el que se utiliza el *feedback*. A pesar de su brillantez y de varios temas muy válidos, no logran obtener ningún éxito comercial y el grupo se disuelve antes de finalizar el año.

9 DE SEPTIEMBRE DE 1956 ◀

Elvis destroza todos los récords de audiencia televisiva actuando en el *Ed Sullivan Show*. El popular presentador había declarado tan solo dos meses antes que en su show nunca habría lugar «para un espectáculo indecente, vulgar como un negro». El éxito de Elvis y del anterior *Milton Berle Show* lo convence a pagar 50.000 dólares de caché contra los 5.000 de la primera oferta que había rechazado al Coronel Parker.

4 DE DICIEMBRE DE 1956 ◀

Mientras Carl Perkins está grabando en los estudios Sun con su banda y un desconocido Jerry Lee Lewis al piano, Sam Phillips recibe la visita de Johnny Cash y Elvis Presley. Los cuatro improvisan una jam session entre nuevos temas de rock'n'roll y temas tradicionales *gospel*. Sam Phillips lo graba todo y nace la leyenda del «Million Dollar Quartet».

«Sweet Little Rock and Roller» y «Little Queenie», mientras que Berry no dejó de representar al personaje definitivo del nuevo género musical, «Johnny B. Goode», un chaval del campo (en la redacción original se trataba de un «coloured boy», pero luego Berry cambió la definición por «country boy» ante el temor de un eventual boicot), que gracias a su habilidad con la guitarra lograba alcanzar la celebridad. Las vívidas imágenes representadas en el texto detallaban de modo inolvidable la fábula del Sueño Americano en la música rock y, con una Gibson en las manos, capaz de moverse con agilidad efectuando *splits* e inventando el *duckwalk*, una acrobacia que ejecutaba atravesando el escenario agachado sobre una sola pierna, Berry inventó asimismo la figura del *guitar hero*, motivando a miles de muchachos a agarrar una guitarra.

Autor de clásicos como «Sweet Little Sixteen» o «Johnny B. Goode» , Chuck Berry está considerado como el padre del rock and roll.

SHAKE BABY SHAKE

Una gigantesca oleada blanca arrolló los Estados Unidos: grandes bolas de fuego y zapatos de ante azul son las armas de Jerry Lee Lewis, Carl Perkins, Gene Vincent y de los otros rockeros «obscenos, vulgares y peligrosos».

El rockabilly (mezcla entre las palabras rock y hillbilly) representaba la mezcla entre rhythm'n'blues y country & western, protagonizado por artistas blancos del Sur, hijos de la pobreza, que no tenía color. La instrumentación básica del rockabilly era muy austera: una guitarra eléctrica de sonido agudo, el contrabajo tocado con la técnica *slap-back* que, a través del violento impacto de las cuerdas en el mástil emitía un sonido percusivo que enfatizaba el ritmo y, finalmente, la utilización marcada del efecto eco en la voz del cantante. El género, nacido con «That's All Right Mama», «Good Rockin' Tonight», «Baby Let's Play House» y todos los temas más rápidos de Elvis en la Sun, alcanzaría su culminación con la publicación de «Blue Suede Shoes», primer éxito rockabilly de proporciones nacionales. Lo protagonizó Carl Perkins, un muchacho crecido en las plantaciones de algodón de Tennessee que llegó a la Sun justo a tiempo para sustituir a Elvis. En pocos meses, la canción alcanzaría la cumbre de las clasificaciones y se convertiría en el primer disco de Sun Records en vender más de un millón de copias. Perkins y su banda se vieron proyectados desde la campiña de Jacksonville hasta Nueva York, donde habrían tenido que participar en los shows televisivos de Ed Sullivan y Perry Como para consolidar todavía más su éxito. Pero la noche del 22 de marzo, después de tocar en Norfolk, Virginia, el viaje terminó en tragedia: en Wilmington, Delaware, su coche se vio envuelto en un grave accidente en el que perdió la vida el conductor y quedaron gravemente heridos Carl y su hermano Jay, que no se recuperaría de sus lesiones y moriría en 1958. Perkins fue ingresado de urgencia y desde la cama del hospital, el 3 de abril de 1956 vio como Elvis Presley se apropiaba de su canción en el *Milton Berle Show* frente a toda la nación.

Perkins había perdido su gran ocasión.

Posteriormente, después de recuperarse del accidente, volvió a grabar material de calidad incluso superior. «Boppin' the Blues», «Matchbox» y «Everybody's Trying To Be My Baby» presentan toda la energía del rockabilly y una elegancia estilística que, con el paso del tiempo, los convertirán en clásicos de antología.

Pese a todo, el éxito de «Blue Suede Shoes» ya no volvería.

Quizás Perkins, análogamente a Bill Haley, no tenía el físico más adecuado para convertirse en un icono generacional pero, gracias a un estilo instrumental incisivo y original, siguió siendo el artista más influyente del rockabilly, seguido de cerca por Vincent Eugene Craddock, de nombre artístico Gene Vincent. Originario de Norfolk, Virginia, y coetáneo de Elvis, comenzó a dedicarse profesionalmente a la música después de haber efectuado su servicio militar en Corea. Gran aficionado a las motos, cojeaba visiblemente a causa de un grave accidente que le provocó daños irreparables en una pierna. Inmediatamente se enamoró del rock'n'roll escuchando «Rock Around the Clock» y «Maybellene». El 21 de marzo, Vincent tuvo la posibilidad de abrir el show de Carl Perkins y, antes de salir a escena, le pidió a este su opinión sobre una nueva canción de título extraño: «Be-Bop-A-Lula». «Es del estilo de "Blue Suede Shoes": el texto aparentemente no tiene mucho sentido, pero funciona», fue el comentario de Perkins. «Be-Bop-A-Lula» contenía los elementos clave para lograr abrirse camino entre los adolescentes. Bill «Sheriff Tex» Davis, mánager de Vincent, más que convencido del potencial de su artista y de aquella pieza, reunió a algunos músicos jovencísimos, entre los que destacó por su brillantez el guitarrista Cliff Gallup. Se grabó una demo que enviaron a Capitol que, en aquella época, todavía no tenía un artista de primer plano en el nuevo género musical. «¿Puede mandarme a estos chicos a Nashville con el próximo avión?», fue la repentina respuesta a la oferta de Davis.

«Be-Bop-A-Lula» fue un éxito y Gene Vincent comenzó entonces una gira con sus Blue Caps que culminó con su actuación en televisión, en el Perry Como Show del 28 de julio de 1956. En el curso de la pausa de un concierto en el Victoria Theater de Shamokin, Pennsylvania, Gene se mezcló entre el público para firmar autógrafos pero, en unos instantes, se encontró prácticamente agredido por una horda de muchachas que se querían llevar a casa un recuerdo de su ídolo: se precisó la intervención de la policía para salvarlo y recuperarlo andrajoso y con la ropa hecha harapos. El texto de «Be-Bop-A-Lula» está lleno de suspiros y gemidos que representan toda el ansia y el deseo de liberación sexual de la nueva generación, y Gene Vincent se convirtió muy pronto en otra pesadilla de los adultos estadounidenses: llegaba de un contexto pobre y no mostraba intención alguna de plegarse a la clase social más acomodada (a diferencia de lo que había manifestado de forma elocuente Elvis). En definitiva, un auténtico rebelde del rock'n'roll con aspecto de gamberro, aparentemente listo para enzarzarse en la primera pelea que se presentara, acaso junto a Jerry Lee Lewis, también coetáneo de Elvis. Si Vincent parecía un pequeño delincuente follonero e imprevisible, Jerry Lee tenía más bien el aire diabólico de un Lucifer en cortocircuito entre el mundo y su desventurado piano, que acariciaba y percutía con manos y pies. Su historia era similar a la de Presley. El mismo entorno, la misma pobreza, los mismos cantos góspel y el mismo deseo de redención para sí mismo y su familia. Jerry Lee Lewis actuó por primera vez en público a los 14 años en Ferriday, Luisiana, su ciudad natal. Durante la actuación, su padre, Elmo, pasó con el sombrero en la mano entre el público y reunió trece dólares. Un montón de dinero, en realidad, para la familia Lewis.

El camino ya estaba marcado. Jerry Lee comenzó a actuar en los clubs de la zona y, después de asistir con emoción al ascenso de Elvis Presley, decidió presentarse ante Sam Phillips, que se quedó impresionado por su vasto repertorio de country, blues y góspel y lo hizo debutar con el country «Crazy Arms». La siguiente prueba sería «Whole Lotta Shakin' Goin' On», un boogie desatado, lleno de referencias sexuales muy explícitas en las que estallaban todo su brío y su espíritu más desenfrenado. En el curso de un concierto, como testimonió Carl Perkins, cansado de permanecer sentado al piano, Lewis propinó un puntapié al taburete y comenzó a tocar como un condenado realizando todo tipo de acrobacias, incluida la de subirse al piano en señal de conquista. Comenzaba así la historia de una presencia escénica agresiva que le procuró el apodo de «Killer», así como el de «Ferriday Fireball». «Whole Lotta Shakin' Goin' On» no obtuvo un gran éxito hasta que Lewis fue invitado a actuar el 28 de julio de 1957 en el show televisivo de Steve Allen. Jerry Lee entendió a la perfección el papel decisivo de la televisión para lanzar una carrera; aquellos tres minutos de celebridad podían ser los últimos si no lograba dar en el blanco: en un cierto momento se levantó en pie tocando el piano como un obseso, con los rizos de su mechón rubio que

La guitarra de BE-BOP-A-LULA

El 4 de mayo de 1956, Gene Vincent & His Blue Caps, en su debut en la sala de grabaciones para la Capitol, se encontraron con unos músicos de sesión esperándolos: la casa discográfica temía que los músicos no estuvieran a la altura. El guitarrista Cliff Gallup, preciso e imperturbable, invitó a sus compañeros a mantener la calma y, apenas se lanzaron con entusiasmo a cantar «Be-Bop-A-Lula», «Woman Love» y «Race with the Devil», los músicos fueron despedidos: estaba claro que no había necesidad alguna de ellos. La parte solista de la Gretsch Duo Jet de Cliff Gallup en «Race with the Devil» es un gran clásico de la guitarra rockabilly. Impresionante en cuanto a energía y precisión, con progresiones ascendentes y descendentes, definía con clase el estilo de la música de Gene Vincent e influyó a muchos guitarristas, como Jeff Beck, Jimmy Page y Brian Setzer.

enmarcaban una mirada diabólica, con los ojos fuera de las órbitas. Los jóvenes de la sala observaban extasiados mientras los encargados de la transmisión se quedaban consternados, como millones de telespectadores en casa. En un instante, Jerry Lee se transformó en la peor pesadilla de los padres: un salvaje sudista de cabello largo, anárquico y sensual, que parecía violentar el piano mientras chillaba un texto que en un explícito doble sentido era un himno

Jerry Lee Lewis estuvo influido por el blues, el country y el góspel, aunque su música es una destilación aún más pura de las raíces del Sur.

al sexo. La canción se convirtió en uno de los ejemplos utilizados con mayor frecuencia por los moralistas adultos para indicar la evidencia de la mala influencia que el rock'n'roll ejercía sobre sus hijos. El Alabama White Citizen Council declaró que «la obscenidad y la vulgaridad el rock'n'roll es evidentemente un medio a través del cual los blancos y los hijos corren el riesgo de rebajarse al nivel de los negros». Parecía evidente ya que Jerry Lee era mucho más peligroso que Elvis: se meneaba, maltrataba el piano sin ningún respeto, percutiéndolo con manos y pies, mostraba la lengua de manera inequívocamente obscena y su

comportamiento parecía no contemplar ningún límite moral. La canción se encaramó en la cima de todas las clasificaciones y puso en órbita su carrera. Para el siguiente sencillo se acudió a Otis Blackwell, el autor de «Don't Be Cruel» y «All Shook Up», que después de haber visto su impactante actuación en el Steve Allen Show le propuso su nueva canción, «Great Balls of Fire». En el momento de grabarla, Jerry se sintió repentinamente culpable. Oyó la voz de su madre que lo acusaba de perderse en los caminos que llevan a los infiernos y comenzó a acusarse como si estuviera dando voz a sus palabras. Phillips, que estaba dirigiendo la sesión sabiendo que habría podido repetir el éxito de «Whole Lotta Shakin' Goin' On», se encaró a él decididamente intentando expulsar sus malos pensamientos. «Me sacudes los nervios y estimulas mi cerebro, demasiado amor puede hacer enloquecer a un hombre, rompes mi voluntad, pero qué emoción, estas bellísimas y graciosas bolas de fuego» eran palabras explícitas en sus intenciones. El ritmo continuadamente entrecortado acentuaba la tensión emotiva. «Great Balls of Fire», con sus breaks rápidos y el canto desenfrenado, era el máximo ejemplo del arte de Jerry Lee Lewis en el rock'n'roll. Solo había piano y batería, pero el sonido era lleno y estilísticamente perfecto. Siguieron «Breathless» (obra también de Otis Blackwell), y «High School Confidential», otra obra maestra de rock esquizofrénico, en un momento de gloria que inesperadamente y de forma poco merecida terminaría muy pronto.

HAPPY DAYS

El show de televisión que enseñaba a los jóvenes estadounidenses a bailar y el nacimiento de un nuevo sonido blanco. Pero también el ascenso de una estrella con talento, la de Buddy Holly, destinada a cambiar la historia del rock.

El proceso de restauración de la nueva música, que tanto preocupaba a los padres estadounidenses, comenzó en la East Coast. Su artífice fue Richard Wagstaff «Dick» Clark, estudiante de veintiséis años con la pasión de la radio que, por una serie de coincidencias afortunadas, se encontró a partir del 5 de agosto de 1957 conduciendo un show transmitido por la cadena televisiva nacional ABC.

Clark, elegante, conformista y tranquilizador, guiaba cada tarde a los adolescentes de Filadelfia, protagonistas de de la transmisión, así como sus invitados. Aquellos jóvenes, que bailaban al son de la nueva música, se convirtieron muy pronto en el modelo en que inspirarse: los adolescentes de toda Norteamérica se vestían, se movían y actuaban como ellos. Se prescinde de chicles y cigarrillos, a las chicas no se les permite llevar pantalones o jerséis ceñidos, mientras que los varones deben llevar todos chaqueta y corbata.

ROCK'N'ROLL ORIGEN Y SIGNIFICADOS

Hay quien sostiene que fue el legendario Alan Freed quien inventó el término «rock'n'roll». Falso: a Freed sin duda se le tiene que reconocer el mérito de haber popularizado algo que tenía orígenes más antiguos, «Rocking and Rolling», empleado por los marineros para visualizar las fluctuaciones de los barcos a la merced del oleaje, a principios del siglo xx, y utilizado tanto para describir el fervor de las misas góspel como referirse, con doble sentido, al acto sexual. A finales de la década de 1940 se asoció inicialmente a la música negra de la época, rhythm'n'blues, forma de expresión artística que encierra energía y sensualidad.

American Bandstand se emitía entre las 15 y las 16.30, el horario ideal para captar la atención de los jóvenes que acababan de volver de la escuela, y contribuyó al lanzamiento de nuevas modas y nuevos artistas.

Entre las primeras, el twist, un baile excéntrico y sensual que no preveía «touching», pero que era capaz de excitar la fantasía de hombres y mujeres y que pronto se convirtió en una auténtica manía. El baile nacía a partir de un tema escrito y grabado por Hank Ballard («The Twist»), pero se popularizó en 1960 a manos de Chubby Checker que, justamente en el show de Dick Clark, pudo lanzar la pieza. La danza evolucionó de derivados igualmente famosos y divertidos como «The Jerk» (el cretino), «The Monkey» (el mono), «The Watusi» (el watusi) y «The Mashed Potato» (el puré de patata).

Entre los artistas invitados de *American Bandstand* se encontraba aquel que, más que cualquier otro, habría podido dirigir el rock'n'roll hacia nuevas metas: Buddy Holly. Un blanco espigado con gafas, de aspecto ordinario, vestido como un estudiante de instituto y que parecía un «nerd» *avant la lettre*. Nada que ver, pues, con la imagen amenazadora o inmoral del rock'n'roll. Pese a ello, Buddy estaba destinado a convertirse en uno de los artistas más destacados en el desarrollo de la música popular moderna. Sus composiciones traducían vitalidad, optimismo y brío, y lograban conjugar simplicidad, gusto melódico e ingenio compositivo a un nivel que no tuvo igual en el rock de la década de 1950. En este aspecto se puede decir que su música representa el inicio de la tradición pop-rock, influyendo a decenas de artistas en el desarrollo de este género, a partir de las brillantes producciones del Brill Building de Nueva York hasta la sublimación de su estilo por parte de los Beatles. Charles Hardin Holley nació el 7 de septiembre de 1936 en Lubbock, Texas, y a los 15 años ya era un invitado fijo de un programa radiofónico junto al cantante y guitarrista Bob Montgomery, compañero de escuela. Después de escuchar a Elvis Presley, Holly se apasiona por el rockabilly e intentó fortuna en Nashville. Decepcionado por su escaso éxito, se dirigió a Clovis, en Nuevo México, donde el productor Norman Petty acababa de abrir un estudio de grabación; este cobraba los gastos de grabación en base al número de canciones grabadas, y no de las horas de utilización del estudio. Y a Buddy Holly le pareció una situación ideal para experimentar sus ideas y aprovechar al máximo las posibilidades que le ofrecían las nuevas técnicas de grabación. Impresionado por su profesionalidad y dedicación, Holly propuso a Petty que se convirtiera en mánager del grupo, The Crickets. Entusiasmado por las grabaciones de Holly, Norman Petty propuso «That'll Be the Day» a Bob Thiele, de Coral Records. Thiele se enamoró de la canción, pero los dirigentes de la casa discográfica no quisieron saber nada: consideraban que la pieza carecía de gusto y que incluso era perjudicial para la imagen de la misma Coral. Al final, gracias a la determinación de Thiele, el disco salió el 27 de mayo de 1957 para una pequeña etiqueta del grupo, Brunswick. En unos pocos meses llegó a lo más alto de las clasificaciones estadounidenses y británicas. La frase recurrente de la canción «That'll Be the Day» la pronunciaba John Wayne en el curso de la célebre película de John Ford *Centauros del desierto*. Aquí, la voz de Buddy jugaba con las sílabas, dividiéndolas en una especie de sollozo, una onomatopeya de gran efecto. Los textos de sus canciones casi siempre tenían que ver con temáticas sentimentales, pero rehuían la banalidad a través de un uso casi estético de las palabras que evitaba que se deslizaran hacia sentimentalismos fáciles.

«Sin Elvis, ninguno de nosotros habría existido jamás. ¿La muerte?
Para un artista puede ser un fantástico movimiento de marketing...»

BUDDY HOLLY

Entretanto, entre la publicación de «That'll Be the Day» y su entrada en la clasificación, la Coral publicó «Peggy Sue», primer sencillo como solista de Buddy Holly. Con un movimiento astuto, el músico se encontró simultáneamente con dos contratos, aunque para casas discográficas que pertenecían al mismo grupo. Pero esta estrategia permitió obtener una mayor difusión por parte de las radios, para las que The Crickets y Buddy Holly eran dos temas diferentes. La cara B, «Everyday», fue un manifiesto del minimalismo pop, con la particularidad de la utilización de la celesta subrayando el tema melódico. Otra de las intuiciones de Holly fue la utilización de las técnicas de sobregrabación para doblar su propia voz, añadiendo grosor y espectro armónico. Fueron ejemplos admirables «Words of Love» (los Beatles ejecutarían una versión prácticamente idéntica) y «Listen to Me». Posteriormente saldrían, con el nombre de los Crickets, «Oh Boy» y «Not Fade Away», esta última una reelaboración de ritmo y sonido de Bo Diddley. En la primera mitad de 1958, Holly grabó una serie de temas al mismo tiempo innovadores y audibles. «Well... Allright», «Heartbeat», «It's So Easy» y «Wishing». En el mes de octubre grabó algunos temas con una orquesta con sección de cuerda en el Pythian Temple de Nueva York. Por primera vez se acercaba al pop *mainstream*, pero lo hacía sin perder personalidad. El resultado más significativo de estas sesiones son la aterciopelada balada «True Love Ways», «Raining in My Heart» e «It Doesn't Matter Anymore», esta última escrita por Paul Anka. En este período, Buddy Holly frecuentó a Phil Everly, de los Everly Brothers, con el que grabó también algunos temas en los Beltone Studios de Nueva York. Había una evidente afinidad entre Buddy Holly y los Everly Brothers, cuya música se inspiraba

Buddy Holly está considerado como un antecesor esencial de la música pop-rock.

en el rockabilly pero estaba lejos de los excesos o de la espléndida esquizofrenia del género musical nacido en Memphis. Don y Phil Everly finalmente lograron conciliar la tradición country & western de la capital de Tennessee con el rock'n'roll. Aportaban las clásicas armonías vocales de los «brother duet» (véase Monroe, Delmore o Stanley) y las melodías de las folk ballad de los Apalaches, uniéndolas con una sensibilidad pop que le iba de maravilla en el contexto de los años cincuenta. Isaac Donald y Philip Everly, crecidos en una familia de músicos, debutaron en el programa radiofónico *The Everly Family Show*, y muy pronto recalaron en Nashville, donde se fijó en ellos Chet Atkins. Entre las novedades aportadas por el nacimiento de la escena rock, a Don y a Phil les gustaban en particular el jungle beat de Bo Diddley y tuvieron una feliz intuición cuando decidieron aplicarlo a «Bye Bye Love». El disco, publicado por Cadence Records, alcanzó un éxito inmediato trepando hasta el segundo puesto de las clasificaciones pop en mayo de 1957. El debut fulminante de «Bye Bye Love» reveló en seguida la validez de su fórmula musical: armonías country, temas que llegaban al corazón de los adolescentes y un énfasis rítmico sintonizado con el nuevo estilo musical. Su manera de tocar la guitarra acústica, enérgica y dinámica, les permitía no quedarse pegados en el territorio pop más empalagoso, y les identificaba con la vanguardia del rock sin renegar de las tradiciones. Sus textos no afrontaban conflictos generacionales radicales, sino que solo trataban típicos problemas de la adolescencia. Cuando salió «Wake Up Little Susie», su pieza más significativa, este delicado equilibrio alcanzó la perfección. El ritmo utilizado en «Bye Bye Love» evolucionó hacia algo más personal, con una eficaz introducción de guitarra acústica que marcaba inmediatamente la atmósfera de susto y aprensión de la pareja de adolescentes que se despierta de repente en el corazón de la noche. Los dos están ator-

mentados mientras miraban una película aburrida (probablemente en el drive-in) y descubren aterrorizados que ya son las cuatro de la mañana. ¿Qué les van a decir a sus amigos? Y, sobre todo, ¿cómo se justificarán con sus padres? La pregunta no era banal en el contexto de la década de 1950, y fue prohibida por muchas radios por su contenido ambiguo, pero el tema superó el intento de boicot y terminó en lo más alto de las clasificaciones. Su período dorado duró hasta 1960, con un éxito solo inferior al de Elvis Presley, con temas muy logrados como «Bird Dog», «Cathy's Clown», «Problems» y las espléndidas «'Til I Kissed You» y «When Will I Be Loved».

Blancos, guapos, brillantes y en absoluto rebeldes, los Everly Brothers se encuentran de hecho entre el rock'n'roll más auténtico de los orígenes y su diluida versión teen idol, representando una perfecta síntesis a la que sus peculiares cualidades artísticas proporcionaban una originalidad inconfundible que influiría posteriormente tanto en las armonías del surf vocal de los Beach Boys como en las más folk de Simon & Garfunkel.

THE DAY(S) THE MUSIC DIED

Las últimas llamaradas del rock'n'roll, la «fábrica de éxitos» del Brill Building, la «muerte emblemática» de la nueva música y la dramáticamente real de los primeros rockeros, de Buddy Holly a Eddie Cochran.

E n 1958 aumentaron los temas que habían prescindido de la agresividad del rock'n'roll. Jerry Lee Lewis, con «Great Balls of Fire», constituía la excepción más notable. Los Everly Brothers se moderaban en «All I Want To Do Is Dream», mientras que Elvis calentaba los corazones de las *teenagers* con «Don't», balada muy bonita pero alejada de la música revolucionaria que lo había llevado a primera fila.

Buddy Holly y Chuck Berry prolongaban sus momentos dorados de creatividad, mientras que Fats Domino navegaba tranquilamente en la clasificación con su fórmula de música y buen humor.

El año comenzó con una decisión que dejó asombrado a todo el mundo: el 27 de enero de 1958, Little Richard, el artista más explosivo de los cincuenta, siguiendo una repentina vocación religiosa oficializaba su retirada de los escenarios. Negro, gay e imprevisible, Little Richard no habría podido ser legitimado nunca como estrella en los años cincuenta. Entretanto, el 24 de marzo de 1958, Elvis Presley fue destinado al cuartel de Fort Chaffee, Arkansas, donde tuvo lugar el famoso corte de pelo que marcaría simbólicamente el paso de personaje transgresor a «all american boy». Al cabo de pocos días, el soldado Presley fue trasladado a Texas para luego ser destinado a Alemania. El mes anterior de su partida para Europa, su madre enfermó gravemente. Elvis regresó a su mansión de Graceland –la casa de los sueños que había adquirido justamente para sus padres– justo a tiempo para estar a su lado en los últimos trágicos momentos antes de tener que abandonar los Estados Unidos. En el siguiente mes de mayo siguiente, Jerry Lee Lewis iniciaba una gira por Gran Bretaña en compañía de su jovencísima mujer Myra, a pesar de que todo el mundo se lo hubiera desaconsejado. En el momento en que la prensa británica descubrió que la muchacha que lo acompañaba solo tenía 13 años, y era su mujer y su prima al mismo tiempo, estalló el escándalo y la gira quedó interrumpida después de un par de actuaciones desastrosas. En los Estados Unidos ya había comenzado el linchamiento mediático. Nadie parecía considerar el hecho de que aquel tipo de matrimonios siempre había sido bastante frecuente en el Sur. En unas pocas semanas Jerry Lee fue boicoteado y se encontró fuera del circuito, obligado a tocar por unos pocos dólares en los locales de peor fama, mientras que su malsana adicción por el alcohol y las pastillas aumentó vertiginosamente: se vio obligado a reconstruir su carrera desde el principio.

En la radio dominaban la escena la inofensiva «Lollipop» de las Chordettes y la inspirada «Nel Blu Dipinto di Blu», de Domenico Modugno. El Kingston Trio cantaba la tradicional balada folk «Tom Dooley», y Conway Twitty exhibía su espléndida voz en «It's Only Make Believe», mientras que los Coasters, con «Yakety Yak», expresaban de manera más aguda un residuo de rebelión juvenil. El guitarrista Duane Eddy, con «Rebel Rouser» y «Movin' and Groovin'» lanzó la moda del rock instrumental, que luego retomarían con éxito grupos como los Shadows y los Ventures.

La auténtica novedad del año fue Eddie Cochran, originario de Minnesota y que había crecido en los suburbios de Los Ángeles. Cochran se dio a conocer por su apreciable estilo guitarrístico y su gran creatividad. La fortuna llamó a su puerta cuando el director Boris Petroff le ofreció un papel en la película *The Girl Can't Help It*. De este modo se encontró, como en un sueño, inmortalizado en una película junto a algunos de sus ídolos, exhibiéndose en una desatada versión de «Twenty Flight Rock», la misma canción que al año siguiente un jovencísimo Paul McCartney tocaría en su primer encuentro con John Lennon, en su intento por impresionarlo.

BYE BYE MISS AMERICAN PIE

El Beechcraft Bonanza, que había despegado a las doce y media de la noche, se estrelló poco después. Sus restos se encontraron al día siguiente, a las 9.30. Una radio de Mason City interceptó casualmente unas conversaciones entre la policía y la torre de control, a partir de las cuales se supo quien estaba a bordo del avión. La noticia de la muerte de Buddy Holly se propagó por toda la nación, incluso antes de que se identificaran los cuerpos. El shock fue increíble. Todos los amigos y parientes de los artistas se enteraron de la noticia por la radio antes de que nadie fuera capaz de avisarles.

El 11 de junio de 1958, Eddie Cochran grabó en un estudio de Los Ángeles «Summertime Blues», escrita a dos manos con Jerry Capeheart. Igual que «Yakety Yak», de los Coasters, el texto (divertido) de la canción, expresaba el descontento de los adolescentes que contra su voluntad se veían obligados a obedecer las órdenes de los adultos. Pero sobre todo fue el aspecto musical el que definió de manera brillante su estilo: la estructura rítmica basada en la alianza entre las continuas notas picadas de la guitarra acústica y el acompañamiento de las palmas, el diálogo entre la voz narradora y los tiránicos, amorfos y lacónicos comentarios de la voz adulta, contribuyeron a redondear perfectamente el tema. Sería su canción de mayor éxito.

La utilización del *power-chord* con la guitarra acústica se repitió en «C'mon Everybody», y el acompañamiento de percusión, basado en el insistente y dinámico empleo de una pandereta, manifestaba una gran original. Tanto «Summertime Blues» como «C'mon Everybody» carecían prácticamente de sonoridades eléctricas, y sin embargo son auténticos clásicos del rock'n'roll que influyeron mucho a la música de los sesenta. La siguiente «Something

Else» era todavía más vanguardista y situaba los cimientos para la música punk con veinte años de antelación. No es casual que la retomaran entre otros New York Dolls y Sex Pistols.

1958 fue el año de oro de Chuck Berry: tenía varias canciones en la clasificación y era el primero y único artista rock invitado en el prestigioso Newport Jazz Festival. Pero en los Estados Unidos de la década de 1950, para un negro ambicioso y en consecuencia incómodo, los problemas siempre esperaban a la vuelta de la esquina: al año siguiente fue denunciado en base a una vieja ley, el Mann Act, por haber llevado a una prostituta menor de edad desde El Paso hasta Saint Louis ofreciéndole un trabajo en su local, el club Bandstand. El juicio derivado fue en un primer momento anulado por manifiesto racismo hacia el imputado, y se tuvo que repetir. La situación se prolongó hasta febrero de 1962, cuando fue encerrado durante dieciocho meses en el penitenciario de Terre Haute, Indiana.

Entretanto, mientras que Buddy Holly y Eddie Cochran, tras la estela de las enseñanzas del guitarrista Les Paul, experimentaban nuevas técnicas de grabación, en Nueva York, un editor en la tradición del Tin Pan Alley reunió en las oficinas del Brill Building, en el 1619 de Broadway, a un equipo de autores capaz de componer cada día música en cantidades industriales. Visto el elevado porcentaje de diletantismo, que resultó evidente en la escasa calidad de discos publicados, consideró más que necesario contratar a profesionales de

talento capaces de aplicarse «full time» a la nueva música. Este editor se llamaba Don Kirschner, y era originario del Bronx; y el primer movimiento que hizo fue convencer al prestigioso compositor Al Nevins de que aquel proyecto cuya finalidad era la de realizar un catálogo de música juvenil estaba destinado al éxito. Ambos decidieron constituir una sociedad de ediciones y, en 1958, nació Aldon Music. Entre los primeros autores en ser enrolados estaban Neil Sedaka, que tuvo un gran éxito personal con «Oh Carol», Barry Mann, Cynthia Weil y Carole King. Justamente King describió de esta manera el *modus operandi* en las oficinas del Brill Building: «Cada día se encerraban en minúsculos compartimientos en los que, si uno tenía suerte, había espacio para un piano vertical, un sofá y

una silla. Constantemente estábamos bajo presión porque Don Kirshner, con astucia, lograba que compitiéramos el uno contra el otro. Quería que escribiéramos un éxito cada día.»

El Brill Building, la «fábrica de éxitos», produjo de hecho una increíble serie de hits gracias a la creatividad de formidables parejas formadas por un letrista y un compositor. Además de los ya citados, cabe mencionar a artistas del calibre de Burt Bacharach, Neil Diamond, Sonny Bono, Mike Stoller. Entre los temas nacidos en el 1619 de Broadway, «Yakety Yak» (escrita por Leiber y Stoller), «Save the Last Dance for Me» (Pomus-Shuman), «The Look of Love» (Bacharach-David), «Devil in Disguise» (Giant-Baum-Kaye), «The Loco-Motion» (Goffin-King), y «River Deep, Mountain High» (Spector-Greenwich-Barry). Esta última pieza, llevada al éxito por Ike & Tina Turner en 1966, la producía un joven talento, Phil Spector. Este autor y productor neoyorquino, cuando tenía 19 años y formaba parte de los Teddy Bears, escribió, produjo y grabó «To Know Him Is To Love Him» que, en 1958, alcanzó el número uno en la clasificación. La intuición de Spector fue la de suavizar el sonido rock'n'roll con orquestaciones sofisticadas, un auténtico «muro de sonido» que se convirtió en su marca de fábrica. Especialmente aplicado a los nuevos fenómenos de la clasificación, aquellos grupos generalmente femeninos que se convirtieron en una de las especialidades de Phil Spector. Su «wall of sound» fue la marca de las Ronettes,

capitaneadas por su mujer, Ronnie Spector. «Be My Baby», su mayor éxito, fue uno de los clásicos de esta nueva «oleada rosa» de la que formaron parte The Shirelles con «Will You Love Me Tomorrow» (escrita por Goffin-King), The Crystals con «Da Doo Ron Ron (When He Walked Me Home)», The Shangri-Las, con «Leader of the Pack», The Marvelettes con «Please Mr. Postman», The Chiffons con «One Fine Day». Además de las perlas de la Motown, Martha & The Vandellas («Dancin' in the Street») y las Supremes de Diana Ross («Stop! In the Name of Love»). Todos estos grupos influirían 40 años más tarde en el look y los gustos musicales de una muchacha londinense, Amy Winehouse.

Phil Spector, considerado por muchos como el primer auténtico productor de la historia del rock, tuvo la oportunidad de aprender los trucos del oficio trabajando

Martha Reeves & The Vandellas fue uno de los principales conjuntos femeninos de la Motown.

junto a Jerry Leiber y Mike Stoller, que además de ser prolíficos autores se ocupaban de la producción en Atlantic de grupos como Drifters y Coasters. Cazador de talentos de enorme valor (su firma está bajo el gigantesco éxito de los Righteous Brothers, «You've Lost That Lovin' Feeling»), también son apreciables sus trabajos con los Beatles (*Let it Be*), con George Harrison (*«All Things Must Pass»* y *«Concert for Bangla Desh»*) y, sobre todo, con John Lennon (*«Imagine»*). Este personaje inconstante, lunático y pasado de vueltas, en 1979 publicó *End of the Century*, álbum de los Ramones, antes de verse arrastrado por una imparable espiral formada por esquizofrenia y armas de fuego. Todo con un trágico final: el 3 de febrero de 2003, la actriz californiana Lana Clarkson fue encontrada muerta en el Dupuy Pyrenees Castle, la residencia de «dibujos animados Disney» de Spector en Alhambra. El 13 de abril de 2009, Phil Spector fue declarado culpable de homicidio y condenado a 19 años de cárcel.

Pero el estilo del Brill Building, que él mismo contribuyó a formar y que diluyó la frescura del rock'n'roll en un compuesto de música orquestal y melodías cautivadoras, con la adición de textos que abordaban temas de interés para los adolescentes, se convirtió en el arquetipo del pop moderno y sería, durante mucho tiempo, un modelo no superado en el que inspirarse.

El decenio estaba a punto de concluir y el año 1959 comenzó con la tragedia que simbólicamente se designa como «The day the music died». La noche entre el 2 y el 3 de febrero de 1959, un pequeño avión *Beechcraft Bonanza* matriculado con el número N3974N que se dirigía a Fargo, Dakota del Norte, se precipitó a causa de una tormenta de nieve pocos minutos después de despegar de Mason City, Iowa.

Las cuatro personas que iban a bordo murieron en el acto.

Sumando sus edades no llegaban a los 90 años.

Los tres pasajeros habían pagado la tarifa requerida de 36 dólares y partieron contentos por no tener que viajar toda la noche en un autobús en mal estado en el que ni siquiera funcionaba la calefacción. No podían imaginar que el piloto, Roger Peterson, de veintiún años, ni siquiera tenía la licencia necesaria para vuelos nocturnos con el único auxilio del instrumental de a bordo. El más joven de los tres artistas que viajaban, Richard Valenzuela, era poco más que un chaval. Diecisiete años, dieciséis de los cuales los había pasado en Pacoima, un suburbio del valle de San Fernando, habitado preferentemente por inmigrantes hispanos como él. El último año, Richard lo había pasado actuando por los Estados Unidos con el nombre de Ritchie Valens, brillante promesa de la nueva música, el primero que fue capaz de llevar hasta la clasificación un tema rock cantado en español, «La Bamba». En la otra cara del mismo sencillo estaba «Donna», canción que escribió para la chica que le había roto el corazón en la San Fernando High School.

Después del espectáculo de la víspera, Valens se había adjudicado su puesto en el avión ganando a cara o cruz al batería Tommy Allsup. Otro de los tres pasajeros, Jiles Perry Richardson, de veintinueve años, más conocido como The Big Bopper, Dj texano de Beaumont, de carácter alegre y despreocupado, que acababa de inventarse una carrera de cantante de éxito con el gracioso hit «Chantilly Lace», había pedido al bajista Waylon Jennings el favor de que le dejara el puesto ya que, dada su mole imponente, no lograría descansar bien en los angostos espacios del autocar.

El tercer pasajero era Buddy Holly. Con tan solo veintidós años, se iba el personaje que tenía en sus manos el futuro del rock'n'roll. Por ironías del destino, su último sencillo, escrito por Paul Anka, se titulaba «It Doesn't Matter Anymore». En menos de cinco años, entre incidentes mortales, escándalos, detenciones, conversiones religiosas y uniformes del ejército estadounidense, el rock'n'roll agotaba su carga incendiaria. Su rey indiscutido, Elvis, fue el único que prosiguió durante casi dos décadas una carrera luminosa. Una vez terminado el servicio militar, Presley consolidó su papel de estrella hollywoodiense

Eddie Cochran fue uno de los primeros protagonistas en la historia del rock que compuso y cantó sus propias canciones.

aunque sin renunciar a grabaciones de temas que entrarían en la leyenda («It's Now Or Never» o «Are You Lonesome Tonight?»). En 1968, después del nacimiento de su hija Lisa Marie, y cuando el mundo de la música ya había cambiado profundamente, Elvis grabó su show de televisión más famoso: aquel *Elvis* (conocido también como *The '68 Comeback Special*), en el que en una hora dio a entender al mundo por qué había sido y sería para siempre «the one and only king of rock'n'roll». Atractivo y súper sexy con su mono de cuero negro, excepcional a la hora de interpretar sus temas y librarse a coreografías propias de un musical, Elvis impactó con su presencia, sus increíbles cualidades como intérprete y, sobre todo, por la expresividad de su voz. El show resultó un éxito estratosférico (42% de audiencia, récord absoluto en la historia de la televisión norteamericana) y volvió a lanzar el mito de Elvis. Por desgracia, a partir de aquel momento ya siempre Elvis estaría en competencia consigo mismo y con su propio pasado luminoso, llevando al hombre Presley a consumirse en una orgía de barbitúricos hasta la tragedia del 16 de agosto de 1977, cuando «el rey del rock» moría en el baño de su mansión. Tenía 42 años la persona que no solo supo encarnar, mejor que todos, el Sueño Americano, es decir, el hombre capaz de construirse por sí solo un futuro luminoso. Elvis fue más allá: no se contentó con ser un «self made man», fue capaz de convertirse en un «self made king».

Su leyenda prosiguió entre improbables avistamientos, legiones de imitadores pero también gracias a un catálogo de canciones, álbumes, películas y documentales que siguen fascinando a los aficionados, sorprendiendo a los críticos y creando epígonos. Seis años antes de su muerte, en 1971, el cantautor Don McLean había cantado «American Pie», canción llena de misteriosas metáforas y referencias precisas a la historia del rock, que evocaba el día de la muerte de Buddy Holly definiéndolo como «the day the music died», cristalizando de modo enfático y significativo el paso de la inocencia y la ingenuidad de los cincuenta al período más consciente y trabajado de los sesenta, que comenzaba con otro episodio que marcó de manera dramática el advenimiento de la nueva década: el domingo de Pascua de 1960, el 17 de abril, Eddie Cochran, su novia Sharon Sheeley y Gene Vincent viajaban en un taxi que los acompañaba al aeropuerto para regresar a los Estados Unidos después de una gira triunfal por Inglaterra. A la altura de Chippenham, Wiltshire, el coche se vio implicado en un fatal accidente. Gene Vincent quedó gravemente herido. Eddie Cochran murió con tan solo veintiún años.

Era el último puñetazo en el estómago.

La historia del rock retomaría su curso en Inglaterra.

EVERLY BROTHERS
Cadence Classics: Their 20 Greatest Hits
(Rhino/Wea, 1990)

La música de los Everly no pertenece tanto al rock como al puro arte de la armonía y de la melodía. «Bye Bye Love», «Wake Up Little Susie» y «Bird Dog» recurrían a los ritmos rápidos del sonido de Bo Diddley o del rockabilly, mientras que «Love of my Life» y «Like Strangers» eran un puro destilado de sentimientos románticos.

LITTLE RICHARD
The Georgia Peach
(Specialty, 1991)

Todos los éxitos de Little Richard grabados en un bienio. Gracias a su estilo explosivo, sus temas más logrados resultaban inimitables: «Tutti Frutti», «Long Tall Sally», «Rip It Up», «Lucille» y «Good Golly Miss Molly» son capítulos imprescindibles en la historia del rock'n'roll, y Little Richard tal vez fue quien aportó más al espíritu desatado y rebelde de esta música.

ELVIS PRESLEY
The King Of Rock And Roll: The Complete '50s Masters
(RCA, 1992)

Box de cinco CD que contiene íntegramente las grabaciones de Elvis de la década de 1950, incluida «My Happiness», grabada previo pago en los estudios de Sam Phillips antes de que el éxito llamara a su puerta. No todos los temas son esenciales, pero a partir de esta obra es posible dibujar de manera precisa la evolución estilística de Presley.

BUDDY HOLLY
The Buddy Holly Collection
(MCA/Universal, 1993)

El mejor documento para presentar de manera detallada el arte de Buddy Holly. Están los temas de sus inicios, sus éxitos y los episodios menos célebres pero igualmente influyentes en la evolución del rock. Para quien conoce tan solo «That'll Be The Day», «Peggy Sue», «Oh Boy» e «It Doesn't Matter Anymore», puede resultar una revelación.

JOHNNY BURNETTE & THE ROCK AND ROLL TRIO
Tear It Up
(Hip-O Select, 1993)

Uno de los discos que mejor muestran el espíritu rockabilly. Los hermanos Burnette y su guitarrista Paul Burlison tocaban con ardiente pasión una mezcla acústica y eléctrica, cantada con una vehemencia que tenía escaso parangón y que unía la estética del rock'n'roll más puro con un frenesí punk avant la lettre.

VARIOS ARTISTAS
The Doo Wop Box Vol. 1
(Rhino/Wea, 1994)

Cuidadísimo box de 4 CD que propone a los mejores grupos doo wop. Contiene las lentas baladas de los Orioles y de los Ravens, las brillantes «Why Do Fools Fall In Love?» de Frankie Lymon y «Little Darlin'» de los Gladiolas, y la evolución italoamericana de Dion & The Belmonts. Sobre todo, están todos los clásicos del género. El booklet es espléndido, con historia y anécdotas para cada canción.

VARIOS ARTISTAS
Chess Rhythm & Roll
(MCA/Universal, 1994)

Cofre ideal para profundizar en el papel de la histórica etiqueta de Chicago en el nacimiento del rock'n'roll. Más de cinco horas de canciones que, en lugar de subrayar la vocación puramente blues de Chess, se centra en el rock'n'roll y el doo wop.

VARIOS ARTISTAS
Rock Instrumental Classics, Vol. 1
(Rhino/Wea, 1994)

Se trata de una introducción al arte del rock instrumental, pero contiene los temas fundamentales que marcaron el desarrollo del rock. «Rumble» y «Rawhide» de Link Wray, «Rebel Rouser» y «Forty Miles of Bad Road» de Duane Eddy, la etérea «Sleepwalk» de Santo & Johnny, las bulliciosas «Tequila» (Champs) y «Raunchy» (Bill Justis) y la brillante «Red River Rock» de Johnny & The Hurricanes.

BO DIDDLEY
His Best: The Chess 50th Anniversary Collection
(Universal, 1997)

Excelente colección que contiene los temas históricos que influyeron a tantos artistas. Desde las rítmicas «Bo Diddley», «Who Do You Love» y «You Can't Judge a Book by Its Cover» a las lentas «I'm A Man» y «Crackin' Up», entre la garra del rock blues y la alegría del calypso. Se pueden descubrir también temas menores, auténticas revelaciones, como «Pills» y «I Can Tell».

GENE VINCENT
The Screamin' End: The Best Of Gene Vincent
(Razor & Tie, 1997)

Espléndida pasarela para los mejores temas de Vincent, con una calidad de audio que transporta directamente al estudio. Los inventos de Cliff Gallupp a la guitarra son sorprendentes por su facilidad de ejecución y su modernidad. El resto de la banda toca rockabilly con tensión y entusiasmo: un viaje a la música de un gran artista, instintivo y desafortunado.

EDDIE COCHRAN
Somethin' Else: The Fine Lookin' Hits of Eddie Cochran
(Razor & Tie, 1998)

También esta recopilación se beneficia de una calidad de audio sorprendente para una grabación de la década de 1950. Está todo lo necesario: un par de curiosidades de los inicios en pareja con Hank Cochran, las fundamentales «Summertime Blues», «C'mon Everybody» y «Something Else» y una estupenda selección de éxitos entre canciones que coquetean con el pop y el country.

FATS DOMINO
Legends of the 20th Century
(Capitol, 1999)

En un solo disco, todos los principales éxitos del pianista de Nueva Orleans. 25 temas en orden cronológico, a partir de «The Fat Man» hasta «Let the Four Winds Blow», a través de episodios estilísticamente inolvidables como «All By Myself», «Sick and Tired» y «I'm Ready». El bonito *booklet* y la perfecta remasterización completan la obra a la perfección.

CARL PERKINS
The Essential Sun Collection
(Recall, 1999)

Todos los singles grabados para la Sun. Están la célebre «Blue Suede Shoes» y las originales «Honey Don't» y «Dixie Fried», además de los grandes rockabilly como «Boppin' The Blues» y «Matchbox». Voz perfecta para el género y estilo guitarrístico brillante e influyente, Carl Perkins fue uno de los estilistas más importantes del rock'n'roll. Tan influyente como desafortunado.

VARIOS ARTISTAS
Loud, Fast & Out Of Control
(Rhino/Wea, 1999)

Box de cuatro discos que contiene un centenar de éxitos y logra condensar la historia del rock'n'roll bebiendo tanto del repertorio que gusta a los puristas como de los temas menos celebrados pero igualmente representativos de la época. Si uno quiere adquirir un único artículo para tener una idea del rock de los cincuenta, esta sería la elección ideal.

CHUCK BERRY
The Anthology
(Universal, 2000)

Disco doble con 50 canciones de las que al menos la mitad son clásicos del rock'n'roll. Están los momentos más importantes de su carrera, desde «Maybellene» hasta «Roll Over Beethoven», pasando por «School Day» y «Johnny B. Goode». Leyendo el exhaustivo *booklet* se entiende por qué se considera a Berry el padre del rock.

JERRY LEE LEWIS
25 All Time Greatest Sun Recordings
(Varese Records, 2000)

Con «Whole Lotta Shakin' Goin' On», «Great Balls of Fire», «High School Confidential» y «Breathless», Jerry Lee entró en la leyenda. Esta recopilación muestra su lado más salvaje, aunque es algo limitada respecto al abanico estilístico de su música, que abraza rockabilly, country, góspel y blues, con una clase y una naturaleza que quizás solo igualó Elvis Presley.

JOHNNY CASH & THE TENNESSEE TWO
The Essential Sun Singles
(Varese Records, 2002)

No es propiamente un artista de rock'n'roll, pero es un personaje que representó una fuente de inspiración para muchos rockeros de las generaciones siguientes por su espíritu anticonformista. Aquí aparecen los temas más cercanos a la estética del rock, como «So Doggone Lonesome», «Folsom Prison Blues», «Get Rhythm» y «Rock Island Line».

VARIOS ARTISTAS
The Country Roots Of Rock And Roll
(Performance, 2004)

Esta doble recopilación, complementaria respecto a la anterior, profundiza en la vertiente blanca de las raíces del rock and roll, desde las clásicas «Blue Moon of Kentucky» de Bill Monroe y «Move It On Over» de Hank Williams, a los virtuosismos de Arthur Smith («Guitar Boogie») y Leon McAuliffe («Steel Guitar Rag»).

BILL HALEY
Rock Around The Clock
(Universal, 2004)

Reimpresión del primer LP de Haley, con la adición de bonus tracks decisivos como «R-O-C-K», «The Saints Rock And Roll» y, sobre todo, «See You Later Alligator». Están todos los éxitos: una secuencia de temas que representa a la perfección el estilo que vacila entre country, jump blues y rockabilly y muestra el espíritu de camaradería de una banda llena de swing.

VARIOS ARTISTAS
Blues Roots Of Rock And Roll
(Performance, 2005)

Estupenda recopilación a precio económico que, en dos discos, muestra el desarrollo de la música negra que luego desembocó en el rock'n'roll. El primer disco presenta blues arcaicos, de Charlie Patton al boogie primigenio de Albert Ammons, pasando por el *uptown* R&B de Louis Jordan y Big Joe Turner. En el segundo se llega a «Rocket 88» y a la versión original de «Hound Dog» de la espectacular Big Mama Thornton.

Nueva York, enero de 1961

Bob Dylan llega a una Gran Manzana tapizada de nieve y se dirige inmediatamente al Cafe Wha?, un pequeño club del Village en el que hay música en vivo.
Mike Porco creerá en seguida en sus cualidades de cantante folk. Él gestiona otro local, el Gerde's Folk City, y convence a Lou Levy, un pez gordo de las ediciones musicales Leeds, para que contrate a Dylan.
Un día, Levy lleva a Dylan al Pythian Temple, en los estudios en los que Bill Haley y sus Comets habían grabado «Rock Around the Clock».
Luego, ambos se dirigieron al restaurante de Jack Dempsey, el gran campeón de boxeo de los años veinte.
Cuando entraron en el local, Lou presentó a Dylan y Dempsey, que le agitó el puño bajo la nariz.

> «Dylan era un tipo delgado, sucio, vestido de manera descuidada, pero cuando abría la boca, rezumaba poesía. Mis amigos no lo entendían. Pero yo les decía: id más allá de las apariencias y escuchad sus canciones.»
> JOAN BAEZ

«Muchacho –le dijo– si estás demasiado delgado para dar el peso máximo, tendrás que ganar algún kilo. Y ya puestos, vístete un poco mejor... y no porque lo vayas a necesitar en el ring. Y luego, acuérdate siempre de algo: no temas nunca golpear demasiado fuerte.» «No es un púgil, Jack –contestó Lou Levy–, Bobby escribe canciones: se las publicamos nosotros.»
«Ah, entiendo –susurró el viejo campeón–, quién sabe si algún día escucharé alguna...»
A partir de aquel momento, Jack Dempsey, y no solo él, pudieron escuchar un montón de canciones de Bob Dylan.

BLOWIN' IN THE WIND

FOLK REVIVAL

El Greenwich Village,
entre canciones folk y
cantautores

(por Mauro Eufrosini)

«En los años sesenta había mucha hipocresía: o tocabas folk o hacías rock. Pero yo sabía que no tenía que ser así por fuerza.»

BOB DYLAN

ESTA TIERRA ES MI TIERRA

La difusión de la música folk en la América de las décadas de 1930 y 1940.
Las «protest song» y el trabajo de musicólogos e investigadores. Las figuras de
Woody Guthrie y Pete Seeger.

En los años treinta y cuarenta, la música folk de protesta encontró un terreno abonado: además de ser un elemento constante de la propaganda sindical y política de izquierda, se convirtió en objeto de las investigaciones llevadas a cabo por el musicólogo, filósofo y activista social Charles Seeger. Y también de las de los etnomusicólogos John y Alan Lomax que, en 1934, se ocuparon de la publicación de *American Ballads and Folksongs*, monumental recopilación de 271 canciones de la tradición blanca y negra.

La mezcla de las condiciones climáticas y económicas, destinado a marcar para siempre a la sociedad campesina estadounidense, constituyeron un involuntario pero poderoso aliado para la difusión de las *protest song*. El primer síntoma se pudo percibir al día siguiente del derrumbe de la bolsa de Wall Street (1929), cuando en las Great Plains (Oklahoma y Texas), decenas de pequeñas empresas agrícolas, ya endeudadas con los bancos, quebraron por la imposibilidad de reembolsar los créditos que les habían concedido. Aquellas tierras, sometidas a años de cultivos intensivos de trigo, con el tiempo se habían empobrecido y, cuando a partir de 1931 comenzó un período de sequía que duró siete años, acompañado por tormentas de polvo, el desastre ecológico y económico fue total.

> «Woody Guthrie no era solo un cantante folk: era un genio. Sus canciones eran de otra categoría. Contenían una infinita dosis de humanidad.»
>
> BOB DYLAN

De la «Dust Bowl», aquella enorme bola de arena que destruyó campos exhaustos, arrastrando al hambre y a la enfermedad a miles de familias, huyeron más de dos millones y medio de personas, doscientas mil de las cuales se dirigieron a California, aunque sin encontrar la tierra prometida. Allí, las fincas agrícolas estaban en manos de las grandes industrias, y el aprovechamiento de la mano de obra era una práctica consolidada. Así, los emigrantes, los Oakies, sustituyeron de hecho a los mexicanos en el último escalón de la escala social, y se vieron obligados a vivir en barracas, con la única perspectiva de trabajos ocasionales y mal pagados. Es la historia de Tom Joad, tal como la cuenta John Steinbeck en *Las uvas de la ira* (1939), la que musicó Woody Guthrie en la canción homónima y Bruce Springsteen con la sugestiva «The Ghost of Tom Joad». Con una paga entre 75 y 125 centavos al día, los emigrantes se veían obligados a desembolsar 25 por el alquiler de una chabola; el resto tenía que bastarles para comprar los víveres en las tiendas gestionadas por las mismas empresas. De esta manera, en muy poco tiempo, aquellos inquietantes barrios de chabolas, se convirtieron en un macabro escenario en el que se alternaron represiones brutales, por parte de las fuerzas del orden armadas por las compañías, pero también manifestaciones de propaganda política y sindical. Entre los espectadores estaba Woodrow Guthrie, llamado Woody, huido también del «Dust Bowl» de Oklahoma. Allí comenzó a armar su guitarra con perdigones de protesta sindical. Junto a Guthrie, entre los primeros y más influyentes cantantes de folk de aquellos años, relacionados por otra parte con las organizaciones políticas de la izquierda estadounidense, estaban un ex presidiario, Huddie Ledbetter (conocido como Leadbelly), así como el primogénito del musicólogo Charlees Seeger, Pete, recién diplomado en Harvard.

Entretanto, el desarrollo de los medios de comunicación de masa, con la radio en primer lugar, llevó la palabra folk incluso

hasta públicos diferentes a los de las luchas sindicales y el activismo político: el show radiofónico de la CBS «The Wayfering Stranger», presentado por Burl Ives con la colaboración de John y Alan Lomax, resultaba emblemático en este aspecto. Profesor universitario vivaz y dinámico, poco interesado por el culto académico al pasado, John Lomax se sintió atraído desde su nacimiento de modo irresistible por la música popular estadounidense, blanca y negra. En 1932, el editor McMillan de Nueva York aceptó su proyecto de una antología completa de la música folk y de las baladas norteamericanas. Acompañado por su hijo Alan, que al cabo de los años sería su digno heredero, Lomax recorrió los Estados Unidos para dar con los «depositarios del verbo». Una vez identificados, apoyó de diferentes maneras a aquellos cantantes folk que posteriormente serían considerados los «padres fundadores». La antología *American Ballads and Folksongs* fue justamente fruto de aquella primera e importante expedición «sobre el terreno», a la que siguieron otras, favorecidas por mecenas como la Carnegie Corporation y la Fundación Rockefeller. El último viaje de los Lomax (1939) comportó

MÚSICA TRAS LOS BARROTES

John Lomax llevó a cabo una primera expedición en 1933, durante la cual recopiló y grabó canciones (baladas, blues y música de baile) preferentemente en las prisiones. Lomax estaba convencido de que los presos, ajenos a las influencias de los medios de comunicación, habrían preservado las canciones en su forma original o, cuanto menos, en la que estos habían aprendido años atrás de la tradición de la que procedían. Durante este primer viaje, Lomax grabó incluso a un preso negro, Huddie Ledbetter, recluso en la cárcel de Angola, en Luisiana, por homicidio. Se haría famoso con el nombre de Leadbelly.

6.502 millas a través de siete estados del Sur, y dio como fruto más de 600 grabaciones de temas folk capturados entre las paredes de las casas, escuelas e iglesias. Entre las canciones más célebres, entre las más de 4.000 que los Lomax recopilaron en total, vale la pena citar «Rock Island Line», «John Henry», «Home on the Range» o «Sweet Low Swing Chariot». Entre los cantantes que descubrieron e inmortalizaron, destaca uno sobre todos: Huddie Ledbetter, conocido con el nombre de Leadbelly, un tipo medio chiflado al que John Lomax grabó en la cárcel del estado de Luisiana (la famosa «Angola») y que para los cantantes folk blancos se convirtió en el «rey de la guitarra de 12 cuerdas». «The Rock Island Line», «The Midnight Special», «Goodnight Irene» y otras perlas destinadas a permanecer en la historia vieron la luz justamente en aquellos años.

Pero la música folk todavía vivía relegada en el ámbito militante: sus portavoces eran vistos por la clase media como «comunistas pelirrojos, terroristas rojos». Hasta el advenimiento de los Almanac Singers, formación abierta en la que militaban Pete Seeger, Lee Hayes, Woody Guthrie y Millard Lampell. Fueron los primeros en trasladar la canción de protesta al mercado discográfico y al espacio radiofónico. Dos de ellos, Woody Guthrie y Pete Seeger, no eran desconocidos. Guthrie había nacido el 14 de julio de 1912 en Okemah, Oklahoma, y se le considera el primer y (quizás) el mayor cantante folk de los Estados Unidos. Cortejado y luego expulsado por el Partido Comunista norteamericano por su credo religioso, testarudo y románticamente enrocado en un imposible sueño de supremacía de la clase trabajadora, perseguido hasta el último de sus sueños y acogido por la clase intelectual y política del país, Woody trascendió el restringido nicho musical en el que la historia lo había situado.

> «No soy más que una especie de escribano, de meteorólogo:
> mi laboratorio es la acera.»
>
> WOODY GUTHRIE

Su visión y sus ideas socialistas nacían en el interior de aquel mundo que los intelectuales norteamericanos, en la década de 1930, habían intentando investigar sublimando en la mentira literaria algunos aspectos estrechamente formales. Woody no era un intelectual como Steinbeck o Dos Passos; al contrario, él mismo formaba parte de aquel mundo que alimentaba su música. «Escribo canciones, baladas, historias musicadas y cuentos sin melodía... Nunca he sido bueno leyendo notas musicales, y todavía menos escribiéndolas. Nunca aprendí las leyes de las matemáticas y tampoco la forma de hablar sofisticada. Pero siempre he observado atentamente y he tenido los oídos bien abiertos. Estas palabras que oigo no son de mi propiedad privada, os las he tomado prestadas a vosotros. Quizás os han dicho que me llaméis poeta, pero yo no soy más poeta de lo que sois vosotros. La única historia que he buscado siempre es escribir la vuestra.»

Es el llamado mito del folk. Woody Guthrie es todo un referente para los cantautores de los sesenta.

En Los Ángeles, Guthrie conducía un programa radiofónico en la KFVD: hablaba y cantaba en defensa de los trabajadores. Recibió más de veinte mil cartas escritas a mano, «de aventureros y ratones del desierto, de marineros embarcados en el Pacífico, de esquiadores, de divorciados en Nevada, y también de todas las secciones sindicales, a lo largo de la costa occidental, desde Canadá hasta Tijuana.» Guthrie era una especie de jukebox humana: algunos lo imaginaban semejante a una surrealista estación radiofónica itinerante (Woody se desplazaba a la manera de los viejos *hobos*, los sin techo que vagaban por los Estados Unidos aprovechando los trenes de mercancías para viajar gratuitamente), que desde sus frecuencias transmitía continuamente mensajes tendentes a amplificar los tonos de las controversias sindicales y de las luchas a favor de los más débiles. La suya era una batalla que se jugaba a base de máquina de escribir y de guitarra, aquella guitarra que en la caja lleva la inscripción «esta máquina mata a los fascistas», con la canción popular que se convirtió en su proyectil más devastador. La obstinación del sueño socialista de Guthrie encontró su fuerza en el poder aglutinador de la canción popular. Una canción que nacía de los rostros y de las historias de la gente con la que Woody vivía.

A pesar de la influencia y del respeto que le tributarían al menos dos generaciones de músicos folk, la popularidad le llegó a Guthrie gracias a las versiones de sus temas grabados por otros intérpretes, piezas que marcaron época como «This Land Is Your

Land», especie de himno americano no oficial, «Do Re Mi», «So Long It's Been Good To Know You», esta última un testimonio vívido y dramático de la tragedia del Dust Bowl. Entre los que colaboraron con él y contribuyeron a difundir su música se encuentran dos pioneros del folk, Cisco Houston y Ramblin' Jack Elliott. Ambos, aunque con mayor frecuencia Houston, fueron compañeros de viaje de Guthrie, el primero desde finales de la década de 1930, el segundo más de veinte años más tarde, en 1952. Houston compartía con Guthrie la visión militante de la folk music, siguiéndolo desde California hasta Nueva York en 1940 y, posteriormente, después de la guerra (ambos estaban embarcados en el mismo buque), cuando su voz de tenor se erigió en contrapunto de la de Guthrie. Cisco, actor de cine y de teatro, tuvo la primera y mayor oportunidad radiofónica que se había ofrecido a un músico folk cuando, en 1955, condujo un programa bajo seudónimo, «The Gil Houston Show». En onda tres veces por semana en cincuenta emisoras estadounidenses, pronto quedó barrido por el viento del anticomunismo.

Ramblin' Jack Elliott, que conoció a Woody Guthrie en Nueva York, en 1950, y que lo siguió luego a Florida y California en lo que sería su última gira antes de la enfermedad, es tal vez el principal responsable de transportar la obra de Woody hacia la generación de los nuevos cantantes de folk de la década de 1960, y no solo en Norteamérica. En efecto, en 1955 fue el mensajero de Guthrie a Inglaterra: su álbum de debut, titulado *Woody Guthrie's Blues*, lo grabó para la Topic Records.

Pero quienes contribuyeron a la celebridad de las canciones de Woody Guthrie fueron sobre todo The Weavers, esto es, la pareja Pete Seeger y Lee Hays, junto a Fred Hellerman y Ronnie Gilbert, que entre los años cuarenta y los cincuenta se convirtieron en la formación folk más popular de América de todos los tiempos.

LA BIBLIA DEL FOLK

Harry Smith tenía veintinueve años y era un artista de Portland que había crecido en Seattle. Era director de cine, coleccionista de discos antiguos, estudiante autodidacta de antropología pero, sobre todo, un bohemio sin residencia fija. En 1952 reunió 84 viejos discos de 78 rpm, datados entre 1927 y 1932, y bautizó esta recopilación como «American Folk Music». Publicado el mismo año por la Folkways en tres dobles long plays, el proyecto, conocido como *Anthology of American Folk Music*, es la piedra miliar sobre la que se basa todo el *revival* folk. Subdividida por Smith en tres filones (ballad, social music, song), la *Anthology* desvela un mundo tan exótico y lejano como increíblemente cercano y actual, gracias a las músicas eternas de figuras legendarias como Clarence Ashley, Dock Boggs, Carter Family, Sleepy John Estes, Mississippi John Hurt o Blind Lemon Jefferson. Publicada en plena Guerra Fría, pero también al principio del *boom* económico y consumista, la *Anthology* se difundió lentamente en los ambientes beatnik, en las universidades y en las nacientes escenas folk, como el Greenwich Village, Cambridge y Chicago, influyendo a los principales artistas del movimiento, de Joan Baez a los New Lost City Ramblers. Y se convirtió, de alguna manera, en la voz de la consciencia estadounidense y el retrato de una América que los neofolkies asumieron, en oposición a la *mainstream*, como la América «de verdad».

«Woody canta las canciones de la gente y yo sospecho que, de alguna manera, él es la gente.»

JOHN STEINBECK

Pete Seeger, cantante, músico, idealista y pacifista, fue, junto a Woody Guthrie, el padre de todo el movimiento del Folk Revival. Compañero de estudios en Harvard de John Fitzgerald Kennedy, cogió su primer banjo a los 19 años y, tras interrumpir los estudios, comenzó a actuar inmediatamente. Una elección ocasional, la de la música folk, dictada de todos modos por un entorno familiar estimulante. «Mi madre había estudiado violín en el conservatorio de París, mi padre era un hombre curioso. Estaba fascinado por el poder de las siete notas y se había convertido en profesor de musicología. Desde pequeño, pude escuchar la música de cualquier rincón del mundo. Años más tarde entendí que si quería escribir gran música debía partir de las raíces... Al final de la década de 1930, mi padre estudiaba música country y me puso en contacto con Alan Lomax: fue él el responsable de lo que se ha llamado Folk Revival».

«Los Weavers fueron la piedra de toque en la transformación de la música folk de culto para pocos a pasatiempo popular.»

NEW YORK TIMES

En 1940, Pete Seeger conoció a Woody Guthrie, que había comenzado un viaje en autoestop hacia Nueva York. Los dos, junto con Lee Hayes y Millard Lampell, formaron los Almanac Singers, y pronto comen-

LEADBELLY
El reo cantahistorias

Huddie William Ledbetter, figura legendaria, nació presumiblemente en 1885 e intentó apañarse cantando y tocando entre Luisiana y Texas, llevando a cabo un breve pero importante aprendizaje en Dallas con el *bluesman* Blind Lemon Jefferson. La mayoría de veces se agenciaba un pequeño salario trabajando en los campos de algodón, pero tenía una destacada tendencia a meterse en problemas. Juzgado culpable de homicidio una primera vez, liberado después de haber cumplido 7 años, el mínimo de pena prevista, y condenado nuevamente a 30 por un segundo intento de homicidio, al parecer logró que le concedieran la gracia en ambos casos cantando para los gobernadores. En la cárcel nació la leyenda del apodo, «Lead Belly», literalmente, «barriga de plomo». Hay quien dice que era una distorsión de su apellido, y quien lo atribuye a su físico corpulento, o incluso a su capacidad para beber *moonshine*, el licor destilado clandestinamente en la época de la Prohibición. También hay quien sostiene que todo nació a consecuencia de un episodio controvertido: Ledbetter sobrevivió después de que le dieran en pleno estómago con un perdigón de caza.

Cuando llegó por primera vez a Nueva York, el 3 de enero de 1935, el *New York Herald Tribune* lo presentó así: «Llega Lomax con Lead Belly, el Negro Ministril/Dulce Cantante de los pantanos, para tocar algunas canciones entre uno y otro homicidio.»

Leadbelly, rey de la guitarra acústica de 12 cuerdas, popularizó, entre otras, baladas como «Goodnight Irene», «Where Did You Sleep Last Night» o «John Hardy». En 1949 atravesó el océano para efectuar una gira europea, pero justamente se le declaró una grave forma de esclerosis que el 6 de diciembre del mismo año tuvo un desenlace fatal.

zaron a actuar para recoger fondos para grupos políticos y organizaciones de izquierdas. Su enfoque informal y su imagen hillbilly, en cierto modo ocultaban a los ojos del gran público el auténtico alcance político de las canciones, favoreciendo un tímido ascenso comercial. También en 1941, The Almanac Singers publicaron *Songs From John Doe*, su primer disco, pero fue con el segundo, *Talking Union*, cuando el trío se convirtió en objeto de atención: fuertemente contrario a Roosevelt, el álbum terminó en manos de la esposa del presidente, y su hostilidad sirvió a la causa de la popularidad del grupo. El ataque de Pearl Harbour y la entrada en guerra de los Estados Unidos frustran de todos modos las perspectivas de los Almanac Singers, pero no antes de que Seeger y Hayes, de regreso de una exitosa gira por el oeste, abrieran en Nueva York la «Almanac House», auténtica comuna artística de cantantes de folk. Enrollado en el ejército en 1942, Seeger siguió actuando, esta vez para las tropas apostadas en el sur del Pacífico. La idea de volver a comenzar donde los Almanac Singer lo habían dejado nunca abandonó a Pete Seeger y Lee Hays. Y encontraron en Ronnie Gilbert y Fred Hellerman a los compañeros con los que emprender la aventura The Weavers. Un afortunado contrato en el Village Vanguard, club de jazz de Nueva York, representó el punto de inflexión: desde la semana de Navidad de 1949, y durante seis meses seguidos, el cuarteto tocó cada noche en el Village, ganándose buenas críticas y el afecto del público. En la sala a menudo estaba Gordon Jenkins, arreglador y autor de éxito, gracias a cuyos oficios el cuarteto obtuvo un contrato con Decca Records. «Goodnight Irene», un tema de Leadbelly, llegó a lo más alto de las clasificaciones de sencillos de 1950, vendió más de dos millones de copias y permaneció en el primer puesto trece semanas. Fue un éxito tan inesperado como repentino, y los Weavers se encontraron inmersos en la primera división del negocio de la música, tocando por todas partes en los Estados Unidos y apareciendo frecuentemente en televisión. Pete Kameron, el mánager, y Gordon Jenkins, el arreglador, intentaron evitar de todas las maneras que el pasado político de Seeger y de sus compañeros apareciera como un fantasma, y durante todo el año 1950 The Weavers se abstuvieron de participar en mítines políticos y sindicales, mientras que su repertorio era abundantemente embellecido por Jenkins gracias a un generoso empleo de violines y secciones de vientos.

Pero fue la prensa anticomunista, en este caso el periódico *Red Channel*, la que les procuró los primeros problemas, revelando su mal disimulada identidad justamente en vísperas de un importante show televisivo nacional. El show no llegaría a emitirse, y a partir de aquel momento The Weavers estuvieron en el punto de mira del FBI. A pesar de ello, hasta 1952, el grupo siguió actuando con regularidad, aunque alejados de los circuitos más importantes, y siempre acogidos por una prensa hostil. En 1952, Decca ya no logró vender sus discos, que las radios se negaban a transmitir, y el grupo se vio obligado a disolverse. En 1955, Seeger fue convocado ante la Comisión McCarthy sobre Actividades Antiamericanas: fue condenado y su nombre terminó en las temidas listas negras. El regreso de los Weavers se produjo al año siguiente y, de hecho, casi por casualidad. Harold Leventhal, que los había conocido durante su permanencia en el Village Vanguard, organizó una *reunion date*, alquilando para la ocasión el prestigioso Carnegie Hall en Nueva York. El show fue un éxito y la grabación del espectáculo se vendió a la Vanguard, por entonces una pequeña etiqueta de música clásica. El éxito de *The Weavers*

UNA PELÍCULA CON ÓSCAR PARA WOODY

Basándose en la autobiografía de Woody Guthrie, el director Hal Ashby dirigió en 1976 *Bound for Glory* (traducida al castellano como «Esta tierra es mi tierra»). La película narra la historia de Woody, interpretado por un gran David Carradine. En particular, la parte en la que intenta dar un aspecto humano a sus «compatriotas» de Oklahoma emigrados a California después de la tragedia de las *dust bowl*. La escena final es sugestiva, con Guthrie cantando su tema más famoso, «This Land Is Your Land». Por primera vez en la historia de la cinematografía, se usó una *steady cam* (maniobrada por el mismo inventor, Garrett Brown). La película ganó dos premios Óscar: para la mejor fotografía y la mejor banda sonora.

at Carnegie Hall, publicado en 1956, fue tal que convenció a la etiqueta a ofrecer un contrato al cuarteto. Era la segunda temporada de The Weavers, la que tendría mayor influencia sobre las generaciones de nuevos cantantes de folk y sobre todo el movimiento del Folk Revival. De todos modos, Pete Seeger no resistió más que un par de años antes de dejar el grupo para iniciar una carrera como solista, justamente cuando el Folk Revival estaba asomando en el panorama musical.

Esta tierra es mi tierra es el biopic que cuenta la historia del cantante de folk Woody Guthrie, interpretado por David Carradine.

LA UNIVERSIDAD DEL FOLK

La saga del Club 47, el primer folk club de los Estados Unidos
y el nacimiento de la reina de la música folk: Joan Baez

Cambridge, ocioso y aristocrático suburbio universitario, apéndice de un Boston no muy diferente a la elegante avanzadilla europea en tierra norteamericana del siglo anterior, cuenta con cuatro universidades (Harvard, M.I.T., Radcliffe y Brandeis) y una población estudiantil en línea con los status de la tradición académica. Pero en 1957 había un grupo de estudiantes que buscaba nuevos estímulos, y los encontró en el Tulla's Coffee Grinder, pequeña y desangelada cafetería que esporádicamente acogía a guitarristas. Por su parte, el Club Mt. Auburn 47 (más conocido como Club 47) fue el primer local que dio vida a una programación regular en directo. Fundado por dos licenciadas de Brandeis, Paula Kelley y Joyce Kalina, el 6 de enero de 1958 abría sus puertas: en el escenario, el Steve Kuhn Trio, una formación de jazz. «Esta es una American Coffee House –declaró Paula Kelley a un periódico local–, un lugar en el que uno puede relajarse, conocer a amigos y escuchar jazz progresivo.»

En realidad, el Club 47 era tan solo el último de una pequeña cadena de locales independientes diseminados por los Estados Unidos que, según el modelo de los cafés europeos, intentaban dirigirse a los estudiantes. Estaban el Blind Lemon en Berkeley, el House of Seven Sorrow en Dallas, el Green Spider en Denver, el Gas House en Los Ángeles, el Laughing Budda en St. Louis, el Drinking Gourd en San Francisco, etc. En estos lugares comenzó a formarse una nueva consciencia generacional. Eliminados los cócteles y las formalidades de nightclub, las cafeterías ofrecían café expreso y jazz, pero muy pronto se convirtieron en el lugar natural para la música folk, que se prestaba mejor a la nueva coyuntura, tanto por razones ideológicas (el jazz era una música que pertenecía a una generación anterior de intelectuales vinculados

LA PRIMERA VEZ DE JOAN

A finales de 1958, Joan Baez actuó por primera vez en el Club 47 de Harvard Square. Mientras preparaba los pósters para anunciar la velada, pensó en emplear un nombre artístico. Primero pensó hacerse llamar Rachel Sandpearl, apodo de su mentor Ira Sandpearl, o simplemente Maria, a causa del tema «They Call the Wind Maria». Luego lo dejó, pensando que la gente la podía acusar de avergonzarse de sus orígenes mexicanos. Entre el público, una decena de personas, incluidos sus padres, su hermana Mimi y su novio. Pero encantó a quien la escuchó. ¿Resultado? Diez dólares de ganancia y la petición de volver para un doble compromiso.

a la cultura beat), como pragmáticas (bastaban un par de micrófonos para preparar el escenario). En Cambridge y en toda el área de Boston, que albergaba una notable pobla-

ción estudiantil, los locales comenzaron a florecer, y en un par de años, al Club 47 se sumaron el Caffè Yana, el Salamander, el Unicorn y el Golden Vanity.

En todas partes se está imponiendo la música folk.

La escena de Cambridge recibió un fuerte impulso gracias a investigadores y músicos como Eric Sackheim y Eric von Schmidt, pero fue Joan Baez, una muchacha con una voz de belleza inaudita, la primera estrella de verdad.

La familia Baez había llegado a Belmont, un suburbio de Boston, a principios de 1958. Joan tenía tan solo 17 años, pero era muy ambiciosa. No perdía ocasión para actuar tocando junto a otros, intentando aprender de los músicos más expertos. «Tenía la impresión de que quería estar siempre en el escenario y no quería a nadie a su lado», recordaba el cantautor Eric von Schmidt. En aquellos años, Baez devoraba todo lo que le podían ofrecer los cantantes folk de Cambridge: canciones, arreglos, técnicas de guitarra, interpretaciones, anticipando en sus maneras lo que, pocos años más tarde, sería el aprendizaje de aquel (Bob Dylan) que, no por casualidad, compartiría con ella el trono de la música folk. El ascenso de Joan pasó también a través de una construcción, que resulta

GATE OF HORN

Abierto en Chicago en 1956 en el entresuelo del Rice Hotel, en el número 755 de North Dearborn Street, el pequeño Gate of Horn, que podía acoger a un centenar de personas, era el polo de atracción de los músicos folk de la zona. Gracias a la habilidad y al olfato de dos empresarios, Albert Grossman y Les Brown, en torno al local se creó un movimiento intercultural en el que se alternaban las guitarras acústicas de los cantantes folk con los «comedians» (actores cómico-satíricos) y los músicos de jazz, recorriendo y, en parte, anticipando las tendencias que luego serían típicas de la escena del Greenwich Village. Gracias a los contactos que Grossman había desarrollado con el Village Gate en Nueva York y el Hungry Eye y el Purple Onion en la costa oeste, llegaron al Gate of Horn Odetta, Peter, Paul & Mary y Bob Dylan, mientras que Les Brown contrató a artistas folk más tradicionales como Josh White o Big Bill Broonzy. Bob Gibson era el «presentador» de la mayor parte de las veladas y a menudo era el que lanzaba a nuevos talentos. Como por ejemplo a una joven y tímida muchacha que ya había llevado consigo al Festival de Newport de 1959 y a la que convenció para que actuara en el Gate of Horn después del festival. Su nombre era Joan Baez. Gibson, después de los fastos del local, se convirtió en motor de otro templo de la música en Chicago: la Old Town School of Folk Music.

difícil asegurar hasta qué punto fue estudiada o espontánea, de una imagen seductora casi irresistible. La joven Joan jugaba con el exotismo de su apellido (su padre era mexicano), y aprovechaba en su favor un inicial «miedo al escenario» asociado a algunos complejos de inferioridad relacionados con su aspecto. Silenciosa, seria y austera, Joan mostraba únicamente las manos y los pies, las únicas partes de su cuerpo que le gustaban. Y mientras que las manos se exhibían mientras danzaban sobre las cuerdas de la guitarra, los pies los mostraba durante los shows que efectuaba descalza.

«Siempre tenía miedo –recordaba ella misma posteriormente–, cantaba mi terror.» Joan podía contar con un arma definitiva: una voz increíble, que nunca se había oído antes. En febrero de 1959 comenzó a tocar regularmente en el Club 47, impresionando a todo el mundo, incluido Albert Grossman, copropietario de un club en Chicago, The Gate of Horn, así como mánager de la cantante folk Odetta y futuro «creador» de las carreras de Bob Dylan y Janis Joplin. Grossman estaba buscando a una cantante que pudiera combinar con el brillantísimo Bob Gibson, y ofreció a Joan un contrato de dos semanas en el Gate of Horn. Entretanto, Joan tocaba una vez por semana en el Club 47 y publicó un primer disco, aunque compartido con dos veteranos de la escena de Cambridge, Bill Wood y Ted Alevizos. Una obra menor que no salió de Cambrid-

ge pero que, para Joan, para el Club 47 y para la comunidad folk local, se convirtió en un pequeño acontecimiento. La experiencia en el The Gate of Horn representó otro paso adelante importante. Bob Gibson, maestro de la guitarra de doce cuerdas y excelente intérprete de banjo, era el músico de folk más importante e influyente de la escena de Chicago, entre los pocos, si no el único, capaz de llenar durante 11 meses consecutivos un nightclub como el de Albert Grossman, cuyo público era muy diferente que el de los estudiantes bohemios que llenaban el Club 47. Entre Baez y Gibson las cosas no podían ir mejor: ella se enamoró de Bob y él se quedó tan impactado por su talento que la invitó, al mes siguiente, al Festival de Newport para cantar junto a él. Delante de 13.000 espectadores que ni siquiera una lluvia intermitente lograba desanimar, Joan se subió al escenario presentada por Gibson, empapada y con los pies descalzos embarrados, con un vestidito rojo con mangas largas: «Ahora me gustaría que escucharais "Virgin Mary Had One Son". Y aquí tengo a una señori-

EL HÉROE DEL RÍO HUDSON

A principios de la década de 1960, Pete Seeger se trasladó con su esposa Toshi a Beacon, Nueva York, junto al río Hudson. Sentía un amor desmesurado por el inmenso curso de agua, y se hizo cargo de una auténtica misión para limpiar el río de la polución química de bifenilos policlorados (PCB). Corría el año 1966 cuando reunió a todos sus colegas músicos para la primera edición del festival Clearwater's Great Hudson River Revival, con el objetivo de recaudar los fondos necesarios para la Hudson River Sloop Clearwater, la fundación a la que dio vida para limpiar las aguas del río. Seeger alcanzó su objetivo y hoy la asociación lleva a cabo diferentes batallas ambientales. El cantautor, además de ser recordado como uno de los mayores representantes de la música folk, se convirtió para todos en «the clean water heroe», el héroe del agua limpia..

ta de Boston a la que he pedido que cante conmigo. Su nombre es Joan Baez». Tras aquel primer góspel vino otro, «Jordan River», un *up tempo* perfecto para animar a la multitud, ya impresionada por Baez. «Al público le sorprendió verla, nadie la había anunciado –recordaba Oscar Brand, director de escena del Festival–, estaba lloviendo y ella estaba ahí quieta, de pie, con el cabello pegado a la cara. La intensidad de su canto hipnotizó al público: parecía como si hubiera un aura a su alrededor.»

La formidable aparición de Joan Baez en Newport focalizó el interés de las compañías discográficas y de los medios de comunicación nacionales en la pequeña comunidad artística de Cambridge. Joan recibió una oferta de la compañía Vanguard para un álbum que grabó en directo en la sala de baile del Manhattan Towers Hotel de Nueva York. Publicado en noviembre de 1960, con poquísima promoción detrás, el disco se mantuvo en la clasificación durante 140 semanas, llegó al 14º puesto, se convirtió en disco de oro y facturó más de un millón de dólares. De este modo se hacía realidad la profecía del crítico Robert Shelton que, en las páginas del *New York Times*, había escrito astutamente: «Miss Baez ha grabado un disco para todos: para quien odia el folk y para quien lo ama».

En verano de 1961, Joan Baez abandonó Cambridge y se trasladó a las Carmel Highlands, en California, una colonia artística desde principios de siglo, con lo que ponía distancia respecto de una popularidad para la cual todavía no se sentía lo bastante preparada. En los meses que acompañaron el ascenso de Joan hasta su traslado a California, la escena de Cambridge vivió su momento de máxima creatividad. En aquel período tuvo lugar el Indian Neck Festival, auténtica convención de la música folk, en escena el 6 de mayo de 1961, en la que participaron,

6 DE ENERO DE 1958 ◄

Paula Kelley y Joyce Kalina abren en Cambridge el Club Mt. Auborn 47, posteriormente Club 47.

27 DE MAYO DE 1958 ◄

Nikita Kruschev nombrado presidente de la Unión Soviética.

17 DE NOVIEMBRE DE 1958 ◄

«Tom Dooley», del Kingston Trio, llega al número 1 del Hot 100. Nace el Folk Revival.

1 DE ENERO DE 1959 ◄

Al final de una lucha armada iniciada el 2 de diciembre de 1956, Fidel Castro conquista La Habana, derriba al gobierno filoamericano del general Batista y se convierte en líder máximo de Cuba.

FEBRERO DE 1959 ◄

Joan Baez debuta en el Club 47 de Cambridge, en un doble espectáculo con el cantante y guitarrista Bill Wood. En la sala también está el mánager Albert Grossman, que le ofrece un contrato de dos semanas en el club The Gate of Horn, en Chicago, en pareja con Bob Gibson.

17 DE MARZO DE 1959 ◄

Tenzin Gyatso, el 14º Dalai Lama, huye del Tíbet tras la invasión de las fuerzas armadas de China y se refugia en la India.

11/12 DE JULIO DE 1959 ◄

En escena la primera edición del Newport Folk Festival: 28 solistas y grupos delante de 13.000 personas. Entre los artistas, Pete Seeger, Brownie McGhee y Sonny Terry, The New Lost City Ramblers, Memphis Slim, Odetta, The Clancy Brothers, Frank Hamilton, Earl Scruggs, The Stanley Brothers, Rev. Gary Davis, Bo Diddley y Bob Gibson. En el festival debuta, como invitada sorpresa de Gibson, Joan Baez.

24 DE JULIO DE 1959 ◄

El vicepresidente estadounidense Richard Nixon se reúne con el presidente soviético Nikita Kruschev con ocasión de la American National Exhibition en Moscú.

Joan Baez fue una figura clave en el movimiento de protesta en los Estados Unidos en los años sesenta, en parte debido a su voz portentosa.

aparte de Baez, prácticamente todos los protagonistas, músicos o no músicos, de las áreas de Boston y Nueva York. Un par de bonitas fotos, publicadas en *Baby Let Me Follow You Down*, de Von Schmidt y Rooney, mostraban, mezclados en la platea, a personajes como Bob Dylan, Bob Jones, Jim Kweskin, Paula Kelley, Manny y Mitch Greenhill, Carolyn Hester o Robert Shelton, en una mezcla entre músicos, promotores y periodistas. En el interior de un resort alquilado para la ocasión, las dos escenas folk más importantes se entrecruzaron por primera vez en una atmósfera de creativa colaboración. También se encontraron por primera vez Bob Dylan, por entonces un «Woody Guthrie jukebox», y Bob Neuwirth, alumno de la escuela de arte de Boston y músico folk de formación, que se convirtió, unos años más tarde, en el *alter ego* y el compañero de correrías de Dylan. Neuwirth llamó a Dylan a Cambridge y lo llevó al Club 47, pero Paula Kelley, copropietaria del local, no quedó muy impresionada: «Recuerdo a Bob Dylan como un muchacho esquelético y andrajoso. Era la única persona que hubiera visto nunca con los dientes verdes... Cantaba entre un set y otro gratis, y luego iba diciendo por ahí que había tocado en el Club 47». También una jovencísima Maria D'Amato (posteriormente Muldaur), con un par de amigas, tras reunir el dinero para un viaje en autobús de Nueva York a Cambridge, llegó al Club 47. Las tres muchachas, sin dinero para la entrada, oyeron cantar a Eric von Schmidt y, de alguna manera, lograron entrar. En el interior, Maria conoció a Geoff Muldaur y actuó en el escenario del Club 47.

De todos modos, en otoño de 1961, cuando el Club 47 ya era el local folk por excelencia del noreste del país, los principales protagonistas del nacimiento de la escena de Cambridge, tomando ejemplo de Joan Baez, también se fueron.

> «Joan Baez parecía un icono religioso al que uno se podía sacrificar.
> Cantaba con una voz que procedía directamente de Dios...»
>
> BOB DYLAN

Además, la policía decidió, con un pretexto, blindar las puertas del local.

El cierre del local, causado en realidad por inconfesables motivos políticos, generó una reacción que, a través de radios, universidades y clubs, hizo afluir una nueva oleada de música. Veteranos como Bob Jones, Mitch Greenhill, Jackie Washington o recién llegados como Tom Rush, Jim Rooney y Bill Keith aparecieron en escena. En enero de 1962, el caso del Club 47 se trató en un tribunal y los propietarios fueron condenados a una sanción de 5 dólares. Caso cerrado. El Club 47, que muy pronto volvió a ser el mejor local para escuchar música folk, volvió a abrir con una programación que preveía veladas fijas con principiantes locales como Jim Rooney y Bill Keith, Eric Von Schmidt y Tom Rush. Durante cuatro años más, el Club fue el punto de atracción de la escena folk y blues del área de Boston, pero muchas cosas estaban cambiando. Las escenas habían perdido desde hacía un tiempo su impermeabilidad y, entre Nueva York y Cambridge, en la costa este, Berkeley y San Francisco en la costa oeste, la migración de músicos y cantantes era constante.

> «En Cambridge, a principios de los años sesenta, los artistas tenían mucha creatividad y una auténtica consciencia política. Solo más tarde hubo quien eligió la música folk para ganar dinero.»
>
> BOB JONES

ALBERT GROSSMAN
El barón de Bearsville

Nació en Chicago en el seno de una familia de judíos rusos que regentaban una sastrería. Después de asistir a un concierto de Bob Gibson, decidió crear un club de folk. Así cobró vida el Gate of Horn, donde comenzó la carrera de Roger McGuinn. Bien pronto, Albert Grossman se propuso como mánager de los artistas que actuaban en su local hasta que, en 1959, junto a George Wein, creó el Newport Folk Festival. Su planteamiento comercial y sus modos rudos no le granjeaban simpatías entre los puristas del folk. El crítico musical Michael Gray lo describió así: «Grossman era un tipo rechoncho con una mirada que parecía como si te estuviera engañando todo el rato. Tenía mesa fija en el Gerde's Folk City, desde donde observaba, sin proferir palabra, todo el local. Mostraba una actitud despreciativa y hostil. En un ambiente progresista, compuesto por idealistas que luchaban por un mundo mejor, Albert Grossman parecía todavía más un hombre de negocios ávido y sin escrúpulos, un tiburón entre bancos de pececillos indefensos». Pero a él le daba igual.

Se inventó a Peter, Paul & Mary y, en 1962, contrató a Bob Dylan. Los dos se trasladaron a vivir a Woodstock, donde Grossman construyó los Bearsville Studios, destinados a convertirse en uno de los lugares de grabación más prestigiosos en la historia del rock. La colaboración con Dylan, que lo acusó de haberle estafado el 50% de los royalties discográficos, concluyó en 1970. Entretanto, y posteriormente, Grossman fue el mánager de Janis Joplin, The Band, Odetta, Paul Butterfield Blues Band o Todd Rundgren. Justamente Rundgren, solo o con su banda Utopia, fue el artista de mayor éxito de la recién nacida Bearsville Records, que Grossman cedió luego a la Warner.

Murió el 25 de enero de 1986 (59 años) mientras estaba volando hacia Londres en un Concorde. Fue enterrado en Woodstock, frente al Bearsville Theatre.

LA LEYENDA DEL GREENWICH VILLAGE

Nueva York se convirtió en la capital de los nuevos bohemios. Un Montmartre más allá del océano en el que poetas, artistas y músicos se encontraban para compartir concienciación civil, sensibilidad política y consciencia artística.

A principios de la década de 1960, arte, negocio y todo lo que era o en que se convirtió la música folk, giraba en torno a un pentágono urbano irregular cerrado entre Washington Square, St. Luke's Place y la calle 14. Una pequeña superficie de tierra que la rica burguesía neoyorquina había abandonado desde finales del siglo XIX, atraída por las formas arquitectónicas más elegantes de Uptown Manhattan. Desde entonces, aquel «pueblo verde» (Greenwich es la versión inglesa del término holandés «groenwijck») se convirtió en una curiosa colonia en la que convivían, en tranquila incomprensión, emigrantes italianos, irlandeses y alemanes con espíritus libres, artistas e intelectuales. Todos ellos, indistintamente, atraídos hasta allí por el bajo precio de los alquileres. Entre otros, Henry James, Edgar Allan Poe, Walt Whitman o Robert Louis Stevenson vivieron (y crearon) en el Greenwich Village a caballo entre los dos siglos: una presencia intelectual que marcó el barrio hasta convertirlo en un pequeño Montmartre del Nuevo Mundo, una frontera de la experimentación en la que arte y vida se superpusieron con un enfoque político radical y anticonformista. En las décadas de 1920 y 1930, en los apartamentos conocidos como *coldwater flat*, porque carecían de agua caliente y de calefacción, se agolpaban decenas y decenas de jóvenes talentos en busca de fortuna

LA CASA DEL FOLK

«La casa de *Broadside* es una habitación pequeñísima, con sillas y un sofá con una grabadora...». Un artículo aparecido en el número 20 describía de esta manera la que era la sede de la revista y al mismo tiempo el apartamento que Sis Cunningham y Gordon Friesen compartían con sus dos hijas en West 98th Street. Un lugar que se convirtió en un refugio seguro e incluso, a menudo, en la casa de jóvenes cantantes de folk que acababan de llegar a la ciudad, con varias canciones en el bolsillo pero ni un centavo. Para muchos artistas, aquel apartamento también fue su primer e informal estudio de grabación. En las páginas ciclostiladas de *Broadside* aparecieron por primera vez temas como «Blowin' in the Wind», publicado en 1962 y grabado el mismo año por el cuarteto The New World Singers, pero también «The Ballad of Ira Hayes», de Peter La Farge, «The Willing Conscript» de Tom Paxton y varios centenares más, entre los cuales «Talking John Birch Society Blues», de Bob Dylan, aparecido en el primer número de *Broadside* y que fue su primera canción publicada..

artística y de libertad. Fue la primera era de la Little Bohemia, en la que se actuaron los genios de una experimentación cultural y política no alineada que ya no abandonaría al Village. La nueva bohemia de los años sesenta se vio precedida por un período en el que se produjeron varias manifestaciones de discrepancias culturales y de invención artística que terminaron por influir directamente al cine, el teatro, la música y la poesía.

Era la época de la generación beat.

Frente a Rienzi, la cafetería situada en el 107 de MacDougal, entre Bleecker y la calle 3, frecuentada por James Dean al principio de su carrera, había un local llamado Gaslight, lugar de encuentro de escritores y poetas. Aquí, Gregory Corso, Allen Ginsberg y Jack Kerouac introdujeron al público en lo que alguien definió como «poesía automática», es decir, compuesta en un estado de excitación mental y que contrastaba con la poesía más profunda y estructurada de los poetas románticos como Keats o Shelley. Al final de los años cincuenta, el Village de los beat mezclaba, en la misma inocente y ávida sed de experiencia, la poesía de Ginsberg y Kerouac con los *rebel heroes* hollywoodienses (Brando y Dean), el teatro de vanguardia con el jazz, que en Nueva York había encontrado el ambiente adecuado para desarrollar la primera de sus revoluciones estilísticas, el be bop, impulsado por gente como Charlie Parker, Dizzie Gillespie, Thelonious Monk y Miles Davis. En realidad, la escena jazz giraba en torno a algunos clubs a lo largo de la calle 52, que se convirtieron en los refugios preferidos de los poetas beat. *Beat*, es decir, derrotados: una generación que no encontraba su lugar en el orden estadounidense, de modo que la influencia del be bop en aquellos poetas se ejerció, en primer lugar, en la vertiente existencial. Posteriormente, desde el ser, se transformó, como concreción de una filosofía, en expresión, a través de técnicas de escritura experimental inspiradas por la improvi-

WASHINGTON SQUARE
El corazón del folk

Construida en 1826, la plaza que constituye la puerta de entrada al Greenwich Village se caracteriza por un arco de madera y yeso construido en 1889 con ocasión del centenario de la presidencia de George Washington. Dos monumentos más (uno a Giuseppe Garibaldi y otro a Alexander Lyman Holley, ingeniero considerado el iniciador de la industria del acero en los Estados Unidos) embellecen el parque junto a la gran fuente central. Precisamente esta última, desde los años de posguerra, se convirtió en el lugar de encuentro de miles de cantantes folk. Todos los domingos por la tarde, Washington Square se transformaba en un escenario informal para quien quería mostrar sus canciones. Las protestas de los habitantes de la zonas, molestos por la presencia de los beatniks, obligó a que todo aquel que actuara debiera obtener primeramente un permiso.

El 9 de abril de 1961, Izzy Young, propietario del Folklore Center, reunió a 500 músicos sin permiso que comenzaron a tocar y luego a marchar hacia la Quinta Avenida. Aquí comenzaron los enfrentamientos con la policía. El incidente pasó a la historia como «Beatnik riot», y causó sensación. Todavía hoy, Washington Square es un punto de encuentro para artistas callejeros y cantautores emergentes.

▶ **21 DE FEBRERO DE 1960**

Fidel Castro nacionaliza todas las empresas presentes en Cuba.

▶ **6 DE MARZO DE 1960**

Los Estados Unidos anuncian que van a enviar 3.500 soldados a Vietnam.

▶ **16 DE MAYO DE 1960**

El presidente de la Unión Soviética, durante un encuentro entre las cuatro superpotencias mundiales, exige las excusas oficiales de su colega estadounidense, Dwight Eisenhower, por los vuelos espía norteamericanos sobre territorio soviético.

▶ **24/26 DE JUNIO DE 1960**

Se celebra la segunda edición del Newport Folk Festival, fallido en el plano económico. Se suspenderá hasta 1963.

▶ **1 DE JULIO DE 1960**

Un avión estadounidense es abatido sobre el mar de Barents, en el espacio aéreo soviético, por un Mig. Dos militares estadounidenses sobreviven y son hechos prisioneros por los rusos.

▶ **6 DE AGOSTO DE 1960**

Fidel Castro nacionaliza todas las propiedades norteamericanas y extranjeras presentes en Cuba, como respuesta al embargo comercial dispuesto por los Estados Unidos contra la isla caribeña.

▶ **14 DE OCTUBRE DE 1960**

El candidato a la presidencia de los Estados Unidos, John Fitzgerald Kennedy, propone la creación de un cuerpo de paz norteamericano como vehículo de la cultura occidental hacia los países del tercer mundo.

▶ **8 DE NOVIEMBRE DE 1960**

John Fitzgerald Kennedy se impone en las elecciones presidenciales, derrotando al vicepresidente en el cargo Richard M. Nixon. Ambos candidatos se enfrentan en un debate televisivo por primera vez en la historia de una contienda electoral.

sación bop. Allen Ginsberg, que ya en 1952 iba a oír a Charlie Parker al Village, sintetizó bien el concepto en la dedicatoria de la recopilación poética *Jukebox con hidrógeno*: «A Jack Kerouac, nuevo Buda de la prosa norteamericana, que ha hecho brotar la inteligencia en once libros, creando una prosodia espontánea bop y una literatura clásica original».

Más que otros, Kerouac dejó que se produjera una contaminación entre jazz y poesía, llegando a actuar en el Village Vanguard, templo jazz del Greenwich inaugurado en 1935, en una especie de recital a medio camino entre lectura e improvisación «scat».

Si la escena be bop, con la única excepción del Vanguard, tenía su madriguera en las decenas de clubs de la calle 52, el Village en aquellos tiempos era un curioso camino intermedio entre la vieja Little Bohemia de los años veinte (animada por los beat y por la escena teatral off-Broadway) y una reedición de esta para uso y consumo de los turistas. Muchos clubs sobrevivieron a la Gran Depresión y al conflicto mundial, y con ellos también algunos de sus viejos clientes, figuras míticas como Joe Gould y Maxwell Bodenheim. El primero, que se había diplomado en Harvard en 1911, frecuentaba clubs como The Kettle of Fish y Minetta, y lograba que los turistas le pagaran comida y licores a cambio de viejas historias sobre el barrio. Por su parte, Bodenheim, poeta y novelista, había llegado al Village en 1915 y muy pronto se había convertido en una de sus figuras destacadas, célebre por sus excesos. Treinta años más tarde, el que había sido llamado «el rey de la vida bohemia», con tal de mantener elevado su índice de alcohol vendía poesías manuscritas por una bebida en el Sam Remo Bar, una de las últimas plazas fuertes de la Little Bohemia. Allí estuvo hasta su muerte, acaecida en 1954, a manos de un lavaplatos psíquicamente inestable que lo mató junto a su joven (y cuarta) mujer.

Junto a las ruinas del antiguo Village, los años cincuenta vieron florecer los cabarets, pequeños escenarios en los que se formaron cómicos como Woody Allen y cantantes como Barbra Streisand, camarera en el Showplace de la calle 4.

A finales de la década de 1950, cuando los poetas beat se desplazaron a San Francisco, en el Greenwich Village se concentró probablemente el número más grande de bares, clubs y cafeterías de todo Norteamérica. La escena beat, que comprendía por entonces locales como The Gaslight, The Cedars Tavern o The White Horse Tavern, comenzó a acoger a nuevos intérpretes en una superposición multimedia que no distinguía entre artes figurativas, teatro, lecturas y música, tanto jazz como folk o blues.

Las primeras ocasiones para los jóvenes artistas folk fueron las veladas «open mike», o Hootenanny, en las que el escenario estaba a su disposición para darse a conocer. Pero también las *basket house* en las que, al final de su actuación, los músicos pasaban una cestita («basket») que el público utilizaba como contenedor para pagarles, introduciendo monedas y billetes. Los principales locales del Village (Cafe Wah?, Gerde's Folk City, The Gaslight, The Bitter End e incluso el mítico Village Gate) se estaban abriendo a la música folk: artistas de fama ya consolidada como Ramblin' Jack Elliot, Cisco Houston, Jean Ritchie, Sonny Terry & Brownie McGee, Misisipi John Hurt, Lightnin' Hopkins y el reverendo Gary Davis fueron algunos de los primeros en entrar, allanando el camino para los nuevos cantantes folk urbanos que les seguirían al cabo de poco.

Junto a la escena de las cafeterías, estaba sucediendo otra cosa que no tenía nada que ver con los tours turísticos en busca de una bohemia perdida. Cada domingo por la tarde, el corazón histórico y geográfico del Village, Washington Square, se convertía en

2 DE DICIEMBRE DE 1960 ◄

El presidente estadounidense Dwight Eisenhower asignó un millón de dólares para acoger a los refugiados cubanos que llegan a Florida a un ritmo de mil por semana.

3 DE ENERO DE 1961 ◄

El presidente Dwight Eisenhower anuncia que los Estados Unidos han roto relaciones diplomáticas con Cuba.

20 DE ENERO DE 1961 ◄

John Fitzgerald Kennedy es nombrado presidente de los Estados Unidos.

24 DE ENERO DE 1961 ◄

Bob Dylan llega al Greenwich Village.

12 DE ABRIL DE 1961 ◄

El soviético Yuri Gagarin es el primer hombre lanzado al espacio.

17/19 DE ABRIL DE 1961 ◄

Son los días de Bahía Cochinos, la fracasada invasión de Cuba por parte de los Estados Unidos.

6 DE MAYO DE 1961 ◄

En el Montowesi Hotel de Branford, Connecticut, se celebra el Indian Neck Festival, auténtica convención de la música folk, donde coinciden las dos escenas, la de Cambridge y la del Greenwich Village.

14 DE MAYO DE 1961 ◄

Un autobús de los Freedom Riders, que se manifiesta por los derechos civiles, es incendiado en Anniston, Alabama, y los pasajeros agredidos por la multitud.

21 DE MAYO DE 1961 ◄

El gobernador de Alabama, John Patterson, declara la ley marcial en un intento por calmar los desórdenes raciales.

13 DE AGOSTO DE 1961 ◄

Comienza la construcción del muro de Berlín, que permanecerá en pie durante 28 años, hasta el 9 de noviembre de 1989.

▶ 29 DE SEPTIEMBRE DE 1961

Robert Shelton, en las páginas del *New York Times*, hace una reseña de un show de Dylan que se ha celebrado tres días antes en el Gerde's Folk City. Es el «pistoletazo de salida» de la carrera de Dylan.

▶ 29 DE SEPTIEMBRE DE 1961

Bob Dylan participa tocando la armónica en el grupo de Carolyn Hester, en sus primeras sesiones en un estudio de grabación. Las grabaciones se producen en el estudio A de Columbia, que al cabo de poco se convertirá en el estudio en el que debutará como solista.

▶ 11 DE NOVIEMBRE DE 1961

Joan Baez actúa en el Town Hall de Nueva York. Se agotan todas las localidades.

▶ 20/22 DE NOVIEMBRE DE 1961

Bob Dylan graba en el estudio A de Columbia las canciones de su disco de debut, *Bob Dylan*.

▶ 2 DE DICIEMBRE DE 1961

Fidel Castro, hablando por radio a la nación, se declara marxista-leninista y anuncia que Cuba está a punto de abrazar el comunismo.

▶ 7 DE FEBRERO DE 1962

El gobierno estadounidense bloquea todas las actividades comerciales con Cuba.

▶ 14 DE FEBRERO DE 1962

Se publica el primer número de la revista *Broadside*.

▶ 19 DE MARZO DE 1962

Se publican los discos de debut de Bob Dylan y de Peter, Paul & Mary. El primer disco de Dylan no obtiene un gran éxito. En cambio, del disco del trío se venden dos millones de copias y se convierte en disco de oro.

▶ 16 DE ABRIL DE 1962

Bob Dylan compone «Blowin' in the Wind». La canción, todavía sin completar, la interpretará aquella misma noche Gil Turner en el Gerde's Folk City.

la meca de músicos folk e instrumentos acústicos: un escenario informal y variado en el que actuaban los cantante folk de forma espontánea, ante un número cada vez mayor de gente. Mary Travers (la Mary de Peter, Paul & Mary), por ejemplo, creció justamente allí, en aquella «Big Hoot», como se definió esta gran fiesta colectiva, al mismo tiempo laboratorio incansable y en perenne evolución, en el que se formaron concienciación civil, sensibilidad política y consciencia artística.

«Antes de conocer a los poetas franceses solo leía a Kerouac, Ginsberg, Corso y Ferlinghetti. Tuvieron en mí el mismo impacto que Elvis.»

BOB DYLAN

En febrero de 1962, en este contexto excitante, vio la luz una revista modesta, constituida por un puñado de hojas ciclostiladas, con una tirada de 300 copias y una cadencia quincenal: el nombre elegido, *Broadside*, remitía a las primeras formas escritas de canción popular (las *broadside*, justamente), arquetipo de la editorial musical y de la prensa alternativa, conocidas en Inglaterra desde los tiempos de Shakespeare. Entonces, las *broadside*, que navegaban entre información y crítica, desempeñaban principalmente una función divulgativa y pre-periodística, poniendo versos y música a la actualidad. En una sociedad ya fuertemente televisiva y radiofónica como la estadounidense de principios de la década de 1960, con una información directamente «gubernativa», divulgar la canción de actualidad y de protesta se convirtió en la razón fundamental de ser de *Broadside*. En realidad, se trataba de una vieja idea de Pete Seeger y Malvina Reynolds, autora de la canción folk político-satírica «Little Boxes», idea que se concretó a partir de una pareja de amigos de Seeger, Agnes «Sis» Cunningham y su marido Gordon Friesen, cuya historia personal constituía un doloroso testimonio de lo difícil que era vivir en los Estados Unidos con una consciencia política de izquierda, en las décadas de 1940 y 1950. Friesen, periodista, que terminó en las listas negras de McCarthy, no tenía un trabajo regular desde 1948, así como Sis, que era música. Con el apoyo no solo económico de una docena de amigos (Seeger en primer lugar), e invirtiendo ellos mismos lo poco que podían, ambos cónyuges se lanzaron en la que, con éxito fluctuante, se convirtió en una de las primeras experiencias de prensa alternativa norteamericana. Un espacio impagable en el que jóvenes artistas, desde un casi debutante Dylan hasta Lucina Williams, pasando por Phil Ochs y Nina Simone, tenían la oportunidad de publicar sus canciones. Y, hasta el año 1988 (año

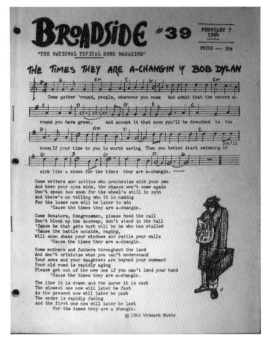

de cierre de la cabecera), también de grabarlas, gracias a las antologías publicadas en colaboración con Folkways y Oak, o a los contratos discográficos que etiquetas como Columbia, Vanguard, Elektra y la misma Folkways, ofrecían a los artistas. También Bob Dylan, en aquellos primeros años, grabó algunas canciones en el apartamento/redacción de Sis y Gordon.

Los temas que aparecían en las páginas de *Broadside* hablaban de derechos civiles, feminismo, medio ambiente, pacifismo, guerra de Vietnam; eran canciones escritas e inmediatamente publicadas, un hilo directo entre la información y la concienciación. De todos modos, el entusiasmo de los cantantes de folk, que en número cada vez mayor ofrecían sus canciones, y la pasión del matrimonio Friesen no se tradujo en unas ganancias económicas, y la revista, ya a partir de 1964, comenzó a ralentizar su periodicidad. A las reticencias con las que Folkways satisfacía los royalties por las antologías discográficas, se oponían los conciertos que los cantantes folk organizaban espontáneamente para recaudar fondos, pero ya en 1966 los dos editores no tenían siquiera dinero para alquilar un pequeño stand en el Festival de Newport.

Los límites en las posibilidades de difusión de *Broadside* residían en las que habían sido las características originarias del proyecto y, sobre todo, de quienes lo habían apoyado con tanta pasión. La visión idealista de los Freisen, en particular de Gordon, asumió a lo largo de los años tonos cada vez más radicales y anacrónicos, en su rechazo explícito de seguir la evolución natural de la canción de protesta que se produciría a partir de 1965.

NEW YORK CITY SERENADE

Invierno de 1961: una Gran Manzana nevada acoge entre sus brazos a un chico de 19 años que procede de Minnesota y que, artísticamente, dice estar enamorado de Woody Guthrie. Se llama Bob Dylan.

A finales de 1961, la escena folk de Cambridge estaba a punto de desintegrarse: la nueva reina del folk, Joan Baez, había abandonado la costa este por la más tranquila y exclusiva Carmel, y los protagonistas más activos de la escena artística de Cambridge la habían imitado, siguiéndola hasta California o incluso trasladándose a Europa. Pero, entretanto, algo más grande estaba a punto de explotar en el Greenwich Village. A comienzos de 1961, la escena neoyorquina tenía su pequeña *folk queen*, Carolyn Hester: dos álbumes a sus espaldas y un contrato a la vista para Columbia. Cuando Hester se trasladó de Texas a Nueva York, el temido senador McCarthy acababa de ser liquidado por el Senado, pero otras nubes, pesadas y amenazantes, oscurecían el horizonte estadounidense: las nubes rojas del «Red Scare», el miedo al comunismo, que se mezclaban con las del hongo atómico y de la Guerra Fría. En aquellos primeros meses de 1961 todo parecía girar en torno a Carolyn Hester, la primera entre las cantantes folk de Nueva York en firmar un contrato para una gran compañía tras la estela del clamoroso éxito obtenido por la Vanguard con el disco de debut de Joan Baez. Carolyn, asistida por su mánager Paul Rothchild y por Albert Grossman, firmó con Columbia en abril de 1961 para un álbum cuyo productor sería John Hammond, todavía enojado por el hecho de que la Vanguard le birlara a Baez. El disco fue grabado a finales de septiembre, y en la sesión participaron el bajista Bill Lee, el guitarrista Bruce Langhorne y un intérprete de armónica que debutaba, un tal Bob Dylan...

Bastaron ocho meses para que un adolescente de 19 años, que siempre llevaba gracioso gorro a la Huckleberry Finn, se convirtiera en «uno de los artistas de estilo más marcado entre los que han actuado en

EN LA CABECERA DE LA CAMA DEL MITO

Se decía que, después de haber leído *Bound for Glory*, la autobiografía de Woody Guthrie, Bob Dylan se obsesionó por su figura. Hubo quien sostuvo que de hecho lo imitaba. Se dice que, en 1961 había llegado a Nueva York «para seguir las huellas de Woody Guthrie». Woody estaba enfermo: padecía la enfermedad de Huntington y yacía en una habitación del hospital psiquiátrico de Greystone Park, Nueva Jersey. Dylan lo fue a visitar y le hizo escuchar sus canciones, entre ellas la célebre «Song to Woody», dedicada a él. «Todavía no estoy muerto», le dijo Woody después de la primera visita. La historia se explica en *Chronicles – Vol. 1*, la autobiografía de Dylan.

los cabarets de Manhattan desde hace meses», como escribió sobre él el crítico musical del *New York Times*, Robert Shelton, el 29 de septiembre de 1961. Aquel tipo «de estilo marcado», que en el titular del artículo se presentaba como el «nuevo y brillante rostro de la música folk», era Bob Dylan, surgido de la nada en enero de ese mismo año, pero que ya se había convertido en «the talk of the town», el tema del día, en la comunidad folk del Greenwich Village.

«El señor Dylan es muy vago en cuanto a sus orígenes, pero importa menos de dónde viene que hacia dónde está yendo», escribía también Shelton, e involuntariamente captaba lo que, desde la perspectiva actual, parecía una toma de consciencia contundente. La misma gracias a la cual Dylan logró imponer, incluso antes que su propia música, su exuberante personalidad.

Dylan llegó a Nueva York después de un breve aprendizaje, en 1960, en Dinkytown, el barrio bohemio de Minneapolis, y en las cafeterías de las *twin cities* (St. Louis y Minneapolis), donde había sepultado su propia identidad real, Robert Zimmerman. Y con ella, también su primera pasión musical (en el libro de licenciatura de 1959 de la *high school* de Hibbing, escribió claramente que su objetivo futuro era «ser como Little Richard»): él era un «rock'n'roll kid», enamorado de James Dean, Elvis Presley, Gene Vincent, Little Richard, The Everly Brothers, hasta el punto de que su primera canción se titulaba «Hey Little Richard». En Dinkytown, el chaval de Hibbing resurgió como Bob Dylan, el «Woody Guthrie jukebox», fulminado también por las canciones de Hank Williams, Odetta, Robert Johnson y por la lectura de Jack Kerouac. Las canciones, los escritos, pero sobre todo el ideal de vida encarnado por Woody Guthrie se convirtieron para Dylan en un modelo que inspiró sus elecciones estéticas, artísticas y personales, hasta el punto de que interrumpió los estudios universitarios en la Universidad de Minnesota y se precipitó a Nueva York para rendir homenaje a su héroe, semiparalizado en una cama

JOHN HAMMOND
El descubridor de talentos

Periodista, músico y productor, John Hammond llegó con veinte años al Greenwich Village a principios de la década de 1930, y entró a formar parte de la nueva bohemia. Pero muy pronto comenzó a moverse en el mundo de la música, del jazz en particular. Grabó a leyendas como Fletcher Henderson, Benny Carter y Joe Venuti y, después de organizar la banda de Benny Goodman, descubrió en Harlem a una jovencísima cantante de color, Billie Holiday. En 1938 llevó a la música negra hasta el Carnegie Hall, con el espectáculo *From Spirituals to Swing,* y en los siguientes años contrató a Count Basie, Pete Seeger y Aretha Franklin. Él fue el primer empresario discográfico en fijarse en un muchacho que tocaba la armónica en las sesiones de Carolyn Hester: era Bob Dylan, al que Hammond hizo firmar un contrato para Columbia, y de cuyas primeras grabaciones se encargó. Después de Dylan, Hammond descubrió, entre otros, a Bruce Springsteen y a Stevie Ray Vaughan.

▶ **22 DE SEPTIEMBRE DE 1962**

Bob Dylan toca en el Carnegie Hall de Nueva York, interpretando una de las primeras versiones de «A Hard Rain's A-Gonna Fall».

▶ **1 DE OCTUBRE DE 1962**

James Meredith, escoltado por la policía federal, es el primer estudiante negro que se matricula en la Universidad de Misisipi.

▶ **20 DE OCTUBRE DE 1962**

Peter, Paul and Mary en el primer puesto de la clasificación de álbumes. El tema «If I Had a Hammer» reportará para el trío dos premios Grammy.

▶ **22 DE OCTUBRE DE 1962**

En un discurso televisivo, Kennedy lleva la Crisis de los Misiles cubanos a las casas de todos los estadounidenses, evocando el espectro de una guerra nuclear.

▶ **28 DE OCTUBRE DE 1962**

Nikita Khruschev anuncia que ha ordenado el desmantelamiento de las bases de misiles soviéticos en Cuba. Al mes siguiente, Kennedy suspenderá el embargo a Cuba.

▶ **23 DE NOVIEMBRE DE 1962**

Time dedica su portada a Joan Baez. En el dibujo que hace de ella el ilustrador Russel Hoban, la cantautora aparece representada descalza, como suele tocar.

▶ **23 DE DICIEMBRE DE 1962**

«Walk Right In», del trío The Rooftop Singers (liderado por Erik Darling, ex de The Weavers en el puesto de Pete Seeger), asciende al primer puesto del Hot 100, donde permanece dos semanas.

▶ **2 DE ABRIL DE 1963**

Martin Luther King comienza su primera campaña en Alabama para la promoción de los derechos civiles de los afroamericanos. El plan prevé una serie de sentadas en locales prohibidos a los negros.

de hospital en el vecino estado de Nueva Jersey. Ya en su primera noche en Nueva York, el 24 de enero de 1961, Dylan subió al escenario. El primero fue el del Cafe Wha?, luego se sucedieron Folklore Centre, Commons, Gaslight, Lion's Head y Mills Tavern, donde actuó (a cambio de las propinas) interpretando un repertorio «a la Woody Guthrie». Lo que impresionó fue su manera, tímida e imperturbable, de plantarse delante del público, como también su dominio rudimentario de la guitarra y la armónica y las asperezas de una voz que todavía estaba en busca de una dimensión propia. Uno de los locales en los que actuó con mayor frecuencia fue el Gerde's Folk City, que el lunes por la noche reservaba su escenario para aficionados y artistas prometedores.

En aquella sala, que a menudo acogía a músicos como Doc Watson, Gil Turner y Dave Van Ronk, una noche estaba también Joan Baez. Más tarde, al final de la velada, solo para ella y para su hermana Mimi, Dylan cantó en la acera ante el local «Song to Woody», esperando convencer a Joan de que grabara aquella canción.

Al cabo de poco, el 11 de abril, Dylan obtuvo su primer contrato real en el Gerde's como telonero del gran *bluesman* John Lee Hooker, tocando cada noche durante dos semanas un set de cinco canciones. Entre las piezas presentadas estaban «Song to Woody» y «House of the Rising Sun», una canción tradicional que Dylan había aprendido de Dave Van Ronk y que más tarde grabaría, con el mismo arreglo, en su álbum de debut.

«Dylan tocaba la armónica tirando a mal, pero me impresionó. Le pregunté: ¿sabes cantar? ¿escribes canciones? Me gustaría hacerte una prueba. Y con un golpe de genio, le hice firmar un contrato.»

JOHN HAMMOND

En el Village, aunque nadie había escrito nada de él todavía, el nombre de Bob Dylan comenzaba a estar en boca de todos.

Una vez hubo digerido el desinterés de tres casas discográficas, Folkways, Elektra y Vanguard, y tras fracasar de momento la colaboración con Joan Baez, Dylan encontró en Carolyn Hester a la persona capaz de ofrecerle la oportunidad que estaba persiguiendo obstinadamente. Sin mucho ceremonial, en el curso de su primer encuentro, acaecido en Cambridge en agosto de 1961, Dylan pidió ayuda a Carolyn para encontrar algún concierto o, mejor todavía, para que lo colara en alguno de sus proyectos. Ella le propuso colaborar en un par de canciones del álbum que estaba a punto de grabar, pero Dylan insistió en hacerle grabar un blues titulado «Come Back Baby».

El 29 de septiembre, en los estudios de Columbia, Dylan tocó la armónica en cuatro temas, «Swing and Turn Jubilee», «Come Back Baby», «Los Biblicos» y «I'll Fly Away». Pero sobre todo, tuvo la ocasión de conocer a John Hammond, el productor más influyente de Columbia, que intuyó su potencial y, sorprendentemente, le ofreció un contrato con la casa discográfica.

En el mismo período, Dylan llevó a cabo otra sesión de grabación, mucho más significativa desde el punto de vista de la notoriedad: tocó la armónica en un tema del entonces ya famoso Harry Belafonte. Era la canción que daba título al álbum *The Midnight Special*, álbum aparecido en 1962. En aquellos primeros meses de 1961, Dylan estaba concentrado en realidad intentando encontrar melodías, acordes, arreglos y su manera de mostrarse en el escenario, más que en la escritura de nuevas canciones. Y de esta manera, además de Woody Guthrie, Dylan aprendió muy bien y con gran rapidez de una gran cantidad de fuentes, ya fueran discos o artistas en carne y hueso. Transcri-

12 DE ABRIL DE 1963 ◄

La policía de Birmingham emplea perros y porras contra los manifestantes por los derechos civiles. Centenares de personas parten de la iglesia de Zion Hill cantando hasta coincidir con la policía, que los arresta. Las cárceles de la ciudad están atestadas.

12 DE ABRIL DE 1963 ◄

En el Town Hall de Nueva York se celebra el primer gran concierto de Bob Dylan. La sala, con una capacidad de 900 plazas, está llena en sus tres cuartas partes. La reseña del show en el *New York Times* y en el *Billboard* es entusiasta.

12 DE MAYO DE 1963 ◄

La aparición de Bob Dylan en el *Ed Sullivan Show* es anulada. Poco antes de comenzar, los representantes de la red de televisión les comunican que no podrá interpretar «Talkin' John Birch Paranoid Blues» ante el temor de acciones legales contra la cadena de televisión. Él se niega a cantar otra canción y se va furioso.

15 DE MAYO DE 1963 ◄

Peter, Paul and Mary ganan su primer Grammy con «If I Had a Hammer».

17 DE MAYO DE 1963 ◄

Bob Dylan toca en el festival de Monterey, su debut en la costa oeste.

27 DE MAYO DE 1963 ◄

Columbia publica el segundo álbum de Dylan, *The Freewheelin' Bob Dylan*.

11 DE JUNIO DE 1963 ◄

Martin Luther King es arrestado en Florida. Kennedy declara que la segregación racial es un error moral y envía tropas federales para obligar al gobernador de Alabama a admitir a tres estudiantes negros en la Universidad.

12 DE JUNIO DE 1963 ◄

Medgar Evers, secretario de la sección de Misisipi de la National Association for the Advancement of Colored People, es asesinado en Jackson, Misisipi.

bía pacientemente acordes y arreglos, como también robaba sin ningún pudor cualquier idea nueva que le pareciera bien aunque la hubiera oído o visto de otra persona, preferiblemente de sus «amigos» Ramblin' Jack Elliott, Dave Van Ronk y Eric von Schmidt.

Del 20 al 22 de noviembre, Dylan grabó 18 canciones en tan solo tres horas en el estudio A de la Columbia, trece de las cuales fueron elegidas para su primer álbum. Dylan reunió una serie de temas, en su mayoría tradicionales, que cuanto menos eran desconcertantes para un joven cantante folk de veinte años: «Fixin' To Die» (un blues que oyó a Bukka White), «In My Time of Dyin'», «Man of Constant Sorrow» (tradicionales de los Apalaches), «See That My Grave Is Kept Clear» (un blues de Blind Lemon Jefferson), dos temas originales, los únicos, «Song to Woody» y «Talkin' New York»: todo parecía estudiado para ofrecer una imagen de viejo *hobo* de Dylan. Y, en la práctica, el disco reproducía un típico espectáculo suyo como solista en el Gerde's, reflejando incluso su todavía un poco inmaduro dominio de voz y guitarra.

En la Columbia, nadie, salvo John Hammond, parecía dispuesto a apostar por aquel disco. El lanzamiento se retrasó hasta el 19 de marzo del año siguiente, y las ventas fueron modestas, 5.000 copias en el primer año, relegando al álbum entre los *cut out* distribuidos a precio rebajado en las tiendas de electrodomésticos de las provincias norteamericanas. Por el contrario, 1961 se cerró para Bobby de manera triunfal: desde las primeras canciones improvisadas en el Gaslight el día de su llegada a la ciudad, el 24 de enero, hasta las grabaciones en el estudio A de Columbia, Dylan dejó su huella en la comunidad folk del Greenwich, sacudiéndola y dividiéndola, y nada sería ya como antes. Las profecías de Robert Shelton y el golpe de genio de John Hammond estaban a punto de concretarse.

Entretanto, junto a la vieja guardia del Village, nuevos cantantes de folk estaban intentando emerger. El cantante y guitarrista Fred Neil fue uno de los primeros artistas de la nueva generación que Dylan conoció en el Village y muy pronto se encontró tocando la armónica con él en el Cafe Wha?. Niel, que no publicaría su primer álbum hasta 1964 y escribiría clásicos como «Dolphins» y «Everybody's Talkin'», tenía una personalidad inconstante, una aversión hacia todo lo que tenía que ver con el aspecto de negocio de la música, pero sobre todo una versatilidad que dificultaba categorizarlo tanto entre los puristas como entre los innovadores. En el Cafe Wha?, Neil se convirtió muy pronto en la atracción principal y en torno a él se constituyó un pequeño grupo de nuevos artistas (Karen Dalton, Tim Hardin y Dino Valente) unidos por un enfoque oblicuo de la música folk que encontraría para todos una expresión más cumplida unos años más tarde. Una modalidad estilística que incorporaba elementos blues y rock, una tendencia a la improvisación de directa descendencia jazz y beat y un lado lírico que se inclinaba más por el aspecto introspectivo que por la inventiva. En el mismo período, Albert Grossman intuyó que el negocio no se hallaba en la dirección de un club sino en administrar la carrera de los artistas. Así, después de dejar el Gate of Horn de Chicago y haber fracasado en el intento de fichar primero a Joan Baez y luego a Carolyn Hester, su primer gran «descubrimiento» fue Bob Dylan, al que Grossman cortejaba con absoluta discreción ya desde el verano de 1961, sin que todo el ambiente del Village estuviera al corriente. En octubre de 1961, dos semanas después del concierto en el Gerde's Folk City, Dylan firmó con Grossman un contrato que los vinculó a uno con el otro durante siete años. Pero la noticia no trascendió. Al mismo tiempo, Grossman dio cuerpo a otra afortunada intuición: crear, según el modelo de The Weavers y del Kingston Trio, a un conjunto que encarnara

Bob Dylan, Karen Dalton y Fred Neil en el Cafe Wha? en 1961.

en dosis variables música folk, *sex appeal* y comicidad. Este proyecto se hizo realidad en otoño de 1961, cuando durante dos semanas seguidas, en el Gerde's Folk City, debutó un trío formado por Peter Yarrow, Noel Paul Stookey y Mary Travers. Se hacían llamar Peter, Paul & Mary, y estaban destinados a convertirse en el grupo folk de mayor éxito en los años siguientes.

El neoyorquino Peter Yarrow, el componente serio del trío, el que presentaba desde el escenario las canciones y lanzaba sus proclamas políticas, llegó al Village con una diplomatura en psicología y un breve período como profesor (su asignatura era el folclore) en la Cornell University, y pronto comenzó en el Cafe Wha?, donde Grossman lo vio por primera vez a principios de 1960. Durante la prueba para «Folk Sound, USA», un especial de televisión para la CBS en la que apareció junto a Joan Baez, Earl Scruggs y John Lee Hooker, Yarrow se encontró de nuevo con Albert Grossman, que le propuso convertirse en su mánager, procurándole inmediatamente una invitación al Newport Folk Festival de 1960. Después de un año de conciertos en el circuito norteamericano de los clubs de folk, Grossman reveló a Yarrow su idea de formar un trío con él, una cantante femenina (brillante y guapa) y un actor que, en su cabeza, debía ser una mezcla entre Woody Allen y Bill Cosby. Lo identificó en Noel Stokey, mientras que la cantante de aspecto agradable era Mary Travers, nacida y crecida en el Village. El trío eligió el nombre de Peter, Paul & Mary (Paul era Noel Stokey, que cambió su nombre por sugerencia de Grossman). El debut se produjo en otoño de 1961 en el Gerde's Folk City. Todo sucedió muy deprisa, al estilo de Grossman que, con un golpe de genio empresarial, el 29 de enero de 1962 firmaba con una (por entonces) maltrecha etiqueta de la costa oeste, la Warner Bros, un contrato que aseguraba al grupo el control total de sus discos, desde la elección de las canciones a los estudios de grabación, pasando por el diseño de arte. La noticia la difundió también *Billboard*, el evangelio periodístico del mundo del espectáculo en los Estados Unidos. *Peter, Paul and Mary* fue publicado en marzo de 1962, más o menos al mismo tiempo que *Bob Dylan*, pero, a diferencia de este último, el éxito fue inmediato y clamoroso: el 20 de octubre el álbum estaba en el primer puesto de las clasificaciones de Billboard, donde permaneció durante siete semanas más (incluso volvió a ocupar la cabeza a finales de octubre del año siguiente), convirtiéndose en disco de oro y vendiendo más de dos millones de copias a lo largo del tiempo. El primer sencillo, «Lemon Tree», estaba ya en el 35º puesto un mes después de su lanzamiento, posición que superaría el segundo single, «If I Had a Hammer», de Pete Seeger y Lee Hayes, que en octubre ascendió hasta el décimo puesto, vendiendo más de 700.000 copias. El alcance del éxito de «If I Had a Hammer», que le valió al trío dos premios Grammy como mejor actuación de un grupo vocal y como mejor canción folk, y de la que a partir de entonces se grabaron más de cien versiones diferentes, marcó también el nacimiento, o mejor dicho, el retorno, pero esta vez en las casas de todos los estadounidenses, de la canción de protesta. En efecto, esta canción, escrita en 1949 y grabada entonces tan solo como sencillo sin que se incluyera jamás en un álbum de The Weavers, era una canción política que ponía en guardia contra el emergente extremismo de la derecha norteamericana de aquellos tiempos, obsesionada con el temor al comunismo.

CAFE WHA?
Las estrellas del futuro

Situado en el 115 de MacDougal Street, en Nueva York, en el corazón del Greenwich Village, el club abrió sus puertas en la década de 1950, y contó, entre sus clientes habituales, con el poeta beat Allen Ginsberg. La noche del 24 de enero de 1961, un joven Bob Dylan subía por primera vez justamente aquí en un escenario neoyorquino, después de haber preguntado al propietario, Manny Roth, si podía actuar. A lo largo de los años se convirtió en uno de los lugares emblemáticos del Folk Revival, pero no solo de este: justamente en el Cafe Wha?. Chas Chandler, el bajista de los Animals, descubrió a Jimi Hendrix y se lo llevó con él a Londres, lo cual lanzó su carrera. Peter, Paul & Mary, Bruce Springsteen y Lou Reed son tan solo algunos de los artistas que a lo largo de los años actuaron entre sus paredes. Una curiosidad: el nombre se deriva de una exclamación que la abuela del propietario, judía de origen ruso, solía pronunciar en su inglés incierto cuando, en el curso de una conversación, no entendía el significado de lo que le decían.

LOS TIEMPOS ESTÁN CAMBIANDO

Gracias a Dylan, la música folk encarnó sueños y esperanzas de los jóvenes norteamericanos y persiguió los objetivos de los principales movimientos políticos. De la marcha sobre Washington al homicidio de Kennedy.

Dylan es un poeta. Es lo que iba diciendo Albert Grossman a todas las personas con las que coincidía en el Village. En realidad, Grossman estaba creando un nuevo personaje y, entretanto, se había asegurado un contrato de edición con la Witmark Music, coloso del sector, que contaba entre sus clientes a autores como Cole Porter y Leonard Bernstein. El nuevo Dylan, el poeta Dylan, comenzó a recorrer los clubs del Village con un bloc de notas en la mano e iba sumando más canciones a su repertorio «a lo Woody Guthrie», como «Hard Times in New York», «I Was Young When I Left Home», «Poor Boy Blues», «Standing on the Highway» y, sobre todo, «The Death of Emmett Till», su primer tema de contenido social, inspirado en el asesinato de un chico de color, acaecido en 1955.

El movimiento por los derechos civiles estaba comenzando a dar que hablar, y Dylan tomo consciencia de ello gracias a su novia, Suze Rotolo, que en diciembre de 1961 se fue a vivir con él a su primer apartamento en el Greenwich, en la calle 4. Suze trabajaba como voluntaria en el CORE, el Congress of Racial Equality, y se pasaba horas contando a Bob la realidad de la vida de los negros, tal como la veía desde detrás de su mesa de despacho, adonde día y noche llegaban por teléfono las noticias sobre las violencias cometidas por los segregacionistas. Dylan escribió «The Death of Emmett Till», canción que le enorgullecía particularmente, en los primeros días de 1962, y con ella inauguró una nueva fase de la poética dylaniana. Con excelente sentido de la oportunidad, Bob creó aquel tema justo en el momento en que la canción de protesta volvía a emerger desde la oscuridad en la que había quedado sumergida desde los tiempos de McCarthy. Y de esta manera, mientras Joan Baez conquistaba su segundo disco de oro con *Volume 2* y Peter, Paul & Mary estaban a punto de vivir

LA BIBLIOTECA DEL FOLK

Se llama Archive of Folk Culture y, desde 1978, forma parte de una sección todavía más amplia (American Folklife Center) de la Library of Congress, la biblioteca del Congreso de Washington. Fundado en 1928 como Archive of American Folk Song, hoy es la mayor audio/biblio/videoteca del mundo, con más de tres millones de fotografías, manuscritos, grabaciones de audio y de vídeo. Entre estas, las primeras grabaciones sobre el terreno fijadas en cilindros de cera.

el mismo éxito arrollador, Dylan escribía canciones sin parar, inspirándose en los sucesos. «The Ballad of Donald White» se basaba en la historia de un afroamericano de 24 años condenado a muerte, mientras que «I Will Not Go Down under the Underground» polemizaba con la moda de los refugios antinucleares personales. Pero había más. En mayo de 1962, en el número 6 de *Broadside* se publicó la partitura de una nueva pieza de Dylan, «Blowin' in the Wind»: fue un suceso que marcó la historia de la música folk, sentó las bases para su difusión masiva y certificó la identificación con el movimiento por los derechos civiles. La canción, en la que Dylan estaba trabajando desde hacía algún tiempo, la había cantado por primera vez el 16 de abril de 1962 en el Gerde's. La sencillez de la estructura melódica (modelada según la tradicional «No More Auction Block») y la universalidad del texto tuvieron un impacto fortísimo en la comunidad del Village. En tan solo seis meses, desde la primera ejecución pública de «Blowin' in the Wind» hasta la publicación del texto en octubre, en las páginas de *Sing Out!*, todo el mundo debió enfrentarse a dos novedades importantes: Dylan no era tan solo, o ya no era, un «Woody Guthrie jukebox»; en aquel momento, para hacer música popular, no era necesario cantar siempre los temas de la tradición, sino que se podían escribir canciones nuevas. En definitiva, por primera vez, un joven autor folk hablando en la lengua de sus días componía una pieza que contaba lo que estaba sucediendo en la sociedad. Y lo hacía de modo directo, ofreciendo a los jóvenes de los campus universitarios, y a todos los que creían en una revolución cultural, una alternativa creíble a himnos como «If I Had a Hammer», escritos por las generaciones anteriores.

En aquel momento nacía el cantautor, que con el tiempo sustituiría a la figura del cantante de folk. Pocas semanas después de componer «Blowin' in the Wind», Dylan volvió a la sala de grabación para las dos primeras sesiones de una serie que llevaría a su segundo álbum, *The Freewheelin' Bob Dylan*. Estas primeras sesiones procedieron sin una auténtica dirección, con Dylan que parecía haber sustituido a Woody Guthrie por un nuevo héroe, el *bluesman* Robert Johnson. Entre los temas del disco destacaban «Milk Cow Blues» (de Sleepy John Estes, también versionada por Elvis Presley), «Worried Blues», «Talkin Bear Mountain Picnic Massacre Blues», «Talkin' John Birch Society Blues», «I'm in the Mood for You», «Quit Your Lowdowns Ways», «Down the Highway», «Honey, Just Allow Me One More Blues» (adaptación del blues homónimo de Henry Thomas) y «Bob Dylan's Blues»; solo las tres últimas terminarían en el álbum. Al menos hasta julio no hubo rastro de la nueva dirección artística emprendida por Dylan, es decir, la línea que redescubría la canción protesta. En aquel punto, John Hammond preparó para las sesiones siguientes de octubre a noviembre una banda eléctrica junto a la cual se grabaron «Corinna, Corinna» (la única que se quedaría luego en *The Freewheelin' Bob Dylan*), «That's All Right Mama» (la canción con la que había debutado Elvis) y «Mixed

Up Confusion», que luego se publicaría como sencillo y que anticiparía la gran revolución eléctrica que se manifestó en el festival de folk de Newport tres años más tarde. Entre una sesión y otra, Dylan, abandonado por Suze Rotolo, que se había ido en junio a pasar una larga temporada en Italia, siguió escribiendo canciones que sacudían el ambiente del Village. En septiembre, primero en el Gaslight y luego en el Carnegie Hall, interpretó un tema que dejó la boca abierta a todos sus amigos (rivales) cantantes de folk. Se titulaba «A Hard Rain's A-Gonna Fall», y era un largo poema visionario sobre el desastre nuclear.

> «Cuando escuché sus canciones cambió mi manera de ver a Bob: era mucho más maduro de lo que pensaba. E incluso parecía más guapo.»
>
> JOAN BAEZ

Basada en la melodía de «Lord Randall», antigua balada inglesa, la canción (según declaraciones de su autor) no trataba de «lluvia atómica», sino del diluvio de mentiras vomitado por los media.

«A Hard Rain's A-Gonna Fall» comenzó a sonar en el Village justo un mes antes de un discurso televisivo del presidente Kennedy que, al denunciar la instalación de bases de misiles en Cuba, materializaba de hecho la pesadilla del fin del mundo. Corría el 22 de octubre y la guerra nuclear entraba en las casas de todo el país. «A Hard Rain's A-Gonna Fall» se grabó de un tirón en la última sesión del año, el 6 de diciembre, junto a «Oxford Town». Esta última narraba los desórdenes raciales, que habían estallado el año anterior en la Universidad de Misisipi, con ocasión de la admisión del primer estudiante negro, James Meredith.

JUST LIKE A WOMAN
Todas las mujeres de Bob

Su primer idilio público fue Suze Rotolo, artista y activista política. Conoció a Dylan a través de su hermana Carla (que trabajaba con Alan Lomax) en verano de 1961. Estuvieron juntos hasta 1964: es la chica inmortalizada en la carátula de *The Freewheelin' Bob Dylan*. Luego, el encuentro con Joan Baez, tan atractiva que Dylan admitía que «no lograba dejar de mirar». En verano de 1963, los dos estuvieron juntos en el escenario de Monterey, y entre ellos nació una relación artístico-sentimental muy comentada. Más tarde le tocó el turno a Sara Lownds, que trabajaba en la división de películas de Time Life. Sara, que en la década de 1960 rondaba por el Village con un MG Spider, conoció a Dylan en la boda de Albert Grossman, en invierno de 1964. Ambos comenzaron a salir en serio unos meses más tarde, cuando vivían en el Chelsea Hotel. Allí, Dylan tuvo varios flirts con otras artistas como la seductora Nico o la bellísima Edie Sedgwick, la «Factory Girl» de Andy Warhol.

El 22 de noviembre de 1965, Bob y Sara se casaron: ella estaba embarazada del primero de los cuatro hijos que tuvo con Dylan, Jesse, Anna, Samuel y Jakob. Entre altibajos (véase el álbum autobiográfico *Blood on the Tracks*), su matrimonio duró casi doce años. En 1977 Sara pidió el divorcio cansada por los adulterios de su marido y su estilo de vida acelerado. Obtuvo el 50% de los royalties de las canciones escritas en el curso del matrimonio: 36 millones de dólares. En 1983, Bob Dylan rogó a Sara que se volviera a casar con él: era el amor de su vida.

La popularidad y el estatus de Dylan en el interior de la comunidad del Village ya eran tales que ni siquiera un acontecimiento mediático crucial para el mundo del folk, como la portada que *Time* dedicó a Joan Baez el 23 de noviembre de 1962, logró socavarlos. ¿Cómo podía impresionar a los nuevos cantantes folk, a los que Dylan había abierto un mundo contemporáneo y dinámico, una «reina del folk» relegada ya a la memoria histórica, al silencio tranquilizador de los archivos? Dave van Ronk, con cáustica sinceridad, liquidaba así el asunto: «¿Joanie en la portada de *Time*? Me parece que su carrera ya ha terminado...». Dylan pasó el primer día del año de 1963 en Londres, absorbiendo todo lo que le era posible de la música folk inglesa. Una vez hubo vuelto a Nueva York, en la segunda mitad de enero, se encontró en el centro de una disputa montada por Grossman frente a Columbia, cuyo único desenlace fue un cambio de productor (John Hammond por Tom Wilson). También hubo otra con CBS con la producción del *Ed Sullivan Show*, que concluyó con la cancelación de su aparición en el prestigioso espectáculo televisivo y con la eliminación del tema «Talkin' John Birch Society» de su inminente segundo álbum. Dos señales importantes que indicaban de qué modo el termómetro de la popularidad de Dylan estaba subiendo inexorablemente. Era tan solo cuestión de semanas: el 12 de abril, en el Town Hall de Nueva York, actuó en su primer gran concierto, en el curso del cual (con voz, guitarra y armónica) cantó 23 canciones y cerró con una poesía, *Last Thoughts on Woody Guthrie*, dedicada a su primer gran héroe. Entre los temas que decidió interpretar aquella noche también estaba «With God on Our Side», canción que, junto a «Blowin' in the Wind», le valió un segundo billete para el éxito. Pocos días más tarde, durante una abarrotada «fiesta» en el Club 47 de Cambridge, Dylan tocó aquella misma canción a Joan Baez que, desde aquel momento y en adelante, lo miró de otra manera. Joan, hasta entonces poco interesada en la canción protesta porque, según ella, «las canciones eran más bien feas», se quedó fulminada.

Ni siquiera un mes más tarde, los dos se volvieron a encontrar en el Festival de Monterey, que marcó el inicio de Bob Dylan en la costa oeste. Grossman logró que subiera al escenario junto a Peter, Paul & Mary, justamente cuando su versión de «Blowin' in the Wind» comenzaba a transmitirse cada vez con mayor frecuencia en las radios. Frente a un público que no sabía muy bien qué esperar, Dylan interpretó «Talkin' John Birch Society Paranoid Blues», «A Hard Rain's A-Gonna Fall» y «Masters of War». Pero hasta que Joan Baez apareció a su lado ordenando a todo el mundo que «escuchara a aquel muchacho», los 20.000 presentes no le prestaron atención de verdad. Dylan y Baez cantaron juntos «With God on Our Side» y, gracias a ella, el ex «Woody Guthrie jukebox» se convirtió en «el James Dean del folk».

De forma muy hábil, diez días más tarde, el 27 de mayo, Columbia publicó el segundo álbum de Dylan, el fundamental *The Freewheelin' Bob Dylan*, trece canciones alejadas a años luz de las del disco de debut, algunas de las cuales destinadas a convertirse en auténticos estandartes de la canción de autor: «Blowin' in the Wind», «Girl from the North Country», «Masters of War», «A Hard Rain's A-Gonna Fall», «Don't Think Twice, It's All Right». También en mayo, Dylan apareció por primera vez en la televisión estadounidense: parecía ya listo para el salto a la primera división de la música pop. Y de hecho *The Freewheelin'* se vendió bien, hasta el punto que se encaramó al 22º puesto de las clasificaciones de Billboard.

«No me interesa lo que les pasa a los demás...
Los demás cogen el metro y leen el *Time,* pero no entienden nada.
No saben. Y, lo que es peor, les importa un camino saber.»

BOB DYLAN

Entretanto, los *best seller* del folk seguían siendo Peter, Paul & Mary, que en enero de 1963 publicaron *Moving*, que se situó en el segundo puesto de la clasificación. Su éxito transmitió confianza a George Wein, responsable del Newport Folk Festival, que después de la edición de 1960 había tenido que cerrar por dificultades financieras. Wein volvía a arrancar rodeado por un comité directivo compuesto por músicos folk, entre los cuales el propio Pete Yarrow, y junto a ellos construyó la edición de 1963. Dylan, por el momento todavía «príncipe consorte de la reina Baez», se subió oficialmente al trono del folk gracias a aquella participación. La celebración oficial se produjo durante la sesión final del Festival, que se cerró con dos versiones de «Blowin' in the Wind» y «We Shall Overcome», cantadas por Dylan junto a Joan Baez, Peter, Paul & Mary, Pete Seeger, Theodore Bikel y el coro Students Non-Violent Coordinating Committee's Freedom Singers. La última parte del verano de 1963 fue todavía más rica en acontecimientos. Mientras comenzaba una nueva serie de sesiones en el estudio A de Columbia, Dylan iba siguiendo, como invitado no anunciado, la gira de Joan Baez por el noreste. Fue su primera (y terrible) oportunidad de tocar delante de plateas formadas por más de diez mil personas. El punto culminante se produjo el 28 de agosto de 1963, el día de la marcha sobre Washington: 250.000 estadounidenses blancos y negros dieron vida a la que el periodista y politólogo Milton Viorts definió como «la manifestación de protesta más grande de la historia».

«Será una asamblea pacífica de gente que reclama justicia», declaró el presidente John F. Kennedy, «bendiciendo» oficialmente la marcha que llevaba hasta la capital las reivindicaciones de los derechos civiles de los afroamericanos. En directo por la cadena de televisión CBS, se asistió a uno de los acontecimientos más imponentes y alegres nunca celebrados en la Unión. Joan Baez, que fue la primera en subir al escenario para cantar «Oh Freedom» y «We Shall Overcome», abrió la larga lista de artistas y oradores que se sucedieron hasta las cinco de la tarde. Entre estos, los actores Burt Lancaster y Charlton

Heston, que leyó un discurso del novelista negro James Baldwin, seguidos de Marlon Brando, Sammy Davis Jr., Sidney Poitier, Lena Horne, Paul Newman y Harry Belafonte. Y si Peter, Paul & Mary eran el grupo vocal más famoso de los Estados Unidos, eran las canciones de Dylan las que sonaban más veces y durante más tiempo frente al Lincoln Memorial. Además de las que cantó el trío y junto a Joan Baez, Dylan interpretó solo «Only a Pawn in Their Game» y «When the Ship Comes In». Luego le llegó el turno a Josephine Baker y a Mahalia Jackson que, con el góspel «I've Been 'Buked and I've Been Scorned», introdujo la intervención final, la que obligó a las otras dos cadenas nacionales, la ABC y la NBC, a interrumpir la programación normal para conectar en directo con el escenario de Washington, para inmortalizar una intervención que pasaría a la historia. El doctor Martin Luther King Jr., líder del Civil Rights Movement, comenzó aquel apasionado discurso cuyo crescendo final, caracterizado por la frase «I have a dream», se convirtió en un clásico de la oratoria contemporánea, una emocionante letanía góspel que concluía con la visión de un día en el que blancos y negros, de cualquier religión, podrían caminar finalmente de la mano y cantar su libertad.

Por desgracia, la distancia entre las aspiraciones de los manifestantes y la realidad de los hechos todavía era considerable. De hecho, pasó todo un año antes de que el «Civil Rights Act» fuera aprobado, acogiendo, en parte, las demandas del movimiento por los derechos civiles. Pero, sobre todo, ya al día siguiente de la marcha sobre Washington, el racismo seguía cosechando víctimas: el 15 de septiembre de 1963, en una iglesia baptista de Birmingham, Alabama, alguien hizo estallar una bomba. Murieron cuatro niñas. Entretanto, Dylan se había refugiado en Carmel en casa de Joan Baez, donde escribió de forma casi incesante mientras que Peter, Paul & Mary parecían cabalgar el sueño del doctor King con un éxito creciente. Y si, inspirado justamente por el discurso de Washington de Martin Luther King, Dylan componía «The Times They Are A-Changin'», el trío publicaba una semana más tarde el sencillo «Don't Think Twice It's Allright» (otra canción de Dylan), que se situó en el segundo puesto en la clasificación.

Eran los últimos días en los que era posible creer que el sueño de Martin Luther King y el de la nueva generación kennediana podían convertirse en realidad. El 22 de noviembre de 1963, John Fitzgerald Kennedy, el presidente más joven de los Estados Unidos, así como el primero de religión católica, fue asesinado en Dallas. El asesinato marcó profundamente las consciencias de los jóvenes cantantes folk, estableciendo un punto de no retorno.

La gran esperanza colectiva de los participantes en la Marcha sobre Washington, así como la ilusión que la fuerza de la verdad contenida en los temas de los cantantes de folk, tarde o temprano encontraría su propio camino, debían afrontar ahora la gran sombra de Kennedy y de un mundo real que no creía en aquel sueño y que confiaba en las armas para perpetuar su pesadilla. Nada sería como antes, ni siquiera las calles del Village...

LA PANDERETA ELÉCTRICA

Con Bob Dylan nace el cantautor y muere el folksinger. La epopeya de Simon & Garfunkel y el increíble éxito de Mr. Tambourine Man. Allen Ginsberg declara: «Nuestra poesía está en los jukebox de Norteamérica».

«The Times They Are A-Changin'» se publicó el 13 de enero de 1964, tan solo unas semanas antes del histórico programa del *Ed Sullivan Show* protagonizado por los Beatles, seguido por más de 73 millones de estadounidenses. «Los primeros éxitos de los Beatles los oí en Nueva York —contaría unos años más tarde Dylan—, luego, mientras atravesábamos Colorado, me di cuenta de que, de las diez canciones en cabeza de las clasificaciones, iocho eran suyas!... Hacían cosas que no hacía nadie más».

Mientras Dylan husmeaba el viento, comenzando a intuir las respuestas, los demás, los folkies del Village, estaban preparados para afrontar el presente, confiando una vez más en la fuerza de una canción. A su lado, las casas discográficas de siempre, en particular Elektra, que en 1964 lanzó a dos nuevos cantantes folk, nuevos al menos para el mercado nacional, Phil Ochs y Tom Paxton. Ochs, desde hacía un par de años en la ciudad, fue saludado por *Broadside* como la voz más importante del movimiento de protesta. Por su parte, Paxton había actuado ya durante cuatro años en el Gaslight, tras los cuales su escritura se fue afinando. Entre sus canciones, «What Did You Learn in School Today?» y «The Last Thing on My Mind», resistirían el paso del tiempo y las grabarían decenas de artistas folk, rock, pop y country. En la compañía Vanguard, la novedad de 1964 fue una india canadiense de la tribu Cree, de 23 años,

LA MALDICIÓN DE EVE OF DESTRUCTION

En el mismo año de «Mr. Tambourine Man», el cantante Barry McGuire obtuvo un clamoroso éxito con «Eve of Destruction», una especie de folk rock escrito por P.F. Sloan. La canción, que no le gustaba mucho, quedó relegada a la cara B de un single, y el propio cantante la grabó apresuradamente sin casi haber leído nunca la letra antes de cantarla. El texto afrontaba con una cierta dosis de ingenuidad, temas como la segregación racial, el asesinato de Kennedy, la protesta estudiantil y Vietnam. La pieza se entendió como un ataque a la realidad juvenil, capaz tan solo de una protesta estéril, o como un ataque al sistema. El autor fue acusado de ser un comunista que solo tenía un objetivo: ganar dinero. Mientras que el cantante era comparado con un loro que repite palabras escritas por otros. Cualquier reseña positiva se juzgó antipatriótica, y los medios de comunicación, tanto de derecha como de izquierda, boicotearon a Sloan y a McGuire, arruinando su carrera.

adoptada y crecida en Maine por una pareja estadounidense. Se llamaba Buffy Sainte-Marie, y se había diplomado en la Universidad de Massachussets. Acababa de llegar al Village y era cantautora casi por casualidad. Su vibrato vocal fuerte y apasionado, tan diferente de las voces cristalinas de Joan Baez o Carolyn Hester, realzaba sus temas, que prestaba la voz a las temáticas de los nativos norteamericanos. Su primer disco, *It's My Way!*, contenía una de sus canciones más hermosas, un himno del movimiento contra la guerra en Vietnam, que le valió estar en la lista negra del presidente Lyndon Johnson. La canción era «Universal Soldier», que el cantautor inglés Donovan llevó hasta la clasificación al año siguiente. Otro joven personaje emergente era Paul Simon, el «Woody Allen del Folk», que había tenido ya varias experiencias desde su debut en 1957 con Art Garfunkel con el dúo Tom & Jerry. Pero justamente en los años de explosión del folk, en particular entre 1963 y 1965, se perfeccionó aquel mágico equilibrio de dos sensibilidades tan diferentes: el compositor, Paul Simon; la voz, Art Garfunkel. Los dos,

QUIÉN HA TOCADO MR. TAMBOURINE MAN

Los llaman The Wrecking Crew, y son los músicos de sesión más brillantes de Los Ángeles. Jóvenes, bellos y muy ocupados, quieren (de ahí el nombre) «destruir la industria de la música». Se dice que Terry Melcher, productor de Columbia, no se fiaba de las capacidades instrumentistas de los Byrds. Y de este modo, a parte de la Rickenbaker de 12 cuerdas de McGuinn, en las primeras sesiones en Hollywood, en enero de 1965, los demás instrumentos se confiaron a los miembros de la Crew. Solo las voces de McGuinn, Crosby y Clarke eran de la banda original. El resto lo grabaron Hal Blaine, Leon Russell, Larry Knetchel y demás...

amigos de infancia, habían grabado a los dieciséis años «Hey! Schoolgirl», 150.000 copias vendidas y 49º puesto en las clasificaciones pop.

Sin embargo, los temas siguientes no llegaron a ninguna parte y los dos se separaron, para encontrarse de nuevo unos cinco años más tarde.

Artie era estudiante de arquitectura, apasionado por las matemáticas y con un par de oscuros singles folk bajo el nombre de Artie Garr. Paul era cantautor de profesión, con algunos sencillos bajo varios alias, una intensa actividad de estudio y cierta experiencia al otro lado del océano, preferentemente en Gran Bretaña. El debut en escena en el Village se produjo en septiembre de 1963 en Gerde's, y un año más tarde, el 19 de octubre de 1964, salía el primer álbum, *Wednesday Morning, 3 A.M.*, disco enteramente acústico que no obtuvo éxito y que ocasionó que el dúo se disolviera. En el disco está «The Sound of Silence», canción que al año siguiente, con la adición de guitarras eléctricas, bajo y batería (idea del productor Tom Wilson, sin que lo supieran Simon & Garfunkel) cambió su destino y los llevó al número uno de la clasificación.

Entretanto, en el mes de julio de 1964, Dylan catalizó la atención en el Newport Folk Festival, optando por nuevas canciones que no eran precisamente de cariz político (en la acepción de los defensores de la canción de protesta), como «Mr. Tambourine Man», «All I Really Wanna Do», «To Ramona» y «Chimes of Freedom». Las tres últimas terminaron en su cuarto álbum, *Another Side of Bob Dylan*, compuesto en dos momentos diferentes: en febrero, a su regreso del viaje a California, y a finales de mayo, cuando Dylan estaba en Grecia meditando acerca del final de su relación con Suze Rotolo. Enmedio, entre el 9 y el 17 de mayo, Dylan volvió a Inglaterra, pero esta vez casi como una estrella del rock, apareciendo en diferentes shows televisivos y tocando un concierto con todas las localidades vendidas en el Royal Festival Hall de Londres. Hasta qué punto Dylan estaba lejos del Folk Revival se puede comprobar en las canciones de *Another Side of Bob Dylan*, disco por otra parte totalmente acústico, escrito y grabado en una larga y excitante noche, el 9 de junio. Una urgencia expresiva que se refleja también en los temas menos brillantes, como la tormentosa «Ballad in Plain D» o «Black Crow Blues», y que eclosiona en toda su genial impaciencia en los más logrados, como «It Ain't Me Babe», «My Back Pages» (despedida durísima de los ambientes militantes de la izquierda) y «Chimes of Freedom», que simboliza mejor que ninguna el paso de la invectiva a la visión poética. Dylan dejaba a sus espaldas sus «viejas páginas» y, con juventud renovada, una juventud que aunaba la angustia posterior al asesinato de Kennedy con los nuevos horizontes expresivos diseñados por los Fab Four, daba de sí mismo una imagen alternativa, pero también la única posible y, en cualquier caso, inestable, proyectada inexorablemente hacia el rock. Se quedaba fuera de *Another Side of Bob Dylan* «Mr. Tambourine Man», cantada a dos veces junto a Ramblin' Jack Elliot, y quizás no fuera casualidad. La canción la escuchó Jim Dickson, y justamente aquella versión del tema sería la inspiración para la que un grupo californiano debutante, The Byrds, cuyo mánager era Dickson, realizaría al cabo de poco tiempo. Roger McGuinn, el guitarrista de los Byrds, inventó un riff introductorio con su Rickenbaker de doce cuerdas y la banda, por indicación de David Crosby, modificó el tiempo original 2/4 por un 4/4 más canónico. Estas intuiciones lanzaron el tema hasta el primer puesto de la clasificación y abrirían oficialmente la gran época del folk-rock. El núcleo originario de los Byrds, Roger McGuinn, David Crosby y Gene Clark, a los que Dickson añadió a Chris Hillman (bajo y mandolina) y Michael Clarke (batería elegido por su semejanza con Brian Jones, de los Rolling Stones), se formó en pleno Folk Revival, pero las raíces californianas se dejarían sentir pronto. La banda despegó después del éxito de «Mr. Tambourine Man» y, al cabo de poco tiempo, comenzó a experimentar una nueva mezcla entre folk rock, psicodelia y country music.

> «Las progresiones de acordes de los Beatles se escapaban a toda regla, pero sus armonías daban un sentido al conjunto. Algo así solo lo puede hacer un grupo. Y por esto yo quería un grupo.»

BOB DYLAN

Entretanto, Dylan presentó *Bringing It All Back Home*, álbum grabado en tan solo tres días, con estas palabras: «Acepto el caos, pero no estoy seguro de que el caos me acepte a mí». Con este disco terminaba definitivamente con el mundo folk y abría el camino no solo al rock, sino también a una nueva manera de componer canciones, más moderno y más auténtico que la canción de protesta, porque estaba empapado de la verdad profunda y personal del autor. Un cambio ya ampliamente anunciado en el disco anterior, pero que aquí adoptaba velocidad y sustancia, agresividad y visión. La lista de canciones del nuevo disco es impresionante, desde la obertura, con la apocalíptica «Subterranean Homesick Blues», con una melodía robada a «Too Much Monkey Business», de Chuck Berry, y una larga serie de imágenes que quieren subrayar de qué modo el autor quiere escapar de los «esquemas» y de las «ideologías». Todo ello en dos minutos ebrios y llenos de visionaria presunción, a los que siguen canciones como «Maggie's Farm», «Love Minus Zero», «Mr. Tambourine Man», «It's Alright Ma (I'm Only Bleeding)» y «It's All Over Now, Baby Blue». *Bringing It All Back Home* se publicó casi al mismo tiempo que el quinto trabajo de Peter, Paul & Mary, *A Song Will Rise*. Si bien el trío seguía siendo muy popular, y estaba continuamente de gira, dentro y fuera de los Estados Unidos y todavía en primera línea junto a Joan Baez en las manifestaciones por los derechos civiles (como la tercera marcha de Selma a Montgomery, donde Martin Luther King guió a 25.000 manifestantes), no sabía, o no podía,

2 DE JULIO DE 1964 ◀

Lyndon B. Johnson firma el Civil Rights Act. De este momento en adelante, las disparidades en las elecciones y la segregación racial en las escuelas, en los puestos de trabajo y en las estructuras públicas en general serán ilegales. La ley tendrá un fuerte efecto en todo el país.

27 DE JULIO DE 1964 ◀

Otros 5.000 soldados estadounidenses desembarcan en Vietnam del Sur. El número total asciende a 21.000.

8 DE AGOSTO DE 1964 ◀

Se publica el tercer disco de Bob Dylan, *Another Side of Bob Dylan*.

5 DE SEPTIEMBRE DE 1964 ◀

«House of the Rising Sun», en la versión de The Animals, está en el número 1 del Hot 100, donde permanece tres semanas.

14 DE OCTUBRE DE 1964 ◀

Martin Luther King Jr. es premio Nobel de la Paz.

14 DE OCTUBRE DE 1964 ◀

Nikita Khruschev deja la jefatura de la Unión Soviética. Su puesto lo ocupa Leonidas Breznev.

19 DE OCTUBRE DE 1964 ◀

Aparece *Wednesday Morning, 3 A.M.*, de Simon and Garfunkel.

3 DE NOVIEMBRE DE 1964 ◀

Lyndon B. Johnson derrota en las elecciones presidenciales a Barry Goldwater, obteniendo más del 60% de los votos.

3 DE DICIEMBRE DE 1964 ◀

Más de 800 estudiantes arrestados en la Universidad de California, en Berkeley, tras las acciones de protesta contra el rector, que había prohibido las manifestaciones contrarias a la guerra de Vietnam en el interior del campus.

adecuarse al ritmo del cambio, que tanto en la vida civil y política como en la proyección en el interior del movimiento folk, corría muy deprisa.

«Para Paul Simon, Bob Dylan era el artista más fascinante de los Estados Unidos: la cosa más cercana a James Dean que nunca había tenido la música.»

ART GARFUNKEL

PHIL OCHS
Folk puro y duro

Phil Ochs, un texano de El Paso que había crecido en Columbus, Ohio, llegó al Greenwich Village en septiembre de 1962. Fue uno de los primeros cantantes folk en abordar el tema de los derechos civiles y grabó sus primeras canciones en el apartamento-redacción de la revista *Broadside*, de la que sería siempre uno de los colaboradores más prolíficos, como editorialista y también como autor. Tras su debut en el festival de Newport, en 1963, al año siguiente debutó con Elektra y, en 1965, fue uno de los exponentes punteros de la protesta contra la guerra de Vietnam.

Sus piezas más apreciadas fueron «I Ain't Marchin' Anymore», auténtico manifiesto de protesta cantado desde la perspectiva de un soldado, y «Love Me, I'm A Liberal», cuyo título irónico ocultaba en realidad una dura condena al ala liberal, dividida entre el no a la guerra y la oposición a toda costa al comunismo.

Desilusionado y frustrado por la falta de un reconocimiento comercial, Phil Ochs se vio aquejado al cabo de unos años de problemas de salud y psicológicos, que acentuaron su depresión y lo llevaron al suicidio, el 9 de abril de 1976.

Los estudiantes de las universidades que, entre fines de febrero y fines de marzo, asistieron a los conciertos que Dylan celebró junto a Joan Baez, pudieron darse cuenta del cambio que estaba avanzando el primero. Ambos actuaban en igualdad de condiciones, y se establecía un set de cuarenta minutos para cada uno, seguido por un final en pareja. Pero solo era igual el minutaje: Baez eligió su repertorio más orientado políticamente, mezclando canciones breves con pequeños sermones sobre los derechos civiles o el pacifismo. A Dylan en la práctica le daba igual y proponía preferentemente canciones de *Bringing It All Back Home*, no sin la desilusión de los fans de sus pasadas canciones de protesta. El último concierto, en Pittsburgh, el 24 de marzo, marcó asimismo el final anunciado de la relación, tanto artística como sentimental, entre Dylan y Baez. Los dos volverían a tocar juntos poco después, el 7 de abril en Berkeley, en vísperas de una gira de Dylan por Inglaterra, previsto entre finales de abril y junio, un tour como solista y acústico, que sería filmado, con la fórmula del *cinema vérité*, por el director D.A. Pennebaker, en el extraordinario documental *Don't Look Back*. Baez esperaba que Dylan le devolviera el antiguo favor, ofreciéndole participar en el tour e introduciéndola de este modo entre el público inglés, pero quedó profundamente decepcionada. Tras la estela de una famosa portada de hacía algún tiempo del *Melody Maker*, donde los cuatro Beatles afirmaban que «Dylan shows the way», la gira fue una esquizofrénica celebración de la ambigüedad del artista, tanto en el escenario como fuera de él. Si durante los ocho conciertos Dylan proponía las canciones de su reciente pasado de cantante folk, durante las conferencias de prensa y en las escenas robadas por la cámara de Pennebaker, lo que se veía en escena era una estrella del rock; al cabo de poco tiempo para los estadounidenses, al año siguiente para los ingleses. Respaldado por Bob Neuwirth, más que nunca su alter ego, y por Grossman, que defendía cínicamente su imagen y sus intereses, un Dylan visiblemente anfetamínico excluía del escenario y de su vida a Joan Baez y a todo lo que esta representaba. El acto final de la metamorfosis de «Profeta del folk» a «Picasso del rock» lo consumó Dylan entre junio y agosto, en el marco familiar del estudio A de la Columbia. El primer resultado de aquellas sesiones apareció el 20 de julio, tan solo cinco días antes de su actuación en el Newport Folk: un largo, larguísimo sencillo (seis minutos) de poesía lisérgica disparado dentro de un magma eléctrico implosivo. Todo aquello en unas pocas palabras: «Like a Rolling Stone». El resto debió esperar al 30 de agosto, cuando apareció el álbum que cerraba definitivamente el capítulo Folk Revival: se llamaba *Highway 61 Revisited*, y era puro blues anfetamínico mezclado con la furia eléctrica del rock. Además de «Like a Rolling Stone», el álbum incluía «Tombstone Blues», «Highway 61», «Ballad of a Thin Man», «Queen Jane Approximately», «Desolation Row», un desfile de obsesiones e invectivas, una febril galería de demonios, en los que los de dentro se mezclan sin distinción con los de fuera. Dylan estaba listo para desafiar el mundo, y lo haría en el Newport Folk Festival.

«Trabajaba como productor de Judy Collins y como autor en el Brill Building. Quizás sería más adecuado decir que el sonido de los Byrds había nacido en el Greenwich Village.»

ROGER McGUINN

BRILL BUILDING, LA FÁBRICA DE ÉXITOS

Entre las décadas de 1950 y 1960, todos los artistas que soñaban con dejar su huella en el mundo de la música, antes o después atravesaban la gran puerta brillante del 1619 de Broadway, esquina con la calle 49. En los locales repartidos en las 11 plantas (casi 20.000 metros cuadrados de superficie), el edificio de pomposa fachada dorada acogía a mánagers, críticos y promotores de la industria discográfica de la época: una meca para jóvenes aspirantes a autores, cantantes y productores y, al mismo tiempo, la mayor fábrica musical de todos los tiempos. Con ritmos endiablados, como si de una auténtica cadena de montaje se tratara, se escribían partituras y textos, se ensayaban y se grababan nuevas canciones. El Brill Building, construido en 1931 (su nombre era el de la mercería que en aquella época ocupaba la planta baja) todavía está destinado a la música. Hoy, entre los despachos ubicados en su interior están, entre otros, los de la etiqueta fundada por Paul Simon y los de los productores de «Saturday Night Live».

LIKE A ROLLING STONE

En el año de la guerra de Vietnam, del homicidio de Malcom X y del éxito del beat inglés, Dylan operaba su revolución: «el profeta del rock» rompía las barreras entre estilos y convenciones y se convertía en «el Picasso del rock».

El 21 de febrero de 1965, durante un discurso en el Audubon Ballroom de Harlem, fue asesinado Malcom X, líder afroamericano del movimiento radical de los «musulmanes negros».

Pocos días más tarde, el presidente Lyndon B. Johnson autorizó la operación militar Rolling Thunder contra Vietnam del Norte. Corría el 2 de marzo cuando 100 aviones estadounidenses y 60 survietnamitas atacaron al gobierno comunista de Hanoi. El 8 de marzo, 3.500 marines desembarcaron en Da Nang, Vietnam del Sur: en julio serían 125.000, y a finales de año 200.000. Al finalizar la guerra, las misiones militares serían más de 306.000, para un total de 634.000 toneladas de bombas lanzadas.

En los campus universitarios estalló la protesta: el 17 de marzo se produjo la primera concentración contra la guerra, organizada por los Students For A Democratic Society, en la cual 25.000 personas se manifestaron en Washington. Phil Ochs cantó la polémica «Love Me, I'm a Liberal», cuyo título irónico ocultaba una dura condena contra el ala liberal, dividida entre el no a la guerra y la oposición al comunismo. Se quemaron las primeras notificaciones de llamamiento a filas. Para hacer frente a esta forma de desobediencia civil, se dictó una ley federal que castigaba con cinco años de prisión y 10.000 dólares de multa a quien lo hiciera: David Miller fue el primer estudiante arrestado por haber quemado la notificación, el 8 de octubre de 1965.

El 25 de marzo concluyó la tercera marcha de Selma a Montgomery, Alabama, en la que 25.000 personas, blancas y negras, se manifestaron por el derecho a voto en Alabama para los afroamericanos. En cabeza estaba Martin Luther King, premio Nobel de la paz en 1964, arrestado ya justamente en Selma el 2 de febrero de 1965, durante una manifestación análoga. El himno oficial era «We Shall Overcome», y Peter, Paul and Mary, Harry Belafonte, Tony Bennett y Samy Davis Jr. actuaron en apoyo a la causa. El 6 de agosto de 1965, el presidente Johnson firmó el Voting Right

¡JUDAS!

Al año siguiente del cambio eléctrico de Newport, el 17 de mayo de 1966, en el curso de una gira mundial, Dylan actuó en el Free Trade Hall de Manchester. Hacia el final del concierto, entre la ejecución de «Ballad of a Thin Man» y «Like a Rolling Stone», un fan gritó «¡Judas!». Dylan contestó «No te creo... ¡eres un mentiroso!», y luego, dándose la vuelta hacia la banda: «¡Tocad más fuerte todavía!».

Act, que reconocía la igualdad de derechos políticos entre blancos y negros. Ni siquiera una semana más tarde, el 11 de agosto, el gueto negro de Watts, Los Ángeles, se convertía en escenario de violentos enfrentamientos raciales que duraron cinco terribles días. El balance parecía un boletín de guerra: 34 muertos, más de mil heridos y más de 4.000 arrestados.

En aquel cálido 1965, la otra cara de América estaba representada por los miles de espectadores haciendo cola para ver *Sonrisas y lágrimas* con Julie Andrews (que resaltaba también en una página publicitaria en el programa del Newport Folk Festival), los mismos que acaparaban la música que llegaba de Inglaterra. Las clasificaciones discográficas, en los meses que precedieron al Festival, lucían, en efecto, los colores de la Union Jack: Beatles («Eight Days a Week» y «Ticket To Ride»), Freddie and the Dreamers («I'm Telling You Now»), Wayne Fontana and the Mindbenders («Game of Love»), Herman's Hermits («Mrs. Brown You've Got a Lovely Daughter») fueron, entre marzo y mayo, números uno de Billboard, mientras que a finales de julio el single más vendido fue «Satisfaction», de los Rolling Stones. Rompían la hegemonía británica The Supremes («Stop! In the Name of Love» y «Back in My Arms Again»), Beach Boys («Help Me Rhonda»), Four Tops («I Can't Help Myself») y, sobre todo, The Byrds («Mr. Tambourine Man»).

Este era el contexto en el que se desarrollaba la sexta edición del Newport Folk Festival, en escena del 22 al 25 de julio. A dos días del inicio, salió el nuevo single de Bob Dylan, titulado «Like a Rolling Stone».

Desde el punto de vista de la comunicación y de la organización, los promotores de Newport hicieron un gran trabajo que dio sus frutos. Comenzando por los ingresos publicitarios visibles al hojear el programa: 64 páginas que, junto a una dedicatoria de Peter, Paul and Mary a Pete Seeger («Por todo lo que ha hecho por la música folk») y un relato sibilino de Dylan en dos páginas, acogían espacios de pago adquiridos por nueve marcas de guitarras, seis compañías de *management*, cinco etiquetas discográficas además de

LA STRATOCASTER DE NEWPORT

Bob Dylan se olvidó la Fender Stratocaster Sunburst protagonista del controvertido concierto de Newport, junto con varios manuscritos que contenían letras y apuntes, en un avión privado cuyo piloto trabajaba al servicio del mánager Albert Grossman.

En 2012, Dawn Peterson, hija del piloto, hizo público que poseía aquellos objetos, y afirmó que, en el momento en que los encontró, su padre había contactado con la compañía de Grossman para devolverlos, pero nadie había contestado. Después de una disputa legal con Dylan y un acuerdo cuyos detalles nunca se revelaron, la Stratocaster se subastó en Christie's en 2013 y se adjudicó por 965.000 dólares, la cifra más alta obtenida en una subasta por una guitarra, superior por muy poco a los 959.000 dólares pagados por la célebre «Blackie» Stratocaster de Eric Clapton.

American Airlines y Ford. Pero sobre todo vendieron más de 70.000 entradas, que proporcionaron unos ingresos brutos de 267.000 dólares para un beneficio neto de 23.000 dólares. Además de Dylan estaban presentes, entre otros, Donovan y Gordon Lightfoot (en su debut estadounidense), Joan Baez, Jim Kweskin con Geoff y Maria Muldaur, Son House y Mississippi John Hurt, The Chambers Brothers, Ian & Sylvia Tyson, el Reverendo Gary Davis, Jean Ritchie, Maybelle Carter, Bill Monroe, Richard & Mimi Farina: un desfile impresionante de artistas, casi equitativamente divididos entre tradicionalistas y nuevos intérpretes. Junto a ellos, alguna pequeña concesión a propuestas no estrictamente folk como, por ejemplo, la Paul Butterfield Blues Band, cuya actuación se situó en medio de un *workshop blues* dirigido por Alan Lomax. El etnomusicólogo (y purista), molesto con músicos blancos que tocaban la música de los afroamericanos, y además con instrumentos eléctricos, los presentó de un modo considerado ofensivo por Albert Grossman, su mánager. Ambos discutieron frente a miles de personas y llegaron incluso a las manos; solo la intervención de los componentes de la banda de Butterfield evitó la pelea. Pero no fue nada en comparación con lo que sucedió al día siguiente, cuando Bob Dylan subió al escenario acompañado por una banda eléctrica. Su actuación (tres temas en total) duró tan solo quince minutos, pero sería el cuarto de hora más discutido de la historia del rock. Además de dividir a crítica y público, Dylan sanciona el momento en el que la música folk se liberaba de los límites formales impuestos por la tradición y miraba al presente de cara. Un presente que, después del advenimiento de los Beatles, no podía dejar de ser diferente de todo lo que, hasta entonces, había caracterizado al Folk Revival. El 25 de julio de 1965, antes de subir al escenario de Newport acompañado por

AL KOOOPER
Un fuera de serie en la corte de Bob Dylan

Procedía de Queens, era un músico apasionado y tocaba muy bien la guitarra. A los 21 años se trasladó al Greenwich Village y pocos meses más tarde, el 16 de junio de 1965, aceptó la invitación de Tom Wilson y asistió a las sesiones de grabación del nuevo álbum de Bob Dylan. De esta manera, Al Kooper, sentado en el estudio A de la Columbia en la Séptima Avenida, se moría de ganas de unirse a los demás músicos, pero no se atrevía a ocupar el sitio de Mike Bloomfield. Entonces tuvo una idea: le dijo a Wilson que podría tocar el órgano Hammond. De hecho, Paul Griffin se sentó al piano y le dejó el puesto libre.

Dicho y hecho. Al se sentó ante el teclado y comenzó a improvisar. Dylan preguntó: «¿Quién está tocando?». Wilson contestó: «Es un amigo mío, solo está bromeando...». «Sube el volumen –contestó Dylan–, me gusta lo que está haciendo».

De esta manera nació el riff de Hammond más famoso de la historia del rock.

Posteriormente, Al Kooper se convirtió en el inventor del jazz rock con Blood, Sweat and Tears, uno de los músicos de sesión más codiciados y uno de los productores más clarividentes de todos los tiempos.

algunos elementos de la Paul Butterfield Blues Band (Michael Bloomfield a la guitarra, Sam Lay a la batería y Jerome Arnold al bajo), además de Barry Goldberg y Al Kooper al teclado, Dylan había tocado ya en el Festival, participando el día anterior en un taller con Richard & Mimi Farina, Gordon Lightfoot, Eric von Schmidt, Pat Sky, Ian & Sylvia Tyson. En aquella ocasión interpretó, en acústica soledad, «All I Really Want To Do» y «Mr. Tambourine Man», que un mes antes había alcanzado lo más alto de las clasificaciones en la versión folk rock de los Byrds.

En aquellos días, las tiendas estadounidenses de discos estaban invadidas por siluetas de cartón con Dylan luciendo una Fender Stratocaster, mientras que las radios transmitían incesantemente «Subterranean Homesick Blues», single procedente de *Bringing It All Back Home*, y un nuevo tema, «Like a Rolling Stone». Aparecido tan solo cinco días antes de Newport, caracterizado por sonidos duros y compactos y arrastrado por un irresistible riff de órgano Hammond tocado por Al Kooper, el tema anticipaba el nuevo álbum, *Highway 51 Revisited*, que saldría a finales de agosto. La transformación era tan evidente que no había motivo para pensar que aquellos 15.000 espectadores del Festival no pudieran esperarla. Dando crédito a esta hipótesis, la opción de tocar eléctrico justamente en Newport, templo del folk, donde se había coronado tan solo dos años antes, resultaría, pues, bastante menos azarosa de lo que uno pudiera pensar.

Pero vayamos a los hechos.

Dylan decidió ensayar con la Paul Butterfield Blues Band el primer día del festival. No tenía elección, porque era la única banda con instrumentación eléctrica y amplificadores. Paul Rothchild les organizó sesiones nocturnas en la mansión de un millonario que vivía en las inmediaciones.

21 DE FEBRERO DE 1965 ◀

Malcolm X es asesinado en Nueva York.

4 DE MARZO DE 1965 ◀

El productor Tom Wilson reedita «The Sound of Silence» de Simon and Garfunkel, añadiendo una banda eléctrica a espaldas del dúo. En la primera semana de 1966, la canción llega al primer puesto del Hot 100, dando el espaldarazo a la afortunada carrera del dúo.

7 DE MARZO DE 1965 ◀

Es el «domingo de sangre» en Selma, Alabama: las fuerzas del orden agreden a unos seiscientos manifestantes que marchan por los derechos civiles. La agresión es filmada por las cámaras de televisión y la brutalidad de los policías reporta nuevas simpatías al movimiento por los derechos civiles.

8 DE MARZO DE 1965 ◀

3.500 marines del ejército de los Estados Unidos desembarcan en Vietnam del Sur.

17 DE MARZO DE 1965 ◀

Primera marcha en Washington contra la guerra en Vietnam.

22 DE MARZO DE 1965 ◀

Se publica *Bringing It All Back Home*, de Bob Dylan.

25 DE MARZO DE 1965 ◀

Martin Luther King capitanea la marcha que desde Selma llega hasta la capital de Alabama, Montgomery.

9 DE MAYO DE 1965 ◀

Bob Dylan concluye su gira europea celebrando el primero de dos conciertos en el Albert Hall de Londres. Entre el público, los Beatles y Donovan.

26 DE JUNIO DE 1965 ◀

«Mr. Tambourine Man», una canción de Bob Dylan interpretada por los Byrds, está en el primer puesto del Hot 100, donde se queda una semana. Es la fecha de nacimiento del folk-rock.

▶ **10 DE JULIO DE 1965**

«(I Can't Get No) Satisfaction)», de los Rolling Stones, en el primer puesto del Hot 100, donde se queda cuatro semanas. Es el primer sencillo de los Rolling Stones que llega a lo más alto de las clasificaciones estadounidenses.

▶ **20 DE JULIO DE 1965**

Sale el single «Like a Rolling Stone», de Bob Dylan.

▶ **22/25 DE JULIO DE 1965**

Se celebra el Newport Folk Festival. El día 25, Dylan actúa con una banda eléctrica, dando vida al show más discutido de la historia del rock.

▶ **28 DE JULIO DE 1965**

El presidente Johnson ordena el incremento de las tropas estadounidenses en Vietnam, que pasan a un total de 125.000 soldados.

▶ **11 DE AGOSTO DE 1965**

Desórdenes raciales en Watts, Los Ángeles.

▶ **15 DE AGOSTO DE 1965**

Los Beatles tocan en el Shea Stadium, delante de más de 55.000 personas, el público más numeroso hasta ahora en la historia de los conciertos rock.

▶ **30 DE AGOSTO DE 1965**

Se publica *Highway 61 Revisited* de Bob Dylan.

▶ **25 DE SEPTIEMBRE DE 1965**

«Eve of Destruction», de Barry McGuise, en el primer puesto del Hot 100, donde permanece una semana.

▶ **15 DE OCTUBRE DE 1965**

El Comité Nacional de Estudiantes, que se opone a la guerra en Vietnam, organiza la primera hoguera pública de las notificaciones de llamamiento a filas.

▶ **4 DE DICIEMBRE DE 1965**

«Turn! Turn! Turn!», de los Byrds, en el primer puesto del Hot 100, donde permanece tres semanas.

El domingo 25 de julio, Bob Dylan se presentó en el escenario con una Fender Stratocaster Sunburst. A su lado, una formación eléctrica, con actitud rock, en lo que tenía todo el aspecto de ser un desafío al público, como para subrayar la opción artística elegida. La ejecución de «Maggie's Farm» parecía surgida de un disco de Howlin' Wolf, con la guitarra de Bloomfield contrapunteando sin tregua la melodía de la canción. Para muchos fue un shock. Al final del tema, los silbidos (los «boo» de los norteamericanos) y los gritos de desaprobación contratacaron a los aplausos de una parte del público, que parecía aprobar las nuevas sonoridades. Lo mismo sucedió luego con «Like a Rolling Stone» y la sucesiva «Phantom Engineer» (embrionaria versión de «It Takes a Lot To Laugh It Takes a Train To Cry») que, al crear un follón en la platea, se convirtió en el epílogo de la actuación. Dylan se dirigió a los otros músicos y les dijo: «Larguémonos, hemos terminado». Los silbidos de desaprobación de una parte del público se mezclaron con los de los fans entusiastas que se lamentaban por la brevedad de la actuación. Pete Yarrow intentó calmar a unos y otros anunciando que Dylan regresaría al escenario, antes de que este hubiera decidido hacerlo. En realidad, la banda, con la que solo había podido ensayar aquellos tres temas, no era capaz de acompañarlo, y de este modo se presentó tan solo Bob con la guitarra acústica y pidió una armónica al público. Luego cantó «Mr. Tambourine Man» e «It's All Over Now Baby Blue»: podía parecer el hijo pródigo, pero el suyo fue de hecho un auténtico adiós al mundo del Folk Revival. Sobre este episodio histórico se han dicho muchas cosas: hay quien dice incluso haber visto a Dylan abandonar el escenario llorando al final de la actuación eléctrica, a pesar de que esta versión la desmienten las imágenes de aquella noche que, por el contrario, muestran a un artista satisfecho con su exhibición. Incluso al fin del «saludo» acústico, el público se sigue quejando, abundando en la tesis de que la mayor parte de las protestas se debían a la brevedad de la actuación que, en el caso de los demás artistas, había durado como promedio unos cuarenta y cinco minutos.

Las polémicas no faltaron, sobre todo en el *backstage*, donde un Alan Lomax enfurecido seguía diciendo a todos que aquello era un festival de folk, y que no se tenían que usar amplificadores, mientras parecía que Pete Seeger (que durante la actuación había amenazado con cortar los cables de las guitarras eléctricas con un hacha) se refugió en su coche cerrando las ventanillas y tapándose los oídos con las manos.

En el curso del *after show party*, Bob Dylan se quedó solo la mayor parte del tiempo. Los demás lo animaban, pero estaba claro que lo que había sucedido no le había gustado.

De todos modos, resulta difícil lograr reconstruir con precisión lo que sucedió verdaderamente aquella noche del 25 de julio de 1965 en Newport.

Los silbidos son un dato real. Es difícil establecer en qué porcentaje dependieron de la mala calidad del sonido, de la brevedad de la actuación o, como sostuvo el crítico Greil Marcus, del hecho de que Dylan había puesto en liquidación, a los ojos de los *folknik*, todo el movimiento folk. Sin duda, su exhibición en Newport marcó un giro importante, tanto en su carrera como en la historia del Folk Revival, representando un punto de no retorno: después de aquel año, ni la música folk ni el Newport Folk Festival serían ya los mismos, aunque el festival sobrevivió a aquella noche y siguió llevando a escena, en los años siguientes a artistas tales como Joni Mitchell, Richie Havens, Janis Joplin, James Taylor, Van Morrison y Jerry Jeff Walker.

Bob Dylan, que no hablaría nunca más de aquella noche, volvería a la escena del crimen 37 años más tarde, en el Newport Folk Festival de 2002, actuando con una peluca y una barba postiza...

La actuación de Dylan en Newport marcó un punto de inflexión en su carrera y en la historia del folk.

LA MUSA FOLK EN LA TIERRA DE ALBIÓN

Los cantantes folk del Village atraviesan el Atlántico y se funden con la tradición inglesa. Desde el lado poético de Ewan MacColl hasta las dulces baladas de Donovan, pasando por el folk rock de Pentangle y Fairport Convention.

En 1962, Dylan llegó a Londres por primera vez. La escena folk que lo acogió era profundamente diferente a la del Village neoyorquino.

En efecto, en Gran Bretaña convivían dos almas diametralmente opuestas, ambas vinculadas a la tradición. La primera, politizada, la comandaba el escocés Ewan MacColl, el artista más influyente del Folk Revival inglés. Activista del partido comunista británico y autor de canciones y textos teatrales, MacColl había conocido a Alan Lomax en 1950 cuando, para huir de las persecuciones de McCarthy, el etnomusicólogo había dejado los Estados Unidos. La biblia de MacColl era *The People's Song Book*, una recopilación de canciones tradicionales revisada justamente por Lomax y Pete Seeger, que contenía también canciones inglesas que los autores habían conocido gracias a la Worker's Music Association, una organización antisfascista vinculada al mundo sindical, con la que MacColl colaboraba. En cambio, la English Folk Dance and Song Society, que se ocupaba particularmente de la música de danza, era de signo políticamente opuesto. El interés específico por las *square dance*, los bailes populares de los Apalaches, había generado por otra parte una primera forma de Folk Revival gracias a la ayuda de los medios de comunicación, con la BBC en primer lugar, que habían dedicado a estas danzas algunas transmisiones escuchadas y apreciadas incluso por la familia real. A diferencia de los Estados Unidos, pues, donde el folk se había afirmado paralelamente a las instancias y las realidades asociativas vinculadas a la izquierda, en la Inglaterra de la posguerra la música folk parecía ser el vehículo con el que la derecha y la izquierda intentaban recuperar su propia cultura popular autóctona.

En 1956, Ewan McColl formó una asociación artística y personal con Peggy Seeger

CROPREDY LA CONVENCIÓN DE LOS FAIRPORT

Nacido en verano de 1976 como concierto especial destinado a los fans del grupo, en 1979 se volvió legendario porque acogió el concierto de despedida de la banda de Richard Thompson, Simon Nicol y Dave Swarbrick. A partir del año siguiente, la Fairport Cropredy's Convention propició la ocasión para celebrar una reunión anual, para luego irse expandiendo, hasta convertirse en dos días de gran folk-rock. Cropredy es el pueblo de Oxfordshire donde vive Dave Pegg, bajista de Fairport y Jethro Tull.

(que se convirtió en su mujer), elaborando una rígida doctrina folk orientada a la búsqueda de una identidad británica que quería liberarse de la influencia norteamericana. Una intransigencia que a la mayoría le parecía sobre todo una neta aversión por el imperialismo de los Estados Unidos y, en consecuencia, fruto de una visión más política que cultural. En cualquier caso, ambos fundaron la Blackthorne Records y publicaron cinco volúmenes antológicos titulados *Blood and Roses*, en los que revisaron las canciones de lucha de la tradición popular británica.

Entretanto, algunos cantantes folk comenzaban a dar sus primeros pasos en el Troubadour, uno de los primeros y más renombrados clubs de folk de Londres. El local es el mismo en el que el joven Dylan escuchó en 1962 viejas canciones tradicionales inglesas como «Lord Franklin» y «Scarborough Fair», sobre cuyas notas escribió posteriormente «Bob Dylan's Dream» y «Girl from the North Country». Siguiendo el mismo procedimiento, sobre las melodías de «Nottamun Town» y «Poor Miner's Lament» compuso «Masters of War» y «Only a Hobo», mientras que transmutó «The Patriot Game» en «With God in Our Side»... En definitiva, justamente como su maestro Woody Guthrie, Dylan tomó «prestadas» de la tradición las melodías de antiguas baladas para luego actualizarlas con textos nuevos (pero firmando a su nombre las composiciones de «dominio público»).

DONOVAN
El Dylan escocés

Lanzado como la respuesta británica a Dylan, el cantautor escocés Donovan debutó en marzo de 1965 con el single «Catch the Wind», que obtuvo un notable éxito en el Reino Unido y en los Estados Unidos. Sus canciones abarcaron desde la protesta pacífica –como «Universal Soldier», «Ballad of a Crystal Man» y «The War Drags On»– hasta temas más intimistas como «Colours», «Turquoise» y «To Sing for You». Presentado por Joan Baez, Donovan debutó en el Festival de Newport de 1965, pero se desmarcó pronto del papel de emulador de Dylan, orientándose hacia la psicodelia y el universo del naciente *flower power*, con el aclamado *Sunshine Superman*, un álbum excelente que salió en 1966. Poco más tarde, como los Beatles, se acercó al Maharishi Yogi, renegando de la psicodelia y volviendo en 1968, con *The Hurdy Gurdy Man*, el último álbum digno de mención antes de ralentizar progresivamente su actividad y regresar esporádicamente a los escenarios.

novan fue uno de los grandes personajes
l folk-rock y la psicodelia británica de los
os sesenta.

«Alan Lomax me mostró lo que tenía que hacer: canciones de lucha de forma apetecible para los jóvenes.»

EWAN MacCOLL

En aquella misma escena de los clubs londinenses frecuentada por Dylan emergieron algunos personajes determinantes para el desarrollo del folk inglés. Entre estos, tres guitarristas extraordinarios: Davy Graham, Bert Jansch y John Renbourn. El primero, Graham, era un instrumentista fenomenal, capaz de contaminar al blues y al jazz con músicas populares y cultas procedentes tanto de Occidente como de Oriente. Su versión del tradicional «She Moves Through the Fair» (1963), arreglada como un raga indio, anticipó en varios años lo que llamaría raga rock, mientras que «Anji», su pieza más famosa, se convirtió en un estándar para todos los guitarristas acústicos que querían medirse con el *finger picking*. En el álbum *Folk Roots, New Roots* (1964, Graham, en pareja con la cantante folk Shirley Collins, viró hacia el jazz, elección estilística que inspiró a Pentangle, grupo fundamental del folk-rock británico, fundado por dos alumnos de Graham, Bert Jansch y John Renbourn.

«Nosotros, los británicos, teníamos una tradición musical fuerte y viva como la norteamericana: queríamos encontrar nuestra identidad nacional, no convertirnos en una colonia del imperialismo EE. UU.»

EWAN MacCOLL

Jansch no solo era un virtuoso de las seis cuerdas acústicas; su habilidad a la hora de componer canciones, inspiradas en la tradición pero al mismo tiempo desvinculadas de

JOE BOYD
El genio del folk-rock

Productor y cazatalentos, el norteamericano Joe Boyd fue el principal artífice de la explosión folk-rock en Gran Bretaña. Llegó a Londres por primera vez en 1964 y, a continuación, se convirtió en responsable de Elektra Records, en las islas británicas. Produjo temas para los Powerhouse –banda improvisada formada por Eric Clapton, Stevie Winwood y Paul Jones– y estuvo entre los cofundadores del UFO Club, donde lanzó la carrera de los Soft Machine y de los Pink Floyd. Al mismo tiempo tuvo un papel fundamental en la ascensión de los Fairport Convention y de la Incredible String Band, así como en la revalorización del gran e incomprendido Nick Drake, que encontró en él a un punto de referencia importante. En la década de 1970 fundó la Hannibal Records y siguió su actividad de productor, que lo llevó a trabajar con Maria Muldaur, Richard & Linda Thompson, 10.000 Maniacs, R.E.M., Taj Mahal y diferentes proyectos de world music, confirmándose como una figura importante y ecléctica de la escena musical, y no solo de rock.

esta, creó escuela. Los temas que incluía su disco de debut, baladas melancólicas e introspectivas, inspiraron los debuts de Donovan e influyeron en Nick Drake. Enamorado del *skiffle* y de los estilos de *bluesmen* como Leadbelly, Jess Fuller, Big Bill Broonzy o Brownie McGhee, John Renbourn era un fabuloso «estilista» de la guitarra acústica. Actuó regularmente en The Roundhouse, en Soho, y en Les Cousins, en Greek Street: aquí conoció (e influyó) a artistas norteamericanos en gira, como Paul Simon, y conoció a Bert Jansch y a la deliciosa cantante Jacqui McShee. Los tres, junto a Danny Thompson y Terry Cox, se encontraron a menudo en Les Cousins para sesiones informales y conciertos. En 1967, la formación decidió darse un nombre: Pentangle. Y en tan solo un año, entre 1968 y 1969, publicaron tres álbumes (*Sweet Child*, *The Pentangle* y *Basket of Light*) que, contaminando el folk británico con blues y jazz, produjeron una mezcla sonora original que fascinó al mundo. La sección rítmica jazzy de Cox y Thompson y el refinadísimo juego entre las dos guitarras acústicas de Jansch y Renbourn constituyeron la sofisticada base sobre la que se apoyó la seductora vocalidad de Jacqui McShee. Publicados con éxito en Estados Unidos por la Warner Bros, los discos de los Pentangle difundieron el nuevo estilo en el otro lado del océano donde, paradójicamente, nació lo que para muchos fue el hombre clave del folk británico.

Se llamaba Joe Boyd, productor y asistente de Jac Holzman, jefe de la estadounidense Elektra. De hecho fue Joe Boyd quien produjo y administró, a través de su compañía Witchseason, el debut (1966) de bandas como Incredible String Band y Fairport Convention (1967).

> «Ampliamos el concepto de folk de manera diferente: no solo hacia el rock, sino creando una especie de mezcla entre poesía y world music.»
>
> ROBIN WILLIAMS
>
> (Incredible String Band)

Formada por Robin Williamson, Clive Palmer y Mike Heron, la Incredible String Band puede considerarse el primer grupo de world music, con un eclecticismo que incorporaba instrumentos y estilos musicales tanto de la tradición folk británica como de los lenguajes norteamericanos populares, blancos y negros, además de sugerencias que iban desde África hasta Oriente. Además, las líricas espontáneas, libres de superestructuras formales, que recordaban las de los poetas beat, eran un elemento de más de distinción y originalidad. En 1967, Joe Boyd produjo a otro conjunto, los Fairport Convention. Orientada inicialmente hacia un folk-rock de derivación californiana, con algún cover de los mejores cantautores estadounidenses, la banda estaba formada por Sandy Denny, considerada por muchos como la voz femenina del folk-rock británico, Dave Swarbrick (violín), Dave Mattacks (batería) y por los tres fundadores, Richard Thompson, Ashley

Hutchings y Simon Nicol. Esta *line up* histórica firmaba el manifiesto del folk-rock británico, el álbum *Liege and Lief*, publicado en 1969. Su fórmula artística, todavía hoy inalcanzable, alternaba temas hallados en los archivos de la Cecil Sharp House, el archivo histórico del folk británico, con piezas originales escritas por Richard Thompson con estricta observancia a las reglas compositivas de los siglos XVII y XVIII. Si los instrumentales a menudo estaban «robados» de las tradiciones escocesas e irlandesas, las baladas eran de impronta inglesa, y la mezcla entre instrumentación acústica y rítmicas rock creaba un estándar muy imitado. Si Sandy Denny murió de forma precoz en 1978 y Richard Thompson e Ian Matthews serían protagonistas de excelentes carreras solistas, Ashley Hutchings mantuvo alta la bandera del folk-rock, dirigiendo, entre otros, a los Steeleye Span y la Albion Band.

CECIL SHARP HOUSE
El genio del folk-rock

Cecil James Sharp transcurrió los mejores años de su juventud recorriendo de norte a sur la campiña inglesa en busca de los cantos populares y las baladas más antiguas, su gran pasión. No tenía grabadora, pero con paciencia y tenacidad transcribió a mano textos y músicas que escuchó a lo largo de su camino.

Cuando en 1932 regresó a Londres decidió fundar la English Folk Dance and Song Society, una sociedad con el intento de promover y tutelar danzas y músicas populares, pero también una auténtica escuela de música folclórica. Hoy, todos los materiales reunidos por Sharp se guardan en la Cecil Sharp House, en el número 2 de Regent Park Road, cuartel general de la sociedad.

Esta asociación, además de ser conocida como «la casa del folk», combina a la actividad didáctica y de archivo la promoción de actuaciones en directo: los mejores músicos folk se exhiben aquí regularmente.

LAS AMAZONAS DEL NUEVO FOLK

A finales de la década de 1970, el Village volvió a descubrir el folk. Unos años más tarde, una nueva generación de «chicas con guitarra» encantó al mundo. ¿Sus nombres? Suzanne Vega, Tracy Chapman, Indigo Girls o Ani DiFranco.

Mientras que en 1966, Dylan entregaba al mundo su trabajo definitivo, el doble *Blonde on Blonde*, lo que quedaba de la escena folk del Greenwich comenzaba a desplazarse, temática y estilísticamente, hacia las nuevas directrices que el propio Dylan había indicado.

Eric Andersen, que formalmente se movía todavía en el folk de los primeros sesenta, después de repetidos intentos, hasta 1972 no encontró, con *Blue River*, la fórmula adecuada para sus baladas románticas y literarias. Mejor que él, quizás mejor que todos, el canadiense Leonard Cohen, neoyorquino de adopción, que después de algunos afortunados libros de poesía y novelas hizo finalmente su debut discográfico en 1968, con el estupendo *The Songs of Leonard Cohen*. Diario musical de un mujeriego, con canciones memorables como «Suzanne», «So Long Marianne», «Winter Lady», «Sisters of Mercy», piedras de toque de un cantautor extremadamente poético y orientado del todo a la introspección, y en el que el exterior, el mundo, vivía solo en función del yo. *The Songs of Leonard Cohen* inauguraba una duradera galería de álbumes que fijaron las reglas de la canción de autor contemporánea.

La escena del Village, cada vez más parecida a una ciudad fantasma poblada por el fantasma de Dylan y de sus innumerables seguidores o aspirantes a herederos, dejó su puesto en la década de 1970 a la gran temporada de los cantautores. Ya no vinculados a la forma de la folk music, sino que más íntimamente sintonizados, con diferentes declinaciones, con el rock y el folk-rock, Judy Collins y Tom Rush fueron de alguna manera sus embajadores, interpretando canciones escritas por jóvenes cantautores todavía desconocidos más allá de la comunidad folkie. Collins, por ejemplo, introdujo temas de Phil Ochs, Eric Andersen, Gordon Lightfoot, Richard Farina y Leonard Cohen. Tom Rush, con *The Circle Game*, dio en 1968 una oportunidad a los por entonces desconocidos James Taylor, Joni Mitchell o Jackson Browne, todos destinados a reinar en la década siguiente.

«El Cornelia Street Cafe es un lugar delicioso. La música es fantástica, y la comedia es buena. Lástima que sea un poco caro...»

SUZANNE VEGA

(cuando era pobre...)

A finales de los años setenta, la escena del Village se volvió a poblar: nuevos artistas llegaban a Nueva York, casi más por casualidad que por las oportunidades reales que ofrecía, en una ciudad donde solo el Folk City testimoniaba el boom folk de la década anterior. En diciembre de 1977, en una pequeña cafetería cerca de Bleecker Street, el cantautor Jack Hardy fue el promotor de la velada del lunes llamada «The Songwiter's Exchange», primer acto del renacimiento de la escena folk del Greenwich Village. En el Cornelia Street Café, el propietario puso a disposición de Hardy una gran sala adyacente al local, en la que sus amigos cantautores se encontraban para cantar una canción que habían escrito la semana anterior. Las reglas eran muy sencillas: se asistía a la primera sesión sin participar y, a partir de la siguiente, cada cual podía cantar su canción, siempre que la hubiera escrito o actualizado la semana anterior. No había competición ni tampoco críticas, a menos que el autor las pidiera expresamente. El objetivo era crear una atmósfera en la que perfeccionar el modo de componer canciones.

De este escenario surgieron, entre otros, The Roches y Steve Forbert, cuyas hazañas («Romeo's Tune» fue un pequeño éxito) bastaron para que en el *New York Times* se comenzara a hablar de un nuevo *revival* folk en el Village. En este período, Jack Hardy tuvo la idea de abrir un club que se gestionaría entre los propios músicos, en el que desarrollar la fórmula iniciada en el Cornelia Street Café. De esta manera, en 1981 nació el Speakeasy, en MacDougal Street. La cooperativa de músicos se dividía la recaudación y el propietario del local cobraba el dinero del bar. El Speakeasy abrió con el lema «dedicado a la música acústica de calidad», y con el dinero de la sesión inaugural se adquirió un mezclador. Tampoco faltó una cierta dosis de ironía, ya que el club organizó «The Bob Dylan Sound Alike Contest», una manera graciosa de exorcizar la gran maldición de los «Alias Bob Dylan». Con la bendición de Dave van Ronk, Jack Hardy dio inicio a la segunda fase de su proyecto, The Fast Folk Musical Magazine, una revista y un LP con doce canciones elegidas entre las que se proponían semanalmente en los encuentros del Songwriter's Exchange. El Fast Folk Musical Magazine publicó regularmente 105 números y otros tantos álbumes. Más de mil canciones entre cuyos intérpretes se encontraban viejos cantantes folk, pero también artistas emergentes que alcanzarían la popularidad, como Shawn Colvin, Lyle Lovett y Nancy Griffith.

Pero los personajes que caracterizaron y dieron valor a la escena folk del período fueron, sin duda, Suzanne Vega, Tracy Chapman y Michelle Shocked.

«Sinceramente, nunca habría pensado que tendría éxito.
Y aún menos que el éxito se repitiera.»

TRACY CHAPMAN

Suzanne Vega, una de las voces que se intercambiaron canciones en los inicios del Cornelia Café y luego del Speakeasy, se convirtió pronto en la voz femenina más importante del nuevo folk, y su estatura artística y comercial influyó a toda una generación de cantautoras, abriendo las puertas del negocio de la música a los colegas varones. Su debut, *Suzanne Vega*, coproducido por Lenny Kaye, guitarrista de Patti Smith, data de mayo de 1985, tras un largo período en el que la autora perfeccionó su escritura, tanto en la cooperativa folk de Hardy como asimilando primeramente el folk de los años sesenta y luego la new wave neoyorquina. Es un disco íntimamente femenino, quizás el primer auténtico manifiesto, en clave folk moderna, del hecho de ser mujer. *Suzanne Vega* también fue un álbum afortunado desde el punto de vista comercial: entró en los cien primeros de los Estados Unidos y todavía subió más alto en Inglaterra, donde fue disco de platino. Le fue mejor todavía al siguiente, *Solitude Standing*, que contenía los megahits «Tom's Diner» y «Luka». Suzanne era la nueva reina del Village y de la canción folk, cuanto menos hasta que irrumpió en escena el ciclón de Tracy Chapman.

Tímida y humilde, con una sola canción publicada, «For My Love», para The Fast Folk Musical Magazine en una compilación de 1986, dedicada a la naciente escena folk de Boston, Chapman firmó por Elektra. Con su homónimo disco de debut de 1988, Tracy ganó tres Grammy, llegó al Top 10 de los singles con «Fast Car» y al número 2 en la de álbumes. Su primer álbum fue probablemente el disco más importante del nuevo *revival* de la canción folk, el vínculo entre los años sesenta y los noventa, el que volvió a dar actualidad a la canción política y proponía a Chapman como la única y auténtica heredera del Dylan de «Blowin' in the Wind». No es casual que su actuación más

Tracy Chapman es una de las cantantes folk más apreciadas y populares de todo el panorama femenino.

aplaudida fuera en el «Human Rights Now!», la gira itinerante promovida por Amnesty International en 1988. Tracy, junto a Bruce Springsteen, Sting o Peter Gabriel conquistó al público mundial sola, con su guitarra acústica, gracias a temas simples, directos pero potentísimos como «Talkin' About a Revolution» o la propia «Fast Car».

NICK DRAKE
Cantor del alma

A caballo entre los años sesenta y setenta, en una época en la que la música en vivo era sobre todo la de los grandes festivales y de las personalidades excéntricas e impetuosas, Nick Drake parecía un personaje fuera del tiempo. Con un estilo vocal susurrado y tranquilo, fascinantes afinaciones abiertas y la capacidad de escribir melodías sin tiempo, sus canciones eran misivas del corazón para escucharlas en silencio. «Five Leaves Left »(1969) y «Bryter Later» (1970) fueron dos auténticas joyas, a las que contribuyeron, en algunos temas, músicos del círculo de Joe Boyd (Fairport Convention, Pentangle, John Cale), además de los arreglos de Robert Kirby.

La frustración por el fallido éxito comercial y una innata dificultad para comunicar desembocaron en una depresión, que cobró forma en el lúcido pero inquietante *Pink Moon* (1972), última obra maestra de su carrera antes de su prematura desaparición en 1974, que contribuyó a la hora de convertirlo en personaje de culto y en una influencia determinante de numerosos cantautores intimistas.

Michelle Shocked, tangencial respecto a la comunidad del Fast Folk, pero central en el *revival* folk de finales de los años ochenta, debutó casi por casualidad con una grabación amateur que se convirtió en un éxito. *The Texas Campfire Tapes*, una cinta *low-fi* que captaba una actuación suya informal en el festival de Kerrville de aquel mismo año (con grillos de fondo que acompañaban a la música) se convirtió en un pequeño hit en Inglaterra. Con el siguiente, *Short, Sharped, Shocked*, las canciones de Shocked, que parecían encarnar el grito de revuelta de los jóvenes estadounidenses, se expresaron con impetuosidad punk en el interior de un marco estilístico country y folk, dando vida a una mezcla original y muy eficaz.

Las diferentes directrices estilísticas y temáticas, puestas al descubierto a partir de la experiencia el Fast Folk, siguieron cruzándose y contaminándose en el curso de finales de la década de 1980 y en la década siguiente. De hecho, en la naturaleza íntima de la música popular reside el hecho de alimentarse de elementos de actualidad (social y artística) e ir cambiando con estos. Justamente como hicieron las Indigo Girls, dúo formado por

Amy Ray y Emilie Saliers, que en plena euforia por la (re)aparición de la canción folk en femenino, estallaron en 1989 con *Indigo Girls*, que por su sonoridad estaba más cerca de los contemporáneos y conciudadanos R.E.M. que de Suzanne Vega o Tracy Chapman. En el centro de su espectro sonoro se encontraban de todos modos las armonías vocales y la narración, a menudo en el interior de los universos emocionales de las dos autoras declaradamente homosexuales, pero que a través del filtro de su sentir intentaban leer la realidad exterior, ya fuera la de los nativos norteamericanos o la política gubernativa estadounidense. El compromiso político de las Indigo, en particular de Amy Ray, se materializa en la etiqueta independiente fundada y gestionada por ella, la Deamon Records, un proyecto sin ánimo de lucro de carácter cooperativo, que promovía a artistas y grupos del área de Atlanta y de Georgia, de la que provienen las dos Girls. Afinidades políticas e independencia comercial vinculaban a las Indigo Girls con Ani DiFranco, que a caballo entre los dos milenios se reveló como la auténtica heredera de la gran tradición folk. Feminista y bisexual, afrontó con explícita franqueza temas y escenarios tanto políticos como personales, borrando en realidad la frontera, tan literaria, entre público y personal, y lo hizo eligiendo, cada vez, soluciones estilísticas que se alejaban en realidad del folk, hacia las contemporáneas bandas sonoras urbanas.

«La música folk también puede ser una "música de minorías",
pero es una minoría importante.»

JACK HARDY

Su discografía, cuyo primer capítulo se remonta a 1989, testimonia una curiosidad musical y un eclecticismo natural que la llevan a experimentar en el contexto de una canción

Formado por Amy Ray y Emily Saliers, Indigo Girls es un dúo de música folk rock estadounidense.

que confía su especificidad a la parte literaria. Pero que comprende lenguajes diversos y fronterizos, en una libertad expresiva que se asemeja de alguna manera a la búsqueda artística que treinta años antes había permitido a Dylan renovar la canción de protesta de Guthrie. Con *Dilate* (1996), su imagen trascendió los ambientes del folk alternativo para abordar las clasificaciones pop. En el curso de los años, Ani DiFranco ha vendido millo-

JOAN BAEZ
Joan Baez, Vol. 2
(Vanguard, 1961)

Prosigue donde lo había dejado el disco de su debut, y confirma las extraordinarias cualidades de intérprete de la joven Baez. Todos los temas pertenecen a la tradición anglosajona, desde «The Trees They Do Grow High» hasta «Banks of the Ohio», pasando por «Barbara Allen» o «Pal of Mine» o «Engine 143», de la Carter Family, con un toque de bluegrass, embellecido por los instrumentos de The Greenbriar Boys.

BOB DYLAN
The Freewheelin' Bob Dylan
(Columbia, 1963)

El fundamental segundo álbum de Dylan, a años luz de la «Woody Guthrie jukebox» de los inicios. Trece canciones, algunas de las cuales destinadas a convertirse en referentes de la canción norteamericana de todos los tiempos: «Blowin' in the Wind», «Girl from the North Country», «Masters of War», «A Hard Rain's A-Gonna Fall» y «Don't Think Twice It's All Right».

BOB DYLAN
Highway 61 Revisited
(Columbia, 1965)

Es el período de máxima creatividad, de furibunda genialidad, de Dylan. Este es el álbum que cierra definitivamente el capítulo Folk Revival, un disco de puro blues anfetamínico con la furia eléctrica del rock. «Like a Rolling Stone», pero también «Tombstone Blues», «Highway 61», «Ballad of a Thin Man», «Queen Jane Approximately» y «Desolation

Row», un desfile de obsesiones e invectivas, una febril galería de demonios, donde los del interior se mezclan sin distinciones con los de fuera.

DONOVAN
Fairytale
(Hickory, 1965)

El Dylan británico paga aquí todas sus deudas, con Dylan y Guthrie (deudas estilísticas, literarias y de imagen) y con el patrimonio popular negro, añadiendo su propia sensibilidad de amable trovador hippie. Luego llegarían «Sunshine Superman», «Mellow Yellow» y «The Hurdy Gurdy Man».

PHIL OCHS
I Ain't Marching Anymore
(Elektra, 1965)

En su segundo disco, Phil Ochs firma uno de los manifiestos de la canción protesta, uno de los pocos álbumes políticos de entonces que han resistido al paso del tiempo.

SIMON & GARFUNKEL
The Sound of Silence
(Columbia, 1966)

El primer disco, *Wednesday Morning, 3 A.M,* no había llamado la atención de nadie. Además del single que lo proyecta a lo más alto de las clasificaciones, hay ecos del folk inglés que Simon aprendió sobre el terreno y las primeras pruebas de lo que se convertiría en marca de fábrica del dúo, un dulce folk-rock que habla directamente al corazón y a las emociones de los universitarios.

LEONARD COHEN
Songs of Leonard Cohen
(Columbia, 1967)

El tan esperado debut discográfico del cantautor de Toronto. Un disco que eleva la canción de autor a nivel de poesía. Influirá a legiones de cantautores futuros, con gemas como «Suzanne», «Sisters of Mercy» o «So Long Marianne».

FAIRPORT CONVENTION
Liege and Lief
(A&M, 1969)

Inicialmente orientados hacia un folk-rock de derivación californiana, en el cuarto disco los Fairport Convention viraron hacia la recuperación de la tradición británica, firmando uno de los álbumes más influyentes en la historia del folk-rock inglés. Inolvidable voz de Sandy Denny.

PENTANGLE
Basket of Light
(Transatlantic, 1969)

La experimentación folk-rock con detalles jazz y blues de la banda de Bert Jansch, John Renbourn y Jacqui McShee en su máxima expresión. «Light Flight» y «Sally Go Round the Roses» son sus perlas más interesantes.

STEELEYE SPAN
Below the Salt
(Chrysalis, 1972)

El folk-rock medieval de la banda de Tim Hart y Maddy Prior, en su momento de máximo esplendor. Lo difícil es elegir entre tantos temas: «King Henry», «Spotted Cow», «Saucy Sailor» son antiguas baladas releídas en clave moderna de folk-rock.

nes de discos, todos ellos publicados en su etiqueta personal, Righthous Babe, un auténtico modelo en el mundo del negocio de la música. Una opción empresarial perfectamente en línea con la identidad artística de Ani, una folkie vestida de punk que ha mantenido a lo largo de los años una rigurosa coherencia temática y política. Y esta elección, como ella misma reconoce, es fruto de la lección de Woody Guthrie.

SUZANNE VEGA
Solitude Standing
(A&M, 1987)

Si su debut de 1985 la coronó como nueva reina de la escena folk del Village, con *Solitude Standing*, su reinado se expande por todo el mundo gracias a un single de éxito como «Luka» y un puñado de canciones que sintetizan de maravilla veinte años de Village music, de Dylan y Cohen a la new wave.

TRACY CHAPMAN
Tracy Chapman
(Elektra, 1988)

Probablemente es el disco más importante del nuevo *revival* de la canción folk, el que volvió a traer de actualidad la canción política. La obertura, con «Talkin' About a Revolution» y «Fast Car», es el manifiesto del Folk Revival de finales de la década de 1980.

ANI DIFRANCO
Not a Pretty Girl
(Righthous Babe, 1995)

Álbum casi solitario, *Not A Pretty Girl* contiene textos cortantes y honestos al máximo, tanto en la vertiente de la canción de temática general como en la vertiente confesional, caracterizadas por contaminaciones estilísticas en las que predomina la pulsación rítmica. La canción folk del futuro tiene que partir por fuerza de aquí.

LEADBELLY
Where Did You Sleep Last Night – Leadbelly Legacy Vol.1
(Smithsonian, 1996)

Descubierto por John Lomax en el curso de su primera expedición al sur de los Estados Unidos en 1933, Leadbelly se convirtió en la segunda mitad de la década de 1930 en el rey de la guitarra de doce cuerdas folk-blues. Canciones como «Goodnight Irene», «Rock Island Line», «In New Orleans (House of the Rising Sun)», «Good Morning Blues» y «Cotton Field» constituyen una especie de biblia folk-blues para tantos músicos de las décadas siguientes.

THE WEAVERS
The Best of the Decca Years
(MCA, 1996)

Las canciones que llevaron inesperadamente a Pete Seeger y a los Weavers a lo más alto de las clasificaciones (y más tarde ante la comisión de McCarthy). Están todas, desde «Goodnight Irene» hasta «Kisses Are Sweeter Than Wine», «Wimoweh» o «Rock Island Line».

VARIOS ARTISTAS
Anthology of American Folk Music
(Folkways Smithsonian, 1997)

Creada y publicada por Harry Smith en 1952, se convirtió en la piedra angular en la que se basó todo el Folk Revival. Un papel que ha seguido ejerciendo a lo largo de las décadas y hasta hoy, ampliando su influencia al mundo del rock.

WOODY GUTHRIE
The Asch Recordings Vol. 1-4
(Smithsonian, 1999)

Todo Woody en cuatro CD. 105 canciones que presentan su vasto repertorio, de las canciones de lucha sindical a las baladas country, pasando por las canciones para niños o las políticas, con notas exhaustivas y una estupenda exposición del material.

DAVY GRAHAM
Guitar Player Plus
(See For Miles, 1999)

Guitarrista inglés, uno de los pocos, junto a los norteamericanos John Fahey y Sandy Bull, en contaminar el blues y el jazz con músicas populares y cultas y también orientales.

PETE SEEGER
American Favorite Ballads Vol. 1
(Smithsonian, 2002)

Reimpresión antológica procedente de los cinco volúmenes, con el mismo título, que Seeger realizó entre los cincuenta y los sesenta, con alguna rareza como una «This Land Is Your Land» grabada en 1958 y nunca publicada antes. El repertorio es impresionante y mantiene lo que el título del disco promete.

VARIOS ARTISTAS
Washington Square Memoirs: The Great Urban Folk Boom 1950-1970
(Rhino, 2002)

Precioso cofre de 3 CD que incluye 72 canciones que dibujan el camino del Folk Revival. Están casi todos los héroes de aquel estilo, desde los padres Guthrie, Seeger, Brand, Houston, Gibson, Van Ronk, a los nuevos héroes, Dylan, Peter, Paul and Mary y Baez, pasando por los que siguieron sus huellas (Ochs, Andersen, Neil, Hardin, Rush).

Liverpool, Gambier Terrace, abril de 1960

Cuatro amigos hablan de su futuro musical. «Nuestra banda se llamará The Beatles», dice convencido John Lennon, que parece ser el líder. Opina lo mismo Stuart Sutcliffe, compañero suyo en la escuela de arte.

Los otros dos, Paul McCartney y George Harrison, están perplejos. «Claro que funciona –explica Lennon–, puede entenderse como beetles, en el sentido de escarabajo, y beatles, como música beat... también el nombre de los Crickets, la banda de Buddy Holly, tiene doble sentido: es el nombre de un insecto (el grillo) y el de un juego de equipo (el cricket).» Poco importa si, unos años más tarde, cuando los Beatles coinciden con los Crickets y charlan sobre el nombre del grupo, aquellos (que son texanos) no tienen ni idea de lo que es el cricket.

Dartford, periferia de Londres, otoño de 1961. En la estación de tren se encuentran dos compañeros de la escuela elemental:

Micheal Philip Jagger y Keith Richards. No se ven desde hace casi diez años... Keith, que en aquellos días es un auténtico teddy boy, se queda impresionado por el montón de discos que lleva Mick bajo el brazo: son vinilos de Chuck Berry, Little Richard, Muddy Waters. «Mira, justo lo que me gusta a mí.» Mick, casi inconscientemente, aprieta sus LP contra el pecho: aquel tipo de aspecto rudo, con una camisa violeta y un par de botas de cowboy que lo está mirando sin decir nada le parece poco recomendable. Luego tiene una iluminación. «¡Pero si eres Keith, Keith Richards!» En el tren los dos hablan solo de música, y a partir de aquel momento no dejarán de verse.

Menos de tres años más tarde, nace el mito de los Beatles y los Rolling Stones, la música inglesa invade Norteamérica y Londres se convierte en la capital mundial de la moda, de la cultura y del arte.

SATISFACTION

ROCK BLUES, BEAT & MODS

Inglaterra a la conquista
del mundo

«Los ingleses son autoritarios, altivos, hipócritas y clasistas. Y sin embargo, gracias a nuestros defectos esta tierra es un lugar fenomenal para el arte y la cultura.»

PETE TOWNSHEND
THE WHO

UN SUEÑO AMERICANO

El mundo musical de Inglaterra de la década de 1950 y de principios de la de 1960 es de impronta estadounidense. Del skiffle al rock'n'roll, pasando por el jazz, antes del enamoramiento de Alexis Korner por el blues.

Para quien, como Keith Richards, los vivió desde el ojo del huracán, los años sesenta fueron el momento en que «el mundo pasó del blanco y negro al color».

En cambio, para quien como Bob Dylan los vivió como protagonista partiendo del otro lado del océano, «todo sucedió tan deprisa que aún hoy la gente está intentando entender exactamente qué pasó.»

Se mire como se mire la década en la que los nacidos de 1940 en adelante se apropiaron de sus propios sueños, no es posible dejar de reconocer y percibir su valor de momento clave. El boom económico de la posguerra y la recién encontrada libertad habían convertido a algunas zonas de Londres, como el Soho, en un auténtico puerto de mar. La posibilidad de viajar, de visitar continentes hasta aquel momento solo soñados a través de las cartas de los parientes emigrados, había permitido la importación de discos y la de fenómenos musicales hasta entonces desconocidos. Gracias a este *import service avant la lettre*, muchos súbditos de Su Majestad habían descubierto a Buddy Holly y a Elvis, pero también a Robert Johnson, Muddy Waters y a otros «senadores» del Delta del Misisipi.

En el ensayo *Bomb Culture*, editado en 1968, Jeff Nuttall sostenía que la bomba atómica que se soltó sobre Hiroshima y Nagasaki había determinado una división neta entre las generaciones que habían superado la pubertad y las que todavía no la habían alcanzado.

Para los mayores, el futuro estaba representado por los ideales de sus padres, por la idea de construir una familia en cuyo interior educarían a los hijos con los ahorros que derivarían de un trabajo fijo, hasta llegar tranquilamente a la jubilación. En cambio, para los menores, el futuro era un término vago con el que no se podía contar mucho, una referencia poco precisa porque el tiempo, como había demostrado la bomba atómica, se podía detener en cualquier momento e independientemente de la voluntad de uno, poniendo la palabra «fin» a cualquier expectativa.

De hecho, la bomba había creado el primer salto generacional de los tiempos modernos.

Cuando en Inglaterra, terminada la Segunda Guerra Mundial, comenzó la reconstrucción, había trabajo para todo el mundo y se materializó la posibilidad concreta de alcanzar cierto bienestar.

Muy pronto los adolescentes tuvieron una mayor disponibilidad de dinero que les permitía explorar nuevos intereses, pero también una fuerte sensación de precariedad existencial que les llevó a rebelarse de las reglas que un buen chico debería seguir.

Los «teddy boys» fueron la primera forma de agregación juvenil proletaria de la década de 1950, y su diversidad pasaba no solo a través del modo de pensar y concebir la vida, sino también mediante el comportamiento e incluso el *look* con el que se presentaban. Cabellos largos con brillantina, tejanos, botas y una navaja se convirtieron en un uniforme, la manera inmediata para demostrar a todo el mundo con quien se enfrentaban y para decir explícitamente no al universo de los adultos.

1956 fue un momento crucial para Inglaterra: por una parte, la isla abrió definitivamente las puertas a la influencia norteamericana que, con la explosión del rock'n'roll subrayó su primacía musical, del otro lado nacía el fermento creativo que permitió el desarrollo de una revolución artística y de costumbres sin precedentes. En Londres, y en particular en Chelsea y en Carnaby Street, cobraron vida las primeras *boutiques* de moda, de intuición exquisitamente autóctona, como las de Mary Quant y Vince, que sentaron las bases para un brusco giro respecto a la tradición. Un cambio de ruta destinado a dejar atrás la franja juvenil más enojada y a abrazar a una entera masa de adolescentes potencialmente orientados a una revolución pacífica. Hubo quien había entendido ya que de la multiplicación de objetos capaces de dar placer en el presente podía derivar no solo marginación sino también libertad. En definitiva, comenzaba a asentarse la utopía de la liberación pacífica a través del consumo, que sería la bandera que se izó en los sucesivos años sesenta. El *status symbol* no estaba representado tanto por el valor del objeto en sí cuanto por la potencia de la imagen de pertenencia que de él se derivaba. La sobria elegancia inglesa, que siempre había distinguido a la alta burguesía de aquel país ya no era un modelo a seguir. Lo que contaba ahora, incluso para los jóvenes menos enfadados con el mundo, era sentirse bien con su aspecto desaliñado que finalmente traducían, aunque fuera tácitamente, un estilo de vida acorde con su imaginario. Es más, justamente este modo de vestir se acabó transformando en crítica evidente a la elegancia como privilegio de clase.

Antes de que el rock'n'roll llegara con toda su fuerza transgresora, la música era prerrogativa de artistas que se habían for-

BRIAN EL INOLVIDABLE

Una noche de 1961, Alexis Korner estaba tocando en el Cheltenham Town Hall, al norte de Bristol, cuando se le presentó un joven apasionado por el blues, Lewis Brian Hopkin Jones, que lo impresionó por su entusiasmo y su profundo conocimiento de la música del diablo. Korner lo invitó a Londres para que tocara junto a él y le ofreció hospitalidad en su casa. Justamente en el curso de un concierto en el Ealing Club, Brian coincidió con Mick Jagger y Keith Richards, los cuales, literalmente encantados por su brillante manera de tocar la guitarra *slide* en el tema «Dust My Broom», blues que hizo célebre Elmore James, decidieron darse a conocer. A propósito de los Rolling Stones, Korner diría más tarde: «Nunca podré olvidar el día en que conocí a Brian Jones. En cambio, para ser sincero, no recuerdo nada de la primera vez que coincidí con Mick Jagger...».

mado ante el pentagrama y tenían un conocimiento preciso del instrumento; en consecuencia, eran relativamente pocos los jóvenes que podían tener la idea de orientarse libremente hacia esta dirección. Sería preciso esperar al skiffle para superar las barreras a menudo infranqueables de los instrumentos costosos y de la profesionalidad. Con el desarrollo de este género de música, los instrumentos modestos, a menudo construidos en casa como hacían los viejos *bluesmen* estadounidenses, eran suficientes para garantizar los sonidos para engendrar una canción. Más que una música, el skiffle fue una manía popular que se difundió entre los adolescentes ingleses, que se unieron en gran número para formar pequeños combos. En realidad, era la misma filosofía que, también en aquellos años, dio origen al pop art entendido como utilización y desarrollo de materiales comunes, poco duraderos, fácilmente desechables y a disposición de todo el mundo. En la posguerra, la canción popular en Inglaterra era poco apreciada: se escuchaba sobre todo a los cantantes norteamericanos de matriz country, como Frankie Laine y Johnny Ray, o bien las voces de las orquestas de jazz que, también en Norteamérica, recababan una gran aceptación.

En Londres, el jazz autóctono tuvo un giro bastante interesante, constituido por gente experta y abierta a las nuevas influencias. Entre estos destacaron dos músicos de gran valor: el trompetista Ken Colyer y el trombonista Chris Barber, que decidieron unirse en grupo junto al clarinetista Monty Sunshine. Al trío se le añadió luego Lonnie Donegan, viejo amigo de los tiempos del servicio militar de Barber, improvisado intérprete de banjo y que pronto terminó siendo un músico clave para el desarrollo de toda la escena inglesa.

BRIAN AUGER
El mago del Hammond

Profundo conocedor del jazz y el blues norteamericano desde muy joven, comenzó a actuar como pianista en los clubs londinenses a principios de la década de 1960. En 1963 formó el Brian Auger Trio. En 1964, la revista *Melody Maker* lo proclamó, tras votación, el «mejor pianista de jazz», pero ese mismo año, tras conocer al guitarrista John McLaughlin, se acercó al R&B fundando el Brian Auger Trinity. El músico decidió dedicarse al órgano Hammond, que se convirtió en su marca de fábrica y, con la adición de la cantante Julie Driscoll, obtuvo su primer éxito en 1968 con una versión de «This Wheel's on Fire», de Bob Dylan. Siempre fue una figura fuera de los esquemas, pero de gran relieve en la escena musical londinense, y sigue actuando hasta hoy. Personaje de culto, su influencia ha sido determinante en numerosos cantautores intimistas.

Brian Auger Trio junto a Julie Driscoll.

En 1953, después de la partida de Coyler hacia otros estilos musicales, adoptó su forma definitiva la Chris Barber Jazz Band, que se lanzó a interpretar un repertorio jazz de los orígenes en el más puro estilo New Orleans, sin olvidar de todos modos las divagaciones folk-jazz que habían caracterizado ya la experiencia anterior. En 1954, con ocasión del lanzamiento del álbum *New Orleans Joys*, entre los diferentes temas instrumentales Donegan decidió introducir uno cantado a la vieja manera tradicional, «Rock Island Line», procedente del repertorio del *bluesman* estadounidense Leadbelly. El tema, extrapolado como sencillo a nombre del propio Donegan, se convirtió en un éxito arrollador que dio inicio a la «skifflemania», implicando en esta especie de delirio no solo a Inglaterra, sino también a los Estados Unidos, donde el tema también escaló las clasificaciones. En este punto, Donegan comenzó a actuar en solitario y siguió renovando en su estilo temas tradicionales, tomados prestados sobre todo de los repertorios de Woody Guthrie y Leadbelly, que le reportarían éxito y visibilidad. Además de Donegan, aparecieron en aquellos años en el firmamento del skiffle muchos otros grupos destinados a pasar como meteoros. El nuevo género, en el breve período que fue de 1954 a 1957, sacudió la fantasía de los adolescentes y abrió una nueva manera posible de tocar y darse a conocer; entre los muchos que recorrieron este camino debe señalarse también a un jovencísimo John Lennon, que con sus Quarrymen ya estaba ensayando para conquistar el mundo.

En muy poco tiempo, el skiffle fue arrollado por el rock'n'roll, que vehiculaba una carga de transgresión y ruptura con el pasado enormemente superior. En el nuevo idioma musical se podía elegir además entre los exponentes más disruptivos, como Chuck Berry, Little Richard, Gene Vincent y Jerry Lee Lewis, o bien entre los personajes más acomodados, vaciados de todo potencial agresivo y que pronto serían acogidos incluso por los padres, tranquilizados ante textos que volvían a hablar de corazones rotos en lugar de sexo o invitaciones explícitas a la rebelión. En la parte «buenista» del rock'n'roll se alineó lo que se definiría como «la respuesta inglesa a Elvis», es decir, Cliff Richard que, con su grupo, los Shadows (músicos de talento comandados por el guitarrista Hank Marvin, citado como influencia por muchos «guitar heroes» de los sesenta), tuvo, un primer gran éxito en 1958 con «Move It» y, hasta 1969, coleccionaría hasta 43 singles en el Top 20, convirtiéndose en una institución en Gran Bretaña. Además de Richard, saltaron a la palestra, entre finales de los cincuenta y principios de los sesenta, otros ídolos juveniles como Billy Fury, que se distinguía por una extraordinaria imitación del mejor rockabilly norteamericano, pero que en los Estados Unidos probablemente no habría tenido ninguna oportunidad de triunfar, como tampoco el regimiento de imitadores más o menos dotados que emergieron en otros países europeos en el mismo período: en Francia Johnny Halliday y Eddy Mitchell, en Italia Adriano Celentano (que se reveló en el primer festival italiano de rock'n'roll, celebrado en 1957 en Milán), Bobby Solo y Little Tony (que en 1960 entró en el Top Twenty inglés con «Too Good»). Debe citarse también a Vince Taylor, admirador de Gene Vincent, de quien cabe destacar el excelente rockabilly «Brand New Cadillac», Johnny Kid & The Pirates, cuyo estilo guitarrístico influiría a muchos grupos ingleses, que pasaron a la historia por lo que se puede considerar el primer rock clásico británico de la era pre-Beatles, el tema «Shakin' All Over». También se les parecía el extraño combo de screaming Lord Sutch and the Savages, cuyo líder era un «melenudo» *avant la lettre* en cuyo grupo militaban personajes destinados a una gloria futura, como el pianista Nicky Hopkins y el guitarrista Ritchie Blackmore.

Entre los que se apropiaron de la lección del blues, muchos quisieron encontrar el alma auténtica que generó el rock'n'roll y procedieron hacia atrás hasta descubrir el rhythm'n'blues, el blues urbano e incluso el rural de los orígenes. El más ilustre de estos apasionados se llamaba Alexis Korner, a quien debe reconocerse con pleno derecho el título de «padre del blues inglés», aunque de hecho Alexis era parisino de nacimiento.

En 1948, Korner entró a formar parte de la orquesta de Chris Barber y ya en la década de 1950 acompañaba, junto a Ken Coyler, a los primeros *bluesmen* que atravesaron el océano para actuar en la vieja Europa; personajes como Muddy Waters, John Lee Hooker, Big Bill Broonzy, Memphis Slim y muchos otros.

Korner quedó tan impresionado por la potencia del blues que abandonó la banda de Barber para abrir, junto a Cyril Davies, el London Blues and Barrelhouse Club, en el que actuaba junto a su amigo y a otros músicos que dejarían su huella en la escena blues de la capital, gente como Davy Graham y Long John Baldry. Pero el gran paso lo dio Korner en 1961 cuando fundó la Blues Incorporated, un conjunto abierto de músicos que sería el escenario de los grandes líderes de la siguiente escena beat y rock.

«Para mí, el blues inglés fue demasiado racional. Había poca emotividad, una atención exagerada por la técnica y por la estructura de los temas, ningún interés por los textos.»

ALEXIS KORNER

Junto a la formación de base se alternaron futuras estrellas del rock como Mick Jagger, Keith Richards, Charlie Watts, Jack Bruce, Ginger Baker, Graham Bond, Paul Jones o Danny Thompson, por no hablar de jazzistas como John Surman y Dave Holland. El paso siguiente sería la apertura del Ealing Club, un local de blues propiamente dicho, fundado una vez más junto al amigo Davies, en el que público y músicos dieron vida a un único y espléndido *happening* y del que Korner fue el gran animador.

Los Rolling Stones formarían justamente su grupo en estas ocasiones y, de hecho, en la corte de Korner, Jagger y Richards conocieron a Brian Jones; pero también aquí se conocieron Paul Jones y Jack Bruce, futuros compañeros en los Manfred Mann, o Ginger Baker y el mismo Bruce, próximos miembros de Cream.

Pero la asociación con Cyril Davies terminó muy pronto porque este último tenía una particular reticencia por los instrumentos de viento, a los que Korner recurría abundantemente. Después de la experiencia con Korner, Davies formó el Cyril Davies R&B All Stars. La aventura estaba destinada a durar poco, porque muy pronto Davies enfermó de leucemia y murió en 1964, con tan solo 31 años; Baldry lo sustituyó como líder, cambió el nombre del grupo, que pasó a llamarse The Hoochie Coochie Men y alentó la entrada de un jovencísimo Rod Stewart como cantante. Pero Rod no tenía el mismo carisma que Cyril y, en consecuencia, no logró mantener la motivación necesaria para seguir adelante. Entre los que salieron de la banda destacaba el pianista Nicky Hopkins, que se lanzó en una extraordinaria carrera solista, trabajando con Ray Davies de los Kinks, con los Rolling Stones y con el Jeff Beck Group, para luego buscar nuevas aventuras en la West Coast psicodélica. John Baldry tuvo tiempo todavía de formar otro supergrupo, los Steampacket, junto a Rod Stewart y Julie Driscoll, apoyados por Brian Auger & The Trinity, para luego unirse sucesivamente a los Bluesology de Elton John. Otro músico fundamental del mundo blues británico fue Graham Bond, que recaló en la Blues Incorporated de Korner para luego dar vida a la formidable Graham Bond Organization con Ginger Baker (batería), Jack Bruce (bajo) y Dick Heckstall-Smith (saxofón), que sustituía al guitarrista John McLaughlin, que había formado parte del grupo durante poco tiempo.

A pesar de su valía, la gran parte de los músicos de la escena blues británica de los primeros años sesenta no alcanzaría nunca el auténtico éxito, pero logró constituir un modelo de influencia determinante para el desarrollo de un nuevo sonido. Toda una franja de músicos más jóvenes aprendería muy pronto a unir el blues con el rock, a conjugar el alma con una melodía más cautivadora y ciertamente más audible según lo que requerían los nuevos cánones: Rolling Stones, Animals, Them, Yardbirds, Pretty Things, por no hablar de Ten Years After, Cream y Led Zeppelin, demostraron conocer a fondo el blues, aun abandonando, con el paso del tiempo, de manera cada vez más evidente, las connotaciones originales de esta música. Con la llegada de la escena beat, el British Blues encontró dificultades cada vez mayores para imponerse al gran público. Paralelamente a grupos que se impusieron por su frescura melódica, los Beatles sobre todo. Otras bandas reivindicarían su deuda con la «música del diablo», y darían vida al fenómeno del blues *revival*, que permitió que un nuevo sonido, más duro e introspectivo, recabara una acogida inesperada y representara el reverso de la moneda de la nueva oleada musical.

JOE MEEK Y LA OBSESIÓN POR BUDDY HOLLY

Autor, productor e ingeniero de sonido, Joe Meek fue una figura destacada de la primera escena británica. Por su genialidad en estudio, se lo definió el «Phil Spector inglés». Obsesionado por la figura de Buddy Holly, Meek, tras la muerte del músico estadounidense, decidió fundar una casa discográfica independiente. Su mayor éxito lo obtuvo en 1962 con «Telstar», de los Tornados, que desembarcó en las clasificaciones norteamericanas incluso antes que los Beatles.

Hasta mediados de la década produjo a numerosos artistas (Screamin' Lord Sutch, Honeycombs, John Leyton, Tom Jones, Heinz, Outlaws). Extravagante, atraído por fenómenos paranormales (colocaba grabadoras en los cementerios para grabar las voces del más allá) y hostigado por su homosexualidad, Meek se suicidó el 3 de febrero de 1967, presa de una depresión profunda causada por graves problemas económicos. Se quitó la vida en el octavo aniversario de la muerte de Buddy Holly.

EN BUSCA DEL BEAT

De los tugurios de Hamburgo al Marquee Club de Oxford Street: la dura ascensión de los Beatles y la trayectoria paralela de los Rolling Stones.

Liverpool, 6 de julio de 1957. Durante la fiesta de la iglesia de St. Peter, en el barrio de Woolton, John Lennon, de dieciséis años (cuyos ídolos eran Marilyn Monroe y Elvis Presley) llegaba a la plataforma de un autobús con el grupo skiffle de los Quarrymen, para actuar en el jardín de la parroquia. Entre los presentes había un chaval de catorce años, Paul McCartney, que en el curso de aquella tarde, atraído por la banda, tocó para ellos «Twenty Flight Rock» de Eddie Cochran, «Be-Bop-A-Lula» de Gene Vincent y un medley de temas de Little Richard.

John quedó fascinado por aquel chico tan brillante y soñó con poder tocar con él. Dos semanas más tarde, McCartney aceptaba la oferta de unirse a los Quarrymen.

Tres años más tarde, en mayo de 1960, un quinteto llamado Silver Beetles comenzaba, en el Alloa Town Hall, de la ciudad escocesa de Alloa, una gira de siete actuaciones. La formación comprendía a la reciente adquisición Tommy Moore, junto a Stuart Sutcliffe, John Lennon, Paul McCartney y George Harrison, todos de Liverpool.

En agosto, una vez reducido el nombre de la banda a The Beatles, viajaron hasta Hamburgo, donde se les contrató primero en el Indra Club (con el nuevo batería, Pete Best) y luego en el Kaiserkeller. Los ritmos eran frenéticos: cuatro horas y media de concierto cada noche, que se convertían en seis los fines de semana.

En febrero de 1961, los Beatles actuaron en el Cavern Club, en la ciudad natal del grupo, pero Hamburgo llamaba de nuevo. El escenario del ciclo iniciado el 1 de abril fue el Top Ten Club. La acogida del público alemán propició que el contrato se renovara después de una primera serie de conciertos, con el resultado de que el grupo tocaría hasta principios de julio durante noventa y dos veladas consecutivas.

El 28 de octubre, un tal Raymond Jones entraba en la tienda de discos de Brian Epstein y pidió al propietario una copia de

MERSEYBEAT

Desde el punto de vista estilístico, el fenómeno Merseybeat se caracterizaba por un enfoque musical alegre, efervescente, con irresistibles melodías vocales. Además de los Beatles, formaron parte del mismo otros grupos procedentes de Liverpool que también recalaron en Hamburgo. Como The Searchers, los primeros que usaron guitarras eléctricas de 12 cuerdas, Gerry & The Pacemakers y The Swinging Blue Jeans, además de grupos nacidos lejos del río Mersey: Freddie & The Dreamers, Herman & The Hermits y los Hollies de Graham Nash. A diferencia de los Beatles, las otras bandas (Hollies aparte) vieron como se desvanecía su éxito muy deprisa, ya que no lograron producir temas originales válidos.

«My Bonnie», de Tony Sheridan & The Beat Brothers. El disco se había publicado en agosto de ese mismo año, solo en Alemania, pero lo que Epstein no sabía era que el nombre impreso en la etiqueta ocultaba a los Beatles. Pensando que se trataba de un grupo alemán, el propietario de la tienda respondió al cliente que no lo tenía, pero que quería seguir indagando. Una vez descubierta la clave del falso nombre, acudió a ver al grupo en vivo, el 9 de noviembre, en el Cavern.

«Vestían chaqueta de cuero negro y vaqueros –recuerda Epstein–, llevaban el cabello largo y el aspecto que tenían en el escenario no era precisamente limpio. No parecían particularmente conscientes de su *look*, diría que se preocupaban sobre todo por su sonido.»

Cuatro días más tarde, en una de las mesas del club se sentó Mike Smith, de la compañía discográfica Decca.

La actuación del grupo lo convenció, y sugirió a sus superiores que organizaran una grabación de prueba. La cita estaba fijada para el 1 de enero de 1962. En los estudios de West Hampstead, los Beatles grabaron quince canciones en una hora, entre temas rock'n'roll, R&B, country y tres composiciones firmadas por Lennon-McCartney. Todo terminó con el clásico «ya les avisaremos», tras lo cual en el estudio entraron Brian Poole & The Tremeloes, de Dagenham. Quizás por la mayor vecindad del suburbio de Londres respecto de las oficinas de Decca, en comparación con Liverpool, fueron precisamente estos quienes firmaron contrato.

Pecado capital de superficialidad.

Tres días más tarde, en el primer sondeo realizado por la revista *Mersey Beat* sobre la popularidad de los grupos de aquel año, los Beatles, todavía sin discos en activo, estaban en lo más alto del podio.

En el mismo período, el 17 de marzo de 1962, tuvo lugar el primer concierto de los Blues Incorporated en el Ealing Jazz Club de Londres. Alexis Korner tocaba la guitarra, Cyril Davies la armónica, y detrás de la batería se sentaba un joven publicitario nacido en Islington. Se llamaba Charlie Watts.

En aquel momento comenzaba realmente la escena del British Blues.

Entretanto, los Beatles recibieron la trágica noticia de la desaparición, con tan solo 21 años, de su bajista Stuart Sutcliffe. Murió en Hamburgo, donde se había quedado a vivir con su novia alemana, Astrid Kirchherr, fotógrafa y (se dice) inspiradora del famoso corte de cabello «en casco».

Por una socarrona broma del destino, la banda volvió a actuar en la ciudad alemana el 13 de abril, apenas tres días después del fallecimiento del compañero de aventuras. Compartiendo el escenario del Star Club, durante las cuarenta y ocho veladas de la enésima estancia en Hamburgo, estaría Gene Vincent.

Pero los Beatles, populares y apreciados, todavía no contaban con un contrato discográfico.

> «Si quieres ser alguien, tienes que ser un bastardo. Y los Beatles fueron unos grandísimos bastardos.»
>
> JOHN LENNON

La cuestión no dejaba dormir a Brian Epstein.

El 8 de mayo, tras viajar a Londres para proponer la demo grabada durante la audición para Decca a algunos sellos musicales, logró entrar en contacto con el productor de EMI, George Martin.

El final de la película fue decididamente diferente al que se había vivido en Decca.

El grupo firmó un acuerdo provisional y, el 6 de junio, cruzó por primera vez la entrada de los estudios de Abbey Road. Dirigía la sesión (que culminó con una serie de grabaciones de prueba para Parlophone) Ron Richards, asistente de Martin. Este se quedó impresionado no solo por la versión que el cuarteto propuso de «Bésame Mu-

EL QUINTO BEATLE

Amigo de John Lennon y compañero suyo en la escuela de arte de Liverpool, Stuart «Stu» Sutcliffe (escocés de nacimiento) compró, después de que John y Paul le convencieran, un instrumento de la marca Hofner para unirse a los Beatles y convertirse en el primer bajista. Pero más que músico, Stu siempre se interesó mucho más por la pintura, y nunca le gustó demasiado ni la vida en la carretera ni las actuaciones en directo. Pero siguió a los Beatles a Hamburgo donde, con un par de Ray Ban y pantalones de pitillo, era muy admirado. De él se enamoró Astrid Kirchherr, diseñadora de moda y fotógrafa que estudió un nuevo peinado para todos los miembros del grupo de Liverpool, con un mechón que cubría la frente, destinado a hacerse famoso como «el casco estilo Beatles». Cuando llegó el momento de volver a Inglaterra, Stu decidió quedarse con Astrid, dejar la banda y ponerse a pintar. Sin embargo, al cabo de poco comenzó a sufrir violentos dolores de cabeza y repentinos desvanecimientos. El 10 de abril de 1962, con tan solo 21 años de edad, murió a causa de un aneurisma cerebral. En 1993, el director Iain Softley le dedicó la película *Backbeat*.

cho», sino sobre todo por tres composiciones originales: «Love Me Do», «P.S. I Love You» y «Ask Me Why».

Entretanto, los jueves londinenses en el Marquee Club de Blues Incorporated habían ido cobrando relieve.

De ello se dio cuenta la BBC, que decidió establecer, para el 12 de julio, la participación de Alexis Korner, acompañado por su banda, en un programa radiofónico. Como estaba previsto, el grupo aceptó con entusiasmo. Como hombre consciente del ambiente en el que se movía, el guitarrista se planteó el problema de garantizar la velada en el Marquee. Fallar a una cita esperada podría significar perder el contrato, vista la competencia que comenzaba a ser realmente fuerte.

Para mantener al público del club de Oxford Street, Alexis tuvo la idea de que algunos jóvenes músicos que ya habían tocado con él en el mismo escenario lo sustituyeran. Pero el grupo de imberbes adolescentes necesitaba un nombre; y fue el guitarrista de la banda el que tuvo la idea. Vio sobre el suelo del local un álbum de su ídolo Muddy Waters y vio el título de una canción que le parecía adecuado: «Rollin' Stone». Casi por casualidad, pues, aquella noche, en el Marquee se celebró el primer concierto de los Rollin' Stones (la consonante que faltaba se añadiría más tarde).

La formación comprendía al cantante Mick Jagger y al guitarrista Keith Richards (ambos de diecinueve años), la segunda guitarra de Elmo Lewis (apodo de Brian Jones, de veinte años, el que inventó de hecho el nombre de la nueva banda), el bajista Dick Taylor (más tarde fundador de los Pretty Things), el pianista Ian Stewart y el batería Tony Chapman. El *line-up* recibiría algún cambio, pero acababa de nacer una nueva estrella en el firmamento musical británico.

También los Beatles, por su parte, estaban viviendo problemas de formación dado que George Martin, después de haberlo visto tocar en la primera sesión de grabación, consideró que el batería Pete Best no estaba a la altura de las expectativas. El ingrato cometido de despedirlo –compartido por los otros miembros del grupo– recayó en Brian Epstein. Best, que no sabía nada, acompañó a los Beatles por última vez el 15 de agosto, en el Cavern de Liverpool. La elección del sustituto correspondió a Ringo Starr, batería hasta entonces de Rory Storm & The Hurricanes.

«Sin Brian Jones no habría habido Rolling Stones.»
CAROL CLERK (UNCUT magazine)

El 4 de septiembre, los Beatles realizaron su primera sesión de grabación. Al término de una larga tarde de pruebas se pudieron grabar «How Do You Do It?», de Mitch Murray y «Love Me Do», composición original de Lennon y McCartney. Brian Epstein consideraba con cierto optimismo este tema, convencido de que tenía el potencial para inaugurar la serie de singles de los Beatles. Siete días más tarde, la banda volvía al estudio para grabar «P.S. I Love You», «Please Please Me» y una nueva versión de «Love Me Do». Para la ocasión, George Martin, que dudaba de la experiencia de Starr en estudio, invitó a la batería al músico profesional Andy White, dejando a Ringo las maracas y la pandereta. La alquimia resultó la adecuada: el primer 45 rpm que contenía un tema firmado por la pareja que terminaría por convertirse en sinónimo de los Beatles salió el 5 de octubre, en Parlophone/EMI. Fue un éxito (casi) inmediato: el fotograma inicial de un sueño colectivo infinito acababa de tomar forma.

Poco después fueron los Rollin' Stones los que fueron llamados a ejercer el arduo cometido de grabar en estudio. Las horas transcurridas en los Curly Clayton Studios de Highbury dieron como resultado tres covers que no podían ser más blues: «Soon Forgotten» (Muddy Waters), «Close Together» (Jimmy Reed) y «You Can't Judge a Book (By Looking at the Cover», de Bo Diddley. En lo referente a la *line-up* del grupo prosiguieron las alternancias, especialmente en lo referente a bajo y batería: Jagger, Richards y Jones decidieron apostar por el batería Charlie Watts, pese a que este no quería saber nada de abandonar su trabajo en la agencia de publicidad de Regent Street en la que estaba empleado. De todos modos, Jagger y sus socios no se dejaron desanimar. Pretendían que «Charlie Boy» emigrara del grupo de Korner hasta el suyo, y esto es lo que sucedió al cabo de poco.

Noviembre se abría con la enésima estancia de los Beatles en Hamburgo.

En compañía de Little Richard, sacerdote estadounidense que hacía poco había vuelto al rock, actuaron durante catorce sesiones en el Star-Club. Una vez

CAVERN CLUB, EL SALÓN DE LOS BEATLES

Inaugurado el 16 de enero de 1957 en un sótano, antiguo refugio bélico, el cuartel general de los Beatles en Liverpool se inspiraba en los clubs parisinos en los que sonaba preferentemente jazz. Los Quarrymen de John Lennon estuvieron entre las primeras bandas que se exhibieron tocando su skiffle el 7 de agosto de 1957. Dos meses más tarde, el 18 de octubre, Paul McCartney actuó allí con ellos. La primera «Beat Night» organizada por el local registró la presencia de Ringo Starr, el 25 de mayo de 1960, con Rory Storm & The Hurricanes, mientras que los Beatles debutaban el 9 de febrero de 1961. Justamente aquí, el 9 de noviembre de 1961, Brian Epstein los vio por primera vez e instauró la afortunada asociación que dio inicio a su carrera. El último de sus 292 conciertos celebrados en el Cavern tuvo lugar el 3 de agosto de 1963 en una apocalíptica velada marcada por un apagón causado por la excesiva humedad debida al sudor que emanaba de las más de 500 personas hacinadas en aquel sótano.

regresaron a la patria, los cuatro visitaron Abbey Road. La banda necesitaba un segundo single. Sería «Please Please Me», que el productor George Martin transformó desde un tema lento al estilo de Roy Orbison a una pieza de ritmo marcado. En casa de los Stones, en el bajo, además de Dick Taylor, se alternaron Colin Golding y Ricky Fenson, hasta que en una audición eligieron a Bill Wyman, antiguo bajista de los Cliftons de Tony Chapman. La leyenda narra que lo determinante en su elección, más que sus cualidades artísticas, fue el amplificador que poseía, netamente superior al instrumental de los demás.

Hacia finales del mes, los Beatles volvieron a hacer las maletas con destino a Hamburgo.

Era su quinta vez en tierras alemanas, y acabaría siendo la última: doce sesiones en el Star-Club, como teloneros de Johnny & The Hurricanes.

El 15 de enero de 1963, Charlie Watts cedió finalmente a las lisonjas de los Stones. Dos noches más tarde, la banda tocó en el Marquee de Oxford Street, el local que se convertiría en la base del grupo, en la *line-up* que la acompañaría hasta 1969.

El 2 de febrero siguiente, los Beatles comenzaron la gira que los llevaría por todo el Reino Unido (como parte de un show cuya vedette era Helen Shapiro), y el 11, aprovechando dos días de pausa, se refugiaron en Abbey Road para grabar los diez temas que compondrían el álbum de su debut: *Please Please Me*.

El 5 de marzo de 1963 grabaron «From Me To You», escrita por Lennon y McCartney pocos días antes en un autocar, en el curso de su gira, que terminaría en lo alto de las clasificaciones y que sería el primero de una serie de once «números uno» que el cuarteto de Liverpool encadenaría hasta agosto de 1966.

> «John era el más grande, el más despierto,
> el más brillante, el más astuto de todos.»
>
> PAUL McCARTNEY

Entretanto, los Rollin' Stones volvieron a probarlo el 11 de marzo, en los IBC de Portland Place, con Glyn Johns como técnico de sonido. La sesión fue bastante productiva, ya que se grabaron cinco temas. La pasión por el blues de los componentes del grupo se tradujo en temas como «Baby What's Wrong», «Bright Lights Big City», «Diddley, Daddy», «I Want To Be Loved» y «Road Runner», firmados por Jimmy Reed, Bo Diddley y Willie Dixon, pero la banda, que en el curso de 1963 actuó en más de 250 conciertos mejorando la armonía entre ellos y sus cualidades en directo, todavía iba en busca de su propia identidad en estudio.

BEATLEMANIA

Los jóvenes ingleses perdían la cabeza por los Fab Four. Pero había un nuevo sonido británico a punto de eclosionar: y no lo representaban solo los Rolling Stones. Estaban a punto de llegar los Animals, Them, Pretty Things y muchos más.

El 18 de abril, la BBC, consciente de que Gran Bretaña estaba atravesando un nuevo período musical, emitía «Swinging Sound '63», una serie de conciertos, grabados en el Royal Albert Hall, de Beatles, Del Shannon, George Melly, Dusty Springfield y muchos más.

Entretanto, los Stones notaban que su momento se acercaba. La ocasión se produjo en una audición para la radio de Su Majestad, el 23 de abril en los estudios de Maida Vale. Con Ricky Fenson y Carlo Little ocupándose de bajo y batería, debido a la ausencia por motivos laborales de Wyman y Watts, el sexteto intentó impresionar a los seleccionadores con «I'm a Hog for You Baby», firmada por Leiber y Stoller, así como «I'm Moving On», de Hank Snow. Los resultados comunicados por la BBC fueron casi paradójicos: la banda no fue aceptada porque no gustó la voz ni, sobre todo, los movimientos (considerados demasiado *black*) del cantante. Considerando que, en aquel período, los miembros del grupo estaban malvendiendo sus colecciones de discos para poder comer, es dudoso que Jagger se tomara aquella definición como un cumplido. Pero la cita con la fortuna estaba tan solo a cinco días de distancia. El 28 de abril, convencido por el periodista del *Record Mirror* Peter Jones, Andrew Loog Oldham, amigo de diecinueve años de Brian Epstein (en cuya oficina había trabajado como relaciones públicas para los Beatles) se dirigió a Richmond para ver a la banda en vivo. Fue un amor a primera vista, en parte porque el arrogante joven, gracias a su pasado como ayudante en la tienda de Mary Quant y como camarero entre las mesas del Ronnie Scott's, había desarrollado un sexto sentido para los potenciales fenómenos de masas. Oldham se convenció de que haría despegar a los Stones (y despegó él mismo), pero con un par

WE LOVE RADIO ROCK

En 1964, la radiofonía británica registró una presencia que tendría un papel central en la divulgación de la nueva música. Se trataba de la emisora clandestina Radio Caroline, que emitía desde un barco frente a las costas británicas, a fin de eludir la restrictiva legislación británica sobre radiocomunicaciones y el monopolio de la BBC y de las *majors* discográficas en la selección y transmisión de la música popular. Su fundador era Ronan O'Rahilly, mánager del pianista de R&B Georgie Fame. Radio Caroline inauguró sus transmisiones el 28 de marzo de 1964 con «Not Fade Away» de los Rolling Stones. La aventura, relatada también en la película *Pirate Radio*, con Philip Seymour Hoffman, terminaría el 3 de marzo de 1968, cuando el barco fue requisado y secuestrado por el gobierno británico.

de cambios necesarios: ante todo, la transformación del nombre en «Rolling», y luego la expulsión del grupo del pianista Ian Stewart, una figura demasiado vulgar para poder ser atractiva. «Stu» desapareció, pues, de los focos, pero siempre permaneció con la banda, como *roadie* y como músico de soporte en estudio y en algunos conciertos. Aprovechando la ausencia de Giorgio Gomelsky (que hasta entonces, de hecho, había sido el mánager de la banda), el primero de mayo el «aprendiz de brujo» de Brian Epstein hizo firmar al grupo un contrato que confiaba la gestión a Impact Sound, sociedad que había formado junto a Eric Easton. En cualquier caso, también las cotizaciones de Jagger y compañía estaban a punto de ascender considerablemente. El 9 de mayo, los cinco firmaron con Impact un contrato discográfico de tres años de duración. Con un golpe de genio, Oldham inventaba el mecanismo que haría fortuna: las grabaciones eran propiedad de la sociedad, que las alquilaba a Decca para su publicación.

Los Stones entraron en seguida en los Olympic Studios, donde grabaron «Come On», de Chuck Berry, «Love Potion No. 9», «I Want To Be Loved» y «Pretty Thing». Decca descartó el primer tema por «horrible», y el quinteto no tuvo más alternativa que volverlo a grabar la semana siguiente.

Los 45 rpm con los frutos de aquella sesión (en el lado B estaba el blues de Willie Dixon «I Want To Be Loved») salió el 7 de junio, día en el que Gran Bretaña conocería por televisión a los Stones (a través del programa «Thank You Lucky Stars»).

Las Piedras habían comenzado a rodar.

Pero el Merseyside no se quedó con los brazos cruzados. El 16 de junio, los Beatles, Gerry & The Pacemakers y Billy J. Kramer con los Dakotas, situados en aquel momento en los tres escalones más altos de la clasificación de singles, tocaron en el cine Odeon de Essex. Con este acto de los tres grupos de Liverpool se anunciaba una lucha entre dos «facciones musicales», que algunos (por ejemplo Andrew Oldham) sabrían entender anticipadamente e interpretar en clave personal.

En julio, en el estudio 2 de Abbey Road, Lennon y sus compañeros comenzaron a trabajar en el segundo álbum, grabando seis covers de temas norteamericanos y ocho composiciones propias.

En agosto la banda tocó por última vez en el Cavern. El 10 de septiembre, los Beatles recibieron, en el Savoy Hotel de Londres, el premio del Variety Club inglés como mejor grupo. Al salir del hotel, Lennon y McCartney se toparon con Andrew Oldham: su antiguo jefe de prensa les convenció para reunirse con los Stones, que estaban ensayando en el estudio 51. Allí, una vez constatado que Mick y los otros estaban indecisos respecto a su segundo single, el dúo creativo de los Beatles tocó parte de un nuevo tema, «I Wanna Be Your Man». La canción, «regalada» a los Rolling Stones, permitió que estos pudieran ostentar el honor de grabar una composición inédita firmada por Lennon y McCartney. Diecinueve días más tarde, el quinteto esponsorizado por Oldham comenzaba su primera gira inglesa. Treinta y dos fechas durante las cuales el grupo hizo de telonero de los Everly Brothers y de Bo Diddley.

Entretanto los acontecimientos se sucedían a un ritmo cada vez más apretado, y el 13 de octubre se acuñó el término «beatlemanía». La ocasión se produjo a raíz del debut del cuarteto de Liverpool en el programa «Sunday Night at the London Palladium». Los diarios hablaron de escenas de histeria juvenil en el exterior del teatro y el fresco neologismo fue utilizado para describirlas. La reputación de «banda que hacía perder la cabeza» los acompañó a lo largo de toda la gira otoñal, que comenzó el primero de noviembre, durante la cual la veneración de los fans adquirió los rasgos de una enorme locura colectiva. A la (larga) lista de sus adeptos se añadieron, el 4 de noviembre, los nombres de la Reina Madre, de la princesa Margarita y de Lord Snowdon, después de que la banda actuara en el Prince of Wales Theatre para la «Royal Variety Performance». La aprobación real le valió a los Beatles el aplauso del *Daily Mirror*, que llegó desde las palabras de un editorial entusiasta titulado «Yeah! Yeah! Yeah!».

El 14 de diciembre, «I Want To Hold Your Hand» se situó en el número uno de los singles, donde permaneció cinco semanas. Después de una pre-reserva de 940.000 ejemplares, se vendieron un millón y medio de copias en el Reino Unido y quince millones en todo el mundo. El crítico musical William Mann, desde las columnas del *Times*, saludó a Lennon y McCartney como «los mejores compositores de 1963». También Richard Bucale, del *Sunday Times*, se sumó a este juicio halagador, definiendo al dúo como «la mayor entidad compositiva desde los tiempos de Beethoven». En definitiva, Gran Bretaña estaba hipnotizada por la nueva oleada musical que la estaba sacudiendo, pero aquello solo era el principio.

Los Stones, ocupados hasta finales de diciembre en su gira, no querían quedarse mirando, y cinco días más tarde partieron para efectuar su segunda gira inglesa. Esta vez, el nombre escrito con mayúsculas en los anuncios era el suyo. Para apoyar al quinteto se llamó a las Ronettes, Marty Wilde, Dave Barry & The Cruisers y a los Cheyenes. También su público, noche tras noche, parecía cada vez más obsesionado por aquellos jóvenes músicos, y las escenas vistas en los conciertos de los Beatles desde finales de 1963 comenzaban a convertirse en el pan de cada día también para los Stones. Entre otras cosas, el efecto esperado por Andrew Oldham, el de construir la fama del grupo proponiéndolo como antítesis (tanto musical como humana) de los Beatles, dio los efectos esperados. Durante la gira, el *New Musical Express* describió a la banda como «un quinteto de cavernícolas».

1964 fue el año en el que los dos grupos más importantes de la escena encontraron su consagración definitiva: el año destinado a figurar en el certificado de nacimiento del beat inglés.

Entretanto, la fortuna continuaba sonriendo al cuarteto de Liverpool: «I Want to Hold Your Hand» alcanzó el primer puesto en las listas norteamericanas. Lennon y compañía no podían esperar que su gira al otro lado del océano comenzara bajo mejores auspicios.

El 16 de abril salió el álbum que inauguraba la discografía en 33 rpm de los Stones (titulado *The Rolling Stones*, revolucionario desde el punto de vista gráfico, dado que el nombre del grupo no aparecía en la carátula), desbanca a *With The Beatles* de la cumbre de la clasificación británica de los LP. La «British Explosion» ya era una realidad concreta, hasta el punto de que, ni siquiera un mes más tarde, les tocó a los Animals surcar el océano y llevarse su música a los Estados Unidos.

La banda, originaria de Newcastle, estaba dirigida por el líder Eric Burdon, gran aficionado al blues y al R&B, poseedor de una voz extraordinaria y perfectamente adecuada para proponer temas de la tradición negra. El productor inglés Mickie Most se fijó en los Animals, y les convenció para hacer un arreglo de una canción tradicional como «The House of the Rising Sun» (1964). A pesar de la perplejidad del grupo, que prefería recuperar los viejos blues de Chicago, la nueva grabación se convirtió en breve en un éxito internacional que lanzó en seguida a los Animals en la órbita del gran éxito. Al año siguiente, Burdon y sus compañeros volvieron a la sala de grabaciones y ultimaron una serie de singles de éxito seguro que confirmaron su peculiaridad blues; nacieron así «Don't Let Me Be Misunderstood», tomado del repertorio de Nina Simone, «It's My Life», «We've Gotta Get Out of This Place» y «Bring It On Home To Me», que constituyen ciertamente lo mejor de su producción. El teclista Alan Price, aterrorizado por los continuos desplazamientos aéreos que la gira requería, abandonó pronto el grupo que, tras otros cambios, se desmotivó y el propio Burdon decidió disolver el grupo, volviendo a formar los New Animals en California, siguiendo el creciente interés por el flower power y la psicodelia.

La voz de Eric Burdon rivalizaba a principios de los años sesenta con la del norirlandés Van Morrison, otra fortísima personalidad emergente que se inspiraba en el blues y en el jazz. En 1963 Morrison formó los Them, grupo que se convirtió pronto en la atracción del Old Sailor Maritime Dance Hall de Belfast. Al año siguiente llegó el contrato discográfico con Decca, que les valió el single «Don't Start Crying Now», un blues procedente del repertorio de Slim Harpo y, pocos meses más tarde, «Baby Please Don't Go», que les reportó el éxito. La cara B de este tema era «Gloria», tema compuesto por Van Morrison, una canción que, en el curso del tiempo, estaría destinada a convertirse en una especie de símbolo de aquella década y a ser interpretada por muchas bandas. También los Them se vieron implicados en numerosos cambios de formación. Pese a ello lograron grabar temas estupendos como «Here Comes the Night», producido por Bert Berns, y los álbumes *The Angry Young Them* (1965), que contenía perlas como «Mystic Eyes», «Bright Lights Big City» y la ya citada «Gloria», y *Them Again* (1966), con la dylaniana «It's All Over

Now, Baby Blue», un espléndido cover de «I Got a Woman» de Ray Charles y «I Put a Spell on You» de Screaming Jay Hawkins. A pesar del amplio consenso, Van Morrison no aguantaba este ritmo de vida y, en 1967, dejaba el grupo, dando vida a una de las carreras solistas más prestigiosas de la historia del rock.

Similar hasta cierto punto a los Animals fue el debut de los Manfred Mann, banda que entre 1963 y 1969 encadenó una quincena de singles de éxito. Se trataba de un grupo de músicos procedentes de las experiencias musicales más diversas, pero todos ellos tenían en común la misma pasión por el blues y el rhythm'n'blues de influencia norteamericana, justamente como los Animals, los primeros Stones y tantos otros grupos de la época. Bajo la forma de un sexteto, y con el nombre de Mann-Hughes Blues Brothers, obtuvieron una audición con EMI en mayo de 1963, asegurándose un contrato discográfico. El productor que les asignaron, John Burgess, decidió cambiarles el nombre, identificando en el teclista Manfred Mann, al elemento más destacado, a pesar de la presencia como vocalista de Paul Jones, una de las mejores voces «negras» de todo el panorama rock blues inglés de la década. El single de debut, «Why Should We Not», mostraba todas las peculiaridades del sonido del conjunto: blues y actitud jazz convivían brillantemente. Este y otros singles posteriores no llevaron al éxito esperado hasta que, hacia finales del año, el grupo fue invitado a grabar una sintonía para el programa *Ready, Steady, Go!*: «5-4-3-2-1» fue el título de la pieza, un divertido tema rock blues que los llevó directamente al Top 10 inglés. El siguiente sencillo, «Do Wah Diddy Diddy», cover del grupo estadounidense femenino Exciters, les permitió abrirse camino a nivel internacional. En este punto, el grupo cambió también de enfoque musical, dirigiéndose con éxito hacia un pop-rock de excelente factura, pero a pesar de ello, Paul Jones, hacia finales de 1966, decidió irse para intentar una aventura como solista, y el bajista Jack Bruce se unió a los Cream.

Otra banda del panorama blues británico fueron los Pretty Things (el nombre derivaba de un tema de Bo Diddley), que durante un breve período tuvo una historia que se superponía a la de los Rolling Stones. En efecto, el guitarrista Dick Taylor tocaba en 1962 en un grupo aficionado llamado Little Boy Blue, junto a Keith Richards y Mick Jagger, compañeros suyos de universidad, pero los abandonó para terminar los estudios, justo cuando la banda se hacía con los servicios de Brian Jones y se transformó en los Rolling Stones. Al año siguiente, Taylor volvió a la música creando, junto al vocalista Phil May, el bajista John Stax y el otro guitarrista Brian Pendleton, los Pretty Things, banda anunciada en la época como la «auténtica antagonista» de los Stones. Publicaron algunos buenos singles como «Big Boss Man» y «Don't Bring Me Down», pero aunque su sonido estaba más cerca del auténtico espíritu del blues, con una impronta proto-punk, no obtuvieron nada que se pudiera comparar mínimamente con el éxito de los Stones. Cabe destacar lo particular que fue la figura del batería, nunca representado realmente por un miembro titular, sino por figuras temporales entre las cuales, durante un breve período, el mágico Mitch Mitchell, que luego obtuvo la gloria de verdad con Jimi Hendrix.

En 1967, influidos por el cambio musical en curso en Gran Bretaña, virarían hacia la psicodelia y sobre todo grabaron el álbum *S.F. Sorrow* (1968), considerado el primer ejemplo de ópera rock. El disco tuvo escaso éxito pero impactó mucho en Pete Townshend, que justamente de aquella audición extrajo la idea para *Tommy*.

También en 1963 se formó el Spencer Davis Group, formación que evolucionó desde una pequeña orquesta de jazz de Birmingham en la que militaban los hermanos Muff Winwood (bajo y guitarra) y Steve Winwood (teclados), a los que se sumaron el batería Pete York y el guitarrista Spencer Davis.

Su productor, Chris Blackwell, logró obtener un contrato con Fontana, y de esta manera el Davis Group pudo grabar su primer single, «Dimples», a los que siguieron otro par de temas bien acogidos por el público. El verdadero cambio de rumbo llegó con «Keep On Running» (1965), escrita por el jamaicano Jackie Edwards, que se convirtió en un hit internacional extraordinario. A partir de este momento, la banda se impuso como uno de los mejores grupos de rhythm'n'blues británico y desgranó sus mejores temas, entre los cuales los extraordinarios «Gimme Some Lovin'» y «I'm a Man». Tras la estela del éxito de los sencillos, también vendieron bien los LP, que contenían muchos covers de sus artistas preferidos, temas como «Georgia On My Mind», de Ray Charles, «When a Man Loves a Woman», de Percy Sledge y «You Must Believe Me», de Curtis Mayfield. A pesar de que el grupo llevaba el nombre de Spencer Davis, el auténtico éxito debía atribuirse a la figura del jovencísimo Stevie Winwood, multiinstrumentista y vocalista excepcional, que guió a la banda con habilidad en el mundo de la música negra más comprometida. No fue casual que cuando Winwood, en 1967, decidiera irse por otro camino (en ese mismo año fundó Traffic), el Spencer Davis Group comenzó a ralentizar y se disolvió definitivamente en 1969.

SIR GEORGE MARTIN
El productor de los Fab Four

Músico de rigurosa preparación y productor dotado de gran fantasía, George Martin puede ser considerado con toda justicia el quinto Beatle. Comenzó a seguirlos desde la primera sesión de grabación el 6 de junio de 1962, y los guió en su crecimiento estilístico y compositivo hasta su disolución. Suya fue la idea de arreglos extraordinarios, como las cuerdas en «Yesterday» y «Eleanor Rigby», o el complicado trabajo de ensamblaje de dos diferentes grabaciones que confluyen en «Strawberry Fields Forever», uno de los temas que dieron inicio a la época de la psicodelia. Con la producción artística de *Sgt. Pepper's*, George Martin firmó su obra maestra.

Posteriormente colaboró con muchos otros artistas, de Jeff Beck a Kenny Rogers, pasando por Ultravox y Dire Straits, y en 1997 Elton John lo llamó para producir «Candle in the Wind», homenaje a la memoria de la princesa Diana, que se convertiría en el single más vendido de los últimos cincuenta años.

LA BRITISH INVASION

Los Beatles desembarcan en Nueva York y conquistan América. Rock y R&B «vuelven a casa», mezclados de manera original por jóvenes europeos fascinantes. El made in England se convierte en una denominación de origen.

A principios de la década de 1960, el repertorio de la mayor parte de los artistas británicos estaba constituido por temas de sus modelos estadounidenses, Elvis, Chuck Berry y Buddy Holly estaban entre los más queridos, pero tenían igual consideración los Everly Brothers, Gene Vincent, los «girl groups» o los primeros conjuntos de la Motown.

Los Beatles transformaron el «Twist and Shout» de los Isley Brothers en uno de sus caballos de batalla y, al mismo tiempo, interpretaron piezas de las Shirelles, de Arthur Alexander o de Smokey Robinson, además de saquear el cancionero de Chuck Berry, Little Richard y Carl Perkins.

Los Rolling Stones debutaron con «Come On» de Chuck Berry, grabaron algunos blues de Willie Dixon y entraron por primera vez en el top ten con «Not Fade Away» de Buddy Holly.

Los Animals, gracias a la extraordinaria interpretación de Eric Burdon, transformaron en un gran hit «The House of the Rising Sun», una canción tradicional grabada en el campo en los años treinta por Alan Lomax y grabada posteriormente por Woody Guthrie, Leadbelly, Pete Seeger, Joan Baez y Bob Dylan. Por otra parte, el grupo de Newcastle recurrió también al repertorio negro de Sam Cooke, John Lee Hooker, Chuck Berry y Jimmy Reed.

Todos ellos propusieron una nueva y original síntesis de rock'n'roll y rhythm'n'blues interpretada con elegancia.

Y todos soñaban con recalar en los Estados Unidos. Para ellos, no se trataba tan solo de orgullo artístico o de perspectivas económicas: simplemente, les entusiasmaba la idea de poder conocer a sus ídolos aunque, como quedó demostrado con el

DYLAN CONOCE A LOS BEATLES

El 28 de agosto de 1964, en el Delmonico Hotel de Nueva York, los Beatles recibieron la visita de Bob Dylan. Ante la propuesta de compartir un porro, Dylan se quedó sorprendido por sus reticencias, ya que creía que los cuatro ya eran profundos conocedores de la hierba. Estaba convencido de que en «I Want To Hold Your Hand», cantaban «I get high» (en argot «voy ciego»), mientras que en realidad, como reveló un incómodo Lennon, el texto exacto rezaba «I can't hide» («no puedo esconder»). Más allá de las incomprensiones y de la semántica, los Beatles, después de atrincherarse en la habitación, aceptaron gustosamente la invitación. Fue, para todos, una experiencia muy satisfactoria.

fallido intento de Cliff Richard, rockero famoso en Gran Bretaña pero ignorado por el público norteamericano, ningún artista británico lo había conseguido hasta aquel momento.

Todo cambió en los primeros meses de 1964, cuando «I Want To Hold Your Hand» escaló las clasificaciones estadounidenses. Después del éxito de este tema, los Fab Four se prepararon para la conquista de América.

Pocos meses antes, Brian Epstein había volado a Nueva York para convencer a la Capitol («hermana» de la inglesa EMI) para que publicara el nuevo sencillo de los Beatles, «I Want To Hold Your Hand», precisamente.

Epstein sabía lo que estaba haciendo. Los tres singles anteriores, «Please Please Me», «From Me To You» y «She Loves You» no habían sido impresos por la Capitol, que no había creído lo bastante en el grupo: había preferido desviarlo a dos etiquetas menores, la Vee Jay Records de Chicago y la Swan Records de Filadelfia. De esta manera, el máximo resultado alcanzado había sido un decepcionante 116º puesto en las clasificaciones de Billboard con «From Me To You». Pese a ello, Epstein había logrado persuadir a los dirigentes de Capitol para que introdujeran en el mercado norteamericano «I Want To Hold Your Hand» y lo promovieran con una campaña publicitaria de 50.000 dólares. Pero sobre todo, había convencido a Ed Sullivan de que contratara a los Beatles para tres apariciones en su popular show televisivo del domingo por la noche.

El lanzamiento de «I Want To Hold Your Hand» se programó para el 13 de enero de 1964.

Sin embargo, entretanto sucedió algo; una adolescente vio un programa de televisión de la CBS en el que se hablaba del fenómeno Beatles en Gran Bretaña, y escribió al Dj Carroll James para preguntarle por qué su radio, la WWDC de Washington, no transmitía ninguna canción del grupo inglés. James acogió la demanda de la oyente y, gracias a la colaboración del personal de las líneas aéreas BOAC, logró procurarse en pocos días, directamente desde Londres, una copia de «I Want To Hold Your Hand». Y de esta manera, el 17 de diciembre de 1963, una emisora de radio estadounidense emitía por primera vez la canción. El teléfono de la WWDC comenzó a sonar: los oyentes querían saber dónde se podía comprar el disco. Carroll James hizo una copia en cinta magnetofónica del tema y lo mandó a un colega de Chicago, el cual, a su vez, hizo una copia para otro Dj de St. Louis. La Capitol, forzada por los acontecimientos, se vio obligada a anticipar la publicación del 45 rpm, que salió el 27 de diciembre de 1963. La canción se estaba transmitiendo de manera tan insistente que la casa discográfica finalmente imprimió un álbum de los Beatles, *Meet The Beatles*, y la Vee Jay volvió a publicar el primer LP de los Fab Four, *Introducing The Beatles*. La Beatlemanía estaba estallando también en los Estados Unidos, bajo el impulso de la Capitol, que promovió una nueva e imponente campaña publicitaria que por un lado enfatizaba el lado estético del grupo (miles de «pelucas de Beatles» invadieron el mercado) y por el otro creó un clima de espera de su llegada con adhesivos del tipo «The Beatles are coming», pegados por todas partes.

«Nunca había visto el teatro tan lleno de periodistas y fotógrafos: el mérito es de estos cuatro muchachos de Liverpool... ¡Señoras y señores, The Beatles!»

ED SULLIVAN

Resultado: el 1 de febrero de 1964, «I Want To Hold Your Hand» saltaba al número uno de la clasificación del Billboard.

Los Beatles aterrizaron en Nueva York el 7 de febrero de 1964 y fueron acogidos en el aeropuerto J.F. Kennedy por 50.000 fans gritando: la Beatlemanía había atravesado oficialmente el océano Atlántico. El país que acogió a los Beatles estaba en estado de shock.

John Kennedy, su presidente más joven y más querido, había sido asesinado el 22 de noviembre de 1963 en Dallas.

Su muerte prematura, trágica y violenta, afectó, y conmovió e hizo reflexionar a todos los estadounidenses.

Muy poco tiempo antes se había superado un momento muy peligroso de tensión internacional (la crisis de los misiles soviéticos en Cuba), que había sumergido a la nación y al mundo entero en el pánico. El planeta se había encontrado a un paso de una guerra atómica, y que solo la firmeza de Kennedy y el realismo de los soviéticos habían podido desconjurar. Entretanto, otro país se había unido a la lista de las potencias nucleares: China acababa de hacer explotar su primera bomba atómica.

Heridos, humillados y deprimidos en varios frentes, los Estados Unidos de principios de los años sesenta, a pesar de Elvis Presley, el rock'n'roll y la Beat Generation, seguía siendo, pues, una sociedad profundamente conservadora, anclada en sólidas tradiciones burguesas y puritanas. Tal vez también por este motivo, la alegría, la energía y la exuberancia que rezumaba cada nota de un tema como «I Want To Hold Your Hand», banal en su mensaje («Quiero darte la mano / Oh, por favor dime / Que me dejarás ser tu hombre») pero absolutamente revolucionario en cuanto a sonidos

ED SULLIVAN THEATER

Situado en el número 1697-1699 de Broadway, en Manhattan, Nueva York, fue inaugurado en 1927 como Hammerstein Theater. Tras pasar a titularidad de CBS, en 1953 se convirtió en el escenario del *Ed Sullivan Show*, que pronto se convirtió en el programa de televisión más popular del país. Justamente en el interior de este importante escaparate tuvieron lugar las legendarias actuaciones de Elvis Presley y de los Beatles, que batieron todos los récords de audiencia, además de decenas de otras históricas participaciones, protagonizadas por artistas como Edith Piaf, Rolling Stones, Beach Boys, Doors, Supremes y Jackson 5.

En 1967, el teatro fue bautizado en honor a Ed Sullivan y en los años noventa se convirtió en la sede del show de televisión de David Letterman.

y arreglos, resultaban particularmente explosivas. La velocidad con la que los estadounidenses la proyectaron a lo más alto de las clasificaciones parecía llevar un mensaje
preciso. Era como si estuvieran pensando: «Estábamos esperando precisamente algo que
barriera aquel velo plúmbeo que había envuelto a toda la nación».

Por este motivo, cuando el 9 de febrero los Beatles aparecieron en el show de Ed Sullivan, hubo 73 millones de espectadores pegados delante del televisor. Entre estos, incluso
los delincuentes; se dice que aquel día, en la ciudad de Nueva York, el índice de crimina-
lidad descendió de manera drástica...

Durante su primera visita, los Fab Four participaron dos veces (9 y 16 de febrero) en
el programa, y grabaron un tercer episodio emitido el 22 de febrero. Luego dieron un
concierto en Washington y dos en Nueva York. La acogida recibida desmentía todas las
incertidumbres, Norteamérica estaba a sus pies. El país se inclinaba a su juventud, a su
exuberancia, a la belleza contagiosa de su música, pero también a su irreverente ironía
y a su elegancia británica. Los Beatles eran conscientes de ello, pero su «conquista de
América» se convirtió para los jóvenes en una especie de «rompamos las reglas», una
invitación inconsciente a liberarse de los condicionamientos sociales para intentar vivir
plenamente su vida.

En cambio, para los músicos, representaron al mismo tiempo un problema y una oportunidad.

Su éxito fue de tal alcance que en la primera semana de abril de 1964, cinco singles de
los Beatles («Can't Buy Me Love», «Twist and Shout», «She Loves You», «I Want to Hold
Your Hand», «Please Please Me» ocuparon las cinco primeras posiciones del hit parade,
mientras que dos álbumes (*Meet The Beatles* y *The Beatles Second Album*) estaban en el
primer y en el segundo puesto de la clasificación de los 33 rpm más vendidos.

LA SECRETARIA DE LOS BEATLES

Freda Kelly tenía tan solo dieciséis años cuando Brian Epstein le pidió que trabajara para los Beatles,
una banda de Liverpool que nadie conocía todavía pero que él quería llevar al éxito mundial. Epstein
necesitaba una secretaria para que se ocupara de las tareas burocráticas relacionadas con el grupo,
pero también Frida comenzó a confiar en aquellos cuatro muchachos y pronto se convirtió en su
primera fan. Se inventó el fan club más importante de la historia del rock, lo gestionó y lo coordinó
todo. Durante once años fue una de las pocas figuras femeninas de su entorno: guardaría sus secretos, sería su amiga y confidente, permaneciendo con ellos de principio a fin de su historia. 50 años
más tarde, el director Ryan White le pidió que contara todos los detalles en una película que se le
dedicó: *La secretaria de los Beatles*. «Muchos han intentado convencerme de que hablara de esta
experiencia, pero la quería conservar entera para mí, no quería que hubiera demasiada confusión a
mi alrededor. Luego mi hija me pidió que lo hiciera para mi nieto: era justo que él supiera quién había
sido y qué había hecho en aquellos años sesenta».

«¿Que cómo llegamos a América?
Una vez en Groenlandia, giramos a la izquierda...»

RINGO STARR

La extraordinaria popularidad de los Beatles tuvo dos efectos inmediatos: abrió la «vía americana» a otras bandas inglesas y constituyó una inyección de adrenalina para los jóvenes estadounidenses. En efecto, en seguida se pusieron a estudiar los discos de los Fab Four para intentar comprender sus secretos. Sin embargo, paradójicamente, tanto ellos como los otros grupos proponían algo (una inédita mezcla de rock'n'roll y rhythm'n'blues hecha por blancos) que se inspiraba en una música nacida y producida en los Estados Unidos. Pero que, a oídos de los estadounidenses, sonaba «exótica» pero familiar al mismo tiempo, y en consecuencia particularmente cautivadora. No fue casual, y sí más bien simbólico, que los Beatles abrieran su primer concierto norteamericano con «Roll Over Beethoven» de Chuck Berry.

El éxito de los grupos ingleses benefició incluso a sus maestros. Como prueba, Carl Perkins, cuya apreciación aumentó después de que los Beatles interpretaran algunas de sus composiciones. Y, a propósito de maestros y de ídolos, durante la primera gira estadounidense en verano de 1964, los Beatles conocieron a Fats Domino, Chuck Berry y Carl Perkins, mientras que al año siguiente visitaron a Elvis en Graceland.

Su increíble éxito allanó, pues, el camino a las otras bandas inglesas, cuya imagen (salvo raras pero significativas excepciones) calca la de los cuatro de Liverpool. Aun sin alcanzar el nivel de histeria colectiva que se registró durante las actuaciones de los Fab Four, las apariciones de los otros grupos también produjeron reacciones análogas: gritos descompuestos, chicas que se tiraban de los pelos, chicos que intentaban emular a sus ídolos. Los Animals, por ejemplo, fueron acogidos en el JFK Airport de modo similar a los Beatles.

Parecía una avalancha imparable, y cualquiera que llegara de Inglaterra parecía destinado al éxito. Así que, de Liverpool, llegaron Gerry and the Pacemakers y The Searchers, y luego, uno tras otro, The Honeycombs, The Nashville Teens, Herman's Hermits, The Zombies y Peter and Gordon.

La British Invasion arrastró también a bandas de gran relieve artístico que, en teoría, no la habrían necesitado: gente como Kinks, Animals o Them.

«La British Invasion fue el acontecimiento más importante de mi vida: después de haber visto a los Beatles entendí que me hubiera gustado ser como ellos.»

LITTLE STEVEN

Los Rolling Stones debutaron en los Estados Unidos el 5 de junio de 1964 en San Bernardino, California, y cerraron la gira el 20 de junio en el Carnegie Hall de Nueva York. Pero su éxito no fue homogéneo por todas partes: los Stones siguieron la onda de la British Invasion, pero todavía no tenían un hit original en su repertorio («Satisfaction» llegaría un año más tarde, en 1965), y de esta manera, mientras que en Los Ángeles y en la costa este eran populares, en el Midwest y en otros lugares iban a tocar en estadios y auditorios semivacíos. Pero estos momentos de dificultades reforzaron el espíritu del grupo: durante la gira, los Rolling Stones fueron a los estudios Chess, donde tuvieron la oportunidad de conocer a Willie Dixon, Buddy Guy y Muddy Waters, y de grabar algunas canciones que dieron vida posteriormente al EP *5x5*, compuesto por cinco piezas que eran otras tantas demostraciones del amor de los Stones por el blues.

La British Invasion ya era un fenómeno social cuyo impacto no era tan solo musical. La moda inglesa enloqueció a los Estados Unidos. Entre los varones menudeaban los cabellos en casco, pantalones estrechos «de pitillo», botines de gamuza, chaquetas sin cuello (justamente como las de los Beatles), mientras que las chicas se dejaban crecer el pelo y se levantaban el dobladillo de las faldas.

El «made in England» estaba destinado a marcar para siempre el rostro de la música norteamericana.

En los Estados Unidos, muchos músicos jóvenes se inspiraron en la invasión de las bandas británicas, ya que ahora los roles estaban invertidos, y eran los norteamericanos los que copiaban a los ingleses. Jim «Roger» McGuinn, futuro Byrds, se enamoró de la Rickenbaker de 12 cuerdas que George Harrison tocaba en la película *A Hard Day's Night* y adquirió una. El sonido de aquel instrumento se convirtió en la marca de fábrica de los Byrds que, más que cualquier otro grupo, sellaron el encuentro entre la tradición estadounidense y la British Invasion. Gracias a su «jingle-jangle sound» (construido justamente en torno a la guitarra de 12 cuerdas de McGuinn), se convirtieron en los únicos norteamericanos capaces de plantar cara a los invasores ingleses. Su versión eléctrica de «Mr. Tambourine Man» de Bob Dylan fue un gran éxito, constituyó el paradigma del folk-rock e influyó en el giro eléctrico que dio el propio Dylan.

Pero, antes de los Byrds, hubo dos grupos que intentaron reaccionar con éxito discreto al poderío de las bandas inglesas: fueron los californianos Beau Brummels y los neoyorquinos Lovin' Spoonful. Los primeros anticiparon el folk-rock de los Byrds, pero produjeron un sonido todavía poco original. Es más, a la hora de cantar, imitaban el acento inglés, hasta el punto de que muchos oyentes confundieron su primer single de éxito, «Laugh Laugh» con el 45 rpm de un grupo de más allá del océano. El pop folkie de los Lovin' Spoonful funcionaba mejor, como demuestran «Do You Believe in Magic» y «Summer in the City».

MY GENERATION

El Swinging London es la nueva capital de la contracultura juvenil. La música, comprimida entre moda y hábitos, llega siempre antes, como lo testimonian los grupos «mod», como Who, Kinks y Small Faces.

En 1958, el escritor inglés Colin MacInnes, en la novela *Absolute Beginners,* fue el primero en describir Londres como «swinging», es decir, «de moda».

Una vez superado el período crítico de reconstrucción de las «carnicerías» de la Segunda Guerra Mundial y la austeridad de la década sucesiva, el Londres de finales de la década de 1950 y principios de la de 1960 era una metrópolis efervescente en la que nacía una nueva y exuberante contracultura juvenil.

Clubs musicales y cafeterías eran lugares de encuentro y de socialización, las tiendas trendy de Carnaby Street o King's Road se convirtieron en suministradoras de los «uniformes reglamentarios», mientras que el jazz, el beat, el rhythm'n'blues y el rock'n'roll representaban su banda sonora ideal. La revista *Queen* popularizó la moda femenina: de la minifalda de Mary Quant («quise crear una prenda práctica que permitiera a las muchachas subir al autobús de manera ágil») a las prendas y accesorios divertidos e innovadores que llevaban modelos seductoras como Jean Shrimpton (la más cotizada). Shrimpton, como Peggy Moffit, Penelope Tree o Verushka se convirtieron en auténticos iconos de la época; de ellas escribió en 1965 Diana Vreeland, directora de *Vogue*, que «Londres es la ciudad de más tendencia en el mundo».

Vidal Sassoon, el peluquero de las estrellas, inventó el corte en forma de casco, también para las mujeres: los popularizaría Mia Farrow en 1968, interpretando el papel de Rosemary Woodhouse en *La semilla del diablo*. Los scooters italianos eran el medio de locomoción preferido

THE WHO Y LA DESTRUCCIÓN DE LOS INSTRUMENTOS

El rito de destruir la guitarra (tras lo cual Keith Moon a menudo demolía su batería), que caracterizó muchas actuaciones de los Who, tenía un origen concreto. Durante los conciertos, Townshend hacía girar la guitarra por encima de su cabeza. En verano de 1964, durante el primer concierto de los Who en el Railway Hotel de Harrow, el mango de su Rickenbaker se rompió después de chocar contra el techo (demasiado bajo) del local. Sorprendido por lo acaecido, en un arrebato de ira, Townshend decidió destruir por completo lo que quedaba de la guitarra. Desde entonces, aquella escena de violencia catártica se convirtió en una de las características peculiares del guitarrista, junto al igualmente célebre «windmill», la rotación del brazo derecho, como si de una hélice o de la aspas de un molino se tratara, para rascar las cuerdas, subrayando de manera escenográfica la potencia de su power-chord.

▶ 7 DE FEBRERO DE 1964

Los Beatles aterrizan en Nueva York para su primera gira norteamericana, y dos días más tarde actúan en el *Ed Sullivan Show*, batiendo todos los récords de audiencia. La Beatlemanía invade los Estados Unidos.

▶ 16 DE ABRIL DE 1964

Aparece el primer álbum de los Rolling Stones, compuesto casi exclusivamente por covers de temas de sus héroes de blues y rock'n'roll.

▶ 18 DE MAYO DE 1964

Los Animals graban «The House of the Rising Sun». En unos pocos meses termina en lo más alto de las clasificaciones británicas y estadounidenses y se convierte en el tema que da inicio al folk-rock.

▶ 28 DE NOVIEMBRE DE 1964

«You Really Got Me» de los Kinks entra en el Top 10.

▶ 28 DE ENERO DE 1965

Los Who, conocidos hasta hace poco como High Numbers, debutan en la televisión británica en el curso del programa «Ready, Steady, Go!».

▶ 13 DE MARZO DE 1965

Eric Clapton abandona a los Yardbirds acusándolos de haberse vuelto «demasiado comerciales» tras la grabación del sencillo «For Your Love», y es sustituido por Jeff Beck.

▶ 13 DE MAYO DE 1965

Los Rolling Stones graban «(I Can't Get No) Satisfaction».

▶ 5 DE OCTUBRE DE 1965

Aparece «My Generation» de los Who.

▶ 26 DE OCTUBRE DE 1965

Durante una ceremonia en el palacio de Buckingham, los Beatles reciben la medalla MBE (Member of the British Empire), de manos de la reina Isabel.
Oficialmente son baronets.

junto al Mini, mientras que la Union Jack, la bandera británica, se convirtió en símbolo de identificación extraordinario, gracias en parte a la victoria de la selección nacional de fútbol en los mundiales de 1966.

El «Swinging London» tenía varias reinas: se llamaban Marianne Faithfull, sensual musa de los Rolling Stones, Twiggy, modelo filiforme, Jane Birkin, cantante/actriz turbadora, Vanessa Redgrave, actriz de personalidad y talento. Estas dos últimas fueron las protagonistas de la película de culto *Blow Up*, de Michelangelo Antonioni, ambientada justamente en la capital mundial de la contracultura juvenil, y manifiesto cinematográfico del Londres de los años sesenta.

Se estaba asistiendo aparentemente a una fantástica proliferación de ramificaciones que eran fruto de una

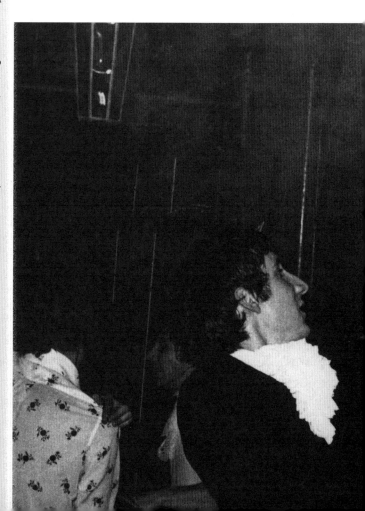

misma planta llamada «modernidad», y cuyas hojas las agitaban, por primera vez, los dos barrios especulares de Londres: el Stepney (al este) y el Shepherd's Bush (al oeste).

Nacido como movimiento filosófico a finales del siglo XIX y transformado luego en forma expresiva literaria, poética y, sobre todo, pictórica y arquitectónica, entre finales de la década de 1950 y principios de la de 1960 terminó por convertirse en algo más tangible en la vida de la nueva generación de adolescentes.

En efecto, el movimiento «mod» (diminutivo que derivaba precisamente de la palabra «modernism»), en seguida tuvo mucho que ver con la música. Emergió en el período en el que, desde este punto de vista, lo que dominaba en la ciudad era, ante todo, el beat.

En aquella época, los telespectadores adolescentes de Inglaterra tenían como referencia dos programas de televisión: el primero se llamaba «Ready, Steady, Go!», y se emitía el viernes por la noche; nacido en 1963, se erigió en portavoz oficial del género pop. El segundo programa de televisión se titulaba «Top of the Pops», y era el vehículo más inmediato y tangible del movimiento subcultural de la juventud.

The Who consiguió hacerse un hueco en los clubes londinenses tocando un enérgico R&B.

Para los mods, apasionados telespectadores de «Ready, Steady, Go!», la transmisión se convirtió no solo en escenario para jóvenes bandas, sino también en pasarela de la subcultura que proponían y de la moda de Carnaby Street, donde terminaban por recalar las intuiciones surrealistas francesas y se amalgamaban con toda la efervescencia que nacía en aquellos años en la «gris» Gran Bretaña. La publicidad de las camisas mod aparecía en el New Musical Express. Los locales donde iban a tocar las bandas sugeridas por la revista y a donde, en consecuencia, podían dirigirse los jóvenes londinenses para mostrar su último *look* eran el 100 Club a la hora del almuerzo, el Marquee el miércoles y el Flamingo cada domingo. También fue famoso el The Scene, en el barrio de Soho; menos conocido, pero igualmente histórico, fue el Goldhawk Road Social Club, el corazón de Shepherd's Bush, donde nació el mod londinense, del que los Who (que en aquella época se llamaban The Detours) se convirtieron en portavoces. Entre los mods estaba de moda la figura del Dj que proponía música de inspiración afroamericana: el rhythm'n'blues, el primer soul, el ska basado en ritmos de Jamaica, el sonido de los vinilos de Tamla Records. Cuando no había Dj, también funcionaba de maravilla el grupo que tocaba en directo.

El público frecuentaba ampliamente el dancing La Discothèque, en Wardour Street: antes del nacimiento de los músicos mods, aquí la música que más se escuchaba era la de James Brown, Miracles y John Lee Hooker. Las bandas proponían un repertorio lleno de covers de estos artistas. En este medio nació y se desarrolló el swinging London.

El estilo mod se caracterizaba por una imagen elegante y por hábitos y valores que distinguían a los «mod-gang» de los otros grupos existentes, dándoles la posibilidad de vivir según una óptica de pertenencia.

Un joven mod debía vestir con prendas y objetos adecuados, llevar una parka verde y lucir unos cabellos cortados de manera geométricamente irreprochable. Finalmente, debía poseer un scooter italiano, una Lambretta o una Vespa, cuyo primer modelo se convirtió, de hecho, en el distintivo más alto de pertenencia al «género». En cuanto a las chicas, vestidos o minifaldas que pasaban del blanco y negro a los colores pastel, las geometrías eran bienvenidas, y el maquillaje muy marcado de los ojos dominaba sobre todo el resto.

Los Who se ganaron rápidamente el corazón de los primeros espectadores mod, que se identificaban con ellos porque provenían de los mismos barrios, estaban cansados de las aburridas tradiciones de la sociedad inglesa y deseaban sentirse *cool*, al menos una noche a la semana. Obviamente, esto incluía también el uso abundante de alcohol pero, sobre todo, de anfetaminas (las denominadas «purple hearts»). Peter Meaden fue su primer mánager, y quien empujó a los Who a adoptar el *look*, el estilo y la filosofía moderna aunque, paradójicamente, el cantante y fundador del grupo, Roger Daltrey, seguía vistiendo las prendas de un rebelde teddy boy, más parecido a un rockero que a un mod; inicialmente, el grupo propuso un repertorio de música pop, aunque luego viró de forma más marcada hacia el rhythm'n'blues de matriz norteamericana. En 1964, después de una decepcionante audición para EMI y la publicación sin resultados positivos de su primer 45 rpm («Zoot Suit/I'm the Face»), la banda adoptó definitivamente el nombre The Who, después de que Kit Lambert y Chris Tamp, jóvenes directores de cine enamorados del movimiento mod, decidieran apostar por ellos y convencieron a Townshend a esforzarse por escribir material original.

> «La especialidad de los Who a principios de los sesenta
> era decepcionar a quien nos daba confianza.»
>
> PETE TOWNSHEND

Inevitablemente, el liderazgo comenzaba a pasar de Daltrey al guitarrista/compositor. No fueron pocos los sinsabores entre ambos: hacia finales de 1965, Daltrey llegó a ser apartado temporalmente del grupo por su actitud violenta frente a Pete. En enero de 1965, tras firmar un contrato con Decca, publicaron el single «I Can't Explain». Inmediatamente se despertó un gran interés en torno a la banda, y el siguiente sencillo, «Anyway, Anyhow, Anywhere» y las continuas participaciones en el programa «Ready, Steady, Go!» contribuyeron al crecimiento de su popularidad a nivel nacional.

Su imagen ejercía un papel importante (las chaquetas con la bandera británica estampada, el corte de los vestidos, los peinados), pero sobre todo, lo que producía un efecto muy fuerte en los jóvenes espectadores era el hecho de destruir los instrumentos después de cada actuación.

Cuando, en otoño, llegó un sencillo titulado «My Generation», el grupo se convirtió en fenómeno de masas. La canción escaló inmediatamente las clasificaciones convirtiéndose en el himno «oficial» del movimiento mod, pero no solo eso. Era un grito de rabia juvenil: además de la potencia del riff, además de los *crescendi* tumultuosos de batería, estaban la fuerza de la letra (en especial la frase, que se convertiría en símbolo mismo de las inquietudes juveniles, «Espero morirme antes de hacerme viejo») y la increíble actuación vocal de Roger Daltrey, que convirtieron a este tema en uno de los «manifiestos» de toda la historia del rock.

El álbum *My Generation*, aparecido en Inglaterra en diciembre de 1965 y en los Estados Unidos en enero de 1966, es uno de los discos más significativos de la década, gracias a otros temas irresistibles como «The Kids Are Alright». En los años inmediatamente sucesivos, el gran talento compositivo de Pete Townshend guiaría al grupo a alejarse del ambiente mod, para convertirse en una banda de rock a todos los efectos. Una operación que culminó con la ambiciosa ópera rock *Tommy*, publicada en 1969.

QUADROPHENIA
El manifiesto de los mods

Publicada como doble álbum en octubre de 1973, *Quadrophenia* es la segunda ópera rock de los Who. Narra la historia de Jimmy, un chico que padece personalidad cuádruple. De ahí el título, que sin embargo también refleja el intento de describir las diferentes identidades de los miembros de los Who. Ambientado en Londres y en Brighton en 1965, este trabajo (que ahonda en la trastornada psicología de un joven inglés de los años sesenta) retrata a la perfección los rasgos de la cultura mod. No es casual que Jimmy, para resolver sus problemas personales, ambicione convertirse en el mod perfecto. Pero entre peripecias varias, momentos de entusiasmo y grandes desilusiones, enfrentamientos en el seno de su familia y con sus propios amigos e ídolos, al final Jimmy arroja su scooter desde lo alto de una escollera, para representar el simbólico retorno a una vida normal. Considerada por Pete Townshend «la mejor música que he escrito», *Quadrophenia* (como había sucedido con *Tommy*) se convirtió también en una película. En 1979, los mismos Who produjeron el filme dirigido por Franc Roddam, con Phil Daniels en el papel de Jimmy. Y un joven Sting aparecía en el papel de Ace Face, el amigo de Jimmy.

Si los Who encarnaron el corazón del barrio de Shepherd's Bush, al este (en la zona de Stepney) nacía una banda que, mejor que cualquier otra (comenzando por su nombre) se convirtió en «el» grupo clásicamente mod y se erigió en portavoz de la modernidad: los Small Faces.

El grupo estaba compuesto por el bajista Ronnie Lane, el guitarrista Steve Marriott, el organista Jimmy Winston y el batería Kenney Jones (que, después de la muerte de Keith Moon, a finales de los años setenta, ocuparía su puesto en el seno de los Who). Más tarde se sumó el cantante Rod Stewart y, tras el abandono de Marriott, el guitarrista Ron Wood. Los Small Faces debutaron en agosto de 1965 con «Wat'cha Gonna Do About It», que entró directamente en el Top 20. El single siguiente, «I've Got Mine», no tuvo la misma aceptación, y ello provocó que Winston abandonara la banda, sustituido por Ian McLagan, que al cabo de los años se convertiría en un «pilar» del rock inglés, colaborando con nombres prestigiosos, entre los cuales también Bob Dylan. En febrero del año siguiente, el sencillo «Sha-La-La-La-Lee» dio el golpe: directamente al Top 5. La música de los Small Faces mantenía algún parentesco con la de los Who, pero solo en lo referente al uso de una rítmica típicamente rhythm'n'blues. Después de que Andrew Loog Oldham pasara a ser su mánager, paradójicamente el grupo perdió su impulso de los inicios y, junto al cambio general de los ambientes musicales, entró en crisis.

«Formábamos parte de la maravillosa comunidad de Shepherd's Bush: todos mis amigos eran malhechores o auténticos criminales.»

ROGER DALTREY

En 1969, Marriott lo abandonó para formar, junto al guitarrista Peter Frampton, el grupo Humble Pie. De este modo llegaron Rod Stewart, una de las mejores voces del rock británico, y el guitarrista Ron Wood. En este punto, los Small Faces se cambiaron el nombre y pasaron a llamarse simplemente Faces, dando vida a uno de los conjuntos más excitantes del rock blues británico que, con escaso éxito comercial, seguiría adelante hasta mediados de la década siguiente, cuando Rod comenzó una brillante carrera como solista, mientras que Ronnie ocuparía el puesto de Mick Taylor en los Stones.

«¿Icono del Swinging London? No lo sé... recuerdo que por entonces me fotografiaban siempre. Y cuando te sucede a los 19 años, tu narcisismo se descontrola.»

MARIANNE FAITHFULL

Como los Who, los Small Faces y otras bandas inglesas contemporáneas, los Kinks (la banda de los hermanos Ray y Dave Davies) comenzaron su carrera como grupo de rhythm'n'blues. Activos ya en 1963 con el nombre de Ravens, en enero de 1964 grabaron un cover de «Long Tall Sally» de Little Richard y, antes de que saliera el disco, se cambiaron el nombre a Kinks y, en febrero, debutaron en el mercado. Siguió un segundo sencillo, pero no fue hasta el tercero, «You Really Got Me», cuando el grupo «explotó», alcanzando la primera posición en Gran Bretaña e incluso el Top 10 en los Estados Unidos. Este tema legendario, con su riff tan recordado al menos como el de «Satisfaction», está considerado como el progenitor del hard rock. En la música de los Kinks, en su modo furioso de arrancar acordes a las guitarras, estaba encerrada toda la rabia juvenil de una generación.

En 1965, en *Kinda Kinks*, Ray Davies producía sus primeras perlas como autor: la romántica «Tired of Waiting for You», los ritmos binarios de «Set Me Free», la cínica «A Well Respected Man» y un tema pre-psicodélico, «See My Friends», con el que se alejaba gradualmente del estilo mod.

Alejados del Mersey Beat y del rhythm'n'blues de sus inicios, los Kinks transformaban todo lo que tocaban en oro, y protagonizarían giros estilísticos cada vez más numerosos, capitaneados por el genio disoluto de Ray Davies: como los Who, se dedicaron a un nuevo género musical en el rock y en el pop, la ópera rock. Sus canciones estaban llenas de agudas introspecciones al límite del psicoanálisis y de dura crítica social (los álbumes *Green Village Preservation Society* y *Arthur Or the Decline and Fall of the British Empire*), pero de esta manera iría escapando el éxito comercial del que disfrutaron al principio.

«Los Kinks fueron la quintaesencia del sonido inglés de los años sesenta. Y Ray Davies, el autor de canciones más genial que he conocido.»

PAUL WELLER

Con su crecimiento artístico, los Kinks se fueron apartando, al paso de los cambios de la época y de la sociedad inglesa y mundial, de su primer público mod. Como los Who, contribuyeron al progreso del álbum conceptual y a la afirmación de la denominada música «barroca».

YOU REALLY GOT ME

Si se tuviera que elegir un único episodio en el que situar el nacimiento del hard rock y del punk, quizás el candidato más idóneo sería «You Really Got Me», el tema escrito por Ray Davies popularizado por los Kinks, que los llevó a lo más alto de las clasificaciones británicas en verano de 1964.

La magia del tema reside en el poderoso riff de guitarra interpretado por Dave Davies que, frustrado por no lograr obtener con su Vox AC30 la distorsión que tenía en la mente, se fue a comprar un económico amplificador Elpico, cortó con una cuchilla el altavoz en varios puntos y volvió a unir los recortes con alfileres, tras lo cual tocó a todo volumen. El resultado fue impresionante para la época, y aquel sonido pasó a la historia como un modelo para muchos guitarristas que llevarían el rock a terrenos más enérgicos y agresivos.

Provenientes de Andover, en Hampshire, los Troggs nacieron como respuesta a los Kinks, después de que el enorme éxito de «You Really Got Me» dictara las coordenadas del sonido del momento. Después de un sencillo que pasó desapercibido, tuvieron la fortuna de escuchar una demo del músico estadounidense Chip Taylor. Se trataba de un rock «virulento», con un estribillo irresistible, modelado según la lección de «You Really Got Me», que en 1966 se convirtió en un éxito formidable. Se trataba de «Wild Thing», que los Troggs llevaron al primer puesto en la clasificación en los Estados Unidos y que Jimi Hendrix modificaría en la versión que interpretó en el festival de Monterey al año siguiente. Problemas de naturaleza legal y la imposibilidad de realizar una gira por Norteamérica bloquearon el desarrollo de su carrera; aun así, dos años más tarde, con la espléndida balada «Love Is All Around», tendrían un nuevo y merecido éxito internacional. Pero los Troggs ya habían abandonado la rabia original que había caracterizado su debut, reciclándose en autores de elegantes «power ballads», en sintonía con las vibraciones hippy de aquel período.

El Swinging London de Carnaby Street, el rhythm'n'blues, las chaquetas con aberturas laterales a la altura de los costados, los pantalones de pana y el corte de pelo impecable volvieron a emerger a finales de la década de 1970, con el llamado mod revival, y en los ochenta, el éxito obtenido por los Jam de Paul Weller constituiría la marca de este retorno. Por no hablar del fenómeno «brit pop», que apareció a principios de los noventa gracias al éxito clamoroso de algunos grupos considerados los jefes de fila del segundo mod revival, denominado new modernism, comandado por Oasis, Blur y Ocean Colour Scene.

Si se tuviera que elegir un único episodio en el que situar el nacimiento del hard rock y del punk, quizás el candidato más idóneo sería «You Really Got Me», el tema escrito por

Ray Davies popularizado por los Kinks, que los llevó a lo más alto de las clasificaciones británicas en verano de 1964.

La magia del tema reside en el poderoso riff de guitarra interpretado por Dave Davies que, frustrado por no lograr obtener con su Vox AC30 la distorsión que tenía en la mente, se fue a comprar un económico amplificador Elpico, cortó con una cuchilla el altavoz en varios puntos y volvió a unir los recortes con alfileres, tras lo cual tocó a todo volumen. El resultado fue impresionante para la época, y aquel sonido pasó a la historia como un modelo para muchos guitarristas que llevarían el rock a terrenos más enérgicos y agresivos.

El modelo de Los Kinks, masivo, ruidoso y energético, trató de ser imitado por muchos otros grupos posteriormente.

CROSSROADS BLUES

Los jóvenes herederos de Alexis Korner funden la música del diablo con ritmos y actitudes rock. De ello nace una mezcla asombrosa de sonido que revela al mundo el talento de John Mayall, Eric Clapton, Cream, Yardbirds, Fleetwood Mac y muchos más.

L as semillas germinadas del British blues de unos años antes comenzaban a dar frutos cada vez más interesantes y atractivos. Si de un lado los Beatles y sus epígonos cabalgaban todavía sobre la onda del beat, por la otra los mismos jóvenes músicos que partieron de cero y triunfaron en la corte de Alexis Korner, Cyril Davies y Graham Bond seguían cultivando fantasías ligadas al mito del «cruce de caminos», dispuesto a un nuevo pacto con el diablo con tal de refundar el blues, en busca de nuevas alquimias con las que conjugarlo y difundirlo.

Tambien ellos vivían con intolerancia el aire estancado del pasado pero, respecto a sus colegas beat, eran más reflexivos y estaban menos dispuestos a transformar su arte en un juego. De este modo, el blues, una vez más, se convirtió en el vehículo para liberarse de la rabia y la insatisfacción y para refugiarse en la introversión, aun a costa de que luego estallara un diluvio de notas buscadas al límite en el mástil de la guitarra. Los que amaban el blues eran los más duros, o quizás los más honestos, los que no querían tender pactos con el pop; que preferían, antes que las minifaldas y el pelo en forma de casco, los tejanos y las botas gastadas, que optaban por la oscuridad, más que por luz del sol, en suma, la otra cara de la moneda. La propia tradición lo imponía: el blues siempre fue una música pobre, y los suburbios de Londres a principios de los años sesenta contaban todavía con una realidad industrial importante. Los hijos de las fábricas vivían el blues diariamente, como también en Liverpool, Sheffield, Manchester, Birmingham y todas las ciudades inglesas.

Había quien lo amaba con locura, otros comenzaban a compartirlo con el rock, y

LA «MANO LENTA» DE CLAPTON

Gracias a las inspiradísimas y viscerales partes de guitarra que tocaba en el disco con los Bluesbreakers de John Mayall, Eric Clapton se elevó hasta el papel de guitar hero, hasta el punto de que un día, en la estación de metro de Islington, en Londres, en una pared apareció la inscripción «Eric Clapton is God». Seguirían otras inscripciones similares, dando inicio a una leyenda que nunca gustó mucho al protagonista. Clapton se sintió siempre mucho más cercano al apodo «Slowhand», que le habían dado en los tiempos de los Yardbirds, y que se originó cuando, cada vez que se le rompía una cuerda de la guitarra, la sustituía con una calma absoluta, hasta el punto de que los telespectadores, ansiosos, comenzaban a picar lenta e incesantemente con las manos (*Slow hand clap*).

aquí nació la gran dicotomía, la división que, para simplificar, llevó de un lado a los Rolling Stones y del otro a los Beatles. Para simplificar, naturalmente, porque tras la estela de las dos formaciones madres, un montón de grupos parecía hacer cola para expresar su propuesta. Los que seguían la lección de los Beatles estaban fascinados por el rock'n'roll menos transgresor; los que preferían a los Stones, por el contrario, eran los más sensibles a la extraordinaria potencialidad disruptiva del rock, visceralmente ligados a Chuck Berry, Little Richard y a todos los grandes del rhythm'n'blues y que, con su comportamiento en su vida cotidiana, se hacían notar por la excentricidad y las ganas de romper con el conformismo. A pesar de que casi toda la atención del público se concentraba en el beat emergente, centenares de grupos se movían en el sotobosque artístico londinense, demostrando un amor impensable por el blues. Una pasión revigorizada en parte por la frescura del nuevo pop, que estimulaba ideas brillantes y sugería interesantes sinergias.

«El blues ha sido mi mayor inspiración artística y una auténtica filosofía de vida, que me ha dado alegría y consuelo.»

ERIC CLAPTON

Entre las mejores bandas de blues de aquellos días estaban los Yardbirds, grupo nacido en 1963 de la fusión entre Metropolis Blues Band y Suburbitan. De la primera llegaron Keith Relf y Paul Samwell-Smith, de la otra Chris Dreja, Jim McCarty y Top Topham, que casi inmediatamente fue sustituido por un jovencísimo Eric Clapton. La nueva banda se impuso de inmediato en el Crawdaddy, el mismo local londinense en el que actuaban en sus inicios los Rolling Stones. Pronto tuvieron la apetitosa ocasión de acompañar a un gran intérprete de armónica blues, Sonny Boy Williamson, que estaba de gira por Gran Bretaña, y con ello se ganaron una cierta fama. Grabaron su primer álbum, *Five Live Yardbirds*, en 1964, con ocasión de un concierto en el Marquee de Londres (el disco aparecería al año siguiente), pero no lograron despuntar. Para tener éxito tuvieron que abandonar la veleidad de los puristas del blues y dedicarse a atmósferas pop. «For Your Love», fruto del giro deseado por su mánager Giorgio Gomelsky en 1965, fue el hit que les abrió un mercado hasta aquel momento impensable. Único pero: el abandono de Eric Clapton que, decepcionado por aquella elección comercial, se fue incluso antes de que saliera el disco y se unió a los Bluesbreakers de John Mayall, la persona a quien se podía considerar el heredero de Alexis Korner por su capacidad por asociarse con *bluesmen* de talento y darles la convicción y la experiencia necesaria para afrontar el escenario. Mayall, cumplidos ya los treinta años, un enamorado de los doce compases y músico aficionado, había llamado la atención de Korner, justamente, en los locales de Manchester, mientras cantaba y tocaba la armónica al frente de una formación de rhythm'n'blues, los Blues Syndicate, con los que daba nueva vida al repertorio de J.B. Lenoir, un *bluesman* de Chicago por el que sentía una admiración sin límites. Una vez hubo llegado a Londres, Mayall creó la primera formación de los Bluesbreakers con John McVie al bajo, Bernie Watson a la guitarra y Martin Hart a la batería. Con esta formación publicó, en la primavera de 1964, su primer sencillo, «Crawling Up a Hill», que contaba con «Mr. James» en la cara B. La vida del músico es dura, y las satisfacciones económicas todavía pocas, así que la banda se fue desgastando y ya en 1965 fue necesario dar algún retoque: Hart fue reemplazado por Hughie Flint, viejo compañero de la época de los Syndicate, y Watson por el astro naciente de la guitarra blues, Eric Clapton. En la sala de grabación, los nuevos Bluesbreakers realizaron un álbum de culto, aquel *Bluesbreakers (John Mayall with Eric Clapton)* que pasaría a la historia. La guitarra de «Slowhand» hacía milagros y se concentraba en el repertorio de sus *bluesmen* preferidos, principalmente Otis Rush y Freddie King, que inmortalizaron el estilo West Side de Chicago, gracias a solos de guitarra rompedores y fenomenales, que Clapton retomaba de la manera más fiel posible. Pero el disco contenía asimismo la primera revisión, por parte de un grupo de músicos blancos, de un tema del legendario *bluesman* Robert Johnson. Se trataba de «Ramblin' On My Mind», que representó también el debut de Eric Clapton como cantante. Por su novedad, Clapton creaba entusiasmo y admiración; su manera de tocar la guitarra no tenía precedentes para un blanco, y la coherencia con la que se basaba en el jazz era muy rigurosa. El joven guitarrista se convirtió en muy poco tiempo en la auténtica atracción de los Bluesbreakers, un *guitar hero* intachable y coherente que llevó a sus fans a escribir en las paredes de Londres «Clapton es Dios». La crítica era entusiasta, pero la relación entre Mayall y Clapton comenzaba a agrietarse; tal vez por cuestiones de liderazgo, tal vez por problemas de compensaciones no satisfechas, la asociación se descompuso y, una vez más, Slowhand se iba, para dar origen, en verano de 1966, a los Cream, junto a Jack Bruce, en aquel momento con él en los Bluesbreakers, y Ginger Baker, ex Graham Bond Organisation.

Ya desde el principio, el trío tuvo que superar los viejos roces existentes entre

MARQUEE CLUB

Inaugurado el 19 de abril de 1958 en el número 165 de Oxford Street, el Marquee Club se convirtió en uno de los lugares más importantes de la escena del british blues, con los conciertos del conjunto de Alexis Korner y con la aparición de los Rolling Stones, que eran como de la casa y comenzaron a hacerse un nombre abriendo los conciertos de muchas bandas de rhythm'n'blues. Trasladado en 1964 a Wardour Street, el Marquee siguió siendo el local por excelencia de la escena blues londinense, y los Yardbirds de Eric Clapton grabaron aquí en vivo su primer long play.

En la década de 1960 actuaron en el Marquee Who, Led Zeppelin, Jimi Hendrix Experience, Pink Floyd y decenas de otros grupos y artistas, manteniendo en alto el prestigio del local que en los años setenta y ochenta acogió en su escenario a todos los grupos más grandes del blues, del punk y de la new wave hasta otro traslado forzoso en 1988 a Charing Cross Street, que sin embargo ya no le trajo suerte.

los dos exponentes de la sección rítmica; entre Bruce y Baker no corrieron nunca buenas vibraciones, y solo la paciencia de Clapton logró hacerlos coexistir, al menos durante un tiempo. Los tres componentes eran probablemente lo mejor que se pudiera encontrar en el mercado en cada uno de sus respectivos instrumentos: su técnica era superlativa, la personalidad de cada cual muy destacada, y el verdadero secreto, como resultó evidente en seguida, era el de saber gestionar la explosión siempre incipiente del ego de cada uno. El productor Robert Stigwood intentó mantener bajo control la difícil situación, visto que buena parte de la actividad de la banda se desarrollaba en vivo.

En diciembre de 1966 salió el primer trabajo, *Fresh Cream*, un álbum que contenía una formidable versión de «Spoonful» de Willie Dixon, y que desveló al mundo entero la extraordinaria potencialidad rock blues del grupo.

Los Cream se abrieron camino inmediatamente y, sobre todo en los Estados Unidos, obtuvieron un éxito impensable; en 1967 ya estaba listo el segundo álbum, *Disraeli Gears*, que contenía «Sunshine of Your Love» (en el que Clapton inmortalizó con su guitarra uno de los riffs más característicos y explosivos de la historia del rock) y en el que era evidente el paso del blues a los nuevos fermentos psicodélicos del período. Al año siguiente, los Cream volvían a los Estados Unidos y grababan en vivo, en el Fillmore y en el Winterland, un puñado de temas que terminarían en *Wheels of Fire*, álbum doble que contenía una parte grabada en estudio y otra en directo.

Para evidenciar el hecho de que los Cream fueron siempre más un conjunto de solistas que un auténtico grupo (de hecho, fueron el primer supergrupo de la historia del rock), la elección de los temas se realizó justamente para que se exhibiera cada uno de

29 DE JULIO DE 1966 ◀

Los Cream tocan por primera vez en concierto en el Twisted Wheel Club de Manchester.

1 DE OCTUBRE DE 1966 ◀

Jimi Hendrix asiste a una actuación de los Cream en el Central London Polytechnic y pide poder tocar «Killing Floor» con ellos. Clapton, que más tarde se convertiría en su gran amigo, abandona el escenario en mitad del tema impresionado por su brillantez.

25 DE JUNIO DE 1967 ◀

La primera transmisión por satélite en mundovisión, vista por cerca de 400 millones de espectadores, protagonizada por los Beatles, que interpretan «All You Need Is Love» desde los estudios de Abbey Road.

12 DE AGOSTO DE 1967 ◀

Los Fleetwood Mac debutan en vivo en el curso del National Jazz and Blues Festival, en Windsor.

27 DE AGOSTO DE 1967 ◀

Muere Brian Epstein, mánager de los Beatles. Nunca se probó que se tratara de un suicidio, si bien padecía desde hacía tiempo una fuerte depresión.

7 DE SEPTIEMBRE DE 1968 ◀

En Gladsaxe, Dinamarca, se celebra un concierto de los New Yardbirds, dirigidos por Jimmy Page. El solista vocal es Robert Plant, y la sección rítmica está formada por John Paul Jones y John Bonham: pasará a la historia como la primera actuación de los Led Zeppelin.

3 DE JULIO DE 1969 ◀

Hacia medianoche, Brian Jones es hallado exánime en el fondo de la piscina de su mansión de Heartfield, en Sussex. Las continuas tensiones con los otros miembros de los Stones y el hecho de que hace poco que se ha visto obligado a salir de la banda dan lugar a muchas especulaciones acerca de las circunstancias de su muerte.

los virtuosos. Para Jack Bruce se seleccionó «Traintime», para Ginger Baker «Toad», y para Eric Clapton «Spoonful», que con sus larguísimos solos gratificaban a los músicos. «Crossroads», del repertorio de Robert Johnson, representaba la apoteosis final en la que los tres componentes se soltaban en una sesión memorable. Pero en este punto, los Cream ya se habían disuelto virtualmente: las continuas disputas entre Baker y Bruce no disminuían, y Clapton ya tenía en mente nuevos paisajes sonoros. Se había encantado con The Band, el grupo que acompañaba a Bob Dylan, que acababa de publicar «Music from Big Pink», y quería respirar un aire diferente. En cuanto a Cream, quedaba el tiempo justo para un concierto de despedida en el Royal Albert Hall de Londres en noviembre de 1968, tras el cual la superbanda se disolvió, poco más de dos años tras su formación. Entretanto, en los Yardbirds el puesto de Eric Clapton lo había ocupado Jeff Beck, guitarrista creativo y visionario, que hizo volar la banda más allá de cualquier expectativa. La fama del grupo, tras la estela del éxito de «For Your Love», atravesó el Atlántico y recaló en Norteamérica. Pero después ni siquiera un año de gloria, Samwell-Smith lo dejaba y causaba una crisis en el grupo, que pensó en sustituirlo por el guitarrista Jimmy Page que, aunque muy joven, ya había adquirido una gran reputación como músico de sesión. Page se asoció con Beck relegando a Dreja al bajo; con esta formación, los Yardbirds grabaron el 45 rpm «Happenings Ten Years Time Ago / Psycho Daisies», que aparecía en la banda sonora de *Blow Up*, de Antonioni.

A finales de 1966, Jeff Beck se fue para formar una banda propia, y la leyenda de los Yardbirds comenzó una lenta pero inexorable parábola descendente, que concluiría dos años más tarde con su disolución. Page volvió a fundar más tarde el grupo con el nombre de New Yardbirds, dando lugar a una formación que se transformaría pronto en los Led Zeppelin, banda que conservó la matriz blues alterándola para transformarla en hard rock. En los Bluesbreakers, también Eric Clapton fue reemplazado por otro guitarrista de talento.

Se trataba de Peter Green, capaz de dar un nuevo impulso al grupo ya desde el primer trabajo, *A Hard Road* (1967). A partir de aquel momento, el conjunto de Mayall, exactamente como había sucedido con el Blues Incorporated de Alexis Korner, se convirtió en una banda abierta, en cuyo interior se experimentaron algunos de los mejores músicos blues de la nueva generación. De la escena Bluesbreakers se fueron separando músicos que se volvían a asociar bien pronto a formaciones sucesivas. Fue el caso de los Fleetwood Mac, formados en 1967 bajo el impulso de Peter Green y del batería Mick Fleetwood. Se dieron a conocer en el Windsor Jazz & Blues Festival, y muy pronto grabaron sus dos primeros álbumes históricos: *Peter Green's Fleetwood Mac* (1968) obtuvo inmediatamente un gran éxito en Inglaterra, entró en el Top 10 y se convirtió en uno de los clásicos del blues *revival* inglés, pero fue ignorado en los Estados Unidos. Contenía sobre todo versiones de Elmore James, pero también de Robert Johnson y, sobre todo, era una muestra del estilo único de Peter Green. En el curso de una gira estadounidense, al año siguiente, durante una parada en Chicago, los Fleetwood grabaron con algunos de sus héroes, como Willie Dixon y Otis Spann una serie de estándares de blues: pero estas sesiones no se publicaron hasta 1975, con el título de *Fleetwood Mac in Chicago*. El siguiente disco fue *Mr. Wonderful* (publicado en agosto de 1968) que, a pesar de que obtuvo un gran éxito comercial en Inglaterra, resultaba ser una involución estilística con escasos momentos memorables. Con *English Rose*, de enero de 1969, estallaba y, por desgracia, se quemaba inmediatamente el genio de Peter Green. El disco contenía dos temas como «Black Magic Woman» (en el que el guitarrista se abría a nuevas soluciones sonoras), una pieza que en su interpretación por parte de Carlos Santana se convertiría en uno de los temas más populares de la historia del rock, y el instrumental «Albatross». Este último, que se inspiraba en la desconocida «Deep Feeling» (interpretada por Chuck Berry con una steel guitar), se convertiría de inmediato en un éxito internacional, uno de los rarísimos casos de música instrumental que contó con tal suerte. El tema mostraba toda la genialidad de Green: blues, rock, música caribeña y latina se fundían con resultados extraordinarios. Por desgracia, comenzaban también los problemas. Todavía hubo espacio para otro disco, el igualmente formidable *Then Play On*, de octubre de 1969, que contenía otra gema de Green y un nuevo éxito internacional («Oh Well»). El abuso de sustancias alucinógenas minó profundamente la mente del músico que, en 1970, dejó a los Fleetwood por una anunciada carrera como solista que, sin embargo, no llegó a despegar. Con la disolución de la última formación de los Bluesbreakers, Mick Taylor (niño prodigio de la guitarra rock blues, señalado en aquella época por mucha gente como el heredero de Eric Clapton) llegó a sustituir a Brian Jones en los Rolling Stones y puso su zarpa en «Honky Tonk Women», generalmente acreditado como último éxito de la formación original.

> «El blues era una música tan bella y excitante que tocarla
> significaba darla a conocer a la mayor gente posible.»
>
> STEVE WINWOOD

Con el fin de los años sesenta parecía terminar también la gran aventura de los grupos blues ingleses que habrían abierto un nuevo camino en el rock; en realidad solo se había producido el relevo que fue recogido por artistas norteamericanos que mezclaron el blues con la naciente psicodelia y alcanzaron extraordinarios niveles de dilatación del sonido, destinados a abrir un nuevo capítulo de la música rock. Entre los últimos portaestandartes ingleses de este relevo ideal estaban los Ten Years After de Alvin Lee, virtuoso guitarrista blues que hizo de la velocidad la característica peculiar de su estilo. La banda alcanzó el punto más álgido de su carrera dando a la historia la celebérrima «I'm Goin' Home» desde el escenario del festival de Woodstock, en 1969.

EL MAÑANA NUNCA MIENTE

Las formidables carreras paralelas de Beatles y Rolling Stones. Si los primeros son «más famosos que Jesús», y los segundos sienten «simpatía por el diablo», ambos trazan las coordenadas para el futuro del rock.

D espués de la fragorosa explosión mediática de 1964, los Beatles prosiguieron su imparable ascenso gracias a las triunfales giras europeas y norteamericanas y al increíble éxito de ventas de sencillos y álbumes.

Pero al mismo tiempo, la vida del grupo se veía enfrentada en aquel momento a una paradoja insoluble: ante las presiones cada vez más apremiantes de mánagers y discográficas y ante la total ausencia de privacidad, John, Paul, George y Ringo se vieron imposibilitados a llevar adelante su búsqueda musical. No era casual que el último álbum, aparecido a finales de 1964, se titulara provocativamente *Beatles For Sale*, una banda en venta.

El delirio que los rodeaba y la carencia de un equipo técnico que garantizara, frente a las reacciones ensordecedoras de los fans, un resultado sonoro decente en sus conciertos terminó por llenar de frustración a los mismos Fab Four. Después de haber aceptado, aunque a regañadientes, que los directos habían trascendido el aspecto puramente musical, a los cuatro les costaba digerir que sus actuaciones se habían convertido ya en una especie de pantomima. Esta situación afectaba a los cuatro, en particular a John y George. «Help», el tema que daba título a la película que repitió el éxito de la anterior *Qué noche la de aquel día*, se inspiraba justamente en la creciente insatisfacción de Lennon, que no se encontraba nada cómodo en el papel de ídolo de los jóvenes, constante presa de fans y medios de comunicación. Por otra parte, la imposibilidad técnica de

ABBEY ROAD

La famosa carátula del álbum *Abbey Road* de los Beatles, inmortalizaba a los Fab Four mientras atraviesan la calle homónima, en la que se encontraban los estudios de grabación en los que nacieron sus obras maestras. Situados en una elegante residencia del siglo XIX, los estudios fueron inaugurados en 1931 por obra de la Gramophone Company, sociedad que, tras una fusión con la Columbia Gramophone Company, dio vida a la EMI. Destinados principalmente a grabaciones de música clásica, fueron utilizados por primera vez en el ámbito rock por Cliff Richard en 1958. En 1970, después de que saliera el álbum de los Beatles, los estudios adoptaron el nombre de Abbey Road Studios, en honor a la banda que los había inmortalizado. Además de los Beatles, fueron utilizados por numerosos artistas, entre los cuales destacan los Pink Floyd, que crearon aquí sus primeros álbumes hasta el bestseller *The Dark Side of the Moon y Wish You Were Here*. En 2010, el paso de cebra de Abbey Road se incluyó en la lista reservada a monumentos de relevancia histórica, artística y cultural para la nación inglesa.

reproducir en vivo las soluciones de sonido más complejas realizadas en los estudios de Abbey Road por los propios músicos y por su productor George Martin, puso en evidencia una especie de desdoblamiento de identidad artística: de un lado, la banda que tocaba en vivo las habituales (pero ya ingenuas) «Twist and Shout», «Rock and Roll Music» y «I Saw Her Standing There», por otra el grupo encerrado en la sala de grabaciones intentando descubrir nuevos horizontes y sonoridades diferentes, que no se podían proponer en el escenario.

Rubber Soul (1965) testimoniaba perfectamente este desfase creativo.

Pero, como diría el propio Lennon, el álbum señalaría el final del «período tribal e infantil» de los Beatles: temas como «Norwegian Wood», en el que por primera vez aparecía el sitar, «In My Life» o «Nowhere Man» eran claros ejemplos del nuevo camino adoptado por la banda.

El encuentro con Bob Dylan estaba comenzando a dar sus frutos: curiosos y estimulados por los textos de Dylan, los Beatles (y Lennon ante todo) comenzaron a componer nuevas canciones más significativas e intrigantes.

Por su parte, los Rolling Stones se encontraban todavía un paso atrás, demasiado ligados a los esquemas de los *bluesmen*, de los que obtenían no solo inspiración, sino también la casi totalidad de su repertorio. El primer intento de autosuficiencia, fuertemente alentado por Andrew Loog Oldham, fue «Tell Me», un tema que contenía toda la energía y la frescura de su futura grandeza pero que, por desgracia, representaba una feliz excepción entre muchos intentos sin fruto. Fue preciso esperar a *Out of Our Heads*, grabado en mayo de 1965, para percibir un cambio, aunque más potencial que efectivo. En este álbum solo había tres piezas firmadas por Jagger y Richards, pero el sonido era decididamente mejor, más personal y, sobre todo, fruto de una interiorización del blues que,

THE HOUSE AT POOH CORNER

La Cotchford Farm (Hartfield, East Sussex) fue adquirida por el escritor Alan Alexander Milne en 1924. La estructura original se remonta al siglo XVI. La señora Milne aportó numerosas modificaciones, especialmente en el área que acogía los lugares narrados por su marido en las historias del oso Winnie the Pooh. Christopher Robin Milne, protagonista involuntario de los relatos de su padre, era un niño rubio, guapo pero inquieto y problemático: parecía la encarnación de otro joven que, 40 años más tarde, se establecería en aquella misma propiedad. En noviembre de 1968, Brian Jones adquirió la Cotchford Farm. Cuando se trasladó estaba destrozado y en proceso de ruptura con el resto de los Stones, pero en aquel lugar parecía encontrar la serenidad. Por desgracia, murió ahogado en la noche del 2 al 3 de julio de 1969. Desde entonces, los cónyuges Johns, que adquirieron la propiedad, acogieron a visitantes de todos los puntos del planeta, que llegan para volverse niños en los lugares de Winnie the Pooh, o para observar el lugar en el que su ídolo dio vida al Club J27.

finalmente, se expresaba de manera más elaborada. La edición norteamericana del disco contenía «Satisfaction», canción innovadora y personal, un auténtico manifiesto de la insatisfacción juvenil, que regalaba el primer riff de guitarra memorable de Keith Richards. Y que permitió a los Stones abrirse camino finalmente en los Estados Unidos, alcanzando, como en Gran Bretaña, el primer puesto en la clasificación.

El siguiente long play, *Aftermath* (1966), marcó el inicio de la auténtica historia de los Rolling Stones. Fue uno de los álbumes más convincentes del Swinging London, que se presentaba ya ante el mundo entero como «la ciudad de la creatividad permanente», con temas como «Lady Jane», «Mother Little Helper» o «Under My Thumb», destinados a convertirse en clásicos. Todas las canciones de *Aftermath* llevaban la firma de Jagger-Richard, y el nivel de producción ya era bastante bueno. El blues seguía presente, pero esta vez más como alma inspiradora que como estructura métrica. El salto de calidad era tangible, y la caracterización estaba a punto de dar su paso definitivo.

Por su parte, Oldham apretó el acelerador para que los Stones fueran percibidos como banda transgresora y violenta, la exacta contraposición a la imagen de «buenos chicos» de los Beatles. El mánager encontró cualquier recurso posible para pintarlos como «poco recomendables» y, con el fin de provocar este efecto, llegó a mandar colgar carteles con los rostros de Mick, Keith, Brian, Bill y Charlie retratados con expresiones agresivas y acompañados de la pregunta retórica: «¿Dejarías que tu hija saliera con uno de ellos?».

Los Rolling Stones jugaban a este juego, es más, les gustaba, y comenzaban a aparecer en las crónicas de los periódicos por asuntos relacionados con la droga o a causa de sus borrascosas aventuras sentimentales. Desde este punto de vista, el trío fundador (Jones, Jagger y Richards) era el más aguerrido. Wyman y Watts eran más tranquilos, se ocupaban de sus cosas y tendían más a aprovechar el mito de la notoriedad que a alimentarlo.

«Entre Beatles y Rolling Stones siempre hubo comprensión recíproca, complicidad artística, simpatía y amistad.»

KEITH RICHARDS

Tras la estela de cuanto hicieron los Beatles con «Norwegian Wood», los Stones introdujeron el sitar en el sencillo «Paint It Black», testimoniando una primera aproximación al mundo psicodélico que, sin embargo, posteriormente resultó bastante ajeno a la banda.

Por el contrario, con *Revolver* (1966), los Beatles terminaron oficialmente el período clásico y dieron inicio al más experimental, caracterizado por un uso consciente de sustancias estupefacientes para ampliar su percepción sensorial y desarrollar nuevas ideas artísticas. Marihuana y LSD adoptaron un papel determinante y John, Paul, George y Ringo se alinearon, en cuanto a comportamiento y actitud, con los artistas del *underground* londinense y con las extravagancias del movimiento hippy, a pesar de que *Revolver* contuviera baladas preciosas como «Here, There and Everywhere», «For No One» o «Eleanor Rigby», generadas por el mismo formidable talento melódico de McCartney, mostrado ya en «Yesterday» y «Michelle». La total imposibilidad de reproducir en directo temas como «Eleanor Rigby», «Taxman» y «I Want To Tell You» (con complejos arreglos realizados en estudio a través del uso de sobregrabaciones), confirmó los temores expresados el año anterior y llevó a la banda a interrumpir las actuaciones en vivo. También contribuyeron en ello las crecientes preocupaciones sobre la incolumidad de los Fab Four, después de que una entrevista concedida por Lennon a una periodista inglesa se sacara de contexto y se instrumentalizara por parte de la revista estadounidense Datebook, que tituló en su portada: «Los Beatles son más populares que Jesús». La declaración produjo furiosas reacciones: las comunidades religiosas de integristas organizaron cortejos de protesta, los fans decepcionados quemaron álbumes y merchandising de la banda en gigantescas hogueras, mientras que los extremistas del Ku Klux Klan amenazaron con recurrir a la violencia. La gira estadounidense de los Beatles se salvó gracias a una improvisada conferencia de prensa en la que Lennon se excusó públicamente, asegurando que sus palabras habían sido distorsionadas. Pero parecía ya inevitable abandonar la vertiente en directo: el concierto del 29 de agosto de 1966 en el Candlestick Park de San Francisco marcó el final de una serie de agitados eventos que distinguieron la gira de 1966. Fue el final de las actuaciones de los Fab Four.

Tras bajar del escenario, George Harrison declaró: «Ya no soy uno de los Beatles». El futuro de John, Paul, George y Ringo tomaba forma al día siguiente de aquel concierto: en la segunda mitad de 1966, con la certeza de haber llevado a cabo su última gira mundial, los Fab Four emprendieron individualmente otras actividades que enriquecieron sus recorridos formativos, culturales y espirituales. George viajó a la India para acercarse a las tradiciones locales y estudiar el sitar con su maestro Ravi Shankar, John se entregó a una experiencia cinematográfica, Ringo se refugió con su familia en la tranquilidad de la campiña inglesa, y Paul, con la ayuda de George Martin, se concentró en la composición de una banda sonora para un largometraje. A caballo entre 1966 y 1967, la banda se volvió a encontrar en el estudio para grabar dos temas, «Penny Lane» y «Strawberry Fields Forever», concebidos como piezas de un proyecto discográfico más amplio dedicado a los lugares de Liverpool relacionados con los recuerdos de infancia de los cuatro músicos. El proyecto cambió lentamente de dirección y se transformó en el primer trabajo conceptual narrativo-discográfico en la historia de la música popular: *Sgt. Pepper's Lonely Hearts Club Band*.

«Los Beatles salvaron al mundo del aburrimiento.»

GEORGE HARRISON

En un panorama artístico turbulento, en el que las vibraciones psicodélicas dominaban la escena, los Rolling Stones intentaban avanzar al ritmo de la época y, en 1967, publicaron dos álbumes. El primero se titulaba *Between the Buttons*, y era un trabajo poco homogéneo, lejos de lo que podía representar una respuesta europea a la psicodelia californiana. Solo se salvaban, y no por azar, las piezas que mantenían la estructura rock blues de los discos anteriores.

Their Satanic Majesties Request, aparecido pocos días antes de Navidad, era un proyecto creativo sin pies ni cabeza en el que Jagger se proponía como mago de Oz. El mismo Mick, posteriormente, confesaría que el disco había sido fruto de las presiones de los mánagers, y que la banda lo había realizado de mala gana. En efecto, lo único que aproximaba a los Stones con la cultura y el arte psicodélicos era el uso indiscriminado de drogas, que por otra parte les provocó un montón de problemas con la justicia, incluidos registros domiciliarios y arrestos.

Entretanto, las relaciones de liderazgo en el interior del grupo cada vez eran más difíciles: Jones, que sufría de asma psicosomática con crisis que se manifestaban cada vez más a menudo antes de los conciertos, creaba serios problemas a la banda, que con frecuencia debía arreglárselas sin él. La pareja Jagger-Richards, unida por una especie de pacto de sangre, ya no podía más y estrechó el cerco en torno a Brian, al que todos soportaban mal y que cada vez estaba más marginado. A pesar de la amistad con Jimi Hendrix, las relaciones con The Factory de Andy Warhol, o los numerosos y famosos flirts (con Nico y Anita Pallenberg), la antigua autoridad del chico de Cheltenham ya era un pálido recuerdo, y su equilibrio psicológico se había quebrado definitivamente.

Jones, joven frágil de carácter complejo, recurrió a un psiquiatra que lo atestó de fármacos. En busca de sí mismo, emprendió un viaje a Marruecos, donde conoció a los Master Musicians of Joujouka, músicos de una tribu bereber con los que grabó un álbum de mestizaje étnico *avant la lettre*.

En este contexto, el descenso de popularidad de los Stones era notable: la banda decidió prescindir de Andrew Loog Oldham y confiar en un nuevo mánager, el hombre de negocios estadounidense Allen Klein. Con él, los Rolling Stones planificaron el futuro inmediato y apostaron de nuevo por el rock blues, identificando en Jimmy Miller al productor más adecuado para revalorizarlos.

«Jumpin' Jack Flash» (1968) fue el single que los llevó de nuevo al éxito de «Satisfaction», recurriendo de nuevo a aquellos riff de guitarra, enérgicos y majestuosos, destinados a convertirse en su marca de fábrica. El nuevo álbum, *Beggar's Banquet*, de diciembre de 1968, era un trabajo excelente en el que Keith Richards, ya líder absoluto, introdujo sonoridades country y folk que sus amigos Gram Parsons y Ry Cooder le hicieron descubrir y amar. Es el disco que contiene «Sympathy for the Devil», «Street Fighting Man» y «Salt of the Earth», y también es el proyecto en el que se reafirmaba la centralidad del rock blues en su obra. Richards desempolvó sus acordes descarnados y nerviosos, sobre los que Jagger podía expresar toda su rabia. Los textos se apropiaban del *slang* callejero, hablaban de hechos ciertamente más plausibles para la juventud suburbana que para las capas más acomodadas, aunque sin explicitar nunca posiciones radicales o revolucionarias. El 8 de junio de 1969, justamente mientras los Stones estaban grabando *Let It Bleed*, un comunicado de prensa anunciaba que «Brian Jones ya no participa de las elecciones musicales de la banda», y que en consecuencia dejaba los Rolling Stones. La declaración era poco más que una farsa: Jones fue despedido por Jagger y Richards, que ya no podían soportar sus continuas ausencias. La aparición del jovencísimo Mick Taylor (niño prodigio de la guitarra rock blues) en la sesión del mismo *Let It Bleed* significaba que la decisión se había tomado desde hacía tiempo y que solo precisaba resolver las formalidades de la oficialización. De hecho, más allá de la indisimulada relación conflictiva con Mick y Keith, en los últimos meses Brian había sometido a dura prueba su organismo con todo tipo de droga, y ya no ofrecía ningún tipo de garantía ni fiabilidad alguna desde el punto de vista profesional.

Después de retirarse en una mansión de la campiña de Sussex, la Cotchford Farm, que pertenecía a A.A. Milne, creador del oso Winnie the Pooh, Brian Jones fue hallado muerto, ahogado en su piscina, la noche del 3 de julio de 1969.

Su muerte estuvo rodeada por el misterio. Las investigaciones no llevaron a ningún esclarecimiento, e incluso los defensores más convencidos del «complot» (según el cual Brian fue asesinado por alguien perteneciente al entorno de los Rolling Stones) se negaron a testimoniar en la comisaría de policía.

El 5 de julio, tan solo dos días después de su muerte, los Rolling Stones dieron vida a un gran concierto en Hyde Park. Programado con antelación, el evento se transformó en una especie de ceremonia fúnebre, en la que Mick rindió homenaje a la memoria de Brian

leyendo algunos versos extraídos del *Adonais* de Shelley, mientras que desde el escenario se liberaban centenares de mariposas blancas.

El 10 de julio se celebró el funeral, y al día siguiente salió el single «Honky Tonk Women» / «You Can't Always Get What You Want», que marcaba ya el nuevo curso de los Rolling Stones, los cuales, liberados ya de la incómoda presencia de Jones, se sirvieron del talento de Mick Taylor y Ry Cooder para consolidar aquel estilo constituido por rock, blues y baladas que, inaugurado con *Beggar's Banquet*, alcanzaría su ápice al año siguiente en el espléndido *Sticky Fingers*.

UNA GUITARRA PARA LOS STONES

It's Only Rock'n'roll But I Like It acababa de salir. En el álbum participaba también Ron Wood. Justamente sería él quien reemplazaría a Mick Taylor pocos meses más tarde. El 16 de diciembre de 1974 se difundió la noticia oficial de la partida del guitarrista que había entrado en sustitución de Brian Jones. Desde 1969 había contribuido a dar vida a algunos de los álbumes más importantes de la banda (*Let It Bleed, Sticky Fingers, Exile on Main St.*). Formado en la escuela rock blues de John Mayall, Taylor (que cuando entró en los Stones apenas tenía 20 años) demostró inmediatamente su talento innato; para muchos, él era «el nuevo Eric Clapton». Hubo quien dijo que dejar a los Stones fue el error más grande de su carrera; las razones nunca se explicaron, lo cual dejó espacio para todas las interpretaciones: hay quien sostiene que era poco «Stones» para formar parte del grupo, que no hubiera *feeling* con Keith Richards, que la culpa era de Mick Jagger...

MORNING GLORY, EL FENÓMENO BRIT POP

Alguien dijo que «los años noventa no son más que los sesenta invertidos».
En Inglaterra esto es cierto: la década de 1990 parece un revival del Swinging
London, y el rock inglés renace gracias a la música de Oasis, Blur, Stone Roses y
Radiohead.

El atractivo melódico de los Beatles y de los grupos beat de la década de 1960, la fascinación siniestra de los Rolling Stones y las arrolladoras actuaciones en directo de los Who influyeron en una marea de bandas, algunas simples epígonos de los maestros, otras responsables de aportaciones creativas.

A comienzos de la década de 1990, un puñado de artistas aprovechó mejor que nadie esta preciosa herencia, dando vida a una auténtica corriente estilística, el brit pop, que marcaba el renacimiento del rock británico justamente en el período en el que los focos internacionales apuntaban a los modelos del otro lado del océano, en particular a los héroes del grunge. Pero, contrariamente a los rockeros estadounidenses de la Generación X, los grupos brit pop interpretaban temas luminosos, que rebosaban pureza y arrogancia juvenil, un modelo de composición perdido desde los años sesenta.

El final de la depresión económica, a causa de las rígidas medidas de la política thatcheriana, propició que los noventa constituyeran el ejemplo de unas renovadas ganas de vivir, comparables a las de los tiempos del Swinging London. Stone Roses, Oasis, Supergrass y compañía se zambulleron en el límpido mar de la música de los años sesenta, sin olvidarse de recuperar la esencia del rock clásico. La casi total ausencia del componente blues y la utilización, aunque parca, de teclados, junto a una línea vocal traviesa, ya fuera exuberante y descarada, ya fuera refinada y lírica, se consideraron inicialmente indicios de superficialidad y de falta de contenido, en parte porque la

EL CASO MENSWEAR

Los medios de información británicos son insuperables a la hora de construir fenómenos sobre bases efímeras. Como por ejemplo en el caso de los Menswear, banda londinense que, sin haber grabado todavía ni un single y después de una sola actuación en el Smashing Club de Regent Street (aunque en presencia de la prensa y de la gente importante) fue invitada a actuar en el célebre programa televisivo Top of the Pops. Firmó un contrato de 500.000 libras para ceder los derechos de tema que todavía no se habían escrito... El juicio de los medios de comunicación de los Estados Unidos, a propósito de su primer álbum, fue cortante: «el producto perfecto de una banda que es más famosa por haberla visto que por haberla oído...».

escena parecía mostrar desinterés hacia temáticas sociopolíticas. A pesar de ello, las revistas especializadas inglesas, como *New Musical Express* o *Melody Maker*, fueron muy hábiles a la hora de resaltar las bandas nacionales, hasta el punto de atraer la atención del público sobre los artistas en su debut discográfico, o incluso antes, ensalzándolos y promoviéndolos sin temor como «next big thing». Para luego, tal vez, arrojarlo al olvido después de uno o dos años...

Las semillas que dieron origen al brit pop pueden trazarse a finales de la década de 1980, cuando en Gran Bretaña se difundió el fenómeno de las «rave». El sonido que animaba y agitaba estas fiestas de baile y desmadre fue el acid house, un subgénero del dance, nacido en Chicago, que se diferenciaba de este último por una mayor velocidad, un impacto sonoro violento y una actitud casi tribal. Estas reuniones, rudas y hasta violentas, también fueron noticia por las duras reacciones de las autoridades. Y tal vez justamente a causa de las continuas redadas, debidas a las conexiones entre groove electrónicos y uso de drogas sintéticas, las fiestas «rave» salieron del ámbito de sus estrictos adeptos y se convirtieron en una moda transgresora.

Al contrario que en 1962, cuando el impulso hedonista y cultural provenía de Londres y Liverpool, el baricentro de la escena fue el «gris» Manchester, de donde por otra parte ya habían aflorado los Hollies, Herman Hermits y Bee Gees en los años sesenta, Buzzcocks en los setenta y Smiths, Joy Division/New Order en los ochenta. Shows de Dj como los realizados en la Hacienda por el mago francés Laurent Garnier, maestro a la hora de mezclar house de Chicago y tecno de Detroit con trance y jazz, tuvieron una influencia determinante sobre el crecimiento del fenómeno. En la nueva escena urbana, rebautizada «Madchester», se encendieron los motores del brit pop, caldeados por personajes que gravitaban en torno al planeta de la electrónica, como Happy Mondays, pero también por grupos rock como Inspiral Carpets, que anticiparon las propuestas de Charlatans, Stone Roses y Oasis, a su vez fuente de inspiración primaria de los exponentes del período central del género.

> «La escena brit pop se sobrevaloró. Estaba compuesta por un puñado de bandas mediocres que produjeron música ordinaria.»
>
> GAZ COOMBES (Supergrass)

Fools Gold, de los Stone Roses (1989), está considerado uno de los primeros intentos para trasladar la «club culture» al ámbito rock: un estilo vocal relajado y guitarras funky se fundían con disciplinados ritmos de baile. La idea de hacer convivir enfoques instrumentales tan diferentes se sintetizó en el término «baggy», aunque la palabra indica de manera más apropiada las prendas de tallas muy grandes que llevaban los adeptos al género. De todos modos, para que el brit pop adquiriera identidad estilística y organizativa precisa, no bastaba referirse a los últimos años ochenta de Manchester, sino que es oportuno dar un paso atrás y trasladarse a Escocia. En Glasgow, en 1983, Alan McGee, empresario discográfico de la compañía Creation, descubrió Jesus and Mary Chain, que en 1985 grabaron *Psychocandy*, ejemplo manifiesto de pop etéreo envuelto en rotundos muros de *feedback* de guitarras que se eleva hasta el papel de principio y punto de partida para los métodos compositivos de los «shoegazer», músicos hábiles a la hora de tejer melodías audibles sobre un fondo con gran densidad de distorsiones. El batería de Jesus and Mary Chain, Bobby Gillespie, fundaría los Primal Scream, que pasarían a la historia por su innovador *collage* entre rock, electrónica y psicodelia en *Screamadelica* (1991).

1989 fue el año decisivo: los Stone Roses publicaron el homónimo álbum de debut, que influiría a muchas bandas. El estilo del grupo, caracterizado por la personalidad de su cantante Ian Brown y por el enfoque ecléctico y visionario del guitarrista John Squire, casaba de forma magnífica con su intento de modernización y actualización

UNA SINFONÍA AGRIDULCE

Cuando los Verve grabaron «Bitter Sweet Symphony» negociaron la utilización de un sampler de la versión orquestal del tema «The Last Time» de los Rolling Stones, elaborada por su productor Andrew Loog Oldham. Pero al salir el disco, en consideración por el éxito que recabó en todo el mundo, la compañía discográfica ABKCO, que ostentaba los derechos del tema original, exigió que se atribuyera la paternidad de la música a Jagger-Richards, dado que el resultado parecía un plagio más que un simple sampler. Richard Ashcroft, amargado, comentaba: «Esta es la canción más bonita que han escrito los Rolling Stones en los últimos veinte años...», aludiendo al hecho de que los Stones no habían tenido un éxito similar en la clasificación desde los tiempos de «Brown Sugar» (1971).

de las melodías pop de los Beatles, proceso perfeccionado a continuación por los Oasis. Justamente después de haber visto a los Stone Roses en concierto, Noel Gallagher, guitarrista y compositor, decidió formar una banda junto a su hermano Liam, cantante que poseía una voz impecable, tanto a la hora de dibujar melodías muy suaves como cuando se trataba de mascullar letanías descaradas.

El denominador común entre ambos era la inconsciencia arrogante, típicamente «british», que recabó la plena aprobación de los fans del país. Como los Stone Roses, y mejor que ellos incluso, los Oasis de los hermanos Gallagher lograron crear nuevas canciones en la vena melódica de los Beatles, uniendo riffs rollingstonianos con divagaciones guitarrísticas típicas de grupos pop-psicodélicos como los Ride, banda de Oxford que seguía la lección de Syd Barrett y que también debutó para la compañía Creation.

Contratados en 1993 por Alan McGee, los Oasis debutaron un año más tarde con *Definitely Maybe*, un trabajo que desarrollaba el enfoque indie rock de los primeros años noventa. El disco contenía pequeños clásicos como «Rock'n'roll Star», «Live Forever», «Cigarettes and Alcohol» y «Superso-nic». Inmediatamente fue un éxito, pero junto a ellos también eclosionaron los Blur con el álbum *Parklife*: parecía como si reviviera el conflicto que treinta años antes dividía a Inglaterra entre Beatles y Rolling Stones.

El 14 de agosto de 1995 salieron al mismo tiempo los singles de los nuevos discos de Oasis y Blur: el fin del mundo, sabiamente orquestado por la prensa. Los corredores de apuestas aceptaron apuestas sobre cuál de las dos canciones («Country House» de los Blur y «Roll With It» de los Oasis) llegaría a la cima de las clasificaciones. La apuesta la ganarían los Blur, pero al parecer, el single «Roll With It», por un error de los có-digos de barras, aparecía con un número de copias vendidas inferior a la realidad. Los Oasis se propusieron en cualquier caso conquistar Europa y los Estados Unidos con el álbum *(What's the Story) Morning Glory?*, en el que prevalecían las guitarras acústicas y las baladas: temas como «Wonderwall», «Don't Look Back in Anger» y «Champagne Supernova» son joyas pop preciosas, y las comparaciones con los Beatles menudearon por doquier. Por desgracia, en los álbumes siguientes, *Be Here Now* y *Standing on the Shoulder of Giants*, junto a la frescura compositiva aparecían disputas estériles entre los dos hermanos, que llevaron varias veces a los Oasis a actuar sin Noel, con lo que la crea-tividad de la banda flaqueaba.

Los Blur, sus principales rivales, provenían de Colchester, Essex, y a la larga demostra-ron ser un grupo más creíble y cohesionado. El cantante Damon Allbarn y el bajista Alex James tenían una gran personalidad y presencia, mientras que el guitarrista Graham Coxon estaba dotado de una fantasía que le permitía dirigir el grupo hasta los territorios más originales y psicodélicos. Después de la cumbre compositiva representada por el álbum *Parklife*, la banda abandonó las vías del brit pop para dedicarse a una música ex-tremadamente influida por el lo-fi norteamericano de grupos como los Pavement.

Otra banda significativa que ejerció de pionera del género fueron los Charlatans, cuya originalidad venía determinaba sobre todo por la utilización del órgano Hammond que, en la economía del sonido, revestía una importancia equivalente a la de las guitarras. El cantante, Tim Burgess, presentaba una notable semejanza tímbrica (y física) con Liam Gallagher e Ian Brown, lo cual contribuyó en un principio a asimilar su sonido en la nue-va corriente musical británica.

«Una gran canción es intemporal, y "Bitter Sweet Symphony" es
una obra de arte moderno.»

RICHARD ASHCROFT

Otras bandas que siguieron la estela del éxito del brit pop fueron Elastica, Kula Shaker, cuyo sonido se caracterizaba por la pasión por la psicodelia, Ocean Colour Scene, que se inspiraban claramente en la filosofía mod y en los matices soul de los Small Faces y de los Jam de Paul Weller, los Pulp de Jarvis Cocker, activos ya durante los años ochenta, desde donde se trajeron consigo reminiscencias new wave, y los Cornershop, guiados por el genial Tjinder Singh y autores de un pop desenfadado combinado con ritmos dance, cuya canción más emblemática era, sin duda, «Brimful of Asha», en la que aparecía un sitar que parecía un homenaje a George Harrison. Finalmente, los Verve, cuyo cantante Richard Ashcroft poseía una voz cautivadora y profunda, una de aquellas voces que marcan la diferencia en una banda de rock. Enamorados del northern soul de Nick Drake, de los Stone Roses y de los Rolling Stones, los Verve alcanzaron el éxito en 1997 con *Urban Hymns*, el álbum que los dio a conocer en todo el mundo gracias al tema «Bitter Sweet Symphony», una especie de largo blues revisado en clave moderna, con violines dominando la escena. Siguieron un par de éxitos, ante todo el single «The Drugs Don't Work» (número uno en la clasificación en el Reino Unido), pero la banda se disolvió poco más tarde a causa de tensiones y conflictos internos. Este problema fue bastante común entre las bandas brit pop, que después de haber obtenido, acaso solo gracias a un puñado de conciertos, contratos discográficos, portadas de revistas y éxito a escala nacional o europea, no lograron volverse a situar en los niveles de sus respectivos comienzos. No es casual que los únicos capaces de mantener un estándar duradero tanto en lo referente a público como a crítica fueran los Radiohead. La banda nació en el ámbito de la escena brit pop a comienzos de la década de 1990, pero con *OK Computer,* evolucionó hacia temas y contenidos diferentes, que denunciaban influencias heterogéneas que iban desde el Miles Davis de *Bitches Brew* hasta los Beach Boys de *Pet Sounds*, pasando por los Beatles de «A Day in the Life». Los Radiohead demostraron ser el grupo inglés más original y alejado de los esquemas y, justamente por este motivo, lograron recabar la apreciación en los Estados Unidos, convirtiéndose en una de las bandas más influyentes entre finales de la década y comienzos de la siguiente. De este modo emergió a la superficie la auténtica ruptura con el beat inglés de treinta años antes; los grupos de la época, combinando una

DAMIEN HIRST: LOS ORÍGENES BRIT POP

A mediados de la década de 1990, en Gran Bretaña, el brit pop era un fenómeno tan arraigado que se extendió al arte, dando vida a la corriente artística que adoptaría el nombre de «brit art». Al frente de los Ybas, grupo de creativos que desarrolló sus propias obras inspirándose en la música brit pop, estaba Damien Hirst, poliédrico artista de mente empresarial. Cuando en 1995 dirigió el vídeo de los Blur «Country House», el vínculo entre brit pop y brit art quedó consolidado. Hirst realizó las obras de aquel período pintando sobre una superficie circular en rotación, como si fuera un vinilo sobre el tocadiscos. Su vínculo con la música lo impulsó a crear una etiqueta discográfica.

En 2004, Hirst se convirtió en el artista vivo con las cotizaciones más elevadas, tras Jasper Johns. Hoy se le conoce sobre todo por sus obras altamente controvertidas, que han movilizado a los ambientalistas de todo el mundo, protagonizadas por animales muertos. Hirst responde a las críticas aclarando su objetivo: «Lo que importa no es el arte, sino el shock que provoca».

indiscutible calidad de ejecución y un aspecto transgresor con una creatividad que a menudo desembocaba en propuestas estilísticas inéditas, invadieron literalmente el Nuevo Mundo. Por el contrario, sus «nietos» no fueron capaces de exhibir una apariencia nueva, compacta, intransigente e inconformista.

En cualquiera de los casos, el peso que asumió el fenómeno en aquellos años es indiscutible. El término brit pop fue uno de los más usados por Djs y por la prensa, hasta el punto que el New Musical Express, semanario musical, escribió en sus páginas: «En una semana en la que los medios de comunicación dedican mucho espacio a las amenazas bélicas de Saddam Hussein, que está preparando armas nucleares, y a las masacres de niños en Bosnia, la prensa musical parece vivir en otro mundo y se está volviendo loca por el brit pop». Por otra parte, la ya citada «batalla» entre Oasis y Blur representaba el enfrentamiento entre la Inglaterra del Norte y la Inglaterra del Sur, desplazando el

---

AA.VV
Hoochie Coochie Men: A History Of UK Blues
(Indigo, 2003)

Una bonita caja de 4 discos que recorre en un centenar de temas el nacimiento y la evolución de la escena blues inglesa, de Alexis Korner a las declinaciones más modernas, pasando por Yardbirds, Pretty Things, Jeff Beck, Eric Clapton y decenas de protagonistas más.

THE BEATLES
Please Please Me
(Parlophone, 1963)

La primera demostración de la genialidad de los Beatles, que se presentaban en LP con temas que han marcado época, como «I Saw Her Standing There» y covers como «Twist And Shout», que recuperaban toda la carga transgresora del primer rock'n'roll.

THE ANIMALS
Absolute Animals 1964-1968
(Raven, 2003)

Espléndida recopilación que recorre los episodios esenciales de la carrera de los Animals, desde la imprescindible «House of the Rising Sun» hasta sus personales versiones de los clásicos blues, pasando por la desviación psicodélica de Eric Burdon.

THE BEATLES
Rubber Soul
(EMI, 1965)

Los Beatles se hacen adultos como también su música. La influencia del folk-rock norteamericano de Bob Dylan y los Byrds resulta evidente, pero la mano de Lennon y McCartney es inconfundible en obras maestras como «Norwegian Wood», «Nowhere Man» o «In My Life».

THE KINKS
The Kink Kontroversy
(Warner, 1965)

Fue el disco que unió la rabia rock de sus primeros singles con las sofisticaciones pop de los álbumes conceptuales que seguirían. La capacidad compositiva de Ray Davies muestra un perfecto ejemplo de su visión de amplio espectro.

THE WHO
The Who Sings My Generation
(Brunswick, 1965)

El grupo líder de la escena mod muestra todas sus ganas de rebelión y el ímpetu sonoro que los distinguía. Principalmente en los himnos «My Generation» y «The Kids Are Alright».

THEM
Them
(London, 1965)

Arrolladores, irreverentes, exuberantes. Los irlandeses Them no

triunfaron en las clasificaciones pero pudieron jactarse de poseer una serie de singles impresionante: «Gloria», «Here Comes The Night», «Mystic Eyes» y «Don't Look Back».

THE ROLLING STONES
Big Hits (High Tide & Green Grass)
(Decca, 2002)

Excelente recopilación de éxitos del período 1964-1966, comenzando con «Not Fade Away», primer tema en entrar en las clasificaciones, y hasta «19th Nervous Breakdown», pasando naturalmente por la explosión atómica de «Satisfaction», el tema que los consagró en el firmamento rock.

THE BEATLES
Revolver
(Emi, 1966)

Un paso más en el disco que inventaba la canción pop moderna –con «Eleanor Rigby», «Here, There and Everywhere» y «Taxman». Muy notable la divagación psicodélica de Lennon en «Tomorrow Never Knows».

SPENCER DAVIS GROUP
Second Album
(Fontana, 1966)

La mezcla de blues, R&B y rock'n'roll convirtió a este grupo en uno de los más innovadores y excitantes del período, gracias sobre todo al talento del poliins-

fenómeno también en un terreno social. Los Brit Awards de 1996 fueron una celebración del brit pop y no hicieron más que alimentar la disputa. Cuando los Oasis batieron a los Blur como mejor grupo británico, los hermanos Gallagher escarnecieron a sus rivales cantando una versión ebria de «Parklife», con Liam Gallagher cantando «Shit-life». Los Oasis obtuvieron también el premio por el mejor álbum británico y el mejor vídeo clip. Entretanto, Paul Weller ganó el premio de «Best Male Artist» (por segundo año consecutivo) y los Supergrass el «Best Breakthrough Act». Jarvis Cocker, de los Pulp, se hizo notar invadiendo el escenario durante la actuación de Michael Jackson; fue arrestado y luego liberado.

Cuando en 1995 el término brit pop se incluyó en el Oxford English Dictionary, el peso de lo que los medios de comunicación habían definido como «la tercera invasión británica» en la cultura musical quedaba así certificado.

trumentista y cantante Steve Winwood.

SMALL FACES
The Small Faces
(Deram, 1966)

Una de las bandas más rudas del movimiento mod, que aquí presentaban todos sus primeros y mejores singles, incluido su tema más conocido, «Sha-La-La-La-Lee».

JOHN MAYALL
& THE BLUESBREAKERS
Bluesbreakers with Eric Clapton
(Deram, 1966)

La consagración del british blues con el veterano John Mayall y el joven Eric Clapton, que después de esta grabación se convirtió en el «Dios» de la guitarra. Entre todos los temas, «Rambling On My Mind» introdujo en el rock la música del legendario *bluesman* Robert Johnson.

TRAFFIC
Mr. Fantasy
(Island, 1967)

Una de las propuestas musicales más innovadoras de la década, en la que jazz, blues y rock se mezclaban con gusto psicodélico. El tema «Dear Mr. Fantasy» fue su apoteosis.

CREAM
Disraeli Gears
(Polydor, 1967)

El rock-blues que emergió en la psicodelia y anunciaba con fragor el hard rock por venir. Este disco contenía temas que son clásicos de todos los tiempos, como «Disraeli Gears», «Sunshine Of Your Love» y «Tales Of Brave Ulysses».

FLEETWOOD MAC
Peter Green's Fleetwood Mac
(Blue Horizon, 1968)

El british blues de finales de la década con el debut de los Fleetwood Mac que reveló a Peter Green como excelente e innovador guitarrista y también como autor de canciones.

THE ROLLING STONES
Beggars Banquet
(Decca, 1968)

Tras el abandono de Andrew Loog Oldham, los Stones realizaron un disco que ya no representaba tan solo una serie de sencillos reunidos en el mismo vinilo, sino una especie de álbum conceptual *avant la lettre*, centrado en la maldición y en la rabia.

LED ZEPPELIN
I
(Atlantic, 1969)

Hard blues que recogía la lección de los grandes guitarristas de la década (Jimi Hendrix, Eric Clapton y Jeff Beck) con memo-

rables riffs y ritmos insistentes, y que influyó en el rock que luego dominaría la siguiente década.

THE ROLLING STONES
Let It Bleed
(Decca, 1969)

La oposición entre Stones y Beatles aparecía ya en el título de este álbum: «Déjalo sangrar», como toda respuesta al «Déjalo vivir» (*Let It Be*) de los Fab Four, es ya un auténtico manifiesto de la inquietud que caracterizaba su música.

OASIS
Definitely Maybe
(Epic, 1994)

De repente, en el panorama rock de la década de 1990 volvieron a dejarse oír de forma imperiosa las melodías pop típicas de los Beatles. Un puñado de joyas pop (casi) perfectas como no se oían desde hacía mucho tiempo.

BLUR
Parklife
(Food/Sbk, 1994)

Los rivales de los Oasis. Sin embargo, los Blur tenían una visión más amplia, que celebraba la gran temporada del rock inglés de la década de 1960, desde los Kinks hasta los Small Faces, ampliándose hasta experiencias más recientes, como el punk y la new wave.

Nueva York, Braddock Hotel, esquina entre la calle 126 y la Octava avenida. Estamos en el corazón de Harlem, a pocos metros del Apollo Theatre, el templo de la black music. Ahmet, hijo del embajador turco en los Estados Unidos, y su socio Herb, han creado un negocio.

Habían contratado a una promesa del rhythm'n'blues, un pianista ciego que acompañaba al *bluesman* Lowell Fulson. Los dos empresarios discográficos, habían dado vida unos años antes a la Atlantic Records, etiqueta independiente capaz de publicar a grandes del jazz (Dizzy Gillespie), fabulosas vocalistas (Sara Vaughan), o a maestros del sonido de Nueva Orleans (Professor Longhair). Después de firmar un contrato con Big Joe Turner y Ruth Brown, fijándose en la naciente escena rhythm'n'blues, aquel día de febrero de 1952 ambos se aseguraron a uno de los talentos más puros de la música estadounidense, Ray Charles. Que les compensó toda su confianza.

Con «I Got a Woman» primero y «What I'd Say» más tarde, «Brother Ray» abrió el camino a una nueva fase de la black music. El rhythm'n'blues inventado por Jerry Wexler, el productor preferido de Ahmet Ertegun, en un plazo de unos diez años se convertiría en la soul music, la música del alma, una extraña mezcla racial que producía riqueza recíproca y una explosión cultura extraordinaria. Que por una parte contribuía al éxito de la lucha por los derechos civiles de los negros y por la otra creaba un proceso de integración hasta ahora impensable.

«Un día, todos reconocerán que blues, góspel, jazz y soul han sido el corazón y el alma de la música popular del siglo xx.»
QUINCY JONES

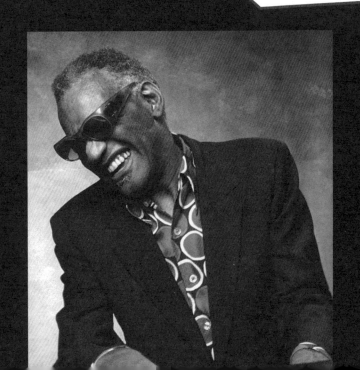

RESPECT

RHYTHM'N'BLUES Y MÚSICA SOUL

Orígenes y ascensión
de la Black Music

> «Soul significa coger una canción y procurar que forme parte de ti, una parte tan sincera y real que la gente pueda pensar que realmente es tuya.»
>
> RAY CHARLES

LA MÚSICA DEL ALMA

En las raíces de la soul music: la urbanización del blues, los grupos vocales, el rhythm'n'blues inventado por Jerry Wexler y la revolución laica de Ray Charles.

El mejor modo de adentrarse en los meandros de la black music es olvidarse de las etiquetas que, desde siempre, se han intentado colgar a las diferentes evoluciones que esta música ha producido a lo lago de los años, en función de quién las tocaba o del lugar en que nacían. Sería mejor, seguramente, hacer referencia al término «race records», es decir, «discos de la raza», por muy descalificador y despectivo que pueda sonar el término. Porque, en el fondo, esta fue la «marca» con la que, hasta finales de los años cuarenta, se comercializaba la black music entre el público negro, a través de canales particulares que la industria discográfica había elegido respecto a la distribución normal. Este enfoque, aun recordando uno de los períodos más oscuros de la historia social norteamericana, caracterizada por el racismo y la injusticia más grande, ayuda cuanto menos a que no haya confusión.

El blues que nació en el aislamiento de las grandes plantaciones del Sur, después de la Primera Guerra Mundial y todavía más después de los años de la Gran Depresión y de la Segunda Guerra Mundial, fue embocando un proceso de urbanización dictado por la necesidad de una mano de obra que pudiera hacer frente a las demandas del gran esfuerzo bélico. Los músicos negros, que acompañaron esta migración hacia las grandes ciudades industriales del norte, descubrieron pronto las ventajas de la electrificación de los instrumentos e imprimieron a sus melodías una sonoridad y un ritmo anteriormente imposible de obtener, si no era con la utilización de las grandes orquestas. Esta música salía por primera vez del melting pot de los «race records» gracias a Jerry Wexler, crítico musical de Billboard y futuro deus ex machina de la etiqueta Atlantic. Y fue él quien la bautizó como «rhythm'n'blues».

> «No cambié el nombre a los race records porque, como judío,
> me identificara con una clase inferior. Yo era una clase inferior.»
>
> JERRY WEXLER

Bajo este nombre se impusieron en las clasificaciones personajes muy diferentes entre sí como John Lee Hooker, Muddy Waters, T-Bone Walker, Big Joe Turner, Amos Milburn, Louis Jordan, Wynonie Harris y muchos más, cada uno con su propia individualidad y su propia influencia, a menudo dictada por las modas en vigor en la ciudad en la que habían crecido. Serían las casas discográficas independientes, que comenzaban a tener una importancia fundamental en este campo, las que crearon las peculiaridades de estilo. El jazz, el góspel y el boogie woogie serían tan solo algunos aspectos que caracterizarían al rhythm'n'blues. En este impulso de modernidad, en los años a caballo entre los cincuenta y los sesenta, comenzaba a dibujarse también otra estructura sonora, en este caso solo vocal, que se concretaba en general como cuarteto y que, aunque seguía alimentándose del góspel, desarrolló ya ciertos rasgos que hacían pensar en el carácter desenfadado típico del pop. Tras la estela de lo que habían hecho los Mills Brothers y los Ink Spots, grupos que sin embargo seguían anclados sólidamente en el jazz como referencia expresiva, comenzaron a distinguirse formaciones que apostaron no solo por el efecto vocal, sino también por el escénico, ciertamente todavía muy comedido pero coqueteando ya con un cierto carácter físico. Entre estos destacaron los Ravens, capaces de jugar con la capacidad de sentir emoción del timbre bajo de Jimmy Ricks y de dar a su base rhythm'n'blues un sabor particularmente intenso. Pero también los Orioles, centrados también en la vocalidad vehemente del solista Sonny Til, los Do-

minoes, con sus líderes Clyde McPhatter y Jackie Wilson, brillantísimos a la hora de ofrecer cierta intriga con los registros altos y de convertirse en modernos *crooners* después de haber elegido la carrera como solistas, o los Clovers, capitaneados por John «Buddy» Bailey, capaces de despojarse de la capa de seriedad interpretativa que imponía el legado del góspel. Estos grupos tuvieron el mérito de apartarse por primera vez de la nostalgia del «downhome» para proponer nuevos modelos de identificación. En el plazo de unos pocos años, hacia principios de los cincuenta, estos grupos ajustaron cada vez más el tiro desde el punto de vista musical, aportando a sus repertorios tonalidades más frescas y cautivadoras. Quizás sin siquiera darse cuenta de ello comenzaron a mezclar con una desenvoltura cada vez mayor los aspectos religiosos del góspel con los profanos del rhythm'n'blues más genuino, creando una ambigüedad sin precedentes. Ya no era fácil comprender si se trataba de canciones de amor o de himnos religiosos, si la referencia de la segunda persona del singular (como sugiere Peter Guralnick en su famoso ensayo *Soul Music*) era tú o Tú.

DOO-WOP
LA FASCINACIÓN DE LA VOZ

El fenómeno se impuso a mediados de la década de 1950, tomando como modelo los grupos vocales de la década anterior que habían profesionalizado la tendencia, en auge entre los afroamericanos, de cantar a varias voces en las esquinas de las calles. Una de las peculiaridades de esta «street music» fue el uso de la voz que intentaba suplir los sonidos y ritmos de los instrumentos de los que estos grupos carecían. El término «doo-wop» es onomatopéyico: representa el sonido de los instrumentos de viento constituido por estas imitaciones. Las melodías, simples y cautivadoras, acompañaban textos de amor empalagosos. El éxito de este estilo, apreciado también por el público blanco, contribuyó de manera nada desdeñable a una primera forma de integración racial.

Quien resolvería el enigma, con la fuerza de los fueras de serie, sería Ray Charles, un joven pianista que, después de haberse formado proponiendo una música fuertemente influida por Nat King Cole y Charles Brown, recaló en Atlantic y en 1954 sacó el tema «I've Got a Woman», que escandalizó al mundo religioso del góspel y en cambio ponía de relieve el secular del rhythm'n'blues. Ray llevó a cabo una operación estructural de la máxima simplicidad: utilizaba versos profanos, no necesariamente muy organizados en forma de canción propiamente dicha, y los adaptaba a un góspel tradicional de fuerte ritmo. Lo que primeramente era la exacerbación del mensaje divino se convertía ahora en exaltación del sexo y de las necesidades materiales que el joven negro deseaba desde siempre. Los clásicos esquemas del blues se vertían inconscientes en las melodías góspel más encendidas, generando una mezcla explosiva y excitante que ya sería irreversible. El mundo negro conservador reaccionó mal, Ray Charles fue tildado de traidor y blasfemo, acusado de utilizar la tradición religiosa con la única finalidad de conseguir el éxito. Incluso hubo músicos de estudio que se negaron a prestar su obra a una operación tan impúdica, pero el gran público de color estaba de su parte y compró en masa sus discos, que obtuvieron un éxito extraordinario. A pesar de que reinara mucha ambigüedad, la suerte ya estaba echada, y la evolución de la música negra estaba destinada a caminar junto a la reivindicación de los derechos civiles de la gente de color que se preparaba ya para cambios legendarios.

«Nací con la música dentro: es una parte de mi cuerpo, como la sangre, el corazón, el hígado. Hacer música es una necesidad vital, como beber o comer.»

RAY CHARLES

El proceso de urbanización que implicó a millones de afroamericanos cambió la manera de ver las cosas. La realidad de la ciudad destruyó en parte el concepto de comunidad en torno a la cual el viejo Sur agrícola había construido su cotidianidad, constituida por cosas simples que giraban en torno a la familia, el trabajo o la iglesia. En la gran metrópolis, la familia patriarcal se dirigía a una disolución veloz, el trabajo en los campos, con sus cadencias estacionales era reemplazado por el trabajo en la fábrica, donde los tiempos frenéticos dependían del mito de la eficiencia productiva, y la Iglesia ya no era capaz de ejercer la misma atracción en un contexto en el que las salas de baile, la música profana y otras diversiones representaban sirenas demasiado atractivas para las jóvenes generaciones. La posibilidad de encuentros promiscuos que la ciudad proporcionaba en comparación con el campo se vio enormemente amplificada; el problema, en realidad, era el de ganar el dinero suficiente para aquellas distracciones que parecían no tener límites. Los negros jóvenes querían emanciparse de sus familias de origen y excavaban un surco cada vez más profundo entre pasado y presente, entre tradición y modernidad. Desde el punto de vista musical, el blues se seguía viendo como herencia de la esclavitud, como expresión de una pasividad que ya no podía aceptarse. Los intereses se movían ahora hacia nuevas tendencias más laicas que ofrecían nuevos ritmos y nuevas energías que se dirigían hacia otra toma una nueva toma de consciencia social y racial.

> «Comencé cantando en la iglesia. El altar fue mi primer escenario: estas son mis raíces, y me siento orgulloso de ello.»

ARETHA FRANKLIN

Los años cincuenta representaron, desde este punto de vista, un momento fundamental, en el que maduraron los presupuestos de emancipación y la convicción de tener derecho a un trato civil equitativo, que estallaría con gran vehemencia en la década siguiente. Los mítines de Malcolm X y de Martin Luther King, aunque con diferentes estrategias de acción, sensibilizaron a la opinión pública de color a propósito de sus derechos y crearon una agitación que también se percibió desde la música. En aquellos años, los inmigrantes afroamericanos de segunda generación, establecidos sobre todo en los centros industriales del Norte, abandonaron por completo las nostalgias del blues rural para crear ritmos que coincidían de manera más coherente con la vida frenética en la que vivían. En Chicago, ciudad emblemática de esta evolución, comenzó el ocaso del Southside blues en favor del Westside en el que se movían músicos como Buddy

MUDDY WATERS
y el blues de Chicago

Después de la Segunda Guerra Mundial, a consecuencia de la fuerte inmigración negra en las grandes ciudades del Norte, se desarrolló una nueva forma de blues que, gracias en parte a la electrificación de los instrumentos, se adaptó a un estilo de vida más neurótico en comparación al de la campiña del Sur. Chicago fue la metrópolis más receptiva, y Muddy Waters su profeta. Él fue el primero en intuir la potencialidad del blues eléctrico y en crear una banda capaz de imprimir nuevas coordenadas a la «música del diablo». Por su grupo pasaron algunos de los guitarristas e intérpretes de armónica más grandes del Chicago eléctrico, personajes como Jimmy Rogers, Buddy Guy, Little Walter, Walter Horton y Junior Wells. En la sección rítmica, particularmente apreciada, participaron músicos como Otis Spann al piano, Willie Dixon al bajo y Fred Below en la batería. El auténtico antagonista de Muddy fue Howlin' Wolf, de estilo más agresivo y rompedor, que podía jactarse de contar en su banda con el gran guitarrista Hubert Sumlin. Por las bandas de estos dos gigantes pasaron los mejores músicos de la ciudad.

Guy, Junior Wells, Otis Rush, Magic Sam o Louis Myers, que se expresaban creando con sus guitarras sonidos desgarradores perfectamente acordes con la neurosis de la ciudad y con la recaída en la cotidianidad. Músicos más cultos y políticamente más conscientes llevaron el jazz hacia la expresión *free*, que constituyó una extraordinaria forma de elaboración que se liberaba de la melodía en favor de la improvisación, mientras que otros artistas comenzaban a concebir una música que evolucionaba hacia una dimensión más liberadora, que en ciertos aspectos asumía incluso un auténtico sentido de rebelión frente a la injusticia y el conformismo. Fueron años de gran efervescencia creativa que, en el mundo de música, evidenciaron la genialidad de un número cada vez más amplio de artistas de color. Una creatividad que ya no podía ser ignorada, entre otras cosas porque comenzaba a intrigar a una parte nada desdeñable de público blanco juvenil. La revolución musical que se estaba produciendo ya no interesaba tan solo a los negros, sino que se convertía en un fenómeno norteamericano que se daba a conocer al mundo y ayudó a estigmatizar por todas partes la explosiva situación racial que se estaba viviendo en el país que se autoproclamaba «el más democrático del mundo». El período entre 1953 y 1957 se caracterizó por el primer mandato presidencial de Eisenhower, durante el cual la clase media norteamericana alcanzó un extraordinario desarrollo que permitió gozar de un bienestar nunca alcanzado anteriormente.

Los hijos de esta América blanca y feliz se encontraron pues con la posibilidad de disponer de sumas regulares de dinero que, paradójicamente, no sabían cómo gastar porque hasta entonces el mercado había pensado sobre todo en satisfacer las exigencias de un público adulto y con poder adquisitivo. Los jóvenes descubrieron bien pronto que la música podía ser un placer consumible en grupo de manera promiscua y capaz de proporcionar respuestas inesperadas a sus primeras turbaciones amorosas. Todo ello incentivaba a las casas discográficas a encontrar propuestas cada vez nuevas que pudieran satisfacer tanto las demandas más recreativas como las más comprometidas, capaces de prospectar horizontes de mayor libertad y de liberación frente a los estereotipos hasta entonces dominantes. El rhythm'n'blues propuesto por cuartetos de color, todos ellos impecables en el modo de vestir y en su melódica simplicidad vocal, por primera vez comenzaba a interesar no solo al público negro, sino también a una multitud cada vez más significativa de blancos a los que no les parecía mal ir a bailar al ritmo de sus canciones.

EN EL NOMBRE DEL PADRE

Los primeros cantos religiosos, los espirituales, hasta que la «palabra del Señor», el góspel, se hiciera música. Más tarde, lo sacro y lo profano se funden, agradando a blancos y negros: el caso de Sam Cooke.

El «espiritual» ha acompañado al pueblo afroamericano desde sus formas artísticas más remotas.

Si los «cry», los «field holler» y los «shout» (es decir, los diferentes tipos de comunicación oral en los campos de trabajo) fueron las primeras formas laicas que cultivaron los hombres de color, los espirituales representaron la quintaesencia de la expresión religiosa, los primeros cantos de componente negro creados para la iglesia de los amos blancos.

Los rudimentos de cristianismo impartidos a los esclavos tenían la doble función de crear el temor a una nueva divinidad y de proporcionar, a través de un comportamiento correcto, la garantía de una compensación en la vida del más allá. En concreto, aquel era el modo para aconsejarles a trabajar y a no crear problemas al amo de la plantación. Las necesidades más inmediatas de los fieles negros, junto a la limitada cultura de los predicadores a menudo improvisados, terminaron por simplificar el mensaje bíblico y reforzar los aspectos míticos relacionados sobre todo con personajes del Antiguo Testamento, como Moisés, Sansón y Ezequiel, que maravillaban con sus gestas, hasta el punto de terminar citados en centenares de cantos religiosos. De esta manera, el negro podía encontrar en la religión todos los ingredientes para identificarse, obteniendo al mismo tiempo el consuelo de la promesa de una compensación final. Reconocerse en el pueblo de Israel que regresaba a la patria huyendo de la esclavitud del faraón, con la teatral apertura de las aguas del mar Rojo, fue un recurso adoptado por el pueblo afroamericano y constituía una esperanza tan fuerte que se compartía públicamente con la creación de cantos que se basaban en una metáfora evidente para todos. Este

EL PRIMER ESCENARIO: EL ALTAR

Desde las primeras deportaciones esclavistas, la Iglesia desempeñó un papel fundamental para el pueblo afroamericano, calmando sus ansias y canalizando sus sueños y expectativas. No se puede comprender la evolución de la música negra si no se considera el sentimiento de religiosidad que la Iglesia inculcó en las consciencias de toda la comunidad de color. Es más: gran parte de los que luego destacarían en el góspel, en el soul, en el rhythm'n'blues e incluso en el rock'n'roll recibieron el bautismo artístico en los coros de las misas dominicales. Todo artista negro que se preciara debió emanciparse posteriormente de aquella primera vocación y vérselas con las contradicciones que se derivaban. Arrepentimientos repentinos y conversiones que se producían en el curso de una brillante carrera a menudo fueron el peaje a pagar a la llamada de Dios.

universo fabuloso al que los negros podían acceder mediante la nueva religión también era un medio para no separarse de las viejas creencias africanas, ricas en un imaginario y una metafísica que obviamente ni siquiera se podía manifestar delante de los amos blancos. La religiosidad vivida como hecho emocional fue probablemente la mayor contribución que África dio a la cultura negroamericana y, en el clima de represión propio de la esclavitud, la tensión emotiva que se descargaba en la religión se convirtió en un factor todavía más importante, que contribuyó a dar forma a las primeras estructuras de su musicalidad. En algunas iglesias baptistas y metodistas del Sur todavía se logra captar esta extraordinaria capacidad para dejarse envolver cuando el oficiante, que también interpreta las partes musicales del servicio religioso, logra estructurar su sermón comenzando lentamente y en voz baja, para luego crecer en intensidad y terminar de manera frenética, siguiendo el clásico modelo ceremonial de pregunta y respuesta durante el cual recibe el estímulo continuo de los fieles.

Los espirituales estaban llenos de esta pasión y, aunque ya no podían prescindir de influencias ambientales como lengua, ritmo y melodía, lograban alterar estos factores según su tradición más remota. El hecho de cantar un texto sobre una melodía de origen europea con aquel inglés estrafalario, que derivaba de un intento de reproposición fonética, y no de lectura canónica, contribuyó a adaptar la música al idioma negroamericano. Como sugiere Amiri Baraka en su fundamental ensayo *El pueblo del blues*: «Poco importa que existan semejanzas superficiales entre un *spiritual* y su fuente original blanca porque, cuando el canto se ejecutaba, se convertía en un auténtico canto negro. El famoso himno cristiano "Climb Jacob's Ladder" es totalmente diferente cuando en una iglesia negra se transforma en "Climin' Jacob's Ladda". El ritmo sincopado, la polifonía, los acentos desplazados, así como la alteración de las cualidades tímbricas y los efectos de vibrato de la música africana sirven para transformar muchos himnos blancos en espirituales negros. La música religiosa negra recurría a los mismos rags, blue notes y stop times que posteriormente tendrían tanto relieve en el jazz.»

Conocida como la Reina del góspel, Mahalia .
son fue una proclive activista de derechos ci

En los espirituales se pueden identificar al menos tres categorías estructurales. La primera está constituida por los cantos que parecen inspirados en una especie de rapto místico, cuyo ritmo aparece marcado por un desarrollo lento y lastimero, como sucede en «Sometimes I Feel Like a Motherless Child», «Go Down Moses», «River Deep», «Ev'ry time I Feel the Spirit», «Swing Low Sweet Chariot», «Nobody Knows the Trouble I've Seen», clásicos que han terminado en una especie de imaginario colectivo del spiritual.

La segunda clase se presenta como canto antifonal o responsorial, en el que a los versos cantados por el solista responde un coro al que se confía el estribillo. En este caso, el aspecto rítmico es más marcado y está subrayado por estereotipos adicionales como las palmas o el rítmico balanceo del cuerpo («The Battle of Jericho», «The Great Camp Meeting», «Shout For Joy»).

> «El blues es la música de la desesperación, el góspel la de la esperanza.»
>
> MAHALIA JACKSON

La tercera forma de espiritual se propone finalmente alabar al Señor, y es una expresión más gozosa que las anteriores, con reclamos rítmicos, a menudo improvisados, como sucede en «Little David Play On Your Harp» y «All God's Chillun' Got Wing». Tras la estela de esta última categoría se desarrollaría el góspel, término formado por la unión de las palabras *god* (dios) y *spell* (palabra), es decir, la traducción literal de «Evangelio». El góspel es una forma expresiva más reciente, que data de la década de 1920, que tiende a sustituir en sus textos los personajes del Antiguo Testamento por los del nuevo, tomando a menudo como tema a Jesús y su prédica.

El góspel también tiene como referencias las ceremonias religiosas y, más en general, la iglesia, pero bien pronto se convirtió también en patrimonio de artistas que actuaban en contextos más laicos, desarrollando una base rítmica más potente, gracias a la introducción de instrumentos como la guitarra, el piano, el órgano y la pandereta. Si de un lado, personajes como Mahalia Jackson fueron durante toda su

MAHALIA JACKSON
La sacerdotisa del góspel

Mahalia Jackson, icono absoluto de la black music y de la cultura afroamericana, supo conmover al público con su timbre potente y una extensión vocal de más de tres octavas. Sin embargo, el auténtico secreto de «Halie» fue la profunda religiosas que supo imprimir a cada himno y plegaria. Recordada por su gran compromiso en favor de los derechos civiles, la «reina de Nueva Orleans» nunca se adhirió a ninguna manifestación en la que se hubiera programado también música profana. Activa desde la década de 1940, se abrió camino discográficamente en 1947 con el disco de 78 rpm *Move On Up a Little Higher*, que se sigue considerando un clásico de su repertorio, así como el trabajo góspel más vendido de la historia. Este tema representa asimismo la cima artística de la célebre asociación con Thomas Dorsey, que duró más de diez años.

vida rigurosísimos intérpretes del góspel más ortodoxo, del otro hubo artistas como Sallie Martin, Wilie Mae, Ford Smith, Sister Rosetta Tharpe y, sobre todo, Thomas A. Dorsey, que contribuyeron a popularizar el góspel entre un público más amplio, en virtud de mezclas no precisamente canónicas con el blues y el jazz. Esta obertura, en la década de 1930, permitió el desarrollo de pequeños grupos masculinos, en general cuartetos, que se exhibían con un góspel solo vocal que mezclaba con un particular estilo sincopado armonías de diferentes procedencias, casi siempre profanas, que obtuvieron un cierto éxito desde el punto de vista comercial. El Golden Gate Quartet fue el conjunto más destacado en esta nueva tendencia. En la década siguiente, la tendencia al cuarteto se impuso todavía más y el góspel embocó su «edad de oro» con grupos como los Pilgrim Travelers, los Sensational Nightingales y, sobre todo, los Blind Boys of Alabama y los Soul Stirrers, que permitieron a sus cantantes solistas (a Sam Cooke sobre todo) sobresalir de manera muy notable. No les iban a la zaga los conjuntos femeninos, como The Davis Sisters, The Caravans y Dorothy Love Coasters, que se hicieron con una franja de mercado muy interesante gracias a sus espléndidas voces y a su atractivo personal. Si bien Thomas A. Dorsey demostró ser fundamental para ampliar el espectro tímbrico del góspel, se debió esperar otros treinta años para ver como se producía la auténtica revolución en el interior de esta música: será preciso esperar a la llegada de dos personajes fundamentales como Ray Charles y Sam Cooke, para dirigir el alma góspel hacia el rhythm'n'blues y el pop y sentar las bases para el inicio de la soul music, que caracterizaría a todos los años sesenta como expresión más comprometida de la música negra.

«Si escuchas góspel, significa que tienes carácter, si lo cantas, que tienes talento.»
BRUCE SPRINGSTEEN

Si, como ya se ha dicho, Charles asumió la carga y el honor de ser el primero en romper la baraja, introduciendo lo profano en lo sacro, le correspondió a la primera estrella del góspel, Sam Cooke, el cometido de dar el salto al mundo secular. Para explicar la realidad de aquellos primeros años cincuenta se puede recurrir a Peter Guralnick: «Ya había sucedido que algunos cantantes góspel abandonaran la iglesia (el ejemplo más ilustre es Dinah Washington) y se sintieran atraídos por los placeres del mundo material. Pero en general, las estrellas del góspel habían resistido la tentación por dos motivos. En primer lugar, naturalmente, la fe: se consideraba que el hombre no podía servir a dos amos, y dejar la Iglesia representaba la más grave de las profanaciones. Para reforzar la fe estaba la popularidad de la propia música góspel: a finales de la década de 1940 y a principios de la de 1950, el góspel, aunque no era popular como el rhythm'n'blues, podía aguantar sin duda la comparación y llenaba casi todas las salas en las que tocaban los grandes del jazz y del r&b. El éxito de grupos como los Dominoes y los Orioles entre 1953 y 1954 demostró que los músicos negros podían llegar al público blanco. La capacidad de Ray Charles de construir hits profanos partiendo de temas religiosos creó una nueva realidad en la que resultaba claro que los *teenagers* blancos que compraban "I Got a Woman" nunca habrían comprado el espiritual en el que se basaba la canción».

Cuando en otoño de 1957 apareció «You Send Me» y se encaramó rápidamente al primer puesto, no solo de las clasificaciones de r&b, sino también en las de pop, empresa que lograría tres años más tarde Ray Charles con «Georgia On My Mind», se asistía a la consagración de Sam Cooke tanto desde el punto de vista comercial como en el de artista dotado de un original estilo pop. Por su parte, Ray Charles, confirmó el carácter irreversible de la nueva música dos años más tarde, en 1959, cuando grabó «What I'd Say» que, llevando al máximo la irreverente mezcla entre sacro y profano, se convirtió en disco de oro, el primero en vender un millón de copias. Tanto Sam Cooke como Ray Charles en la cima de su éxito abandonaron las respectivas etiquetas independientes para recalar en las grandes compañías y de este modo se garantizaron privilegios difícilmente alcanzables de otro modo. RCA y ABC propiciaron que los dos artistas negros dieran un salto de calidad, abriéndoles de manera decisiva también el mercado blanco.

El padre del góspel
THOMAS A. DORSEY

Hijo de una pianista y de un pastor baptista, comenzó su carrera tocando blues. Después de trasladarse a Chicago desde su Georgia natal, se convirtió en agente de Paramount Records y más tarde, con el seudónimo de Georgia Tom, reunió una banda para Ma Rainey y tocó con diferentes *bluesmen,* entre ellos Tampa Red, con el que grabó «Tight Like That», vendiendo 7 millones de copias.

En la década de 1920, además de blues y jazz comenzó a componer temas góspel. En 1932 se convirtió en director artístico de la Pilgrim Baptist Church de Chicago, y su mujer Nettie murió de parto. Este suceso, además de trastornarle la vida, inspiró a Dorsey su tema más famoso, «Take My Hand Precious Lord», destinado a convertirse en un clásico del góspel. Cantado por Mahalia Jackson, era la pieza preferida de Martin Luther King: justamente Mahalia lo cantaría en el funeral del Dr. King, como también lo haría Aretha Franklin en la última despedida de la gran cantante de góspel. La pieza la cantaron,  entre otros, Elvis Presley y Johnny Cash. Después de fundar la primera casa de ediciones musicales de góspel, Dorsey se convirtió en presidente de la National Convention of góspel Choirs.

I NEED YOU YOU YOU

El mercado discográfico independiente, la leyenda de los hermanos Ertegun y de la fabulosa Atlantic Records. Nacen las primeras estrellas del soul como Solomon Burke.

Se entiende por «etiquetas independientes» aquellas realidades comerciales creadas la mayor parte de las veces por aficionados a géneros alejados del gran negocio, pero capaces de hacerse con interesantes franjas del mercado discográfico y de infundir a este una particular linfa vital. Estas pequeñas realidades fueron capaces de favorecer el crecimiento de la mayor parte de los estilos populares modernos e imponerlos al público en función de los cambios sociales que se verificaron en los Estados Unidos desde finales de la Segunda Guerra mundial.

La historia de las etiquetas independientes corre paralela a la de las primeras grabaciones en disco y, desde la década de 1920, resultaron fundamentales para documentaron la evolución del blues y del folk. A partir de la segunda mitad de los años cuarenta, muchas de estas estuvieron vinculadas al desarrollo del jazz y posteriormente del rhythm'n'blues, del rock'n'roll y de la música soul. En aquella época, las competencias técnicas de grabación estaban en sus comienzos. El propio Jerry Wexler, hablando de sus debuts en Atlantic, lo admitía, señalando: «No sabíamos hacer discos, no aprendimos lo que quería decir realmente una auténtica grabación hasta que comenzamos a trabajar con los de la Stax y de Muscle Shoals».

Se sabe que Ahmet Ertegun y Herb Abramson, que fundaron Atlantic en 1947, buscaban en los night clubs a los cantantes que les parecían interesantes, para luego grabarlos en cabinas de grabación de 25 centavos que se encontraban en Times Square, confiando el resultado final a un arreglador o, más a menudo, a los músicos contratados para la sesión. Tampoco era raro que fuera justamente el propio Ertegun quien escribiera una canción bajo seudónimo que pudiera encajar con el intérprete recientemente descubierto: un procedimiento que si hoy se definiera como artesanal sonaría casi como un eufemismo. Y sin embargo, los discos funcionaban porque permitían que emergieran la pasión y el *feeling* adecuado. No es casual que, en el momento en el que recalaba en Atlantic Tom Dowd, joven técnico que había despertado la admiración por su habilidad en los procesos de grabación, Jerry Wexler admitiera que en aquella compañía nadie era indispensable salvo Dowd. Cuando en 1952 llegó Ray Charles, se consumó un matrimonio perfecto: Ertegun entendió que sería mucho más productivo no dar indicaciones a Ray. Lo mejor era dejarlo que encontrara él solo el camino a recorrer, mientras que por su parte Charles se daba cuenta en seguida que Ertegun era una persona honesta, que no lo estaba engañando ni en cuanto a los contratos ni en cuanto a los derechos de autor. Gracias en parte a esta confianza recíproca eclosionó la nueva música y también Atlantic comenzó a profesionalizarse cada vez más.

> «El soul nació durante las luchas por los derechos civiles de los negros. Ambos fenómenos se influyeron y fueron complementarios.»
>
> AHMET ERTEGUN

Ray era extremadamente meticuloso y no soportaba de buen grado a los músicos mediocres que a menudo los organizadores contrataban para ahorrar, de modo que en 1954 dio vida a una banda que lo pudiera acompañar tanto en conciertos como en la sala de grabación.

En aquel momento grabó «I Got a Woman», la canción que determinaría el momento del cambio y caracterizaría el triunfo laico de la negritud.

Finalmente, los negros habían tenido la valentía de quitarse la máscara de la religión y «para una generación de blancos, que habían crecido con Perry Como y Teresa Brewer, se abrieron de par en par puertas que siempre habían estado cerradas» (Peter Guralnick). El ejemplo de Ray Charles en Atlantic, que anunciaba lo que sucedería unos diez años más tarde en la misma etiqueta con personajes como Solomon Burke, Wilson Pickett y Joe Tex, pero también en la Stax de Memphis con Otis Redding y Sam & Dave, podría verse una vez más como la habitual relación existente entre negro y blanco, en la que este último se beneficia del trabajo y la creatividad del hombre de color para su propio provecho.

La naciente música soul registró en realidad una extraña mezcla racial que trabajaba unida para

18 DE NOVIEMBRE DE 1954 ◄

Ray Charles graba «I've Got a Woman». Es el comienzo de un giro irreversible que quitó al góspel la primacía de la música del alma para ampliarla a dinámicas de carácter profano, caracterizadas por intrusiones blues, jazz y pop.

12 DE ENERO DE 1959 ◄

Berry Gordy crea la Motown, su sede está en su casa familiar en Detroit, en el 2648 de Grand Boulevard. Junto a la Stax definirá los esquemas clásicos de toda la música soul de los años sesenta.

25 DE MARZO DE 1960 ◄

Aparece *The Genius Hit the Road*, el primer álbum de Ray Charles para ABC, que sacará el single «Georgia On My Mind», vehemente dedicatoria a su país natal, destinado a convertirse en un clásico. En 1979 se convertirá en el himno oficial de Georgia.

4 DE AGOSTO DE 1960 ◄

Rufus y Carla Thomas graban «Cause I Love You», el primer disco de la Stax, que por entonces todavía se llamaba Satellite. En realidad se trata de una especie de twist que tiene el mérito de abrir a un nuevo sonido que está tomando forma.

27 DE SEPTIEMBRE DE 1960 ◄

La Motown Records publica «Shop Around», de los Miracles, grupo en el que milita un joven Smokey Robinson, autor también de la pieza junto al boss Berry Gordy. Es el primer hit de la etiqueta de Detroit que alcanza el techo del millón de copias.

OCTUBRE DE 1962 ◄

Otis Redding graba su primer single para la Stax: «These Arms of Mine», una balada que prefigura ya su estilo vocal y de la que se venden 800.000 copias. Otis se ve obligado a grabarlo únicamente con Johnny Jenkins a la guitarra y Steve Cropper al piano, ya que los otros músicos de la Stax ya se habían ido.

producir ciertamente riqueza recíproca, pero también una explosión cultural que, sin términos medios, podía definirse como extraordinaria. Si de un lado el soul contribuyó al éxito de la lucha por los derechos civiles de los negros constituyendo incluso su banda sonora, del otro creó un proceso de integración hasta entonces impensable.

La nueva música ya no era un producto de disfrute únicamente para negros, pero abrió la puerta del rhythm'n'blues a los blancos, que finalmente se podían soltar en aquellas salas de baile que con anterioridad estaban rigurosamente reglamentadas. Desde el punto de vista profesional, blancos y negros aportaron a esta música sus diferentes experiencias y competencias. Sin duda, los negros fueron los líderes, las auténticas estrellas, pero es preciso no olvidar que en las salas de grabación también había músicos blancos que impusieron sus características para el desarrollo de aquella música. Basta pensar en qué habría sido la Stax sin el formidable binomio rítmico/instrumental formado por Steve Cropper y Donald «Duck» Dunn, o Muscle Shoals sin Jimmy Johnson y los Swampers. Estos músicos blancos, que de todos modos llevaban consigo un sentimiento de insatisfacción social y de fallida realización, encontraron en la nueva música una manera de huir del conformismo de un Sur mojigato y lleno de contradicciones y se identifican con el personaje del hipster, aquellos muchachos blancos de clase media que emulaban el estilo de vida de los jazzistas, de los que hablaban Jack Kerouac en su novela *En la carretera* y Normal Mailer en *El negro blanco*.

Ray Charles se fue de Atlantic en 1960 atraído por las condiciones mucho más favorables que le proponía la ABC. Además de un porcentaje superior sobre los derechos de autor, la nueva etiqueta le garantizaba la propiedad de los másters, que Ray podría gestionar en el futuro a su gusto, lo cual le permitiría una independencia financiera que hasta entonces ninguna casa discográfica había dado a un artista.

Desde Turquía con amor: LOS HERMANOS ERTEGUN

Ahmet y Nesuhi Ertegun, nacidos ambos en Estambul, se habían trasladado a Washington siguiendo a su padre que, en la época de la Segunda Guerra Mundial, era embajador turco en los Estados Unidos. La travesía del océano Atlántico había impactado de manera tan profunda en los dos muchachos que de ahí provino el nombre de la etiqueta discográfica (Atlantic) que Ahmet fundaría en 1947 junto a Herb Abramson. Gran aficionado al blues y al swing desde los tiempos de su adolescencia en Turquía, Ahmet había intuido la importancia de la alianza entre rhythm'n'blues y jazz que artistas como Ray Charles desarrollarían con posterioridad de manera extraordinaria. Ertegun fue también un músico notable, autor de clásicos como «Sweet Sixteen» y «Chains of Love», que escribió empleando como seudónimo su apellido leído al revés: Nugetre.

Huérfana de su estrella más significativa, la Atlantic, que de todos modos tenía bajo contrato a grupos R&B como los Coasters y los Drifters, en aquel momento en cabeza de las clasificaciones con el clásico «Save the Last Dance For Me», decidió, de un lado, dar impulso a esta nueva música, y del otro, diferenciar su repertorio introduciendo en su escudería a artistas con características más pop. El ascenso de la soul music, como ya había sucedido en el mundo del deporte y del espectáculo más en general, constituía para los músicos negros una extraordinaria oportunidad de dar un salto de calidad. Las posibilidades comerciales eran evidentes: el rhythm'n'blues influido por la iglesia se estaba convirtiendo en una moda en la que comenzaban a recalar varios grupos de góspel del Sur. Sin embargo, entre los miles de aspirantes, solo unos pocos lo lograrían de verdad, hasta el punto de que la masa de los que terminaron siendo casi desconocidos o que gozaron de un breve momento de notoriedad, acaso gracias a un single afortunado, constituyó la mayoría.

A pesar de ello, todos juntos contribuyeron al desarrollo de la «new thing», y entre estos también personajes de valor que no tuvieron la fortuna de encontrarse en el lugar adecuado en el momento justo. A pesar de las duras luchas para la integración, el problema racial seguía persistiendo, y el negro no se movía del último escalón de la sociedad en la que estaba relegado: solo un repentino golpe de fortuna podría liberarlo de su destino. El primer artista soul que Wexler contrató fue Solomon Burke, un «predicador» de Filadelfia que había obtenido ya una cierta notoriedad con las anteriores grabaciones realizadas para la etiqueta Apollo, y que se caracterizaba por una voz aterciopelada, capaz de englobar tanto el *feeling* de lo sacro como lo intrigante de lo profano.

24 DE OCTUBRE DE 1962 ◄

Concierto de James Brown en el Apollo Theatre de Harlem, que da lugar al célebre disco homónimo en directo, publicado en mayo de 1963. Es el triunfo del artista más explosivo del rhythm'n'blues, que estaba proyectando ya nuevas formas sonoras.

11 DE DICIEMBRE DE 1964 ◄

Con tan solo 33 años, y en el momento de su máximo éxito, muere Sam Cooke. Es asesinado por un tiro disparado por la propietaria de la Hacienda Motel de Los Ángeles, que afirma haber actuado en legítima defensa. En cualquier caso, este suceso no llegará a esclarecerse nunca.

29 DE OCTUBRE DE 1964 ◄

En el Civic Auditorium de Santa Monica se graba el *TAMI Show*, la primera película de un concierto que introduce el rock'n'soul en la cultura norteamericana. Junto a Beach Boys y Rolling Stones actúan James Brown, Chuck Berry, Marvin Gaye, Smokey Robinson and the Miracles y las Supremes.

21 DE DICIEMBRE DE 1964 ◄

Los Temptations sacan el sencillo «My Girl», uno de los temas más famosos de la era soul, con el sello Motown, todavía hoy marca de fábrica de la banda. La canción la ha escrito Smokey Robinson pensando en su mujer Claudette Rogers, cantante de los Miracles.

21 DE FEBRERO DE 1965 ◄

Nueva York, Audubon Ballroom. Mientras que Malcolm X está a punto de comenzar su discurso en la Organization of Afro-American Unity, alguien en la sala grita: «Negro, saca las manos de mis bolsillos». Apenas el líder afroamericano y sus guardaespaldas intentan calmar los ánimos, un hombre le dispara en el pecho mientras otros dos individuos suben al escenario y le descargan sus rifles semiautomáticos. Malcolm X (40 años) muere pocas horas más tarde. De los tres asesinos, uno es linchado por la multitud, mientras que los otros dos (sentenciados a cadena perpetua) se siguen proclamando inocentes.

Los textos de las canciones de sus primeros discos, que a menudo tenían un sabor dulzón y podían parecer poca cosa en el ámbito de una soul music que comenzaba a prestar atención al aspecto social, se podían apreciar precisamente gracias a la extraordinaria expresividad de su voz. De hecho, sus conciertos, mejor que cualquier otra cosa, evidenciaban otro aspecto típico de Burke y de otros cantes soul, casi totalmente antitético con las extraordinarias capacidades de tocar el alma. Este aspecto era el kitsch que emergía de su modo de vestir, la corona de rey que se hacía colocar sobre la cabeza, del trono dorado en el que, con su ya inmensa corpulencia, se veía obligado a sentarse, el reparto de rosas rojas a las señoras que se sentaban entre el público y toda la escenografía que se podía ver junto a él en el escenario. Estos aspectos maravillosamente horteras con los que Burke convivía con total serenidad y que solo James Brown, aunque de manera diferente, sería capaz de igualar, a menudo eran prerrogativas del artista negro que intercambiaba con desenvoltura la elegancia con la vistosidad, convirtiendo la excentricidad en el punto máximo de su aspiración. A principio de la década de 1960, Burke alcanzó el éxito con temas como «Just Out of Reach», «Cry To Me» y «Everybody Needs Somebody To Love», hasta el punto de que el propio Wexler sostenía que, en aquellos años, era quien mantenía a flote a la Atlantic.

Pero entretanto, el *boss* no se había quedado con los brazos cruzados, y se había asegurado un par de joyas que eclosionarían al cabo de poco: Wilson Pickett y Joe Tex. Centrados ambos en un rhythm'n'blues nervioso y rápido, sabían encantar también con baladas que con frecuencia preveían una parte hablada que sabía llegar al corazón. Pickett obtuvo el éxito con «In the Midnight Hour» y lo consolidó posteriormente con otra serie de hits del calibre de «Land of 1000 Dances» y «Mustang Sally».

Tex, que más tarde se convertiría al Islam, tras la estela de lo que habían hecho ya muchos otros artistas famosos, se impuso con «Hold On To What You've Got», «Show Me» y «The Love You Save», para obtener el éxito en 1972 con «I Gotcha», cuando había fichado ya por la Mercury. En aquella época, la Atlantic era el centro reconocido de las grabaciones soul, pero en el aire había una gran agitación, y al menos dos etiquetas más estaban ganando terreno rápidamente para competir por el liderazgo: eran la Stax y la Motown.

CEBOLLAS VERDES Y SOUL MAN: LOS SECRETOS DE MEMPHIS

La música soul se sumerge en las aguas purificadoras del Misisipi. Nace en Memphis la epopeya de la Stax y del nuevo sonido de Wilson Pickett, Sam & Dave, Otis Redding y Aretha Franklin.

La historia de la Stax es la concreción de un típico sueño americano. La trayectoria de una pequeña tienda de discos instalada en una sala cinematográfica en desuso, alquilada por unos pocos dólares que en poco tiempo se convertiría en una etiqueta capaz de situar a sus artistas en lo más alto de las clasificaciones nacionales.

Todo comenzó en un barrio de la periferia de Memphis, ciudad receptiva desde siempre a los gustos emergentes de las nuevas generaciones, cuando los hermanos Jim Stewart y Estelle Axton decidieron hacer experimentos de grabación en la trastienda de su improvisado comercio de discos. Allí se encontraron el hijo de Estelle, Packy, con los Royal Spades, grupo que tenía ya en su formación a músicos como Steve Cropper y Donald «Duck» Dunn, todos ellos poseídos por el demonio del rock'n'roll. La tecnología de que disponían no iba más allá de un Ampex de una sola pista, pero la noticia no tardó mucho en difundirse hasta fuera de la ciudad y, al cabo de poco tiempo, comenzó la extraordinaria aventura de la Stax (sigla que se deriva de las iniciales de los dos hermanos). El punto de inflexión se produjo cuando llamó a la puerta de la joven etiqueta Rufus Thomas, artista bien conocido en la ciudad y que había grabado ya blues para varias compañías independientes, entre ellas la Sun Records de Sam Phillips.

Rufus les propuso un tema propio, «Cause I Love You», que grabaría junto a su hija, Carla, de diecisiete años. Corría el mes de agosto de 1960 y, para la sesión, a los músicos de la casa se sumó el joven teclista Booker T. Jones. El disco funcionó bastante bien, se vendieron cerca de veinte mil copias y llamó la atención de Jerry Wexler, de la Atlantic, que adquirió sus derechos. Pocos meses más tarde, Carla Thomas grabó «Gee Whiz», que constituyó el primer éxito nacional para la Stax. El estilo Stax todavía no estaba bien definido, pero ya tenía algo de particular, fruto de la extraordinaria efervescencia que en aquellos años caracterizaba las calles de Memphis. De hecho, aunque todavía estaba vigente una realidad de rígida segregación, en la ciudad más populosa de Tennessee se observaban signos alentadores protagonizados por jóvenes blancos y negros interactuando entre sí. Ciertamente, el contexto artístico era particular, pero que aquellos muchachos con la misma pasión comenzaran a frecuentar los mismos lugares y a cantar juntos era algo que no se había visto antes.

En los estudios de la Sun Records se grababan discos sin discriminación de raza, la emisora de radio WDIA no tenía dificultad alguna a la hora de radiar música de artistas negras, e incluso la convirtió en su bandera. En Beale Street había locales en los que tocaban bandas blancas que llamaban al escenario a músicos de color para que actuaran con ellos, y la propia Stax se convirtió en un cruce de caminos heterogéneo de aficionados que compraban los últimos discos de moda y discutían sobre su contenido. A partir de este crisol de estilos diferentes y de las ganas de experimentar nació el soul de la Stax. La propia Carla Thomas, con su «Gee Whiz», no cantaba el rhythm'n'blues que se oía en las salas de baile, ya que prefería jugar con su tono vocal suave y cálido, todavía más acentuado por una empalagosa sección de cuerda y por el tempo marcado por una sección rítmica que parecía hecha a propósito para crear una extrasístole. Jim Stewart entendió que aquel sonido tenía en sí mismo algo de fuertemente emocional, que podía convertirse en la nota característica de la Stax. Comprendió también que, disponer de un grupo fijo de músicos de estudio, capaces de acompañar a los artistas de turno que venían a grabar, era el modo adecuado para caracterizar un cierto sonido. Lo intentó entonces con los Mar-Keys, que nacieron a partir de los Royal Spades, y de otros músicos que grababan para la Stax: la joven banda tuvo un momento de gloria con «Last Night», sencillo instrumental que se convirtió en un pequeño hit, pero luego las almas del grupo se cansaron de convivir pacíficamente, no aguantaron el estrés de las giras y terminaron por disolverse. Algunos siguieron con la actividad en directo con la misma marca, otros volvieron a la casa madre con otras funciones diferentes. Para que el sonido de la Stax encontrara su estructura definitiva fue preciso esperar a que Booker T. Jones creara el Memphis Group, o mejor dicho, los MG's, como a partir de cierto momento fueron conocidos por todo el mundo. Una banda que recuperó a Steve Cropper a la guitarra, Lewis Steinberg al bajo, pronto sustituido por Donald «Duck» Dunn, Al Jackson Jr. a la batería y la sección de vientos con el trompetista Wayne Jackson y el saxo barítono Andrew Love, futuros miembros de los Memphis Horns.

EL SOUL CLAN

Fue Solomon Burke quien lo ideó en 1966, con una noble intención social: devolver un millón de dólares para la construcción de casas y escuelas para las familias negras necesitadas. El dinero provenía de un acuerdo con una casa discográfica a cambio de una serie de discos y conciertos realizados por algunos de los artistas de soul más importantes del momento. Además de su fundador, también se habían adherido al proyecto Joe Tex, Don Covay, Otis Redding (sustituido después de su muerte por Arthur Conley) y Wilson Pickett, al que reemplazaría luego Ben E. King. En realidad, el Soul Clan sacó tan solo un par de sencillos para la Atlantic en 1968 y un álbum (llamado justamente *The Soul Clan*) al año siguiente. Tras permanecer en activo entre 1966 y 1969, el Clan volvió a aparecer fugazmente en 1981, pero sin obtener nunca los resultados esperados.

Estos músicos supieron encontrar la clave para definir el estándar de la música soul del Sur y, gracias a un puñado de temas, lograron alcanzar las primeras posiciones de las clasificaciones de rhythm'n'blues: el más destacado fue el éxito internacional «Green Onions», una de las piezas «instrumentales» más legendarias de la historia de la música del siglo xx. En la Stax se estaba moviendo algo grande y, cuando William Bell grabó su «You Don't Miss Your Water» se comenzó a intuir el verdadero éxito. El tema presentaba un marcado sabor góspel, pero estaba estructurado en torno al nuevo aspecto soul: sería el prototipo de una auténtica marca de fábrica, el modelo a seguir para los discos siguientes. Cuando Otis Redding atravesó por primera vez el umbral de la Stax en octubre de 1962, no tenía ninguna cita profesional, solo estaba acompañando al guitarrista Johnny Jenkins, su compañero en los Pinetoppers, en una prueba que no tuvo un desenlace afortunado. Dado que todo terminó media hora antes del tiempo pactado, el mánager de Jenkins propuso a Jim Stewart que intentara grabar a Otis. En una sesión algo improvisada, puesto que algunos músicos ya se habían marchado, el resultado que concluyó en la cinta fue

«These Arms of Mine», una balada caracterizada ya por el clásico trémolo vocal de Redding. En la cara B del 45 rpm se grabó «Hey Hey Baby», un tema rápido al estilo Little Richard, su gran mentor, con el que había tocado en los inicios de su carrera. El disco no obtuvo el éxito esperado, aunque le permitió darse a conocer entre un público más amplio. Otis tuvo que esperar al año siguiente para encontrar en «Pain of my Heart» la canción que le permitió encaramarse a lo más alto de las clasificaciones. El tema recordaba «Ruler of My Heart», de Irma Thomas, hasta el punto de que se suscitó una cuestión legal pero sin embargo no afectó al vuelo que había emprendido ya su intérprete.

Con un solo éxito en su activo, Otis Redding estaba ya en boca de todos: su estilo tosco, veteado de una cierta ansia, legado del góspel que cantaba desde niño, tuvo un impacto extraordinario en el público y le allanó el camino para nuevos éxitos como «I've Been Lovin' You Too Long» (1965), escrita junto a Jerry Butler, «Fa-Fa-Fa-Fa» y «Try a Little Tenderness» (1966), todas ellas baladas de fuerte carga emotiva que sabía expresar con gran clase y sinceridad. La breve vida de Redding, que concluyó en 1967 a consecuencia de un accidente aéreo

SOULSVILLE

Inaugurado en 2003, el museo de la Stax (926 East McLemore Ave., Memphis) es una réplica exacta de los estudios Stax, es decir, del viejo Capitol Theatre. El museo alberga más de dos mil documentos, entre vídeos, filmaciones, fotografías, instrumentos musicales, recuerdos y prendas de vestir usadas por los artistas de la etiqueta. Entre las cosas más valiosas, una iglesia (auténtica) del Delta del Misisipi para subrayar las raíces góspel del soul, una sala de baile (Soul Train) y el Cadillac El Dorado azul chapado de oro que perteneció a Isaac Hayes. Además de una zona que acoge exhibiciones temáticas que cambian una vez cada dos meses.

poco después de haberse impuesto en el Festival de Monterey, no le impidió alcanzar la categoría de mito y obtener todavía más crédito con la publicación póstuma de «(Sittin' On) The dock of the Bay», que paradójicamente se convertiría en su canción más famosa. El éxito de Otis Redding, en 1965, convenció a Jerry Wexler, de la Atlantic, a dirigirse a Memphis para intentar entender cuál era el secreto de la Stax. Es más, quería intentar crear una relación más estrecha con esta etiqueta, y para ello hizo grabar bajo aquella marca a un dúo al que había arrancado hacía poco a otra independiente, y que se hacía llamar simplemente con sus nombres de pila: Sam & Dave.

Wexler estaba convencido de que el sonido de la Stax era el que se precisaba para que el dúo se impusiera, pero no tardó en darse cuenta de que el verdadero secreto de la etiqueta de Jim Stewart era la improvisación de los arreglos que nacía del *feeling* que se instauraba en el estudio entre los músicos, y no, en cambio, la tecnología de grabación, que seguía siendo de nivel elemental. Wexler se convenció de que si lograban conjugar el *feeling* de la Stax con la técnica de la Atlantic se podrían obtener grandes éxitos comerciales. Y de este modo envió a Memphis a su productor de confianza, Tom Dowd, para crear la sinergia adecuada. Los resultados, como estaba previsto, no tardaron en llegar. El primero en disfrutar de las ventajas de esta asocia-

RUFUS THOMAS
Un monumento del soul

En Memphis siempre se consideró que Rufus Thomas era una leyenda.

Incluso antes de grabar con su hija Carla para la Stax, había grabado ya para varias etiquetas locales, como la Meteor, la Star Club e incluso la Sun Records, para la que había publicado su primer éxito, «Hound Dog».

Fue Dj para la WDIA, la Emisora Madre de los Negros, así como el primero en transmitir en aquellas frecuencias a un todavía debutante Elvis Presley. Su éxito más clamoroso fue «Walking the Dog» (1963), pero grabó con continuidad durante todos los años setenta, participando en festivales importantes como el de Wattstax, en 1972. Llevó el verbo del soul a todo el mundo, y Memphis decidió recordarlo con una estatua cerca de la mítica Beale Street.

ción fue Wilson Pickett, al que Wexler mandó a Memphis para realizar su cotización. Desde la primera sesión de 1965 creó un hit como «In the Midnight Hour», al que le siguió otro clásico del calibre de «634-5789».

Sam (Moore) & Dave (Prater) llegaron a lo más alto de las clasificaciones con «Hold On I'm Coming» (1966) y consolidaron su posición definitivamente al año siguiente con «Soul Man». Eddy Floyd y Johnny Taylor grabaron respectivamente «Knock On Wood» y «I Got to Love Somebody Baby», y en esta increíble mezcla de cantantes y músicos emergió cada vez más la presencia de Isaac Hayes y David Porter, que en aquel momento ya eran los principales autores de la casa Stax.

«Una vez entrabas a formar parte de la Stax, era para toda la vida.»

EDDIE FLOYD

Jim Stewart estaba fascinado por lo que estaba sucediendo, pero por una ingenuidad imperdonable se fió de la Atlantic sin estudiar como era debido los contratos que los abogados de la otra parte habían redactado. Unos años más tarde se dio cuenta de que había cedido la propiedad de los másters de sus grandes éxitos a la compañía discográfica de Nueva York, que en cambio solo le soltó unas migajas. Como siempre, la historia de la música se cruzaba con la del negocio, y no hacía falta mucho para darse cuenta de que el verdadero motor de todo era el dinero. La soul music no era una excepción, y aunque de un lado abría perspectivas musicales de gran sensibilidad artística, afrontó la situación social del momento y contribuyó indudablemente a la integración racial: ya fuera blanca o negra, era perfectamente congruente con el más clásico de los sueños americanos, el de enriquecerse. Las relaciones entre la Atlantic y la Stax comenzaron a enfriarse por motivos nunca del todo esclarecidos, pero sin duda tuvo que ver el hecho de que Wilson Pickett no soportaba a los músicos que lo acompañaban en el estudio, al lado de problemas puramente económicos: probablemente la demanda de Stewart a Wexler de un aumento porcentual para las grabaciones, que este último no debió apreciar. El hecho es que Wexler y Pickett se fueron de Memphis para recalar en Muscle Shoals, en Alabama, donde se encontraba la etiqueta Fame y dominaban los célebres estudios de Rick Hall. Wexler tenía buenas relaciones con Rick, ya que este le había dado los derechos de Percy Sledge que le había proporcionado «When a Man Loves a Woman», un éxito extraordinario que engordó las cajas de la Atlantic e incrementó el prestigio de Muscle Shoals por la exquisitez del sonido, algo que estaba fuera de toda duda. La sección rítmica de Muscle Shoals era legendaria: Jimmy Johnson a la guitarra, Spooner Oldham a los teclados, Junior Lowe al bajo y Roger Hawkins a la batería, a los que se sumaron, para las grabaciones de Pickett, los Memphis Horns, para disgusto de Stewart. A partir de aquellas sesiones de octubre y noviembre de 1966 surgieron respectivamente temas como «Mustang Sally» y «Land of 1000 Dances» que permitieron que Pickett alcanzara el ápice de su carrera. En enero de 1967 llegó también a Muscle Shoals Aretha Franklin, y naturalmente, fue de nuevo Jerry Wexler quien la trajo. En el curso de una borrascosa sesión, Aretha logró grabar tan solo dos piezas: «I Never Loved a Man» y «Do Right Woman»; los otros temas en su período con la Atlantic los grabaría en los estudios de Nueva York, Miami y Los Ángeles.

«La aventura de la Stax fue lo más bonito que me ha sucedido nunca.»

DONALD «DUCK» DUNN

Hija del reverendo C.L. Franklin, gran intérprete de góspel, Aretha siguió bien pronto a su padre en sus largas giras, y cuando era poco más que adolescente comenzó a cantar ella misma, influida por Clara Ward. Sam Cooke, que era amigo de su padre, comprendió sus extraordinarias potencialidades vocales y la animó a tomárselo en serio. Después de trasladarse a Nueva York, Aretha llamó la atención de John Hammond Sr., que la llevó a la Columbia y le hizo firmar un contrato por cinco años. El primer disco, aparecido en 1961, llevaba simplemente su nombre, pero fue un trabajo que no le hizo justicia y atenuó la pasión sincera que provenía del góspel en favor de un pop neutro y controlado, en plena sintonía con el *mainstream* de la época. A pesar de algunos éxitos en la clasificación, los seis años con Columbia no resultaron muy satisfactorios. Los productores no entendían el espíritu de la artista y se perdían por caminos equivocados a pesar de los nueve álbumes que le hicieron grabar. El camino correcto lo entendió Wexler, con quien hizo las dos grabaciones en Muscle Shoals para la Atlantic, que le abrieron las puertas del verdadero éxito. A partir de aquel momento siguieron una serie de temas extraordinarios, desde «Respect», escrito por Otis Redding pensando en las relaciones de pareja, pero transformado por Franklin en un auténtico grito de libertad, hasta «(You Make Me Feel Like) A Natural Woman», pasando por «Chain of Fools», «Since You've Been Gone», hasta llegar a «Think» y «Say a Little Prayer», de 1968. Aretha Franklin, con su voz vibrante e inspirada, redefinió el concepto de soul y lanzó un grito extraordinario de emancipación que el pueblo negro recogió para apropiárselo e incluirlo en la lucha por los derechos civiles.

LORRAINE MOTEL
El último discurso del Dr. King

Memphis, Tennessee, 4 de abril de 1968, son las 6.01 de la tarde.

Mientras se encuentra en el balcón del segundo piso del Lorraine Motel (justo frente a la puerta de la habitación 306), el líder del Movimiento por los Derechos Civiles, el Dr. Martin Luther King, fue alcanzado por una bala en plena cara. Antes de derrumbarse sin vida, el reverendo se dirigió al músico Ben Branch, que en aquel momento estaba a su lado, y que justamente aquella noche debía animar una manifestación que debía contar con Martin Luther King como invitado de honor. «Ben —le susurró el Dr. King con un susurro-, prométeme que en la fiesta de esta noche interpretarás "Take My Hand, Precious Lord", y que la tocarás muy bien». Fueron las últimas palabras del hombre que había soñado una Norteamérica diferente. El Lorraine Motel (en el 450 de Mulberry St.) hoy es la sede del National Civil Rights Museum, que cuenta la historia de las luchas de los afroamericanos. Frente a la habitación 306 (que nunca volvió a ocuparse, como homenaje a Martin Luther King) hay una placa que recuerda el trágico suceso.

EL SONIDO DE LOS MOTORES

La fantástica aventura de Berry Gordy y de la Motown. La música soul se vuelve más sofisticada, pero la calidad artística es excepcional, gracias al talento de Temptations, Supremes, Smokey Robinson, Four Tops, Marvin Gaye, Stevie Wonder y Jackson 5.

En Detroit nació un estilo más sofisticado y elegante, menos influido por el góspel y, en consecuencia, no tan visceral como el sonido de Memphis. Era la música de la Motown, que no carecía de intensidad y *feeling*, solo que sus intérpretes casi nunca se soltaban para exhibir un espontáneo arrebato de pasión. Este hecho pudo deberse a que la casa discográfica intentó desde el principio ganarse el mercado pop blanco, o a que su expresión artística fuera el fruto del espíritu de la ciudad en que nació y de su realidad industrial. La Detroit automovilística de los años cuarenta y cincuenta conoció un desarrollo extraordinario, y la necesidad de mano de obra por parte de Ford, Chrysler y Dodge dio un fuerte impulso a la inmigración negra. En la década siguiente, los hijos de esta oleada migratoria, nacidos ya en la ciudad, se vieron condicionados todavía más que sus padres por el «way of life» de los blancos y, entre mil contradicciones, terminaron por crearse los mismos modelos que cada vez estaban más lejos de los de las campiñas originarias del Sur. Para estos jóvenes, las antiguas herencias pasionales constituidas por sexo reprimido y misticismo propios del dixieland campesino y beato ya no podían ser, ni siquiera en la música, una fórmula inspiradora, y la filosofía de la Motown terminó por conquistarlos. Si, de un lado, Jim Stewart se aproximó en calidad de diletante a la música que creaba y hasta más tarde no intuyó sus posibilidades de negocio, Berry Gordy, fundador de la Motown, tuvo presentes desde el primer momento las ventajas económicas que una etiqueta como la suya podría procurar. La Motown fue desde su nacimiento un proyecto industrial planificado para abrirse camino en un mercado apetecible tanto para un público blanco como de color. No es casual que cuando Gordy, hacia finales de la década de 1980, decidió vender su criatura a la MCA, obtuviera unos 60 millones de dólares.

Resumir la historia de la Motown tan solo en función del dinero es simplista porque, aunque a menudo se decidieron en el despacho, sus éxitos, más que los de la Stax, contribuyeron a crear un diálogo interracial en años difíciles. La política no era ciertamente el pensamiento dominante de Gordy, pero la idea de crear pop, en la acepción de música popular, era ciertamente revolucionaria y serviría realmente, aunque de modo inconsciente, a desleír la cuestión del color y a abrir las puertas a un producto que de otro modo estaría destinado al gueto. Cuando preguntaban a Gordy si su música era soul o rhythm'n'blues, él contestaba «No tengo tiempo para categorizaciones, mi música es música pop y pertenece a todo el mundo.» Tenía razón: durante todos los años sesenta y durante buen aparte de los setenta, la Motown engendró una cantidad impensable de éxitos, imponiendo al público en general a personajes como Smokey Robinson, Diana Ross, Marvin Gaye, Stevie Wonder, Jackson Five, Temptations o Four Tops, por citar solo algunos. Como dijo un conocido periodista de la época de manera ciertamente eficaz: «Prescindiendo de las fábricas de automóviles, y hubiera más o menos paro, la década de 1960 fue la década de oro de la Motown, y sus singles le valieron el sobrenombre de Hitsville U.S.A.». «La Motown —como dice Nelson George en el prefacio de su *Where Did Our Love Go?*– es un triunfo y una contradicción al mismo tiempo. Es la prueba del poder de la black music y un ejemplo de hasta qué punto el éxito puede insensibilizar cuando sus frutos no se comparten. El mito de la Motown es el de la eterna familia, un lugar en el que cantantes y dirigentes, empleados y músicos comparten sus ideas por el bien común. En un cierto sentido, desde finales de los años

cincuenta hasta mediados de los sesenta, el mito se corresponde con la realidad. La Motown es una familia en el mejor sentido de la palabra, y el fundador, Berry Gordy, la indiscutible figura paterna. En ningún otro momento de la historia de la industria discográfica, una etiqueta independiente estuvo mejor equipada para aprovechar su talento. Exceptuando el imperio editorial de John Johnson (Ebony y Jet), ninguna empresa de color logró ganar tanto.

Pero esta es tan solo una parte de la historia. No todos los miembros de la familia piensan haber obtenido el dinero que esperaban».

En el Detroit de finales de la década de 1950 seguían coexistiendo dos escenas musicales: una oficial blanca que tenía lugar en los grandes teatros del centro y otra negra, floreciente en los locales de la periferia, en los que dominaba el blues de John Lee Hooker. En aquellos días, un joven Berry Gordy pedía prestados 800 dólares a su familia y decidía crear una etiqueta solo para músicos de color, en un contexto discográfico dominado por las *majors* blancas. Lo llamó Motown, nombre que nacía de la contracción del apelativo de Detroit, la Motor Town. Los estudios los situó en la casa familiar de

LA FÁBULA DE MARTHA
DE SECRETARIA A SUPERSTAR

Ex vocalista de girl group, Martha Reeves optó por la carrera como solista y llamó a las puertas de la Motown. Obtuvo una prueba pero se presentó en el día equivocado. Su decepción conmovió a Mickey Stevenson, miembro del equipo, que le ofreció un puesto de secretaria. Martha sabía trabajar y se convirtió en la responsable de las audiciones. La fortuna se presentó un día bajo la apariencia del grupo vocal The Vels: Martha hizo una audición inesperada a causa de un percance de salud de Mary Wells. El grupo actuó con Reeves como solista e impresionó a Berry Gordy, que les propuso un contrato y un nombre diferente: en 1964, Martha and the Vandellas triunfarían con «Dancing in the Street».

Berry, en el 2648 de West Grand Boulevard, y nueve días después de su nacimiento oficial se grabó el primer disco, «Come To Me», de Mary Johnson. La acogida fue tímida, también las ventas; para que se moviera algo fue preciso esperar a «Money», que llevó hasta las clasificaciones Barrett Strong, que luego formaría, junto a Norman Whitfield, una pareja decisiva en la composición de los temas de la Motown. A ellos se deben canciones como «I Heard It Through the Grapevine», «Cloud Nine» y «Papa Was a Rollin' Stone», grabadas por Marvin Gaye y los Temptations. Siguieron otros dos éxitos como «Shop Around», de los Miracles, que vendería millones de copias, y «Please Mr. Postman», de las Marvelettes, el primer éxito de la historia de la Motown en alcanzar el número uno de la clasificación pop. Como testimonio del ruido que estos temas ocasionan también en Europa, basta recordar que «Money» y «Please Mr. Postman» fueron retomados por los Beatles e incluidos en su segundo álbum. Smokey Robinson, con sus Miracles, fue el primer artista con el que la Motown comenzó a funcionar. La historia de «Shop Around» es un ejemplo de auténtica sinergia entre dos amigos, Gordy y Robinson, el modelo sobre el que se construirán desde un despacho centenares de éxitos, sabiendo perfectamente hacia dónde ir a parar para dar en la diana de los corazones adolescentes.

Entre tanto, todos los puestos de relieve en la etiqueta estaban ocupados por los miembros de la numerosa familia de Berry, y el golpe de suerte llegó cuando las dos hermanas Gween y Anna se casaron con dos talentos musicales del calibre de Harvey Fuqua y Marvin Gaye, ambos componentes de los Moonglows, que entraron a engrosar las filas de la Motown. Mientras que Fuqua se hizo notar sobre todo como autor de canciones y productor discográfico, Gaye llegó al éxito con algunos clásicos como

27 DE FEBRERO DE 1965 ◀

En el Faith Temple de la Church of God in Christ de Harlem se celebran (en directo por televisión) los funerales de Malcolm X. El actor y activista Ossie Davis recita el elogio fúnebre definiendo a Malcolm X como «nuestro centelleante príncipe negro.»

9 DE JULIO DE 1965 ◀

En los estudios de Stax, en Memphis, Otis Redding graba *Otis Blue*, su álbum más conocido. Entre los temas presentes, una versión soul de «(I Can't Get No) Satisfaction», que los Rolling Stones han publicado tan solo un mes antes. Al parecer, Otis casi no sabía quiénes eran Jagger & Richards.

7 DE MARZO DE 1966 ◀

Tina Turner y Phil Spector terminan de grabar «River Deep Mountain High» en los Gold Star Studios de Los Ángeles, después de largos meses de trabajo. Es el disco más significativo de toda la carrera de Turner, que le permite también triunfar en Gran Bretaña y, en consecuencia, en toda Europa.

24 DE ENERO DE 1967 ◀

Aretha Franklin graba en Muscle Shoals su primera sesión para la Atlantic. La relación con los músicos en el estudio no es precisamente distendida, pero se graban «I Never Loved a Man» y «Do Right Woman».

17 DE JUNIO DE 1967 ◀

La segunda sesión del Monterey International Pop Festival concluye con la actuación de Otis Redding, único artista de música negra presente. Adorado por sus colegas blancos, Otis asombra al público del Summer of Love. Será su última gran actuación.

24 DE AGOSTO DE 1967 ◀

Leonard Chess, deslumbrado por los éxitos que salen de Muscle Shoals, se convence para fichar a Etta James, una perla del rhythm'n'blues, en los estudios de Rick Hall. Aquí Etta graba «Tell Mama», su hit más clamoroso.

«Stubborn Kind of Fellow», «How Sweet It Is To Be Loved By You» y «Pride and Joy», para luego eclosionar, en 1968, con «I Heard It Through the Grapevine», tema grabado ya el año anterior por Gladys Knight. Fue el período de oro de la etiqueta de Detroit, que comenzaba a acoger en su escudería a los distintos artistas que harían su celebridad. Se pedía a los autores que fueran más prolíficos que nunca para contentar a todos los pretendientes, y en este punto emergieron las figuras de Eddie y Brian Holland que, junto a Lamont Dozier, asumieron el papel fundamental de creadores de números uno en la clasificación. Naturalmente, el soporte de todo ello recaía en los músicos de estudio que el propio Berry elegía con todo el cuidado, para formar una orquesta estelar conocida como Funk Brothers, en la que destacaba de modo particular la sección rítmica formada por Earl Van Dyke al piano, James Jamerson al bajo y Benny Benjamin a la batería, gente que provenía del jazz y que era capaz de tocar cualquier caso.

Cuando en 1963 llegó a la Motown Stevie Wonder solo tenía trece años, pero inmediatamente grabó «Thank You», seguida de «Contract of Love», un single en el que el joven fenómeno tocaba él solo el piano, la batería, el órgano y los bongos, mientras se acompañaba con su clásico falsete. Inmediatamente Wonder mostró sus cualidades y sentó las bases para un futuro extraordinario que le reservaría 25 Grammys gracias a canciones como «Fingertips», «I Was Made To Love Her», «Superstition», «You Are the Sunshine of My Life», «My Cherie Amour», «You Haven't Done Nothing» y muchas más. También fue un gran innovador del lenguaje musical, gracias al uso de los bajos sintetizados, el clavinet y otros elementos distintivos. Vista la joven edad y la ceguera de Wonder, la Motown quería tutelarlo y lo hizo de manera que se instituyera un fondo en el que pudieran confluir sus ganancias, que podría gestionar luego al alcanzar la mayoría de edad.

1964 fue el año de la British Invasion, que puso a dura prueba el pop del otro lado del océano e indujo a la Motown a jugar con nuevas cartas para plantar cara al fenómeno.

HITSVILLE USA

En el 2648 del West Grand Boulevard, en Detroit, hay un estudio fotográfico.

En 1959, Berry Gordy lo adquiere y lo transforma en el cuartel general de las recién nacidas etiquetas Tamla y Motown. Instala oficinas, pero también un pequeño estudio de grabación; los Gordy viven en el segundo piso de la casa.

El edificio permanece abierto 22 horas al día (solo se cierra de las 8 a las 10 de la mañana para limpiarlo).

Gracias al éxito de la etiqueta, en el plazo de siete años, además del edificio original Berry añade siete casas contiguas más: nace de esta manera «Hitsville USA», auténtica «ciudadela de la música», capaz de dar vida, de 1961 a 1971, a 110 éxitos que se encaraman directamente en el Top Ten de las clasificaciones.

En 1972, Berry Gordy traslada la Motown a Los Ángeles.

Los estudios de «Hitsville USA» hoy son el Motown Historical Museum.

La más interesante estaba constituida por las Supremes, es decir, Florence Ballard, Mary Wilson y Diana Ross, que eclosionaron con «Where Did Our Love Go?», al que siguieron otros dos primeros puestos consecutivos con «Baby Love» y «Come See About Me». Los éxitos prosiguieron ininterrumpidamente con las más conocidas «Stop in the Name of Love» y «You Can't Hurry Love», hasta rivalizar en popularidad incluso con los Beatles. No obstante, en el interior del grupo comenzó a surgir el mal humor debido en parte a la decisión de Berry Gordy de rebautizar el grupo con el nombre de Diana Ross & The Supremes, que provocó la decepción y el abandono de Florence Ballard, sustituida por Cindy Birdsong. La parábola de las Supremes comenzó su fase descendente en 1970, cuando Diana Ross decidió iniciar una carrera solista, y concluyó en 1977, momento en el que se decretó definitivamente la disolución del grupo.

Cuando a propósito de la Motown se habla de música preparada desde un despacho no se quiere emitir tan solo un juicio de valor, sino que se pretende hacer referencia a una metodología «científica» que implica no solo los arreglos hechos a medida para cada intérprete o grupo que ejecutaba una determinada canción, sino también el *look* con el que los artistas se presentaban en el escenario y la coreografía que se asignaba a cada canción, a fin de que se movieran en sincronía con el ritmo de la pieza que se estaba interpretando en vivo.

Para que todo ello pudiera realizarse de la mejor manera se creó la Artist Development, con auténticos expertos al frente de cada sector. De esta manera, los Temptations se convirtieron en el grupo más refinado y sofisticado del doo-wop urbano, capaz de encadenar un éxito con otro con gran desenvoltura, a partir de «The Way You Do the Things You Do», de 1964, para llegar a «My Girl» al año siguiente, quizá su hit más clamoroso. Los Four Tops no fueron menos, y se impusieron gracias a una serie de éxitos escritos para ellos por la célebre «máquina de guerra» Holland-Dozier-Holland y por el particular estilo vocal de barítono de Levi Stubbs, que se diferenciaba de la voz solista de los otros grupos (generalmente un tenor). Su manera de presentarse en el escenario era más dinámico y creativo; triunfaron con temas como «I Can't Help Myself», «It's the Same Old Song», de 1965 y «Reach Out I'll Be There», de 1966. El último grande producido por la cadena de montaje de la Motown fueron los Jackson 5. Los cinco hijos del ex guitarrista Joe Jackson, amo y señor y mánager despiadado, atrajeron, en el curso de un espectáculo musical, la atención de Diana Ross, quien los aconsejó vivamente a Berry, que a su vez quedó asombrado por la vivacidad del grupo de adolescentes y, sobre todo, por la capacidad del pequeño Michael, el menor de los hermanos, a la hora de plantarse en la escena. Berry no logró modelarlos como quería, ya fuera porque la Artist Development de los tiempos dorados no existía, ya fuera porque el grupo poseía ya una coreografía ampliamente experimentada que su padre consideraba que no se tenía que desnaturalizar.

▶ 10 DE DICIEMBRE DE 1967

El avión en el que viaja Otis Redding se precipita en el lago Monona, en Madison, Wisconsin. Desaparece el artista más representativo y amado del soul.

▶ 8 DE ENERO DE 1968

Sale póstumamente «(Sittin On) The Dock of the Bay», el tema compuesto por Steve Cropper y Otis Redding. Se dice que Otis escribió el texto mientras estaba realmente sentado en un muelle de la bahía de San Francisco.

▶ 16 DE FEBRERO DE 1968

Es el día dedicado a Aretha Franklin, que recibe de manos de su viejo amigo Martin Luther King el premio como «músico del año» por parte de la SCLC, la Southern Christian Leadership Conference, la organización por los derechos civiles de los afroamericanos.

▶ 4 DE ABRIL DE 1968

Frente a la habitación 306 del Lorraine Motel de Memphis es asesinado el Dr. Martin Luther King Jr., líder del Movimiento por los Derechos Civiles de los afroamericanos. El proyectil impacta en pleno rostro: son las 6,01 de la tarde. Una hora más tarde, en el St. Joseph Hospital, es declarado muerto. Dos meses más tarde, en el aeropuerto de Londres, es arrestado un expresidiario, James Earl Ray: se le acusa de ser el asesino del Dr. King. Condenado a 99 años de cárcel, sostiene que es un chivo expiatorio. Según él (y según una parte de la opinión pública), el homicidio de MLK es la parte final de un complot político.

▶ 7 DE ABRIL DE 1968

En los funerales de Martin Luther King, por voluntad del propio difunto, se lee su último sermón. No se mencionan los premios y reconocimientos que tuvo, sino que se describe según sus deseos: «uno que ha dado de comer a los hambrientos, que ha vestido a los desnudos, que se ha prodigado contra la guerra, que ha amado y servido a la humanidad».

De todos modos, Gordy intuyó su potencial y terminó por firmar el acuerdo concediendo a los Jackson 5 royalties incluso superiores a los que percibían normalmente los demás artistas de la etiqueta. El éxito llegó ya con el primer single, «I Want You Back», de 1969, para proseguir luego al año siguiente con otros tres primeros puestos en las clasificaciones, gracias a «ABC», «The Love You Save» y «I'll Be There».

En un momento en que los hermanos Holland y Dozier se habían ido, era el propio Gordy quien coordinaba a un nuevo grupo de letristas y músicos conocidos con el nombre de The Corporation para que escribieran las nuevas canciones para los Jackson 5. Michael y sus hermanos eran los artistas perfectos para la filosofía de la Motown: «un inocuo antídoto *middle american* a la militancia negra», comenta Nelson George en su «Historia y leyenda de la Motown», «los Jackson 5, tan monos y modositos, parecían hechos a propósito para la televisión.»

El grupo permaneció en activo hasta 1990, pero el éxito comenzó a disminuir después del Victory Tour de 1984, cuando Michael optó por la carrera solista. En cualquier caso, cada uno siguió actuando por cuenta propia. En 1972, la Motown se trasladó a Los Ángeles. El abandono de la vieja sede de Detroit coincidió con el cambio que se estaba ya comenzando a percibir: las *majors* se habían dado cuenta de que se podía hacer negocio con la música negra, y de esta manera se lanzaron en este mercado con agresividad. A pesar de la presencia de Marvin Gaye, Stevie Wonder, Diana Ross y Jackson 5, la Motown perdía cada vez más su especificidad de productora de música negra y a partir de aquel momento también el soul pasó a ser otra cosa.

SAY IT LOUD, I'M BLACK
AND I'M PROUD

*La música soul se abre camino sin perder su propia identidad: James Brown,
Mr. Dynamite, se convierte en su padrino, Tina Turner (con o sin su marido Ike),
en su reina indiscutible.*

Hacia mediados de la década de 1960, mientras que la Stax y la Motown iban dictando la ley en el mundo de la música soul, en Memphis el negocio discográfico estaba en plena actividad. Pequeñas etiquetas agresivas buscaban su franja de mercado y confiaban a sus cazadores de talentos el cometido de encontrar al artista adecuado para penetrar en las clasificaciones. En 1967 se hablaba de un volumen de negocios vinculado al disco que, solo en la ciudad, rozaba los 20 millones de dólares, una cifra que, en sus dos terceras partes, se consideraba que correspondía a la Stax, pero que dejaba entrever un importante movimiento para realidades como King, Goldwax, American, Hi y al menos otra decena de etiquetas menores. Si bien de este sotobosque discográfico emergieron también excelencias como Ike & Tina Turner y James Brown, también es cierto que el panorama estaba constituido principalmente por un número indefinido de meteoros que se perdieron rápidamente sin dejar rastros significativos. De todos modos, personajes como James Carr, Bobby Bland, Al Green, Syl Johnson y Otis Clay merecen una mención por el hecho de haber sabido crear un enfoque vocal particular, capaz de intrigar y en ocasiones de conmover. Es el caso en particular de Al Green, personaje siempre atormentado por una crisis mística inminente, de quien es preciso destacar canciones como «Let's Stay Together», «Tired of Being Alone» y «I Can't Get Next To You», expresadas en cada caso al límite del góspel, pero con una gran riqueza y una brillantez extraordinaria que a menudo se desbordaba en el falsete.

Cuando conoció a Tina (cuyo nombre real era Anne Mae Bullock), ocho años más joven, Ike Turner ya era un músico confirmado, hasta el punto de que con sus Kings of Rhythms abría los conciertos de B.B. King, que por entonces ya era muy conocido y apreciado. Activo desde los primeros años cincuenta, encontró inmediatamente el éxito con «Rocket 88», pero sus intereses eran muy amplios, y no desdeñaba enfrentarse a cualquier otra forma de black music, desde el blues hasta el boogie woogie.

El encuentro con Tina fue crucial, y le permitió llevar a cabo sus cualidades como compositor, pero sobre todo de arreglador de temas famosos a los que hizo resurgir con una nueva y extraordinaria dignidad: suyas fueron las revisiones de piezas tomadas de los repertorios de monstruos sagrados como Beatles («Come Together»), Rolling Stones («Honky Tonk Women»), Creedence Clearwater Revival («Proud Mary») y Otis Redding («I've Been Loving You Too Long»), a los que añadir cada vez algo innovador, sin caer nunca en los caminos trillados.

Por su parte, Tina era una vocalista de excepción, y sabía pisar el escenario con garra y sensualidad, avivando el conjunto con un *look* salvaje que el mismo Ike le impuso como recuerdo de un programa televisivo de su juventud. La primera pieza de éxito fue «A Fool In Love», y Tina, apoyada por las Ikettes (tres coristas/bailarinas vestidas como ella) apare-

PROUD MARY

Caracterizada por un repetido riff de guitarra, homenaje del autor a su mentor Steve Cropper, la canción fue escrita en 1969 por John Fogerty y conoció el éxito de manos a sus Creedence Clearwater Revival. Ike Turner la arregló pensando en las características de Tina y la convirtió en una auténtica obra maestra. Una apertura lenta, casi susurrada, en la que el mismo Ike ejerce de contracanto, exagerando el timbre bajo de su voz, anticipa el ataque de un rhythm'n'blues potentísimo, sobre el que Tina y las Ikettes se lanzan en vivo a una danza desenfrenada y supersexy. Grabada en 1971, constituye quizás el éxito más significativo de Ike & Tina Turner. «Proud Mary» también fue interpretada en clave soul por Solomon Burke y, más tarde, por Beyoncé.

ció con toda su desbordante feminidad y se convirtió bien pronto en un sex symbol. Como aparece subrayado justamente en su autobiografía, *I Tina*: «su voz resume la forma emotiva de las grandes intérpretes de blues con una potencia pura, vibrante, hecha a medida para la era de la amplificación.» Hacia mediados de la década de 1960, la vida conyugal de los Turner entró en crisis y también el éxito pareció estancarse, pero con un nuevo empujón volvieron a primera fila gracias a «River Deep, Mountain High», el tema arreglado por Phil Spector que excluía a Ike de la producción para dejar a Tina en todo su esplendor. En realidad, en América el tema fue acogido con bastante tibieza, pero en Gran Bretaña, y de rebote en toda Europa, obtuvo un éxito enorme en virtud de la perfecta mezcla entre arreglo pop de estilo blanco y potencia vocal negra. El disco, con la redundancia del «muro de sonido» de Spector, presentaba indudablemente un sabor insólito, pero era Tina quien lo llevaba al campo del rhythm'n'blues, que más concordaba con su personalidad vocal.

En 1973, su canto del cisne: Tina escribía «Nutbush City Limits», en la que introducía toda la angustia de su infancia, y el tema voló a los primeros puestos tanto en los Estados Unidos como en Gran Bretaña, y luego se hizo la oscuridad. Después de la difícil separación, Ike siguió luchando consigo mismo y su vida disoluta, experimentando nuevas tecnologías pero sin nunca volver a encontrar el éxito, mientras que Tina abrazaría por completo el pop y durante años gestionaría un nuevo cetro de reina.

> «Los cabellos son lo primero. Luego vienen los dientes.
> Si un hombre tiene cabellos y dientes, lo tiene todo.»

JAMES BROWN

Si Ike y Tina Turner fueron personajes transversales que, desde el trampolín del rhythm'n'blues se lanzaron hacia el pop y el rock, James Brown fue mucho más riguroso a la hora de seguir la pista negra, con la que se identificaba totalmente. Justo cuan-

James Brown sorprendía al público con divertidas y carismáticas actuaciones, donde combinaba el góspel y soul en sus letras.

EL PADRINO DEL SOUL
(Y DEL BAILE)

Todo aquel que haya visto a James Brown habrá quedado impresionado por su estilo vocal pero también por su inimitable manera de presentarse en el escenario.

Michael Jackson, a quien James conoció cuando todavía vivía en Gary, Indiana, fue su más desenfrenado admirador, pero también brillante «imitador». «Lo mejor que ha hecho Michael ha sido copiarme», dijo siempre James con sonrisa sardónica. Mezclando pasos retomados del tip tap con movimientos excéntricos, rapidísimos como los de Master Juba, estrella de los Minstrel Shows de finales del siglo XIX, el Godfather of Soul fue también el «padrino del baile». Su fenomenal sentido del ritmo se expresaba también físicamente: el célebre «dead-drop dancing», formidable espagat del que sabía remontar con naturalidad de gimnasta, fue durante años su marca de fábrica. Los vídeos de «Papa's Got a Brand New Bag» o de «Please, Please, Please» eran emblemáticos a este respecto. Como también su aparición en *Granujas a todo ritmo*, de John Landis cuando, en el papel de un excéntrico predicador, se lanza a una inolvidable actuación a golpes de góspel y pasos desenfrenados. La pasión por el baile y el sentido del ritmo que corrían por sus venas caracterizarían toda su carrera.

En febrero de 1960, Brown quiso realizar un instrumental. Inspirado por el éxito de la «Mashed Potatoes Dance», decidió grabar una música cuya única finalidad era la de mover al baile. Pero Syd Nathan, su productor de la King Records, se opuso. Brown no se dio por vencido: pidió a un amigo de la Dade Records que grabara la canción. Nathan se enfureció y al final el disco está acreditado como de Nat Kendricks and The Swans. Hasta unos años más tarde, James Brown no pudo volverse a apropiar del tema. Pero ya había alcanzado su objetivo: «Mashed Potatoes» triunfaba en las pistas de baile, lo cual para él ya era más que suficiente. Porque, como decía siempre a todo el mundo, «bailar es lo único que resuelve los problemas».

do la Stax y la Motown creaban estilos e influencias que marcaban la dirección evidente de la soul music, Brown mostraba un carácter único que lo impuso sin términos medios como el músico negro que, más que cualquier otro, lograba hacer realidad el gran sueño americano, hasta entonces patrimonio tan solo de los blancos. James Brown se creó solo, tanto en lo referente al estilo con el que interpretaba sus canciones, como en cuanto a la clarividencia con la que decidió gestionar su figura en el complicado mundo del espectáculo.

Después de un duro aprendizaje, logró emerger solo por méritos propios: tras empezar como limpiabotas y mozo de carga, llegó al éxito manteniendo un sólido vínculo con sus raíces, pero al mismo tiempo proponiendo una originalidad auténtica e insobornable. El secreto consistía en apropiarse de una parte fundamental de la cultura africana que, desde siempre, caracterizaba al negro americano, y combinarla con la tecnología rítmica que había evolucionado fuertemente en aquellos años.

Para no someterse a las leyes de los clichés discográficos, Brown prefería volar bajo y trabajar con una casa discográfica gestionada a la antigua, donde lo que contaba era el beneficio que se obtenía de los discos, prescindiendo de las modas o de los artistas. Así que firmó por la King, que contaba ya en su escudería con personajes notables del rhythm'n'blues como Hank Ballard & The Midnighters,

Little Willie John, 5 Royales y The Dominoes. Para este sello grabó en 1956 «Please Please Please», elaborando el clásico riff blues de «Baby Please Don't Go» hasta convertirlo en un tema de intensidad desesperada. También los temas siguientes, «Try Me», de 1959, y «Think», del año siguiente, se vendieron bien, pero la auténtica fuerza de Brown estaba constituida por sus espectáculos en vivo, en los que se hacía acompañar por los Flames.

«Cuando estoy en el escenario transmito alegría. La gente me viene a ver con el mismo espíritu de cuando va a la iglesia: no para encontrar problemas, sino para olvidarlos.»

JAMES BROWN

En el escenario, James era una bomba: gritaba, se desgarraba los vestidos, caía de repente de rodillas implorando a la mujer de la canción que no lo abandonara. La escenografía era extraordinariamente kitsch,

THE IKETTES

Cuando en 1965 Ike llamó enfurecido a su asistente Ann Cane, pidiéndole que buscara nuevas coristas, la historia de las Ikettes ya estaba a punto de concluir. Ike Turner era el marido de Tina; fue él, en 1961, quien había tenido la idea de llevar al escenario a tres coristas, brillantes y atractivas, que bailarían y cantarían junto a Tina. Pero muy pronto las chicas demostraron que se las podían arreglar solas. «What'cha Gonna Go», single firmado por The Ikettes, se convirtió en seguida en un éxito. Dado que Ike y Tina también estaban bajo contrato con la misma etiqueta, aquello alimentó los primeros malos humores. El caso estalló cuando Phil Spector produjo *The Big TNT Show*, película-concierto con las mejores actuaciones del momento. Ike & Tina aparecían en la película, mientras que las Ikettes no se incluyeron. De esta manera, las chicas decidieron abandonar el barco y seguir en solitario. Las Mirettes, que las sustituirían, duraron tan solo un par de años. A Tina no le disgustó del todo este final, en vista del vicio de Ike de pasar mucho tiempo en el autobús con «sus chicas».

pero funcionaba e incluso se convirtió en un triunfo cuando se exhibió en el Apollo de Nueva York, en 1963 (de aquel concierto se extraería el homónimo, y fundamental, álbum en directo), suscitando el entusiasmo general. La magia seductora de sus actuaciones llevaba consigo, paradójicamente, la atmósfera del góspel: era como si en la base de aquella fuerza de la naturaleza estuviera ya, con veinte años de anticipación, la potencia carismática de aquel reverendo Cleophus James que luego interpretaría en *Granujas a todo ritmo*, de John Landis. La intuición escénica era impresionante, Brown se inspiraba en sus héroes, como Little Richard, y exageraba su sustancia. Joe Tex llegó a sostener que había copiado de él tanto el arte de jugar con el micrófono como los pasos de danza que ejecutaba mientras cantaba, naturalmente a una velocidad triplicada. En cualquier caso, cuando en 1964 se presentó en el TAMI Show, un concierto filmado en el que robó la escena a gente como los Rolling Stones y los Beach Boys, ya era una superstar que viajaba por los Estados Unidos con una banda de veinte elementos, condición necesaria para garantizarle la posibilidad de grabar en cualquier lugar en que se encontrara, y se había ganado ya sobre el terreno los grados de «Mr. Dynamite» y «Godfather of Soul», que llevaría consigo durante el resto de su carrera.

El giro que caracterizó definitivamente su trayectoria se produjo justamente en aquel año, cuando grabó «Out of Sight», un tema que anticipaba ya el estilo de su madurez y de la introducción completa de todos sus rasgos característicos. Como dijo el musicólogo Robert Palmer: «Los elementos rítmicos se convierten en la canción, casi no hay ya cambios de acordes, el tema vive sobre muchos paréntesis y suspensiones rítmicas. Brown y sus músicos comienzan a tratar cualquier instrumento como si fuera un tambor. Los instrumentos de viento tocan ráfagas de notas picadas que a menudo se lanzan contra los compases más marcados. Las frases de bajo se fragmentan en grupos irregulares de dos o tres notas, procedimiento común en la música latina desde los años cuarenta, pero inhabitual en el rhythm'n'blues. El guitarrista rítmico de Brown aplasta las cuerdas de la guitarra contra el mango del instrumento con tanta fuerza que el sonido parece el de una lata rota raspada con un cuchillo. Solo de vez en cuando se permite que los vientos, el órgano o los vocalistas de acompañamiento proporcionen una base armónica sosteniendo un acorde.»

En 1965 aparecieron «Papa's Got a Brand New Bag» y «I Got You (I Feel Good)», que confirmaron la línea rítmica definitiva de Brown.

«Después de trasladarme a St. Louis, fui con mi hermana a ver a Ike Turner.
Nunca me sentí atraída por él, pero su música me excitaba.
Quería cantar a toda costa con él.»

TINA TURNER

EL TEMPLO DE LA BLACK MUSIC

Situado en pleno Harlem, el Apollo Theatre fue fundado en 1860 por Edward Ferrero, que quería convertirlo en una sala de baile. Pero, en el curso del tiempo, el extraño destino de este lugar histórico le hizo cambiar varias veces de empleo. A finales de siglo se convirtió en un teatro, para luego transformarse en un centro de actuaciones cómicas y, en 1934, finalmente, en un auditorio musical gracias a Bill Minsky, que lo abrió a los artistas de color con el famoso show «Jazz à la Carte». Después de los fastos de las décadas de 1940 y 1950, cuando pisaron aquel escenario los ases de la escena jazz más creativa y estimulante de la época (aquí se dieron a conocer Ella Fitzgerald y Sarah Vaughan), en la década siguiente se convirtió en el templo de los artistas soul y rhythm'n'blues como James Brown, Jackson 5 y Gladys Knight. En 1991 fue adquirido por el municipio de Nueva York.

Desde el punto de vista textual demostró su sensibilidad en relación con la lucha por la integración de los negros, componiendo «Say It Loud I'm Black and I'm Proud», pero a menudo prefería volver a la estructura del blues arcaico, en la que los versos no estaban concatenados en una narración coherente con un principio y un final, sino construidos según asociaciones libres improvisadas que intentaban hacer resaltar, de modo paroxístico, la frase principal, que resumía en sí misma todo el significado que se quería expresar. Desde el punto de vista musical, este estilo basado en el encaje de potentes líneas de bajo

MAHALIA JACKSON
Live at Newport 1958
(Columbia – 1958)

Es el fruto del memorable concierto en el Newport Jazz Festival celebrado el 6 de julio de 1958. El disco que contiene algunos de los caballos de batalla de Mahalia, como «Battle of Jericho», «He's Got The Whole World in His Hand» y «When the Saint Go Marchin' In», es un ejemplo extraordinario de la desbordante potencia vocal y de la incomparable expresividad de la «Reina del góspel».

RAY CHARLES
What I'd Say
(Atlantic – 1959)

Quinto álbum de «The Genius» que comprende la pieza homónima y que penetró con potencia en las clasificaciones de tanto de rhythm'n'blues como de pop. Ahí están ya la garra, la versatilidad, el talento y la innovadora originalidad del sonido de Ray. Sería el primer disco de oro de «Brother Ray».

BOOKER T. & THE M.G.'S
Green Onions
(Stax, 1962)

Primer trabajo autónomo de la banda de la Stax, que explotó con el single homónimo, un tema instrumental histórico y que dio a conocer a las individualidades del grupo, en primer lugar el órgano de Booker T.

RUFUS THOMAS
Walking the Dog
(Stax, 1963)

El álbum con el single homónimo que decretó el auténtico éxito de Rufus Thomas. A sus espaldas se puede apreciar a la sección rítmica de la Stax, que por entonces estaba a punto de despegar. Gran talento vocal y desenvoltura.

JAMES BROWN
Live at the Apollo
(King Records, 1963)

El disco de la consagración de James Brown, en el que interpretó sus primeros éxitos, desde «Please Please Please» a «I'll Go Crazy», pasando por «Try Me» y «Think». Una piedra de toque de la música soul y rhythm'n'blues con el valor del directo.

SOLOMON BURKE
Rock'n'Soul
(Atlantic, 1964)

Este álbum, cuyo título resume el estilo de Burke, le valió el premio Grammy. Contiene algunos de sus éxitos más límpidos de los inicios, temas como «Cry To Me», «He'll Have To Go» y «Just Out of Reach».

OTIS REDDING
Otis Blue
(Volt Records, 1965)

Tercer álbum en estudio grabado por Otis, el disco que le abrió de par en par las puertas también en Gran Bretaña, donde obtuvo el disco de plata. Contiene «Respect» y «I've Been Loving You Too Long», escritas de su puño y letra.

WILSON PICKETT
The Exciting Wilson Pickett
(Atlantic, 1966)

El disco que lanzó cuatro singles impresionantes como «In the Midnight Hour», «Land of a Thousand Dances», «Ninety-Nine and a Half» y «634-5789». Su potencia se mezcla con la sabiduría en las grabaciones de Muscle Shoals.

PERCY SLEDGE
When a Man Loves a Woman
(Atlantic, 1966)

Esta fue la tarjeta de visita de Muscle Shoals a Jerry Wexler, que hizo ganar a Atlantic su primer disco de oro. Sledge inauguraba un repertorio de baladas intimistas que le darían una gran notoriedad.

THE TEMPTATIONS
Greatest Hits
(Motown, 1966)

Recopilación que comprende los éxitos grabados entre 1964 y 1966, entre los cuales deben destacarse «The Way Do The Things You Do», «It's Growing» y la ya legendaria «My Girl». Destaca la labor de los vocalistas Eddie Kendricks y David Ruffin.

con riffs sincopados de guitarra y desplazamientos del acento rítmico del compás en la batería no era más que la revisitación de aquel funk que ya su maestro Little Richard había introducido en el beat del rock'n'roll. Con James Brown, el funk asumió una nueva dignidad y se impuso de la manera más extraordinaria y pirotécnica posible. Justamente a partir de estas intuiciones la música soul experimentaría un viraje significativo que le permitió desarrollar soluciones impensables.

IKE & TINA TURNER
River Deep Mountain High
(A&M, 1966)

No es el rhythm'n'blues duro de los inicios, pero ciertamente es el álbum más significativo de Tina. La colaboración con Spector le hizo revisitar viejas piezas como «A Fool in Love» y «I Idolize You» en una clave vagamente pop que llevaba su huella.

MARTHA AND THE VANDELLAS
Greatest Hits
(Motown-Gordy, 1966)

El álbum que recoge lo mejor de la carrera de uno de los grupos femeninos símbolo del rhythm'n'blues y de la música soul. En el disco, es inútil decirlo, también está «Dancing in the Street», que aparece en la clasificación de las 500 mejores canciones de todos los tiempos elaborada por la revista Rolling Stone.

ARETHA FRANKLIN
I Never Loved a Man The Way I Love You
(Atlantic, 1967)

Una auténtica obra maestra que obtuvo el disco de oro. Todos los temas son extraordinarios, pero destacan por su notoriedad «Respect» y «Do Right Woman Do Right Man». Entre los músicos de estudio, King Curtis al saxo y Jimmy Johnson a la guitarra..

THE FOUR TOPS
Greatest Hits
(Motown, 1967)

Una recopilación de éxitos que permaneció en la clasificación durante 73 semanas y alcanzó el primer puesto en el Reino Unido. Hay piezas históricas como «Reach Out I'll Be There» y «I Can't Help Myself». Casi todas las piezas llevan la firma de Dozier-Holland.

DIANA ROSS & THE SUPREMES
Reflections
(Motown, 1967)

El disco de los primeros cambios: se iba Florence Ballard y las Supremes se convirtieron en Diana Ross & The Supremes. De este álbum se sacaron tres singles de éxito, la propia «Reflections», «In and Out of Love» y «Forever Came Today».

SAM & DAVE
The Best of Sam & Dave
(Atlantic, 1969)

Contiene lo mejor del período Stax, grabado entre 1966 y 1967. Obviamente, están «Hold On I'm Coming» y «Soul Man» que de todos modos no oscurecen el resto del repertorio, constituido por ritmo en estado puro.

JACKSON 5
ABC
(Motown, 1970)

El segundo álbum en estudio de los hermanos Jackson que, después del sencillo que les descubrió, «I Want You Back», consolidó su presencia en el mercado con piezas como «ABC» y «The Love You Save». Michael era ya la estrella del grupo.

SMOKEY ROBINSON & THE MIRACLES
Smokey Robinson & The Miracles: 1957-1972
(Motown, 1972)

Doble álbum extraído del concierto de Washington de 1972, que resume el primer período Motown de Robinson & The Miracles. Todo lo mejor de su repertorio, desde «The Tears of a Clown» hasta «Shop Around» y «Bad Girl» con toda la magia del directo.

STEVIE WONDER
Talking Book
(Motown, 1972)

Una vez alcanzada la mayoría de edad, Wonder podía gestionar sus ganancias y producir un álbum según sus ideas. Junto a él, nuevos músicos y canciones como «You're the Sunshine of My Life» y «Superstition» lo lanzaron al Olimpo musical.

Monterey, California, 18 de junio de 1967

En el backstage del Festival, Jimi Hendrix está agachado junto a su Fender Stratocaster: parece estarse recogiendo. Acaba de terminar la guitarra con sus propias manos. Quien lo observa de cerca jura que parece un guerrero navajo, preparado para el gran sacrificio. Cuando sube al escenario, Hendrix encanta a aficionados y a sus colegas músicos: es el nuevo dios del rock, capaz de «encender» cualquier actuación. De esta manera, hacia el final de su interpretación (mientras está tocando una personalísima, cautivadora, pasional versión de «Wild Thing»), Jimi se saca la guitarra, la pone sobre el suelo y se inclina sobre ella. El *feed back* hiriente, provocado por el hábil uso de la palanca del trémolo, crea en los presentes una atmósfera inquietante. Hendrix emplea la guitarra como si fuera su compañera de

juegos eróticos, hasta el punto de que el abrazo acaba siendo (literalmente) incendiario. De un bolsillo de los pantalones extrae una botellita de gasolina que vierte abundantemente sobre el cuerpo sólido de su Stratocaster para luego prenderle fuego con un encendedor: el público está delirando, los operadores de sonido babean, los otros músicos se mueren de envidia. En Monterey no se certifica tan solo el talento de Jimi Hendrix o el igualmente sublime de Janis Joplin. El primer festival rock de la historia abre la temporada más luminosa de la «música que cambió el mundo», celebra una nueva forma artística y cultural, llamada «psicodelia» y abre las puertas a nuevas y revolucionarias concepciones de la vida. Todo ello se desarrolla en el estado más dorado de los Estados Unidos, California

> «Cuando estoy en California me olvido de rezar; tengo la sensación de encontrarme en el paraíso».
> BILL GRAHAM

CALIFORNIA DREAMIN'

PSICODELIA

El sonido de la costa oeste

«América es un plano inclinado hacia el oeste: todo se desliza hacia California.»

FRANK LLOYD WRIGHT

LA TIERRA PROMETIDA

El mito californiano, la vida de playa y la moda del surf. El sonido de las olas y la guitarra de Dick Dale enamoran a los jóvenes de la década de 1960 antes de la leyenda de los Beach Boys y del «sueño» de los Mamas & Papas.

Frank Lloyd Wright, el célebre arquitecto, dijo una vez que los Estados Unidos eran como un gran plano inclinado: todo se desliza hacia el oeste, hacia California.

Desde los tiempos en que los primeros pioneros, afrontando el calor de los desiertos y el hielo de las Montañas Rocosas, combatiendo contra tribus de orgullosos nativos y bandas de despiadados forajidos, lograron alcanzar aquellos territorios maravillosos, California entró en el imaginario colectivo como uno de los paraísos más codiciados del planeta. Más tarde, cuando, a mediados del siglo XIX, justamente en aquella región estalló la fiebre del oro, destinada a transformar de forma radical la historia y civilización norteamericanas, California fue rebautizada como el Golden State, tanto en sentido figurado como real. Allí, entre bosques frondosos, picos nevados y playas fantásticas, está todo lo que un ser humano puede desear. Incluso incendios devastadores y terremotos potentes causados por la famosa falla de San Andrés, que recorre el territorio de norte a sur y que, se dice, un día dará origen al temidísimo «big one», el gigantesco seísmo que separará en dos la región, hundiendo en el océano Pacífico la parte costera que acoge las tres ciudades principales, San Francisco, Los Ángeles y San Diego. Y sin embargo, los que allí habitan no parecen preocuparse mucho. En parte porque han elegido con alegría, conscientemente, y con una pizca de orgullo residir aquí aunque, como la mayoría de los que viven en California, no hayan nacido en este estado.

«¿Mi papel en Mamas & Papas? Solo tenía que cantar.»

(MAMA) CASS ELLIOT

Si, para muchos, el Golden State se asocia a Hollywood y su fascinante mundo de celuloide, a Disneylandia, a Silicon Valley y a las nuevas fronteras de la comunicación, para el aficionado a la música California es una «tierra prometida». La música es parte integrante de la cultura californiana, así como un elemento indispensable para entenderla y apreciarla en su esencia más pura. Variada, original, excéntrica, introspectiva, romántica, rebelde, la música californiana ha sabido encarnar, en sus distintas expresiones, una gama muy vasta de emociones, estados de ánimo y actitudes.

A principios de la década de 1960, en el sur de California (de Los Ángeles a San Diego) se practicaba una música que captaba a la perfección el espíritu de aquellos lugares de postal. Las grandes olas del océano, evocadas por decenas de películas, y la vida de playa eran elementos de inspiración para un nuevo género instrumental inspirado en el rockabilly de Link Wray y Duane Eddy. El que lo inventó fue un tal Dick Dale, que con su guitarra imitaba el curso de las olas marinas, emulando el espíritu de cabalgadas épicas sobre tablas de surf, deporte originario de las islas polinesias pero importado a la costa este por Henry Huntington. Este magnate de la industria ferroviaria buscaba ideas para promover la costa californiana, en la que había efectuado inversiones importantes, y aquellas extrañas tablas que volaban sobre las olas de Hawái le habían atraído de inmediato.

Al cabo de unos pocos años, el surf enloquecía ya a los jóvenes californianos mientras que, gracias a una guitarra construida específicamente para él por Leo Fender, Dale experimentó nuevas afinaciones y sonoridades inéditas. Pero fueron su personalísimo fraseo y, sobre todo, el uso particular de la reverberación (efecto que simulaba el glissando sobre las cuerdas y que permitía que cada nota sonara de manera casi infinita) lo que caracterizó su estilo.

BRIAN WILSON NIÑO PRODIGIO

Brian Douglas Wilson no había cumplido siquiera un año y ya mostraba un prodigioso instinto musical. Cuando su padre Murry le canturreaba una frase de la marcha militar «When the Caissons Go Rolling Along», el pequeño repetía la melodía inmediatamente. Un año más tarde, escuchó la «Rhapsody in Blue» de Gershwin y le pidió a su padre si la podía volver a escuchar. «Cuando era pequeño, Brian era impresionante –recuerda Murry–, tenía un oído absolutamente fuera de lo normal.» A los seis años ya tocaba un acordeón de juguete, a los siete cantaba en la iglesia como solista de un coro de góspel, y a los ocho enseñaba a sus hermanos Carl y Dennis a cantar a varias voces. Luego aprendió (él solo) a tocar el piano. El resto es historia.

Su primer single «Let's Go Trippin'» (1961) fue un éxito, y sus conciertos se convirtieron en una auténtica atracción para el público de toda California. Cada fin de semana, locales como el Rendez-Vous Ballroom de Balboa se llenaban hasta los topes para escuchar la «surf music» de Dick Dale y de sus Del-Tones.

La «surfmanía» favoreció la apertura de nuevos locales y la ciudad de Pasadena, superada por las demandas, llegó a ceder incluso su Civic Auditorium para un mes entero de conciertos.

Dick Dale grabó una quincena de álbumes y abrió el camino a una miríada de grupos que, nunca mejor dicho, cabalgaron la ola de la «surf music» con la posibilidad de releer (en clave instrumental) algunos clásicos de la época.

El «surf» era una música para adolescentes o, para aquellos a quienes, justamente como se describe en *American Graffiti*, la legendaria película de George Lucas, les encantaba conducir coches descapotables y circular a toda velocidad por los bulevares angelinos con la radio a todo volumen.

Los jóvenes, vinculados todavía al Sueño Americano, abrazaban el nuevo estilo de vida dejando que sus coetáneos con menos

CHARLIE
(don't surf)

8 de agosto de 1969: la actriz Sharon Tate, esposa del director Roman Polanski (embarazada de ocho meses), su ex novio Jay Sebring, peluquero de las estrellas de Hollywood, el director de escena Wojciech Frykowski y su novia Abigail Folger fueron masacrados en su mansión de Bel Air.

En la puerta de su casa, escrita con la sangre de las víctimas, la palabra PIG, cerdo. La noche siguiente, los cónyuges Leno y Rosemary LaBianca fueron ajusticiados cruelmente. El mismo ritual: en las paredes, las palabras pintadas con sangre DEATH TO PIGS (muerte a los cerdos), RISE (levantaos) y HELTER SKELTER (precipitadamente). Hay quien considera que son citas de temas de los Beatles.

Tres meses más tarde se produjeron una serie de arrestos en una comuna cuyo líder era Charles Manson, un ex presidiario reconvertido en gurú de jóvenes hippies.

Charlie aseguraba ser un artista y se proclamó referente de los Beatles.

Después de coincidir casualmente con Dennis Wilson, lo convenció para que le produjera un disco. Dennis había llamado a Terry Melcher, productor de los Beach Boys, que en cualquier caso parecía escéptico. Y sin embargo, los Beach Boys grabaron un tema de Manson («Cease To Exist») con el título de «Never Learn Not To Love», y nunca acreditado a Charlie. Hay quien dice que detrás de las matanzas Tate-LaBianca estaba también el rencor de Manson contra los Beach Boys.

posibilidades lloraran sobre las cenizas del rock'n'roll. La «surf music», sinónimo de escapatoria social, fue una victoria anunciada también para el mundo del espectáculo, que lograba finalmente obtener beneficios sin tener que soportar el fardo de la transgresión y de la protesta. El adolescente medio podía orientar de nuevo su atención hacia figuras tranquilizadoras, deportivas, de buen aspecto y con finalidades morales que compartían. En realidad, también las estrellas de la surf music fueron presa de ansias, debilidades y vicios, como lo demuestra la saga de los Beach Boys. La banda, formada por los hermanos Wilson (Brian, Dennis y Carl), procedía de Hawthorne, población cercana a Los Ángeles, famosa por ser la localidad natal de Marilyn Monroe y de la muñeca Barbie: Mattel, fábrica de juguetes que produce a la afortunada rubia de plástico, tiene allí su sede.

Brian, el mayor y el más dotado artísticamente de los tres, creció escuchando la música de grupos vocales como Four Freshmen y Hi-Lo's. De estos últimos, en particular, aprendió todas las canciones, que enseñó a sus hermanos, a su primo Mike Love y a su amigo Alan Jardine, que constituyeron la formación original del grupo. Fue Murry Wilson, el padre de los chicos, quien les empujó hacia la carrera profesional. Su papel (mánager pero sobre todo amo y señor) fue controvertido: hay quien afirma que sin él nunca habrían existido los Beach Boys, y quien lo acusaba de comportamientos violentos contra sus hijos. Al parecer, un bastonazo de Murry a su primogénito fue la auténtica causa de la lesión en el oído derecho de Brian, con la consiguiente pérdida de audición.

En diciembre de 1961 apareció «Surfin'», el primer single. Por entonces, los hermanos Wilson se hacían llamar todavía The Pendletons pero, antes de publicar el 45 rpm, la compañía discográfica cambió el nombre del grupo y lo bautizó como The Beach Boys, más adecuado a la nueva moda surf. De esta manera comenzaba la gran epopeya de una banda capaz de transmitir sugestivamente la fascinación del sur de California con temas que, aun basados en estructuras armónicamente complejas, resultaban divertidos, atractivos y muy eficaces.

La habilidad compositiva de Brian Wilson y las cualidades vocales de los miembros del grupo les permitieron encaramarse en lo más alto de las clasificaciones con su segundo álbum, *Surfin U.S.A.* (1963), tras su debut con *Surfin' Safari* (1962). Cuando más tarde Brian Wilson escribió y produjo *Surf City* (para Jan and Dean, que se convirtió en número uno), todas las cartas estaban sobre la mesa.

CALIFORNIA DREAMIN'

John y Michelle Phillips eran huéspedes fijos del Hotel Earle, en Greenwich Village, conocido también porque la 305 era la habitación preferida de Bob Dylan. Una noche, John se despertó de repente: tenía una melodía y una frase en la cabeza, las había soñado «All the leaves are brown, and the sky is grey, I've been for a walk, on a winter's day». Llamó a Michelle: quería que lo ayudara a terminar aquella canción. Ella estaba durmiendo y no tenía la mínima intención de interrumpir su sueño. «Venga, Michelle, ¡despierta! –dijo él– un día me lo agradecerás». Y de esta manera, recordando una visita a la catedral de Saint Patrick, ella escribió: «Stopped into a church I passed along the way, well I got down on my knees and I began to pray». A John, que tenía una relación pésima con iglesias y religiones, aquella estrofa no le gustó. Pero no encontró nada mejor. Lo cual fue una suerte: aquel pasaje da a la pieza un toque, casi revelador, de desesperación mística. De esta manera nació la canción que se convirtió en el himno de una generación y en el emblema del Sueño Americano.

Hechizado por «Be My Baby» de las Ronettes y fascinado por el «Wall of Sound» de Phil Spector, Wilson comenzó a experimentar otros arreglos. La banda, que mientras tanto había logrado colocar éxitos como «Surfer Girl», «Little Deuce Coupe» y «I Get Around», en 1964 logró incluso aguantar el tirón de la invasión de los grupos británicos, con los Beatles en primer lugar. Estimulado por la competencia con la banda de Lennon y McCartney (en particular, Brian era un admirador del segundo), Wilson buscó nuevos caminos artísticos.

A pesar del refinamiento compositivo, las canciones de los Beach Boys se vieron como banda sonora ideal de aquel «verano infinito» (el Endless Summer) que caracteriza los climas y los ambientes del sur de California. Paradójicamente, la banda que se convirtió en emblema del surf y de la vida playera estaba formada por gente que nunca había cabalgado las olas y que ni siquiera sabía nadar... Solo Dennis Wilson, el batería así como el miembro físicamente más atractivo de la banda, era un nadador experto. Por ironías de la suerte, el 28 de noviembre de 1983, después de una jornada de juerga, Dennis murió ahogado al lanzarse al agua desde su barca anclada en la bahía de Marina del Rey.

Impresionado por la audición de *Rubber Soul* de los Beatles, que le suscitaba admiración pero también lo espoleaba para hacerlo mejor, Brian Wilson confió a su mujer Marilyn: «Ahora haré el disco más hermoso de la historia».

Después de haber dejado a finales de 1964 las actuaciones en directo (presa del «stage fright», el miedo escénico), Brian se había dedicado en cuerpo y alma a la composición y al trabajo en el estudio. En 1966 publicó *Pet Sounds*, considerado por mucha gente como el primer auténtico long play de la historia del rock. No se trata de un álbum conceptual, sino del primer 33 rpm en el que los temas se pensaron como parte de una obra (y no como singles), cuya secuencia estaba estudiada en base a motivaciones artísticas y cuyo sonido resultaba compacto y homogéneo, herencia de la lección de Phil Spector. «Wouldn't It Be Nice», «God Only Knows» y «Caroline No» son las joyas más luminosas de este lote, al que se añadió «Sloop John B.», vieja canción tradicional grabada ya por el Kingston Trio, pero que aquí se presentaba en una versión bastante más elegante. Las clásicas armonías vocales de los Beach Boys alcanzaban cumbres extraordinarias, aun-

Los Beach Boys coronaron las listas de éxitos en los sesenta con su luminosa visión del sueño americano.

que sobre todo era el imaginario lo que cambiaba: no más surf, playas y automóviles rugiendo, sino canciones introspectivas y delicadas, embellecidas por los textos del letrista Tony Asher. La foto de la carátula era emblemática: los Beach Boys, vestidos ya no con las clásicas camisas blancas con rayas azules, aparecían fotografiados en el zoo de San Diego, entre cabritillas y otros pequeños rumiantes.

El álbum no se vendió como se esperaba, aunque se situó en las primeras diez posiciones de la clasificación de los Estados Unidos. Gustó a los críticos e inmediatamente demostró ser un disco artísticamente influyente. Años más tarde, Paul McCartney diría que había regalado a cada uno de sus hijos una copia de *Pet Sounds* como «itinerario ideal para el conocimiento de la buena música».

Cuando, después de haber escuchado *Revolver* de los Beatles, Brian Wilson se puso de nuevo manos a la obra para estimular su creatividad y encarar lo que definiría como «su álbum más querido» (el proyecto *Smile*), los Fab Four publicaron *Sgt. Pepper's*.

Brian Wilson se quedó de piedra: presa ahora del LSD, esclavo de las terapias de su psiquiatra, el doctor Eugene Landy, y víctima de una profunda depresión, Brian se pasó en casa (la mayor parte de las veces echado en la cama) los siguientes diez años. Volvería a emerger, después de liberarse del doctor Landy, en los años noventa, renovando el mito de los Beach Boys y encontrando la fuerza para que apareciera una versión oficial de *Smile*, «el álbum perdido». Entretanto, en 1966, justamente como ensayo de *Smile*, Wilson había publicado «Good Vibrations», un tema fenomenal, suma de su arte, que hizo soñar a varias generaciones.

«Verano, playa, sol y chicas guapas: en una palabra, ¡diversión!»
BRIAN WILSON

Quien había planeado que todo el mundo soñara en California era una banda que giraba en torno al talento de John Phillips, cantante folk que, liderando a los Journeymen, había conseguido éxitos importantes. En los días del Greenwich Village neoyorquino, Phillips maduró la idea de una banda constituida por dos hombres y dos mujeres. Con su segunda mujer, la encantadora y jovencísima californiana Michelle Gilliam, su amigo Denny Doherty y la imponente vocalista Cass Elliot (Mama Cass) dio vida en la primavera de 1965 a The Mamas & The Papas. En diciembre apareció «California Dreamin'», que encarnaba a la perfección el espíritu del sur de California, más allá de las olas del Pacífico y la vida de playa gracias a melodías deliciosas, atmósferas de ensueño y armonías vocales sublimes, los Mamas & Papas triunfaron con «Monday Monday», «Straight Shooter», «Creque Alley», «I Call Your Name», además de poner su firma en «San Francisco (Be Sure To Wear Some Flowers in Your Hair)», que Phillips decidió regalar a su amigo Scott

McKenzie, su viejo compañero en los Journeymen. La pieza se convirtió en un himno (ciertamente controvertido) de la escena hippie que estaba floreciendo en la ciudad de la bahía.

Las buenas vibraciones de los
BEACH BOYS

La madre de los hermanos Wilson solía decir a sus hijos que los perros ladran cuando perciben «malas vibraciones». Brian Wilson, impactado desde pequeño por esta frase, en 1966 compuso uno de los temas más hermosos y emblemáticos de la discografía de los Beach Boys: «Good Vibrations». La pieza, que originariamente tenía que formar parte del álbum *Pet Sounds*, se publicó como single en octubre de 1966. Entre tanto, Brian había pensado que podría incorporarse al proyecto *Smile*, el álbum conceptual en el que estaba trabajando y que, en sus intenciones, debería ser «entregado directamente a las manos de Dios».

La génesis de «Good Vibrations» fue larguísima y complicada: grabado en cuatro estudios y en diecisiete sesiones diferentes, el tema era fruto del trabajo de sobregrabación muy trabajada y de la visión artística superior de Brian Wilson. La producción costó más de 50.000 dólares, el valor más alto jamás pagado por un single. Después de recibir la negativa de Tony Asher, letrista de *Pet Sounds*, y de Van Dyke Parks (su próximo *partner* artístico), Brian Wilson completaría la canción gracias a los textos de Mike Love. Compuesto de seis secciones, el tema fue definido por Derek Taylor, del departamento de prensa de los Beach Boys y de los Beatles (que dio a escuchar una primicia de la pieza a McCartney) como una «sinfonía de bolsillo».

LAS PUERTAS DE LA PERCEPCIÓN

Los nuevos estados de consciencia, las drogas alucinógenas, la espiritualidad de las filosofías orientales y una concepción diferente de la vida fascinan a algunos valientes experimentadores. Las «experiencias» de Timothy Leary y Ken Kesey, base del arte y de la cultura psicodélica.

En 1938, el químico suizo Albert Hofmann sintetizó algunas sustancias derivadas del alcaloide del cornezuelo del centeno, en busca de nuevos fármacos para el sistema circulatorio. A partir de los primeros tests quedó excluida la dietilamida del ácido lisérgico, catalogada con la sigla LSD-25: parecía no tener propiedades terapéuticas interesantes. Sin embargo, cinco años más tarde Hofmann la volvió a incluir en sus investigaciones y, justamente durante el proceso de síntesis del LSD, unas gotas le cayeron en los dedos. Sin darse cuenta, respiró sus vapores y se sintió mal de repente: durante unas dos horas permaneció en un estado de confusión acompañado de alucinaciones («he tenido visiones fantásticas, los objetos se me aparecían dilatados, inmersos en un caleidoscopio de colores»). Poco después,

en el denominado «día de la bicicleta», Hofmann repitió el experimento de modo consciente y llegó a la conclusión de que el LSD provocaba un estado de consciencia alterada comparable a una experiencia mística. De este modo descubrió similitudes entre LSD y psilobicina, una sustancia activa contenida en el peyote, el cactus utilizado en los rituales religiosos por los indígenas mexicanos. El profesor Timothy Leary, docente de psicología en la universidad de Harvard, se enteró de la existencia del LSD en los primeros meses de 1962 a través de un estudiante que fue a verlo a su despacho con un tarro de mayonesa lleno de azúcar «corregido» con ácido. Después de ingerir una dosis, Leary exclamó: «¡Es la experiencia más prodigiosa de mi vida!». Pocos años antes, Leary había coincidido con un viejo compañero de la universidad,

PSICODELIA

La palabra «psicodelia», que significa «expansión de la mente», deriva de la unión de dos términos griegos: *psique* (alma) y *delos* (evidente). El nombre lo creó en 1957 el psiquiatra británico Humphry Osmond, en su intento de describir las drogas alucinógenas usadas con finalidades terapéuticas. Aldous Huxley le había sugerido el término «fanerotimo», espíritu manifiesto. En una carta, le había escrito: «Para que nuestro mundo sea menos triste, coge medio gramo de espíritu manifiesto». Osmond le había contestado: «Para expulsar el infierno y volverte angélico, te basta un pequeño toque psicodélico». Timothy Leary fue el estudioso y divulgador más importante de la psicodelia. La palabra es usada hoy en día (a menudo de modo impropio) para describir todo lo que tiene contornos indefinidos y colores vistosos, en cierto modo como el efecto visual proporcionado por las drogas alucinógenas.

un tal Frank Barron, que había estudiado en Berkeley, como Leary, en los años cincuenta. Este le había contado que había vivido una aventura extraordinaria en México, donde había comido «hongos sagrados» y había vivido una profunda experiencia religiosa. No solo eso: Barron sostenía que estas plantas (peyote) podían ser la clave para llegar a la metamorfosis psicológica que tanto él como Leary estaban persiguiendo con sus estudios. En otoño de 1960, de vacaciones en Cuernavaca, en México, Timothy Leary frecuentó a un antropólogo de la Universidad de Ciudad de México, que un día le ofreció el famoso peyote. Leary recordó lo que le había contado su amigo Frank Barron y, confiando en el hecho que los «hongos mágicos» podían representar de verdad el medio para la codiciada transformación psicológica, los probó. El efecto era el deseado.

«He dejado que entre en mí aquel estado de gracia –recordaba– experimentado por quienes tienen una concepción mística del universo. Y que permite entender que este mundo, tan manifiestamente real, solo es un escenario teatral construido por la mente humana.» Antes que él, un intelectual inglés (Aldous Huxley) había escrito un par de ensayos muy ilustrativos de esta materia. Uno, en particular, «The Doors of Perception» (1954), describía los resultados de los experimentos que Huxley había llevado a cabo en California. Allí, después de haber ingerido dosis de mescalina, el principio activo del peyote, había registrado todas las reacciones de su cuerpo y de su mente. En efecto, Huxley estaba convencido de que la huida de la realidad y el deseo de trascendencia espiritual, aunque solo por un tiempo limitado, representaban un importante alimento para el alma humana. Por este motivo, las artes y las religiones se podían definir como «puertas en la pared», y también por esta razón los pueblos indígenas desde siempre han recurrido a sedantes, narcóticos o alucinógenos naturales. «Hoy –explicaba

ALDOUS HUXLEY y las puertas de la percepción

Descendiente de una familia de científicos y literatos, el escritor británico Aldous Huxley fue un personaje de referencia de la cultura psicodélica en los años sesenta. No tanto por su novela más famosa (la novela de ciencia ficción *Un mundo feliz*, de 1932), como por un ensayo publicado en 1954, *Las puertas de la percepción*, en el que narraba sus experiencias con las drogas alucinógenas. Se dice que en Berlín, en 1930, Huxley había cenado con el célebre ocultista Aleister Crowley y que, en el curso de aquel encuentro, le habían dado a conocer el peyote, aunque fue el psiquiatra inglés Humphry Osmond, más de veinte años después, quien le hizo experimentar la mescalina para que pudiera describir sus sensaciones en un ensayo, justamente *Las puertas de la percepción*. En aquellos días (primavera de 1952), Huxley vivía con su mujer Maria en California, y precisamente en su casa se produjo el experimento al que asistieron durante las ocho horas que duró tanto Osmond como Maria Huxley. El título del libro lo tomó prestado de una frase de William Blake que, en su *El matrimonio del cielo y el infierno*, escribió: «Si las puertas de la percepción se pulieran, el hombre podría ver las cosas como son verdaderamente, es decir, infinitas».

Huxley-, la única política razonable para los estados de la Tierra es la de abrir más y mejores "puertas en la pared", con la esperanza de que el ser humano ambicione estilos de vida menos dañinos para sí mismo y para los demás. Las nuevas "puertas" podrán ser sociales, tecnológicas, religiosas, psicológicas, educativas, dietéticas: lo que necesitamos es una nueva sustancia capaz de aliviar el sufrimiento de la débil raza humana y de producir cambios interesantes y significativos en nuestros estados de consciencia».

Tras volver de Cuernavaca, Tim Leary convenció a los rectores de Harvard de que le dejaran llevar a cabo los primeros experimentos con la psilobicina. Pero estos experimentos no eran bien vistos por la comunidad académica. Porque, como entendió inmediatamente Leary, «la utilización de las drogas que abren la mente a una realidad múltiple lleva inevitablemente a una visión politeísta del Universo. Y, en consecuencia, a una lógica opuesta a la de las religiones».

Fin de la historia. Fin de los experimentos.

Como consecuencia de todo ello, Tim Leary comenzó a reflexionar sobre cuál podía o debía ser la función social de la nueva droga. En Harvard, el profesor conoció a Aldous Huxley y al poeta beat Allen Ginsberg. Y con ellos, al jazzista Thelonious Monk y a los escritores/poetas William Burroughs y Jack Kerouac. Un auténtico simposio, pues, de mentes extraordinariamente creativas. Huxley sostenía que el uso de las drogas debería reservarse a los artistas y a una élite intelectual. Leary y Ginsberg, en cambio, estaban convencidos de que las drogas alucinógenas tenían que difundirse más ampliamente. Es más, que las personas no pertenecientes a castas de privilegiados podían extraer beneficios mayores.

En el interior de Harvard, las críticas hacia los métodos del profesor Leary cada vez eran más ásperas: su trabajo lo controlaba el Narcotics Bureau, la CIA poseía un grueso archivo sobre sus actividades y, dado que varios estudiantes habían abrazado las teorías de su profesor, los padres mostraban una creciente preocupación. Los rectores de Harvard intentaron defender al docente, pero las presiones externas eran demasiado fuertes: en 1963, Timothy Leary y su asistente Richard Alpert fueron «invitados» a dejar sus cátedras. A partir de aquel momento prosiguieron sus experimentos en Millbrook, Nueva York, en una majestuosa mansión. «Nos considerábamos antropólogos del siglo XXI que en aquella pequeña "reserva humana" intentaban crear un nuevo tipo de paganismo; una dedicación original a la vida entendida como obra de arte».

En la otra costa de los Estados Unidos, un escritor emergente estaba encontrando tal vez, sin darse cuenta de ello, la solución al dilema que afligía a Timothy Leary.

Se llamaba Kenneth Elton Kesey y sabía bastante de sustancias alucinógenas. Saltimbanqui por hobby y atleta (casi) de profesión (se vio obligado a declinar la convocatoria en el equipo olímpico de lucha libre por un accidente en un hombro), Kesey tenía un talento particular para la escritura. Su segunda novela (*Alguien voló sobre el nido del cuco*) se convirtió en un *best seller*. Con los ingresos, Ken Kesey compró una mansión en La Honda, a una hora al sur de San Francisco. La finca situada en plena campiña se convirtió en el lugar de encuentro de personajes curiosos, creativos y anticonformistas, a los que Kesey bautizó como «Merry Pranksters», los alegres burlones. Su amigo, el escritor Hunter S. Thompson, definió La Honda como «la capital mundial de la locura».

Junto a los Pranksters, Kesey decidió emprender un viaje/*happening* de una costa a la otra de los Estados Unidos. Adquirió un viejo autobús escolar, lo pintó con colores vistosos, vació el interior y situó dentro y fuera micrófonos y altavoces. Al volante, Neal Cassady, el lunático sujeto que inspiró a Jack Kerouac su novela *En la carretera*.

En la parte trasera, la leyenda «Weird Load» (carga extraña), mientras que en la parte frontal del autocar, en lugar del destino final, se podía ver el cartel «Further» (más allá), declaración programática sobre la actitud en la vida de Kesey y de sus Pranksters.

Durante el viaje, que también tenía como destino Millbrook, dieron vida a diferentes aventuras psicodélicas. Por ejemplo, convirtiéndose en un punto de referencia para todos aquellos que deseaban conseguir una especie de «licencia» en el campo de los alucinógenos. *Can You Pass the Acid Test?* (¿puedes superar el examen del ácido?), se preguntaba a todos aquellos que se unían a las fiestas de los Pranksters, en el curso de las cuales se distribuían dosis gratuitas de LSD, por entonces legal, y se experimentaban los efectos colectivos de la droga alucinógena.

«O estás en el autobús, o te quedas en tierra» se convirtió en el lema de Kesey. En la World Fair de Nueva York, Cassady organizó una fiesta para que coincidieran Kerouac

EL MAGIC BUS

En un periódico del norte de California, Kesey y los Pranksters vieron un anuncio que les iba como anillo al dedo: se vendía un viejo autobús escolar International Harvester de 1939. Lo que antaño servía para transportar a los estudiantes desde casa hasta la escuela estaba en desuso en el jardín de un simpático señor de Menlo Park con once hijos (razón por la cual había comprado un autobús). Dentro había asientos y literas, una nevera, un fregadero, armarios y estanterías; además de un montón de otras cosas útiles para la vida «on the road». Kesey lo compró por 1.500 dólares. Los Pranksters se pusieron inmediatamente manos a la obra. Comenzaron a pintarlo con colores fluorescentes en brochazos desordenados, lo cablearon para que pudiera acoger un sistema de audio, cortaron la capota y crearon en el techo una zona segura para poder estar al aire libre y, si se quería, poder tocar la guitarra. Luego situaron micrófonos y altavoces que permitían la difusión de la voz y de la música al exterior. Al volante, un piloto de excepción: Neal Cassady.

En el autobús se abolieron las diferencias entre los sexos. Y al cabo de ni siquiera 50 kilómetros, la colorista tribu de Kesey y de los Pranksters ya era un equipo compacto.

El autobús está aparcado hoy en la propiedad de la familia Kesey, en Willamette Valley, Oregón.

y Kesey. El encuentro no produjo los resultados esperados.

En Millbrook la cosa funcionó bastante mejor. Allí, gracias al amigo común Richard Alpert, Ken Kesey y Timothy Leary se conocieron y pudieron oponer experiencias.

Respecto a los ceremoniales serios y orientaloides de Leary en Millbrook, Kesey tenía una visión ciertamente menos culta.

Mientras que en Millbrook se definían como antropólogos, científicos exploradores, o monjes científicos, los Merry Pranksters nunca hablaban del Otro Mundo, de la «Zona». Las pocas veces en que lo hacían, usaban hipérboles de cómics. Y se vestían con disfraces cómicos.

Si a los recién llegados a Millbrook se les daba un escrito de Leary o al-

guna de las novelas de Hesse como anticipación de lo que les esperaba, en La Honda los «guías» eran sobre todo novelas de ciencia ficción. Leary captó de inmediato el aspecto divertido, casi burlesco, del enfoque de Kesey, que le gustaba mucho, y cuya potencialidad percibió inmediatamente. Corrían los últimos días del año 1964.

Desde hacía cierto tiempo, gracias en parte a las inclinaciones culturales y a la sensibilidad intelectual de iconos científico-culturales como Leary y Kesey, religiones y filosofías orientales habían arraigado también en Occidente. Esta «nueva» y creciente espiritualidad y las drogas alucinógenas tenían mucho en común. Eran elementos que demostraban que, justamente como cantaba Dylan, los tiempos estaban cambiando.

Entretanto, el autobús de Kesey y de los Pranksters, transitando por Canadá, regresaba a La Honda, en el norte de California.

En aquella zona del mundo, en definitiva, en la que todos los cambios sociales, culturales, religiosos, filosóficos, artísticos y musicales (evocados hasta ahora) estaban cobrando realidad de forma mágica.

IF YOU'RE GOING
TO SAN FRANCISCO

De misión hispánica a avanzadilla artística y cultural de la sociedad occidental. La increíble historia de la ciudad de San Francisco que, a mediados de la década de 1960, se convierte en la capital del rock y de la contracultura.

San Francisco es una ciudad joven: después de haber sido una misión española, hacia mediados del siglo XIX se convirtió en un polo minero. O mejor dicho, una avanzadilla situada a poca distancia de las minas de oro de Sierra Nevada, que atraían hasta aquí a personajes extravagantes y de dudosa reputación, seducidos por perspectivas de riqueza fácil. Pero también a sujetos de sano espíritu aventurero, de formidables capacidades creativas y de un sensacional talento empresarial.

El más «famoso» de todos desembarcó en Nueva York en otoño de 1847. Había dejado el viejo continente en busca de un futuro mejor: sus hermanos, propietarios de un negocio de tejidos, querían implicarlo en sus actividades comerciales, pero él decidió seguir su instinto. Que lo llevó, ni siquiera dos años más tarde, a atravesar la Unión y a establecerse en California, el «golden state». La zona abundaba en minas de las que se extraía con facilidad el metal más precioso del mundo. Pero Loeb (Levi) Strauss, judío de Baviera, no buscaba el dinero fácil: quería abrir una empresa para satisfacer las necesidades de aquellas extravagantes figuras empeñadas en la legendaria «Gold Rush», la fiebre del oro más increíble de la historia. De esta manera, cuando en 1853 se instaló en la ex misión llamada San Francisco, recordó un rollo de tela que había traído consigo desde Europa y que le podría ser muy útil. Se trataba de un tejido de algodón tosco coloreado de azul que, por su carácter económico y su resistencia, se empleaba para las finalidades más dispares: desde prendas de vestir hasta palios de altar. Se llamaba «azul de

HAPPY HIPPY

Existen diferentes teorías sobre el significado del término hippie. En el inglés de los Estados Unidos, *hip* significa estar en vanguardia, anticiparse a las modas, crear tendencia. Pero si se añade el sufijo «ie», que puede tener connotaciones despectivas, se explica por qué motivo, en los primeros tiempos, la palabra «hippie» no resultaba particularmente agradable a los oídos de quien era señalado con tal término. En un artículo escrito por el periodista Michael Fallon (5 de septiembre de 1965), se empleó por primera vez, de modo oficial, el término hippie. Fallon se refería a los personajes del naciente movimiento de la contracultura en San Francisco: «muchachos con cabellos largos, indumentaria estrafalaria, consagrados a la música rock y a las drogas psicodélicas».

Génova», y a Levi le parecía perfecto para confeccionar pantalones para los mineros. Ante la imposibilidad de abastecerse de materia prima, Strauss se dirigió a las manufacturas francesas de Nîmes: el «bleu Gènes de Nîmes» fue distorsionado por los estadounidenses y bien pronto se transformó en «blue jeans denim».

Levi Strauss, de poco más de treinta años, era ya una figura destacada de San Francisco. Y la firma Levi's Jeans, que había empezado como una actividad familiar, se convirtió en una de las realidades empresariales más importantes del mundo, sin perder nunca aquel valiente e innovador espíritu de aventura que había caracterizado sus orígenes. Justamente como San Francisco, cuya importancia y fascinación crecieron con la misma velocidad que las actividades de Levi Strauss. A partir del momento en que se desencadenó la fiebre del oro, más de 100.000 hombres, que en la jerga de la época recibieron el nombre de Forty Niners (la ciudad surgía sobre una superficie de 49 millas cuadradas) llegaron al norte de California. De este modo completaron el largo camino de la civilización occidental que, desde su nacimiento en Mesopotamia, se había dirigido siempre

BILL GRAHAM:
El amo del rock

Wulf Wolodia Grajonca nació en Berlín en 1931, en el seno de una familia de judíos rusos. Para huir del holocausto fue ingresado en un orfanato en Francia, antes de emigrar a los Estados Unidos. En Nueva York se cambió el nombre y adoptó el de Bill Graham, se diplomó en *business* y se enroló en el ejército, trabajó como maestro y posteriormente, a principios de los años sesenta, se trasladó a San Francisco, donde vivía su hermana Rita. Aquí se convirtió en el mánager de la Mime Troupe, un grupo teatral que representaba espectáculos de protesta. Formó sociedad con Chet Helms para los primeros conciertos en el Fillmore y luego se separó de él. Y, uno a uno, tomó bajo su protección a todos los músicos y grupos de la naciente escena de San Francisco. Arrogante, despótico, hombre de negocios despiadado pero también mánager clarividente adorado por los artistas, Bill Graham se convirtió en unos pocos años en el amo del rock norteamericano. Además de la gestión de los locales de San Francisco (Fillmore, Carousel, Winterland) promovió grandes acontecimientos. En Watkins Glen, en 1973, (con Grateful Dead, Allman Brothers y The Band) vendió más de 600.000 entradas. En 1982 dio vida al Shoreline Amphitheatre en Mountain View, a una hora al sur de San Francisco, un escenario creado a propósito para el rock. Actor fallido, Graham interpretaba el papel de promotor en *Apocalipsis Now* y en *The Doors*, de Oliver Stone, y el de Lucky Luciano en *Bugsy*. El 25 de octubre de 1991 murió en un accidente con su helicóptero, mientras regresaba a casa después de un concierto de Huey Lewis.

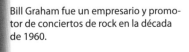

Bill Graham fue un empresario y promotor de conciertos de rock en la década de 1960.

hacia el oeste, donde terminó su recorrido precisamente en California, hasta el punto que, si se prosigue más al oeste, se vuelve al este, a Extremo Oriente. Ello explica por qué California representa (y no solo para los norteamericanos) la meta, el destino final. Y, en consecuencia, no resulta sorprendente que aquí nacieran la industria del cine o el surf, los ordenadores e Internet, como también Napster o, incluso, el vino americano. En otras palabras, en California nació la innovación.

Ya en los primeros años del siglo xx la ciudad gozaba de buena salud desde el punto de vista económico. Era un punto de paso obligado para los buscadores de oro, pero también para quienes se dirigían hacia los nuevos filones del Klondike, en Alaska. Pero una tragedia estaba al acecho: el 18 de abril de 1906, un fortísimo terremoto (8.1 grados en la escala de Richter, el seísmo más devastador que nunca se haya abatido sobre Norteamérica) sacudió la ciudad, destruyendo centenares de edificios. En solo diez años la ciudad fue reconstruida. Exactamente como era. Con sus callejuelas estrechas y tortuosas que trepan por las numerosas colinas y con las magníficas casas de madera de estilo victoriano de fachadas color pastel, deliciosas galerías vidriadas y misteriosas torretas. Después de la era de la Depresión, la ciudad aceleró sus vínculos con el resto de la bahía. El Bay Bridge y, sobre todo, el majestuoso Golden Gate (completados respectivamente en 1936 y 1937), además de ser envidiables obras de ingeniería civil, se convirtieron en auténticos símbolos. Los años de la posguerra y la década siguiente se vieron marcados por el optimismo y la riqueza. Y si la nueva burguesía tendía a trasladarse a los barrios más centrales de la ciudad, una comunidad de artistas se establecía con discreción en la zona de North Beach, considerada desde siempre como la Little Italy californiana. Muchos de estos escritores y poetas llegaron del Greenwich Village, el barrio bohemio de Nueva York. Su estilo de vida y los mensajes de sus obras se oponían netamente al vacío materialismo de los Estados Unidos de los años cincuenta. Se conocieron como beatniks, y su movimiento, como Beat Generation. Las filosofías orientales, el alcohol y las drogas, el be bop, fueron corolarios indispensables de los beats, cuyas poesías y obras literarias fueron la expresión artística de un estilo de vida exagerado, contracorriente e intencionadamente en oposición a una sociedad cuyos valores principales no compartían. Lawrence Ferlinghetti fue el personaje clave de la escena beat de San Francisco; su librería City Lights (en Columbus Avenue, en el corazón de North Beach) se convirtió, a partir de 1973, en un punto de referencia absoluto, como tienda y como editorial.

«San Francisco es la Atlántida del nuevo milenio.»

CARLOS SANTANA

En otoño de 1965, comenzaron a rondar por la ciudad unos tipos realmente extravagantes. Algunos los llamaron «freaks», es decir, tipos excéntricos. Otros, con una acepción no precisamente positiva, los definían como «hippies». No formaban todavía una comunidad, si bien presentaban varios rasgos en común: los vestidos de colores, el entusiasmo por las filosofías orientales, el uso de marihuana y de LSD, la pasión por la música o por otras formas de expresión artística fueron sus caracteres más evidentes. Muchos de ellos se alojaban en las fascinantes casas victorianas situadas al norte de Market Street. En particular, en las que se encontraban en Haight Street y en las callejuelas vecinas. Aquel barrio, entre los jardines de Buena Vista y el magnífico Golden Gate Park, había quedado en cierto modo olvidado por los ciudadanos de San Francisco. Y de esta manera, las grandes casas victorianas abandonadas por sus propietarios, con habitaciones enormes y techos altísimos, pudieron alquilarse por pocos dólares. De hecho, eran capaces de acoger a un número considerable de personas. En definitiva, era un sitio ideal para los estudiantes de la San Francisco University o para la mayor parte de los artistas, en su mayoría músicos y casi siempre sin un centavo. Y de esta manera, más allá de la finalidad buscada por cada cual, los hippies de «The Haight», como fue llamada la zona familiarmente antes de convertirse para todo el mundo en «Haight-Ashbury» (el corazón del barrio donde se cruzan estas dos calles), dieron vida al concepto de comuna por pura necesidad. En Haight-Ashbury se creó una comunidad excéntrica donde se desarrollaron nuevas filosofías de vida (el lema era «peace and love») e iniciativas experimentales. Estaba la Free Clinic del doctor David Smith, en la que se curaba a quien lo necesitara a título gratuito, estaban los Diggers de Emmet Grogan y Peter Coyote, que organizaban espectáculos teatrales y preparaban comida caliente gratuita para los indigentes, estaba la Psychedelic Shop de los hermanos Thelin, donde se podían encontrar informaciones y todo lo necesario

19 DE ABRIL DE 1943 ◄

Albert Hofmann, químico de la empresa Sandoz consume intencionadamente, tres días después de un contacto casual, el ácido lisérgico LSD-25, que provoca alucinaciones, visiones y sensaciones psicodélicas mucho más intensas de lo que había previsto. Pasará a la historia como «el día de la bicicleta».

17 DE JUNIO DE 1964 ◄

Ken Kesey y los Merry Pranksters inician el primer Magic Trip con su «Furthur Bus».

2/4 DE AGOSTO DE 1964 ◄

La marina estadounidense es atacada en el golfo de Tonkín: al mando de las operaciones se encuentra el mayor George Steven Morrison. Su hijo Jim es un poeta laureado en la UCLA. El incidente es el pretexto para que la presidencia estadounidense declare la guerra a Vietnam del Norte.

8 DE FEBRERO DE 1965 ◄

Comienza la operación Rolling Thunder, el ataque más masivo de las fuerzas estadounidenses en Vietnam.

21 DE JUNIO DE 1965 ◄

Los Charlatans de San Francisco tocan por primera vez en el Red Dog Saloon (en Virginia City, Nevada) bajo los efectos del LSD: el concierto inaugura la estación psicodélica. El póster que conmemora el evento recibe el nombre de «The Seed», la semilla.

8 DE JULIO DE 1965 ◄

En la playa de Venice, Ray Manzarek (músico y estudiante de cinematografía en la UCLA) coincide con un antiguo compañero de estudios, Jim Morrison. Los dos deciden formar una banda de rock.

13 DE AGOSTO DE 1965 ◄

En San Francisco, una antigua pizzería en Fillmore Street se convierte en un club de música llamado The Matrix. Lo gestionan dos músicos de una nueva banda que toca allí cada noche, The Jefferson Airplane.

2 DE SEPTIEMBRE DE 1965 ◄

Los Beatles tocan por primera vez en San Francisco, en el Cow Palace de Daly City.

para «trips alucinógenos», estaba la Mime Troupe, que organizaba espectáculos irreverentes y transgresores por la calle. Y luego estaba el Oracle, la idea editorial de Allen Cohen y Michael Bowen: un diario gratuito, de formato estrafalario, en el que se hablaba de poesía, música, arte y contracultura. Impreso con colores especiales sobre un papel que olía a jazmín, se distribuyó gratuitamente en las esquinas de las calles desde otoño de 1966 hasta la primavera de 1968.

«San Francisco es una reserva de hombres en extinción.»
ROBIN WILLIAMS

En el 1090 de Page Street había una casa habitada por estudiantes que, en el sótano, contaban con un pequeño teatro en el que cada miércoles actuaba una banda de rock. El grupo tenía tanto éxito que la persona que se convirtió en su mánager (un tal Chet Helms) en cierto momento decidió hacer pagar un precio simbólico (50 centavos) de entrada. El público se multiplicó por dos. La banda era muy buena, pero precisaba de una voz solista importante. Helms (que había estudiado en Texas) recordaba a una amiga suya muy brillante, a la que había conocido en Austin, Texas, y con la que había atravesado los States haciendo autoestop. La llamó y le propuso que se uniera al grupo, para el cual eligió nombre y dirección artística: Big Brother & The Holding Co. tocaban una formidable mezcla de rock blues salpicado con jazz y fuertes tonalidades psicodélicas. Pero el fenómeno era ella, Janis Joplin, la muchacha texana enamorada del blues. Chet Helms, Janis Joplin y otros artistas y músicos vivían en la comuna de Pine Street (Family Dog), en el barrio de Fillmore, a una milla al noroeste de Haight. El primer evento que el grupo promovió tenía un título sugestivo: *A Tribute to Dr. Strange*. Para poderlo llevar a cabo,

LA COMUNA DE LOS DEAD

En el número 710 de Ashbury Street hay una hermosa casa victoriana de 1890. Se trata de un edificio en estilo «Queen Anne», el barroco inglés, que a principios de los años sesenta acogía a una de las bandas de rock más populares de San Francisco, los Grateful Dead. Justamente mientras se hallaba sentado en el salón de aquella casa, Jerry Garcia (que estaba buscando un nuevo nombre para su grupo) abrió al azar un diccionario y apuntó con el dedo el término «grateful dead»: «persona desaparecida o su ángel que muestra gratitud a quien ha organizado su funeral».

De 1966 a 1968, la banda de Jerry Garcia tomó posesión del edificio, que se convirtió en una especie de cuartel general de los Dead. En el mismo período, en la casa de enfrente (en el 715) se encontraba la sede de los Hell's Angels de San Francisco. El 2 de octubre de 1967, los agentes de narcóticos hicieron irrupción junto a un grupo de periodistas en el 710 de Ashbury St.: Bob Weir, Pigpen y otras nueve personas del entorno de los Dead fueron arrestados por posesión de marihuana. Posteriormente fueron liberados, pero el caso causó sensación. En marzo de 1968, los Grateful Dead dejaron el 710 de Ashbury St. para atravesar el Golden Gate y trasladarse, como muchos otros músicos, al Marin County.

los miembros de la Family Dog alquilaron el viejo Longshoremen's Hall, utilizado ya años antes para conciertos de rock'n'roll. La música correría a cargo de dos bandas de amigos suyos, los Charlatans (grupo chapucero que había dado que hablar en el Red Dog Saloon de Nevada City), y los Jefferson Airplane, en su primera actuación fuera de The Matrix. Aquella noche (16 de octubre de 1965) en el Longshoremen's Hall, toda la comunidad freak de San Francisco se encontró, sin saberlo, reunida para el evento. Que no fue tan solo un éxito clamoroso: representó el inicio de una época. A este respecto, Ralph J. Gleason, crítico musical del San Francisco Chronicle, en el primer ensayo importante publicado sobre la escena de San Francisco en la década de 1960, escribió que «parecía como si fueran todos disfrazados. El aspecto de los participantes en aquel evento era realmente extravagante: cabellos largos, bigotes, prendas del oeste, pijamas indios. Parecía la noche de Halloween».

Una semana más tarde, también en el Longshoremen's Hall, la Family Dog organizó una nueva «dance night». Esta vez, el título fue *A Tribute to Sparkle Plenty*, y la banda invitó a la de los neoyorquinos Lovin' Spoonful. El 6 de noviembre, un tercer evento (*A Tribute to Ming the Magnificent*), también con los Jefferson Airplane y la música creativa de un originalísimo rockero de Los Ángeles, Frank Zappa.

Fascinados, justamente como Ken Kesey y sus Pranksters, por los héroes de los cómics, los miembros de la Family Dog acuñaron para su show títulos muy ocurrentes. En parte porque, como recordaba Charles Perry unos diez años más tarde en un artículo retrospectivo en *Rolling Stone*, «llamar a un concierto de rock con el nombre de un héroe de cómics capaz de viajar en el tiempo gracias a los poderes de la mente tiene un significado preciso: significa que aquel evento es capaz de dar vida a las fantasías más

15 DE OCTUBRE DE 1965 ◄

En el Matrix toca una banda llamada The Great Society: la cantante, Grace Slick, se unirá al cabo de poco a los Jefferson Airplane.

16 DE OCTUBRE DE 1965 ◄

La comuna Family Dog, de Chet Helms, organiza el primer «Tributo al Dr. Strange» en el Longshoremen's Hall. En el escenario, Jefferson Airplane, Charlatans y Great Society. Una semana más tarde, en el mismo lugar, se organiza un nuevo concierto con los Lovin' Spoonful.

4 DE DICIEMBRE DE 1965 ◄

En el Civic Auditorium de San José, Ken Kesey organiza el primer «Acid Test». Se produce después del concierto de los Rolling Stones.

10 DE DICIEMBRE DE 1965 ◄

Los Warlocks se cambian el nombre, se convierten en The Grateful Dead y participan en la party de la Mime Troupe de Bill Graham, en el Fillmore.

4 DE ENERO DE 1966 ◄

En la Factory de Andy Warhol, los Velvet Underground ensayan por primera vez con la nueva cantante Nico.

1 DE MARZO DE 1966 ◄

Primer concierto propiamente dicho de los Doors en el London Fog, en Sunset Strip.

25/26 DE MARZO DE 1966 ◄

Bill Graham y Chet Helms organizan el concierto de la Paul Butterfield Blues Band en el Fillmore. Es un gran éxito: Bill Graham birla a su socio el contrato con la banda.

22/23 DE ABRIL DE 1966 ◄

Chet Helms abre su nuevo local, la Avalon Ballroom, en Sutter Street. Tocan The Blues Project con The Great Society.

27 DE MAYO DE 1966 ◄

Los Velvet Underground & Nico, junto a la Exploding Plastic Inevitable, actúan en el Fillmore: resulta un fracaso.

extraordinarias de los seres humanos». Y en aquellos días, en San Francisco, había mu-chísima fantasía.

A partir de la música.

En los «acid tests» de Kesey, la proporcionaban los Warlocks; practicaban un tipo de rock influido por el folk y el jazz, con largos solos y mucha improvisación. La banda des-estructuraba la forma «canción» para crear una onda sonora que se convertía en un com-pendio perfecto de los efectos de las drogas alucinógenas. Las formas indistintas, los co-lores vistosos, las atmósferas de ensueño quedaban subrayados por los sonidos «ácidos» de las guitarras de Jerry Garcia y Bob Weir, y por sus largas e hipnóticas suites. Al cabo de poco tiempo, se cambiaron el nombre por el más sugestivo de Grateful Dead.

«¿San Francisco? 49 millas cuadradas rodeadas por la realidad.»

PAUL KANTNER (Jefferson Airplane)

Desligados de la forma canción como los Dead, pero mucho más atraídos por el blues, los Quicksilver Messenger Service procedían de Mill Valley, en Marin County, y los lide-raba la guitarra sensible y bluesy de John Cipollina, músico de origen italiano. Y si en la voz y en el espíritu había toneladas de blues, parte del mérito recaía en su primer com-pañero artístico, Jorma Kaukonen, que sin embargo abandonó su amor por la música del Delta cuando se unió a los Jefferson Airplane. La banda de Paul Kantner y Marty Balin nació en un local de Fillmore Street, una antigua pizzería que los dos rebautizaron como The Matrix y en el que pretendían tocar cada noche. Cuando la seductora ex modelo Grace Slick se unió al grupo, nacía la banda que, mejor que cualquier otra, sintetizó el «sonido» de San Francisco. Ralph J. Gleason definió su música como «jet age sound»; de hecho, sus canciones eran de inspiración folk con fuertes tonalidades psicodélicas, tanto en los arreglos como en los textos. Ellos fueron los primeros (con «White Rabbit») que trataron explícitamente la «cultura psicodélica».

La banda Country Joe & The Fish, fundada por Joe McDonald y Barry Melton procedía de Berkeley, y representaron el vínculo entre la escena «radical» de Berkeley (sede de la Universidad de California) y la «hippie» de Haight-Ashbury. Country Joe & The Fish, políticamente incorrectos pero también muy divertidos, fueron los favoritos de la contra-cultura de San Francisco. La música de Grateful Dead, Jefferson Airplane, Big Brother & The Holding Co., Quicksilver Messenger Service y Country Joe & The Fish comenzaba a difundirse por la ciudad. Chet Helms, de Family Dog, y Bill Graham, mánager de la Mime Troupe con veleidades de empresario teatral, alquilaron el viejo Fillmore, local dedica-do antaño a la música negra: el 25 y el 26 de marzo de 1966 organizaron el concierto de la Paul Butterfield Blues Band, el grupo que había acompañado a Bob Dylan en su giro eléctrico en Newport. Fue un éxito absoluto, que abrió la época de la música en directo en

San Francisco. Bill Graham, mucho más desenvuelto que el ingenuo Chet Helms, firmó un contrato en exclusiva con la banda de Paul Butterfield y dejó a Helms fuera de juego: el Fillmore se convirtió en el lugar en el que Graham organizó sus conciertos. Helms replicó alquilando la Avalon Ballroom. En ambos lugares, los shows, a menudo en sesiones dobles, se veían enriquecidos, justamente como en los acid tests, por *light shows* psicodélicos (Bill Ham era el maestro absoluto de este arte, que se avanzaba varios años a los juegos de luces que luego serían habituales en los conciertos de rock) y otras exhibiciones de artes performativas, sobre todo de danza. Las veladas en el Fillmore (y sobre todo en la Avalon Ballroom) se convirtieron de esta manera en extraordinarios happenings en los que público y artistas eran protagonistas del mismo evento.

En San Francisco estaba a punto de comenzar una nueva época, llena de paz, amor y música.

Influidos por la psicodelia, los Grateful Dead se consideran los pioneros del mundo de las bandas de improvisación.

EL VERANO DEL AMOR

El primer «Human Be-In» reúne en el Golden Gate Park a los poetas beat, la comunidad de Haight-Ashbury y las bandas de San Francisco. Los primeros álbumes de Grateful Dead, Jefferson Airplane, Big Brother & The Holding Co., Country Joe & The Fish.

El verano del amor comenzó en invierno: más en concreto, en enero de 1967. El 12 de enero, Allen Cohen y Michael Bowen convocaron una conferencia de prensa en el Print Mint, la tipográfica más conocida de Haight Street, el mismo edificio que había acogido las primeras reuniones de redacción del Oracle. Los periodistas recibieron el siguiente comunicado:

«Desde hace diez años, una nueva nación está creciendo en las vísceras del viejo sistema. Como todo el mundo puede ver, una alma nueva, libre y vibrante está reconectando los centros vitales de los Estados Unidos».

Los dos, junto al poeta beat Gary Snyder, el activista radical Jerry Rubin y el propietario de la Psychedelic Shop, Jay Thelin, anunciaban su última creación: un evento capaz de conjugar música, poesía, arte, literatura, filosofía y, sobre todo, el concepto «peace and love»: «The Gathering of the Tribes for a Human Be-In» se celebraría en el Polo Fields, en el Golden Gate Park, el 14 de enero de 1967.

Los activistas políticos de Berkeley y los representantes de la Love Generation de Haight-Ashbury se unieron a los miembros de la «nueva nación» procedentes de todos los rincones del país, para celebrar y festejar la época de la liberación, del amor, de la paz, de la solidaridad y de la unidad de los seres humanos. En el póster, sobre el título de la manifestación, se podía leer la inscripción «Pow Wow» (la típica celebración religiosa de los nativos de los Estados Unidos) para subrayar la naturaleza sagrada del evento.

El sábado 14 de enero de 1967 resultó ser un bellísimo día de invierno.

A media mañana, los jóvenes comenzaron a afluir hacia el Polo Fields. En la en-

EL ORÁCULO DE SAN FRANCISCO

«Nos ocupamos de la actualidad: bajo un formato de periódico exponemos nuestra filosofía de vida. Que significa arte gráfico, poesía, música, literatura». Así hablaba, en septiembre de 1966, Allen Cohen, uno de los gurús de Haight-Ashbury, cuando junto a Michael Bowen dio vida al Oracle, diario gratuito que incluía las poesías de Michael McClure o Lawrence Ferlinghetti junto al arte gráfico de Mouse & Kelley y Rick Griffin, pasando por las recensiones del acid rock de Grateful Dead y Jefferson Airplane. El Oracle, vínculo que unía a los viejos beatniks con los nuevos hippies, fue el primer (y mejor) ejemplo de edición psicodélica. Enriquecido con colores especiales que se fundían entre sí formando un efecto de arco iris, estaba impreso en papel aromatizado al jazmín. Aun vendiendo 117.000 ejemplares, las cuentas no cuadraban: después de doce números, cesaron las publicaciones.

trada del Parque, al norte de Haight Street, los organizadores habían titulado varias señales (banderitas, pequeños cometas, etc.) para guiar a los participantes al lugar del evento. Llegaron a miles. Un pequeño ejército colorista. Todos llevaban flores, banderas, flautas, tambores, campanas. El inicio del Be-In se había fijado para la una del mediodía.

Abrió la ceremonia el poeta Gary Snyder. Y lo hizo a la manera de las antiguas tribus indígenas: soplando en una gran concha blanca, cuyo sonido potente recuerda al de la sirena de un barco.

Había casi 30.000 jóvenes presentes.

En el escenario, mientras que Snyder propagaba sus señales acústicas, el otro gran padre de los poetas beat, Allen Ginsberg, gritaba: «We are one, we are all one» (todos somos una sola cosa). Entre tanto, tambores, campanillas, flautas y címbalos comenzaban a sonar, creando ritmos confusos pero también sonoridades extremadamente sugestivas. De vez en cuando se podían oír también coros de «Hare Krishna».

Luego, un largo, profundo e inspirado «Ommm» lanzado desde el escenario: Los poetas de San Francisco, Allen Ginsberg, Gary Snyder, Michael McClure, Lawrence Ferlinghetti, junto a Allen Cohen, Michael Bowen, Jerry Rubin, Richard Alpert y el profesor Timothy Leary guiaron a los presentes en el pequeño viaje espiritual. Las banderas ondeaban. Tim Leary incitó a los jóvenes hippies a seguir su lema: «Turn on, tune in, drop out». «Turn on» (encender) significa activar la divinidad o el gran espíritu que se encuentra en el interior de cada cual. «Tune in» (sintonizar)

LAS IGLESIAS DEL CULTO PSICODÉLICO

El Fillmore es un edificio de ladrillos que surge en el corazón del homónimo barrio negro, en la esquina entre Fillmore St. y Geary Blvd. En las décadas de 1950 y 1960 acogió a las mayores estrellas de la música negra, de Ray Charles a James Brown. El 25 y 26 de marzo de 1966, Bill Graham y Chet Helms promovieron aquí el concierto de la Paul Butterfield Blues Band: fue un éxito extraordinario que abrió la estación del Summer of Love. Una capacidad para 1.197 personas, una cesta llena de manzanas en la entrada antes de las escaleras que conducían a la sala, y el Fillmore acogía a los nombres más prestigiosos del rock. En julio de 1968, Graham trasladó los conciertos a una sala más grande, en Van Ness, llamada Fillmore West, para diferenciarla del Fillmore East que acababa de abrir en Nueva York. El Fillmore de Geary Blvd. cambió su nombre a The Elite, y funcionó hasta principios de la década de 1980, cuando Graham volvió a convertirse en su propietario. Después del terremoto de 1989 y las consiguientes obras de restauración, en 1994 volvió a abrir las puertas. Cuando Chet Helms y Bill Graham se separaron, el primero encontró una nueva sede para sus veladas psicodélicas. Un local elegante en Sutter St., utilizado para sesiones de música irlandesa: la Avalon Ballroom. Un magnífico anfiteatro en forma de L coronaba la sala, el suelo era de madera, y gruesos cortinajes cuidadosamente dispuestos en paredes y techo garantizaban una acústica impecable. Además, había espejos, columnas, baldaquines dorados. Todo el local estaba tapizado de terciopelo rojo púrpura. El escenario, espacioso, estaba en una esquina de la sala. El local abrió el 22 de abril de 1966 con los Blues Project, y cerró en noviembre de 1968.

significa que una vez que uno está espiritualmente activado y dispuesto a volver en medio de los demás debe encontrar un medio para manifestar su nueva consciencia.

«Drop out» (extrañarse) no era una fórmula banal de aislamiento, significa: cambia de vida. Significa hacer que más cosas sean posibles entrando y saliendo de la realidad. Esta es la razón por la cual «drop in & drop out» se convirtió en el eslogan emblemático del Verano del Amor.

En las primeras horas de la tarde comenzaron los conciertos.

Quicksilver Messenger Service, Jefferson Airplane y Grateful Dead.

Allen Ginsberg contaba que «el Be-In tuvo un significado literal: bastaba con "estar allí"».

«Fue el acontecimiento más importante, más puro y significativo de aquella época», recuerda Paul Kantner. «Por primera vez –comentaba Phil Lesh (Grateful Dead)–, hippies, beatniks, activistas políticos, músicos rock, políticos progresistas, Hell's Angels y representantes de la contracultura se unieron oficialmente. Y comunicaron de modo directo y comprometido con los jóvenes. Fue el comienzo de una aventura fantástica.»

El evento se consumó en menos de cinco horas. Ralph J. Gleason captó perfectamente su espíritu (y su importancia) para el *San Francisco Chronicle*: «No ha sido tan solo una "reunión de tribus", poetas o músicos –escribió–, el Human Be-In ha sido una declaración de vida (y no de muerte). Un testimonio de amor (y no de odio)».

En la primavera de 1967 todavía no había un imperio mediático en San Francisco. Pero sin lugar a dudas, los medios de información desempeñaron un papel importante en la difusión de la nueva cultura psicodélica.

Si Bill Graham era el rey de los conciertos rock y David Rubinson el productor discográfico más potente, así como el mayor innovador en las técnicas de grabación, Tom Donahue estaba considerado por unanimidad «el Padre de la radio underground». Thomas Coman (ya que este era su verdadero nombre), era un texano nacido en 1931. Después de haber trabajado en la radio comercial más importante de Filadelfia y haber salido indemne del escándalo del «pay to play», logró entrar en la redacción de la KYA, una radio de San Francisco. A mediados de la década de 1960, cogió al vuelo la nueva y perfumada brisa artística que estaba soplando en la Bahía. Llegó a fundar una casa discográfica (la Autumn Records), y para dirigirla llamó a un músico negro de excepcional sensibilidad: Sylvester Stewart (que se haría famoso con el nombre de Sly Stone). La Autumn produjo a Beau Brummels, Bobby Freeman o The Great Society. Al mismo tiempo, la KYA, por sugerencia de Donahue y bajo su dirección artística, organizó también varios conciertos rock, entre los cuales el de los Beatles en el Cow Palace, en agosto de 1964.

«La revolución psicodélica abrió una ventana hacia un nuevo mundo. Pero aquella ventana se cerró al cabo de muy poco tiempo.»

JERRY GARCIA (Grateful Dead)

Con el nacimiento de la nueva escena psicodélica, Donahue entendió que el formato Top 40 (basado en transmitir tan solo los grandes éxitos de la clasificación) era, como él mismo admitía: «el mayor freno para el progreso de la música contemporánea. El rock no puede ser tratado como un producto de usar y tirar». En febrero de 1967, Tom Donahue llegó a un acuerdo con Leon Crosby, propietario de la emisora radiofónica KMPX, que transmitía en FM. Y que no estaba funcionando bien: su público era preferentemente el de los latinoamericanos residentes en el norte de California. La idea de Donahue era la de la «free form radio», es decir, un formato radiofónico fuera de los estrechos esquemas del Top 40, que permitiera emitir el acid rock de los grupos rock de San Francisco. La intuición de Donahue, que comenzó a transmitir en primavera de 1967, iba más allá que la emisión radiofónica en la FM de la música de Jefferson Airplane y Grateful Dead. Tom logró in-

EL PRIMER TEMA PSICODÉLICO

Se titulaba *Section 43*. Compuesto por Country Joe McDonald y arreglado junto al resto de la banda, la pieza se publicó en julio de 1966 en el segundo EP de la banda, autoproducido bajo la etiqueta Rag Baby. Fue uno de los primeros temas instrumentales de rock que contaba con varias partes, tres en concreto, una de las cuales dura tan solo veinte segundos. la suite, de una duración total de 7 minutos y 23 segundos, presenta todas las características estructurales y de sonido para ser considerada (como confirman los historiadores del rock Joel Selvin y Greil Marcus) el primer tema psicodélico jamás grabado. Unos meses más tarde se incluyó en el primer álbum de Country Joe & The Fish, *Electric Music for the Mind and Body..*

cluir anuncios publicitarios de todos aquellos que producían bienes o servicios que se hallaban en sintonía cultural con los oyentes de la música de Haight-Ashbury. La audiencia de la radio creció de inmediato, y de manera vertiginosa. Y también su facturación. Si al Oracle, a pesar del fenomenal impacto cultural, le costaba mantenerse en pie, hubo quien vio en la prensa otro vehículo importante para comunicar la música y la cultura de Haight-Ashbury. Se llamaba Jann Wenner. Según lo que contaba de él Robert Draper en el libro sensacionalista *Rolling Stone Magazine: The Uncensored Story*, «Wenner comenzó robando a un grupo de amigos editores su agenda de contactos y el nombre de la sociedad (Straight Arrow Publishing). Luego, con el dinero de su mujer, Jane Schindelheim, financió su sueño: el de una revista rock». La aventura de *Rolling Stone* arrancó en un almacén abandonado al sur de Market Street. Hasta aquel momento, Wenner se había mantenido al margen de la comunidad artística de San Francisco. Frecuentaba los conciertos en el Fillmore y en Avalon, pero nunca había logrado entrar en contacto con ningún personaje importante. Sin embargo, había absorbido el espíritu de Haight-Ashbury, y sabía cómo contarlo. Su ídolo era Ralph J. Gleason. Como Gleason en el Chronicle, Jann pensaba que una revista tenía que hablar de rock en la manera en que el rock se manifiesta: es decir, como una auténtica revolución artística, social y cultural. Wenner se distinguió en seguida por su capacidad editorial. Ante todo, era un director muy participativo. Pero, al mismo tiempo, dejaba amplio espacio a sus colaboradores, todos ellos jóvenes y bien preparados, a los que eligió personalmente. La línea editorial era fruto de su brillantez, y se impuso inmediatamente con éxito: la línea gráfica (a partir del logo), los títulos evocadores de los artículos, las entrevistas en profundidad, las fascinantes cubiertas convirtieron a *Rolling Stone* en un estándar muy imitado.

Entre tanto, en la primavera de 1967, las bandas de San Francisco ya eran bastante activas. Los primeros en salir con un álbum que era una auténtica revelación fueron Country Joe & The Fish. En enero se publicó *Electric Music for the Mind and Body*, una luminosa joya psicodélica. La banda de Berkeley, tras abandonar por un momento su aspecto folk, abrazó de pleno, y de manera absolutamente vanguardista, el rock ácido de las bandas de la ciudad. Triunfando inmediatamente en una operación brillante y muy eficaz, como demostraban el legendario instrumental «Section 43» (para muchos el prototipo del tema psicodélico) y «Not So Sweet Martha Lorraine», lunática balada con sabor a LSD. Cabe destacar una personal oda («Grace») que Joe McDonald escribió para Grace Slick. Justamente, Slick y los Jefferson Airplane publicaron en marzo de 1967 su segundo disco. Cuando Jerry Garcia lo escuchó en primicia, con su habitual y originalísima agudeza, comentó: «Tiene un sonido fantástico. Parece un almohadón surrealista...». Por este motivo, el álbum recibió el nombre de *Surrealistic Pillow*: contenía dos joyas de Slick, «Somebody To Love» y «White Rabbit», una especie de balada rock a ritmo de bolero que, parafraseando la fábula de *Alicia en el país de las maravillas*, narraba las fantasiosas alucinaciones de un «viaje» lisérgico. Pero presentaba asimismo otros temas emblemáticos, como el instrumental acústico «Embryonic Journey», de Jorma Kaukonen, o la ensoñada «Today» (Kantner & Balin).

En el mismo período (17 de marzo de 1967) salió el álbum homónimo de debut de los Grateful Dead. Grabado en Los Ángeles bajo la dirección técnica de David Hassinger (que ya estaba detrás de las consolas de los Airplane y de los Rolling Stones), el disco mostró inmediatamente el hándicap que la banda llevaría consigo a lo largo de los años: la imposibilidad de plasmar en estudio la formidable creatividad psicodélica de sus shows en directo. El primer álbum de Big Brother & The Holding Company registró varios problemas en fase de grabación: había poco tiempo, y el sonido que se obtuvo no era el que el grupo deseaba. Y sin embargo, el disco mostraba de manera inequívoca el valor extraordinario de Janis y la hermosa combinación entre su potente voz blues y los arreglos hippies de la banda de Peter Albin y Sam Andrew. Las mejores piezas eran «Down On Me» (un tema soul) y «Light Is Faster Than Sound», firmada por Peter Albin, alegre testimonio de las atmósferas florales y lisérgicas de San Francisco.

La temporada de conciertos funcionó a toda máquina.

Graham gestionaba con gran éxito el Fillmore, alternándolo con el Winterland. Las dos salas de baile atraían a un público numeroso y fiel. Aunque, a decir verdad, el lugar preferido de los músicos y de los verdaderos entendidos era la Avalon Ballroom de Chet Helms.

Los artistas gráficos encontraron un terreno abonado para su trabajo creativo. No solo ilustraban los pósters de los conciertos sino también (otra novedad absoluta para la época) las cubiertas de los discos. Sus nombres comenzaban a ser tan populares como los de los músicos. Así como sus respectivos estilos: el *lettering* enrevesado, combinado con visiones hiperrealistas al estilo de Salvador Dalí, del fenomenal Rick Griffin; el estilo belle époque de Stanley Mouse, el «electric age folk art» de su compañero Alton Kelley; los deliciosos *collages* de Victor Moscoso; el «free style» refinado de Wes Wilson. Todos ellos eran originales y únicos. Eran amigos y se influían mutuamente. Sus obras pronto se convirtieron, como los *light shows*, en un elemento absolutamente incorporado a la música de los protagonistas. No podía haber un concierto sin su póster personalizado. Y, desde finales de 1966, parecía que todos los elepés tuvieran su carátula psicodélica. Haight-Ashbury ya no era tan solo un barrio de San Francisco.

EL ARTE DE LOS PÓSTERS

La pasión por la pintura llevó a Chet Helms a concebir anuncios para promover los conciertos. «Me he inspirado en las carteleras victorianas de finales del siglo XIX, que siempre me habían impresionado por la calidad del grafismo y de la impresión. La idea era realizar algo especial, que se pudiera conservar y coleccionar». El primer artista al que Helms llamó fue Wes Wilson: juntos trabajaron en el más económico entre los formatos de impresión, el que se suele llamar «cartelera». Wes sugirió utilizar papel de buena calidad y de imprimirlo todo en cuatricromía. Fue el inicio de una forma de arte: inspirados por el dadaísmo, por el art nouveau y por el pop art de Andy Warhol, pero también, y sobre todo, por las «visiones lisérgicas» en estado alterado, Victor Moscoso, Stanley Mouse y Alton Kelley, Bonnie MacLean y Rick Griffin se convirtieron en los «Van Gogh del arte psicodélico». Sus pósters, además de ser precursores del género, están considerados a todos los efectos auténticas obras de arte.

«¿El verano del amor? Fue perfecto... durante dos semanas.»

PAUL KANTNER (Jefferson Airplane)

Se había convertido en un «state of mind», una de las metas más ambicionadas por los jóvenes norteamericanos. La canción de Scott MacKenzie (*If you're going to San Francisco be sure to wear some flowers in your hair*, si vas a San Francisco, no olvides ponerte flores en el cabello) era la banda sonora perfecta para un anuncio imaginario que fascinaba ya a millones de potenciales «hijos de las flores» en todo el mundo.

Las casas victorianas de Haight-Ashbury acogían a la mayor parte de los protagonistas del sonido de San Francisco. Algunos de ellos llegaron a crear allí su cuartel general. Como los Grateful Dead, que convirtieron el 710 Ashbury Street en una dirección legendaria. Lo mismo puede decirse de los Jefferson Airplane. El grupo adquirió una magnífica casa frente a la entrada sur del Golden Gate Park, cerca de la SF University. La dirección que, como la de los Dead, acabó siendo mística, era 2400 Fulton. Aquella casa tan hermosa, con sus columnas dóricas había sido, según se decía, el refugio del célebre tenor Enrico Caruso la noche del terremoto de 1906. Janis y Country Joe vivieron su historia de amor en una buhardilla en Lyon Street. Big Brother & The Holding Co. ensayaban siempre en el 1090 de Page Street. Y vivían por las inmediaciones. Haight-Ashbury no solo atraía a músicos o artistas en general. En aquellas semanas, miles de jóvenes llegaban a San Francisco, y casi todos con una flor en el cabello.

Los llamaron de múltiples maneras: *love generation, beautiful people, hippies, flower children* (hijos de las flores). Hay quien sostiene que el término «flower power» (poder de las flores) fue acuñado nada menos que por Allen Ginsberg. Poco importa.

San Francisco era, de hecho, la indiscutible capital artística y cultural del planeta. Y también el punto de referencia de una serie de clichés, por no decir de auténticas modas, aunque sí este aspecto representaba tal vez el lado más superficial de toda la historia.

La regla principal de la moda hippie era no tener reglas. Entre otras cosas porque, francamente, ningún estilista del mundo habría logrado jamás la hazaña de combinar estéticas tan distintas entre sí, como prendas del viejo oeste, ropa de Extremo Oriente, vestidos norteafricanos o trajes renacentistas.

Como todas las «artes pobres», la moda de los hippies nació, en un primer compás, de la necesidad. Así lo mostraron los Charlatans, cuyo *look* victoriano de principios de siglo invadió las tiendas de segunda mano. De hecho, la cuestión es que no solo la comunidad de Haight-Ashbury era notoriamente precaria desde un punto de vista económico. Antes de verano de 1967, a la mayor parte de los músicos de rock de San Francisco (incluso los más famosos y apreciados, como los Dead y los Airplane) les costaba llegar a final de mes. Sin embargo, apenas comenzaron a grabar discos, se convirtieron en modelos importantes y puntos de referencia absolutos en cuanto a su modo de vestirse, de peinarse o de maquillarse.

Los jóvenes de Haight-Ashbury, y sus émulos de todo el mundo, más que Macy's frecuentaban la tienda del Ejército de Salvación, donde podían adquirir ropa de segunda mano y accesorios usados por unos pocos dólares.

Los blue jeans eran la prenda preferida. Y los agujeros o desgarros se cubrían con topos de colores. Bandanas, viejos chalecos, collares de cuentas de colores eran los accesorios más comunes. Los pantalones de piel también eran muy populares. A quien le gustaba el *look* indio llevaba las clásicas casacas Nehru; quien prefería África optaba por el Dashiki o el caftán medio-oriental. Camisetas y pantalones *tye-dyed* (hervidos con lejía y coloreados durante el lavado) fueron un importante icono de la moda psicodélica. Pero también terciopelo, tejidos indios u otras telas procedentes del lejano Oriente eran muy apreciados por los hippies. Especialmente por las chicas.

Ningún hippie llevaba hábitos que mostraran una marca comercial, y todavía menos si se trataba de una multinacional. Era contrario a la ética del movimiento, que era inconformista, revolucionario, en definitiva, contra el sistema. Entre los calzados (cuando no iban descalzos), las sandalias dominaban sobre el resto. También las botas y botines gustaban mucho. El sombrero era un accesorio importante: desde los de vaquero hasta los colbacs, pasando por los casquetes islámicos o los clásicos Fedora de ala ancha... Todo era cuestión de gustos. Y poco importaba el estilo elegido: las combinaciones azarosas eran parte integrante de la moda hippie. Es más, resultaban particularmente apreciadas. Cabellos largos, bigotes, barbas y patillas eran de rigor. Entre las muchachas, el sujetador (símbolo de opresión y de control de la sexualidad de las mujeres) quedaba abolido. Tam-

4 DE JUNIO DE 1966 ◄

Janis Joplin llega a San Francisco. El mismo día conoce a su nueva banda, Big Brother & The Holding Co.

6 DE OCTUBRE DE 1966 ◄

En Haight-Ashbury tiene lugar el «Love Pagent Rally», en el Panhandle del Golden Gate Park. La manifestación pretende ser una protesta contra la nueva ley de California que considera ilegal la posesión y venta de LSD. En un camión se monta un escenario en el que tocan Grateful Dead y Big Brother con Janis Joplin.

8 DE NOVIEMBRE DE 1966 ◄

El ex actor Ronald Reagan es elegido gobernador de California. En una de sus primeras declaraciones compara a los hippies con Tarzán, Jane y Chita...

12 DE NOVIEMBRE DE 1966 ◄

A consecuencia del cierre del Pandora's Box, en Sunset Strip, un millar de hippies (entre los cuales Peter Fonda y Jack Nicholson) bloquean la calle en señal de protesta. Los sucesivos enfrentamientos con la policía inspiran a Stephen Stills y a sus Buffalo Springfield el tema «For What is Worth»

24 DE NOVIEMBRE DE 1966 ◄

Donovan publica «Mellow Yellow», inspirado en la leyenda urbana (que luego se confirmó que era falsa) según la cual, las pieles de plátano, una vez secadas y peladas, pueden fumarse con efectos superiores a los de la marihuana.

20 DE DICIEMBRE DE 1966 ◄

Otis Redding toca en el Fillmore y encanta a los jóvenes hippies.

14 DE ENERO DE 1967 ◄

En el Polo Field del Golden Gate Park se celebra el primer Be-In de la historia. Están todos los grupos de San Francisco, los beat poet y los «gurús» de Haight-Ashbury.

1 DE JUNIO DE 1967 ◄

Aparece *Sgt. Pepper's Lonely Hearts Club Band*, el nuevo álbum de los Beatles.

bién los perfumes eran importantes. Las reuniones de hippies no solo se distinguían por el aroma de marihuana. Los inciensos indios fueron muy populares. Pero el perfume de las flores (lavanda, rosa o gardenia fueron las más usadas) también se apreciaba. El pachulí tenía una doble utilidad: además del atractivo de su aroma, servía para enmascarar el olor del humo de la hierba.

«La música de los Grateful Dead es la energía más potente del planeta.»

MICKEY HART (Grateful Dead)

Entre los medios de transporte, el preferido (un auténtico icono de la época) era la furgoneta Volkswagen. También las autocaravanas o, como mostraron los Merry Pranksters de Ken Kesey, los autobuses escolares, oportunamente convertidos en casas ambulantes, resultaban perfectos para la vida *on the road*. Todos, indistintamente, se pintaban con colores fosforescentes y se enriquecían con símbolos de la paz, flores, mandalas o paisajes bucólicos. La comida era otra parte importante de la cultura de los hijos de las flores. La cocina hippie, como la indumentaria, era una mezcla de tradiciones diversas: india, norteamericana, medio-oriental, mexicana, italiana y asiática. Casi siempre había una predilección particular por la dieta vegetariana, saludable y barata: sopas, ensaladas frescas, un plato principal a base de verduras y un postre (yogur) eran el menú preferido en Haight-Ashbury. También la medicina holística, practicada en África, en la India y en el resto de Asia, así como entre las culturas indígenas de América del Sur o de Australia, era muy apreciada por los hippies. Herboristería, homeopatía, acupuntura, shiatsu y ayurveda eran prácticas cotidianas en Haight-Ashbury. A pesar de todo, la «generación del amor» todavía no había tenido su confirmación oficial. Faltaba poco. Una banda de Los Ángeles y un lugar (Monterey), a casi tres horas de coche de San Francisco, consagrarían para la historia la colorista epopeya de los hijos de las flores.

LA BANDA DEL SARGENTO PIMIENTA

La psicodelia no es un asunto únicamente californiano. También en el Swinging London se habla de LSD y de expansión de la mente. Los Pink Floyd, el UFO Club y los Beatles de Sgt. Pepper.

Los reportajes sobre el Be-In dieron la vuelta al mundo. Para todos, San Francisco era la capital (contra)cultural del planeta. Y su música, un producto a exportar.

El primero en entenderlo fue Chet Helms. A decir verdad, en aquellos primeros días de 1967 corría la voz que Bill Graham estaba barajando la posibilidad de abrir en Nueva York un nuevo Fillmore. Pero Helms tenía algo mejor en mente: fundar una sucursal de la Family Dog en la tierra de los Beatles y de los Rolling Stones. Para ello tomó un vuelo para Londres y se fue a comprobar in situ la posibilidad de crear en menos de un mes la nueva empresa. Después de una rápida inspección (se visitaron dos almacenes en la periferia londinense y un antiguo refugio de la Segunda Guerra Mundial), Chet abandonó la idea: demasiado complicado lograr gestionar un dance hall a más de 8.000 kilómetros de distancia y a 8 horas de huso horario respecto a su ciudad.

Pero Londres le gustó. Y por este motivo decidió quedarse unos diez días. Y de hecho fue bien acogido por la comunidad *underground* londinense, pese a que era menos genuina que la de Haight-Ashbury y no tan «friendly». En particular, Chet fue mimado por el grupo que publicaba IT (International Times, la cabecera alternativa del rock inglés) y que, sobre todo, gestionaba el UFO Club, una especie de versión londinense de la Avalon Ballroom. Dicho sea de paso, la «house band» del UFO en aquellos días se llamaba Pink Floyd. El mánager del grupo (y del local) era el ya legendario Joe Boyd, empresario discográfico estadounidense trasplantado al Reino Unido. Fue él quien le dio a su amigo Helms el apodo de «Sunshine Superman from Sunshine Su-

SGT. PEPPER en primicia

Amanecía en aquel 21 de abril de 1967: después de seis meses de trabajo, los Beatles habían terminado su nuevo y revolucionario álbum. Estaban tan orgullosos de él que querían que todo el mundo lo oyera en seguida. A alguien le vino en mente una idea: ¿por qué no ir hasta Chelsea, en King's Road, donde vivía Mama Cass de los Mamas & Papas? Tenía un aparato estéreo buenísimo. «Eran las seis de la mañana –recordaba Neil Aspinall, road manager de los Beatles–, Cass vivía en un apartamento en el interior de un grupo de casas construidas una al lado de la otra. Habíamos puesto los altavoces en el antepecho de la ventana, y puesto la música a tope». Una a una, las ventanas del vecindario se fueron abriendo y la gente se asomó maravillada. «Era una dulce mañana de primavera –explicó Aspinall–, la gente sonreía y mostraban su aprecio mediante signos»..

UFO CLUB

En el 31 de Tottenham Court Road, en los sótanos situados bajo el cine Gala Berkeley, había
un local de baile irlandés, el Blarney Club. A finales de 1966, el periodista y fotógrafo John
Hopkins y el empresario discográfico estadounidense Joe Boyd decidieron convertirlo en un
local rock psicodélico que abriría sus puertas
el 23 de diciembre de aquel año: actuaron Soft
Machine y Pink Floyd. La idea era hacer algo
similar a la Avalon Ballroom de San Francisco:
además de la música, *light shows*, proyeccio-
nes de películas de vanguardia, grupos de danza, performances artísticas. El local tuvo éxito y
su «house band» (Pink Floyd) todavía más, hasta el punto de que pidió una mayor remunera-
ción, lo cual irritó a Boyd, que llamó también
a otros grupos como la Incredible String Band,
Arthur Brown y Procol Harum. Pero el local era
demasiado pequeño e incluso cuando tocaba
una estrella como Jeff Beck (que lo llenaba
hasta los topes), como máximo se cubrían gastos. El club duró hasta finales de septiembre de
1967: en octubre se cerró con un evento en la
Roundhouse.

perland» (superhombre luminoso de una supertierra luminosa). En aquellos días, la escena *underground* de Londres estaba buscando su propia identidad. Cuando la Beatlemanía todavía no se había adorme-cido, examinaba con extrema atención los nuevos sonidos, las visiones alteradas, las extravagantes intuiciones, las fascinantes ideas que llegaban de California. Las dro-gas alucinógenas habían desembarcado ya, y algunas influencias de la nueva cul-tura se dejaron sentir también en la mú-sica inglesa. Pero Chet, acostumbrado a los estándares de San Francisco, encontró que todo se hallaba todavía en una fase demasiado rudimentaria. «Me parecía como si estuvieran un par de años atrasa-dos –recordaba Helms–, los *light shows* de los Pink Floyd, por poner un ejemplo, no tenían nada que ver con las proyeccio-nes de Bill Ham». Entretanto, Chet cono-ció a una bella muchacha, una tal Anne Sharpley, que se ofreció a acompañarlo durante toda su estancia en Londres. De

este modo Chet y Anna pasaron día y noche juntos frecuentando el ambiente artístico de la capital inglesa. El evento más importante en el que participaron fue una velada de recogida de fondos organizada por los tipos de IT en la Roundhouse. Se trataba de un auténtico *happening* en el que sucedían cosas extrañas: barriles de gelatina derramados sobre el público, un pintor (desnudo) que se pintaba el dorso y luego se dejaba rodar sobre un enorme lienzo dando vida a una extravagante obra de arte. Había dos estrellas de rock (no precisamente desconocidas) como Paul McCartney y John Lennon que se sometieron a un Acid Test personalizado. Unos días más tarde, Chet Helms efectuó un desagradable descubrimiento. En un importante diario inglés leyó un artículo, firmado por su «amiga» Anne Sharpley cuyo título rezaba «My lost psychedelic week-end» (mi fin de semana psicodélico perdido): un resumen detallado y picante que dejó en el apacible Chet la sensación

de haber sido traicionado. Pero a él le correspondía el compás final de la historia: «Si aquí piensan que lo que han leído es el máximo de la transgresión, deberían venir a ver qué sucede en San Francisco».

Justamente en San Francisco, en el Candlestick Park, unos meses antes, había terminado la gira de los Beatles que había convencido a los Fab Four que había llegado el momento de dar un giro a su vida artística y personal. Se dice que George Harrison, una vez había bajado del escenario, había revelado a Brian Epstein que «ya no se sentía un Beatle». La sensación de Harrison la compartían todos, aunque fuera implícitamente. «Creí que era importante perder nuestras identidades —recuerda Paul McCartney–, estábamos cansados de ser los Beatles. Desarrollar nuestros respectivos alter ego nos debía dar mayor libertad. Así que me inventé una banda inexistente y le di un nombre surrealista, un juego de palabras que sonase bien: Sgt. Pepper's Lonely Hearts Club Band.

ROLLS ROYCE PSICODÉLICO

Adquirido por John Lennon en 1965, el Rolls Royce Phantom V (modelo limousine) originariamente era negro. Se dice que fue el mismo con el que los Beatles habían ido a Buckingham Palace el 26 de octubre de 1965 para ser nombrados «baronets». Posteriormente, Lennon aportó varias modificaciones: los asientos traseros fueron eliminados para dejar espacio para una cama de matrimonio, se instalaron una nevera, un teléfono y un equipo estéreo. En la primavera de 1967, el Rolls estaba en manos de los diseñadores de la firma J.P. Fallon: John se acababa de comprar una carreta gitana pintada con colores psicodélicos que le gustaba mucho, y pidió a Steve Weaver (uno de los artistas) que lo pintara en el mismo estilo. En el techo, por ejemplo, quería el símbolo de su signo del zodíaco, libra. El coche marcó una época, Lennon lo llevó a los Estados Unidos para alquilarlo a otras estrellas del rock, pero luego, en 1977, lo vendió. Después de varias peripecias, el Rolls (que hoy vale más de dos millones de euros) se encuentra en el Royal BC Museum en Victoria, en Canadá.

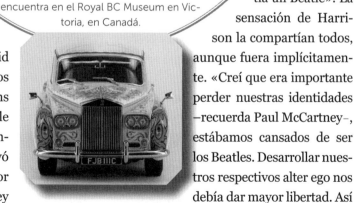

Ciertamente, la coincidencia da que pensar. John, Paul, George y Ringo tomaban una de las decisiones más importantes de su historia mientas se encontraban en la ciudad que estaba dictando las nuevas reglas del arte y de la cultura rock. En realidad, los Fab Four se habían acercado ya a un tipo de composición experimental, influida por el uso de alucinógenos. En el álbum *Revolver*, publicado un año antes, el tema final, «Tomorrow Never Knows», compuesto por Lennon, resultaba un ejemplo patente de este hecho. Para el texto, John se había inspirado en un cartel psicodélico de Timothy Leary que a su vez se había inspirado en el Libro Tibetano de los Muertos. Lennon había definido la pieza como «la primera canción a base de LSD». Una vez completada la grabación de *Revolver*, los Beatles emprendieron de mala gana su última gira, durante la cual no presentaron ninguna pieza del nuevo disco. No es casual: *Revolver* marcaba el paso a una nueva era de la vida del cuarteto, que había dejado de preocuparse por grabar canciones reproducibles en directo. El final del tour de 1966 marcó de hecho el adiós a la actividad concertística. Los Beatles estaban hartos de no lograr oír lo que hacían en directo porque estaban sumergidos por los chillidos de las fans. «Podríamos haber sido estatuas de cera. En la platea no nos oía nadie, ni siquiera el ritmo básico. Todos estaban demasiado ocupados en empujarse mutuamente para podernos ver», recordaba John Lennon.

Los Beatles estaban cansados de dar vueltas por el mundo, agotados de los viajes y por el número de actuaciones (más de 1.000 desde sus debuts en Hamburgo). Ya era suficiente: de ahora en adelante se concentrarían exclusivamente en la composición y la grabación de las piezas.

Además del uso de drogas para ampliar las capacidades de la mente, el descubrimiento de la música norteamericana fue un estímulo más para ellos. De hecho se produjo un proceso casi inverso: la mente de los Beach Boys, el genial Brian Wilson, después de escuchar *Rubber Soul* recibió sensaciones tan fuertes que lo llevaron a componer *Pet Sounds*, a todos los efectos el primer long play auténtico de la historia. Y justamente *Pet Sounds*, para McCartney en particular, fue una fuente de inspiración decisiva para el futuro de los Beatles. «Teníamos que superar cualquier otra producción nuestra para poderlo igualar −confesó antes de declarar−: pero lo lograremos. Daremos vida a un álbum tan complejo que será prácticamente imposible llevárnoslo de gira».

Después de haber leído un artículo en el que se decía que Elvis había mandado su Cadillac dorado de gira, McCartney anunció: «Nosotros no teníamos un Cadillac, pero llevaríamos de gira un disco en nuestro lugar». Por este motivo el disco comenzaba con «Sgt. Pepper's Lonely Hearts Club Band» que, simulando un directo, presentaba al presunto público los músicos de la «Banda de los corazones solitarios del Sargento Pimienta». El primero en estar de acuerdo con esta elección fue George Martin, el productor de los

Beatles, que declaró: «Teníamos tiempo, instrumentos y tecnología a nuestra disposición: ya no teníamos que limitarnos a guitarra, bajo y batería. Este sería un álbum que no debía ni se podía tocar en vivo».

Cuando los Beatles se citaron en Abbey Road para comenzar a trabajar en el nuevo disco ya habían revolucionado el mundo del rock pese a que, en promedio, tenían menos de 25 años. La valentía de la juventud, pero también la consciencia de sus propios medios dieron lugar a las transgresiones, riesgos y experimentaciones que caracterizaron la producción del nuevo álbum. Con la entrada en el estudio de grabación, el cambio sonoro de los Beatles había comenzado a todos los efectos. George Martin empujó al grupo a que pensara de modo «sinfónico», estimulando a los cuatro a que escribieran canciones pop con la simplicidad y la inmediatez del rock'n'roll pero con la majestuosidad de la música clásica.

> «Cuando John nos tocó "Strawberry Fields Forever" por primera vez, solo con el acompañamiento de una guitarra acústica, fue... mágico.»
>
> GEORGE MARTIN

La idea inicial era la de crear un trabajo centrado en la infancia de Lennon y McCartney en Liverpool. Las grabaciones del nuevo disco comenzaron el 24 de noviembre de 1966 con «Strawberry Fields Forever». Junto a «Penny Lane», la canción fue excluida del LP por voluntad de la casa discográfica, que decidió publicar un single que anticipara todo el trabajo. Ambas piezas hablaban de lugares queridos para John y Paul desde adolescentes. «Strawberry Field» era un orfanato cercano a la casa donde Lennon vivía con su tía Mimi, mientras que «Penny Lane» es el barrio de Liverpool en el que crecieron ambos. Una vez excluidos

16 DE JUNIO DE 1967 ◄

Comienza el Monterey International Pop Festival, el primer festival rock de la historia.

5 DE AGOSTO DE 1967 ◄

Los Pink Floyd publican su debut discográfico; se llama *The Piper at the Gates of Dawn*, un álbum de rock psicodélico cuyo principal artífice es el guitarrista Syd Barrett.

7 DE AGOSTO DE 1967 ◄

George Harrison y Patti Boyd se encuentran en San Francisco para saludar a Jenny Boyd, hermana de Patti. Después de visitar el barrio de Haight-Ashbury se dirigen al Golden Gate Park: aparece una guitarra y George toca para los jóvenes hippies.

2 DE OCTUBRE DE 1967 ◄

La policía irrumpe en el 710 de Ashbury St. y arresta a los Grateful Dead por posesión de marihuana. Seis meses más tarde, los Dead abandonan Haight-Ashbury para trasladarse al Marin County.

El 3 de marzo de 1968 se despiden con un gran concierto.

9 DE NOVIEMBRE DE 1967 ◄

Sale el primer número de la revista *Rolling Stone*, fundada por Jann Wenner y Ralph J. Gleason. En la cubierta, John Lennon en una foto de la película *Cómo gané la guerra*.

29 DE ABRIL DE 1968 ◄

En el Biltmore Theatre de Broadway debuta *Hair*, el musical hippie. Sus creadores, los actores James Rado y Gerome Ragni, llevan a escena el drama de los jóvenes estadounidenses enviados a la guerra en Vietnam. Inicialmente desdeñado por los productores, *Hair* resulta ser un éxito: permanece en cartel durante cuatro años con 1.750 representaciones consecutivas.

3 DE JULIO DE 1968 ◄

Crosby, Stills & Nash cantan por primera vez juntos en la casa de Joni Mitchell en el Laurel Canyon.

los dos temas del disco en el que estaban trabajando, los Beatles abandonaron la idea de crear un álbum conceptual sobre su infancia. Volvieron a comenzar con otra canción, que todavía no estaba lista en el momento en que habían comenzado a grabar «Penny Lane» y «Strawberry Fields». John Lennon se inspiró en la lectura de las noticias de los diarios para escribir las estrofas de su parte de «A Day in the Life», que se convirtió en la primera

SYD BARRETT

Verano de 1965: Syd Barrett tiene 19 años, toca en una banda que él mismo ha rebautizado como Pink Floyd, y está atento a todo lo que sucede en aquel momento en el mundo de la música. Decide experimentar con el LSD junto a tres amigos, Dave Gale, Ian Moore y Storm Thorgerson. A partir de aquel momento, la droga alucinógena se convierte en su compañera de vida. Como consecuencia de este hecho, Barrett y la banda pasan a formar parte de los Sant Mat, movimiento esotérico-filosófico vinculado a la religión Sikh. Barrett y Thorgerson se dirigen a un hotel londinense para conocer al gurú de la secta y solicitan formar parte de la misma; pero son demasiado jóvenes y no los aceptan. Barrett se consola con la escritura de nuevos temas. Es él quien lleva la dirección artística de los primeros Pink Floyd, los que fueron descubiertos por Joe Boyd y contratados para las veladas en el UFO Club. Entre febrero y julio de 1967 nace *The Piper at the Gates of Dawn,* álbum de debut de los Pink Floyd, joya psicodélica que Syd siente como suya. Entre finales de 1967 y los primeros meses de 1968, el consumo de drogas alucinógenas por parte de Syd aumenta, y su comportamiento se vuelve imprevisible. En el escenario a menudo está ausente, y en las entrevistas no es raro que se quede sin decir nada. Los demás Pink Floyd están preocupados: llaman a un viejo amigo de Syd, el guitarrista David Gilmour, para que les eche una mano en el escenario. El 6 de abril de 1968, la banda anuncia oficialmente que Syd ya no forma parte del grupo. Barrett publica dos álbumes (*The Madcap Laughs* y *Barrett*) pero, de hecho, desaparece de la escena.

canción de *Sgt. Pepper*. «Cada mañana leía el *Daily Mail* —recordaba Lennon—, y un día había dos historias: la primera se refería a la muerte (a consecuencia de un accidente automovilístico) de nuestro amigo Tara Browne, nieto del fundador de la cerveza Guinness. En la página siguiente se hablaba de los 4.000 baches en la carretera de Blackburn, en Lancashire».

Buscando una palabra que pudiera rimar con *small*, que cerraba la estrofa anterior, su amigo Terry Doran sugirió «Albert Hall». «A Day in the Life» está formada por dos canciones incompletas, una de Lennon y otra de McCartney. La idea era crear una suite, con una orquesta que uniera las dos secciones diferentes. El arreglo y las partes orquestales corrían a cargo de George Martin, siguiendo indicaciones de John & Paul, que buscaban un «sonido cósmico, que recuerde el fin del mundo».

«Sabíamos que podíamos llenar el espacio entre las dos canciones con algo sensacional —explicaba Martin—, un clímax orquestal que partía de la nada y alcanzaba un sonido estratosférico, en los límites de lo increíble.» El tema llegó a ser censurado por algunas emisoras porque hubo quien sostenía que en el texto había referencias al uso de drogas. Por el contrario, Paul afirmaba que la única intención era la provocación: la finalidad era invitar a la gente a mirar más allá de las apariencias.

Entretanto, la búsqueda de ideas proseguía. A Lennon y a McCartney a menudo les bastaba un detalle, un recuerdo, un encuentro a veces ocasional para que se desencadenara la chispa de la creatividad. De hecho, muchas de las canciones de Sgt. Pepper nacieron casi por casualidad. El 31 de enero de 1967, Lennon entró en una tienda de anticuarios. Se quedó fascinado por un anuncio de un circo de la época victoriana en el que se publicitaban las últimas tres veladas en Rochdale, en 1843. Cautivado por el lenguaje refina-

---

15 DE AGOSTO DE 1969 ◄

Country Joe McDonald sube al escenario de Woodstock para llenar un hueco del programa. Atiza a la multitud con el célebre «FUCK cheer», y luego canta el himno pacifista «(I-Feel-Like) I'm-Fixing-To-Die-Rag». Inmortalizado en la película documental, Country Joe se convierte en el músico antiguerra del Vietnam por excelencia.

16 DE AGOSTO DE 1969 ◄

Después de una serie de violentas tormentas de agua, el condado de Sullivan, donde se desarrolla el festival de Woodstock, es declarado «zona catastrófica».

17 DE AGOSTO DE 1969 ◄

Desde el escenario, Hugh Romney (Wavy Gravy), responsable de los servicios sociales en el festival de Woodstock, da el pistoletazo de salida a la «Woodstock Nation» y promete «comida y cama para 400.000 personas».

21 DE OCTUBRE DE 1969 ◄

Muere Jack Kerouac.

6 DE DICIEMBRE DE 1969 ◄

Los Rolling Stones tocan en el famoso festival de Altamont.

31 DE DICIEMBRE DE 1969 ◄

En el Fillmore East de Nueva York, Bill Graham presenta un fin de año rock excepcional: dos shows con The Band of Gypsys, primera banda rock de color de la historia. Al bajo, Billy Cox, a la batería, Buddy Miles, a la guitarra, Jimi Hendrix.

30 DE AGOSTO DE 1970 ◄

Jimi Hendrix toca en el festival de la isla de Wight: será su último concierto importante. Posteriormente, después de algunos shows en Suecia, Dinamarca y Alemania, el 18 de septiembre es encontrado muerto en Londres, en el apartamento de su novia Monika Danneman.

16 DE OCTUBRE DE 1970 ◄

En el Pacific Coliseum de Vancouver se celebra un concierto en favor de Greenpeace, organización ambientalista que acaba de nacer. Participan Phil Ochs, James Taylor y Joni Mitchell: es el primer concierto de beneficencia de la historia.

do y por los nombres evocadores de los personajes circenses, John pidió a Martin un «arreglo de feria campesina a través del cual se pudiera oler el aroma de la siega». De este modo nació «For the Benefit of Mr. Kite».

En febrero de 1967, Paul se sintió impresionado por un artículo que contaba la fuga de una chica de diecisiete años (una tal Melanie) a la que él había conocido tres años antes. El problema de las jóvenes inglesas que se fugaban del hogar era bastante frecuente en aquellos días. Paul se identificó con el dolor de los padres y comenzó a escribir una canción, «She's Leaving Home», único tema de *Sgt. Pepper* sin la complicidad de George Martin, sustituido para la ocasión por Mike Leander, productor de Decca.

Un día, Julian Lennon, hijo primogénito de John, mostró a su padre un dibujo que había hecho en la escuela. «Es Lucy en el cielo con diamantes», explicó el pequeño Lennon a su padre. Los primeros días de marzo de 1967, John Lennon comenzó a componer una canción que se inspiraba en aquel dibujo de Julian. La llamó «Lucy in the Sky with Diamonds». El surrealismo onírico de la pieza hundía sus raíces en un capítulo de la obra *A través del espejo*, de Lewis Carroll, uno de los libros preferidos de Lennon, y en el humorismo alocado del programa satírico «The Goon Show». Pero para muchos, las iniciales de Lucy, Sky y Diamonds remitían al LSD, sigla del ácido lisérgico, la droga alucinógena entonces de moda.

Las drogas psicodélicas, los ideales de paz y amor universal, el sexo libre y una nueva espiritualidad inspirada en las doctrinas orientales eran los pilares de la filosofía hippie. Los Beatles estaban fascinados por el estilo de vida de los «hijos de las flores». George Harrison era el que se sentía más atraído por estas nuevas formas de pensamiento. Gracias al maestro Ravi Shankar descubrió la belleza de la música india. Aprendió a tocar el sitar, el complicado instrumento de cuerda típico de aquella cultura, y lo aplicó a la música de los Beatles. «Within You Without You», única canción escrita por George Harrison para *Sgt. Pepper*, se inspiraba justamente en aquella vena artística. Ningún otro miembro de los Beatles tomó parte en la grabación.

Respecto a aquella sesión, John Lennon recordaba: «Cuando entré en el Studio 2 de Abbey Road vi a los músicos del Asian Music Center sentados sobre una alfombra, con las luces muy tenues. La sala estaba llena de bastoncillos de incienso quemando. Había un clima idílico...». El tema era una crítica al pensamiento occidental que impide que el individuo se sienta parte de un conjunto más complejo y único de amor. El último tema escrito para el nuevo álbum fue «With a Little Help from My Friends». «Queríamos hacer una canción más pegadiza –explicó Paul–, porque en el álbum faltaba un tema de este tipo».

El texto, sencillo y sin pretensiones, ideado por John pero escrito por Paul, se podía oír en la voz de Ringo Starr. Dos años más tarde, en el escenario de Woodstock, Joe Cocker ejecutó una magnífica versión junto a la Grease Band. A partir de aquel momento, la pieza entró en la leyenda del rock. Un álbum genial merecía una cubierta de nivel equivalente. Por ello, los Beatles pensaron en Peter Blake, auténtico maestro del pop art. Blake fotografió al grupo ataviado con uniformes chillones de las bandas militares de la época eduardiana. A sus espaldas situó las imágenes de 71 celebridades de todos los tiempos, auténticos «gurús» espirituales y artísticos de los Fab Four.

La idea era mágica. El resultado extraordinario. Para muchos, aquella cubierta era una auténtica obra de arte, la Gioconda de las carátulas.

El día 1 de junio de 1967 se publicó el nuevo álbum de los Beatles, *Sgt. Pepper's Lonely Hearts Club Band*, todo un evento cultural. El disco representó una auténtica revolución tanto conceptual como técnica, por cuanto por primera vez en la historia de la música se derribaron los límites creativos. Los Beatles de *Sgt. Pepper* alcanzaron niveles artísticos impensables y demostraron a la generación hippie que todo era posible. «Creo que *Sgt. Pepper* captaba a la perfección las tendencias de aquel período –explicaba George Martin-, coincidía con una revolución del pensamiento juvenil y encarnaba el espíritu de aquel fabuloso Verano del Amor. Estaba relacionado con la libertad, el surrealismo, las drogas psicodélicas, la experimentación.» Lennon y McCartney estuvieron entre los primeros admiradores de Jimi Hendrix.

James Marshall Hendrix había sido «descubierto» unos meses antes por Chas Chandler, bajista de los Animals con veleidades de productor. Hendrix tocaba en el Cafe Wha?, en el Village. Cuando Chandler lo vio, por sugerencia de Linda Keith (amiga de Keith Richards), lo contrató en seguida y le propuso viajar con él a Londres. Hendrix, nacido en Seattle el 27 de noviembre de 1942, todavía no había cumplido 24 años pero ya lo había probado todo: había estado en las bandas de Little Richard y Curtis Knight, tocado con los Isley Brothers e incluso había sido paracaidista.

En Nueva York había decidido jugar sus mejores cartas, y el 24 de septiembre de 1966 estaba volando hacia Londres.

Chandler era consciente de tener entre sus manos a un fenómeno: nunca había visto a nadie tocar la guitarra como él. Jimi no tenía nada que perder, y estuvo de acuerdo con todo lo que propuso Chandler, desde eliminar una «m» de su nombre hasta encontrarle una banda. O mejor, un batería (Mitch Mitchell, anteriormente en la corte de Georgie Fame) y un bajista (Noel Redding, que en realidad tocaba la guitarra pero que tenía un peinado afro que gustó a Chandler). De este modo nació la Jimi Hendrix Experience.

«Recuerdo haber visto a Jimi Hendrix en una de sus primeras apariciones en directo, en Londres –contó Paul McCartney–, y en seguida me convertí en fan suyo.» Uno de los clubs preferidos de los Fab Four era el Blaises, en Queens Gate, un sótano situado en los cimientos del Hotel Imperial, junto al Bag O'Nails, meta obligada de la juventud acomodada londinense, así como punto de encuentro del gotha musical. Entre estas paredes se produjo la consagración. En el Blaises, Andy Summers asistió por primera vez a una actuación suya, y se quedó fulminado: «Era tan intenso y al mismo tiempo tan angélicamente sensual —recordó—, que me quedé observándolo como atontado. Bastó una noche para enloquecer a todos los guitarristas de Londres».

«Cuando me habían dicho que era bueno lo había creído; lo que no me habían dicho era hasta qué punto era jodidamente bueno», admitía Eric Clapton. Por su parte, Pete Townshend afirmaba: «Dicen de mí que soy violento, de Jimi que es la quintaesencia del erotismo». Jeff Beck no se andaba por las ramas: «Después de haberlo visto, lo mejor habría sido cambiar de profesión».

En pocas semanas, todavía sin un contrato, ni siquiera con un single publicado, Hendrix entró directo al gotha del rock, confraternizando bien pronto con la «familia real». Se le podía ver en los Olympic Studios bromeando con Mick Jagger, en los IBC improvisando un blues con Pete Townshend o en el Blaises intercambiando unos chismes con John Lennon. Antes de que se escribiera una sola palabra sobre él, Jimi Hendrix ya era un personaje. Aunque, para entender mejor al artista, es preciso conocer al hombre. «Jimi era una persona curiosa, intuitiva y simple», explicaba Kit Lambert, fundador junto a Chris Stamp de Track Records, la primera discográfica que creyó en el guitarrista de Seattle. «Tenía un espíritu de adaptación increíble, y un *look* camaleónico». Chandler influyó poco en este aspecto, pero apenas importa.

Jimi recorrió Kings Road y Carnaby St., por entonces metas obligadas para todo aquel que quisiera ostentar el título de *trend setter*, y se renovó el guardarropía en «Granny Takes A Trip». En una sola noche se mudó de piel: vestía mejor que un blanco pero poseía la fascinación exótica de un negro; una mezcla decididamente exitosa que lo transformó en el rey del nuevo rock psicodélico. A finales de octubre Jimi entró en el estudio para grabar su primer single: en la cara A, «Hey Joe», una balada folk versionada de manera originalísima, en la cara B, una composición propia, «Stone Free».

Al cabo de poco, su nombre corría de boca en boca entre los aficionados. En aquellos días, Mick Jagger admitió: «Jimi Hendrix es el intérprete más excitante y sensual que nunca haya visto en directo».

Los Beatles, los Stones y los Who se lo disputaban, en el escenario y en torno a una mesa para una cerveza, porque Jimi era «the new thing». Al público y a sus compañeros de profesión les gustaba todo de él: la melena, los pómulos pronunciados, la sonrisa cautivadora, el andar descoyuntado y aquella manera de mostrarse espontáneo y amigable. Pero luego, cuando abrazaba su Stratocaster, se convertía en un animal salvaje, una fuerza de la naturaleza, un catalizador. Único e inimitable.

Las sesiones de estudio se sucedían, pero entretanto, «Hey Joe» iba ganando adeptos. Entre estos, un joven que no dudaba en comprar los discos de 45 rpm aun sabiendo que en casa no tenían tocadiscos. «Me bastó escucharlo una vez para perder la cabeza —recordaba Mark Knopfler—, me compré el disco y me dirigí precipitadamente a casa de un amigo: durante horas no escuchamos otra cosa».

El 12 de mayo de 1967 salió el primer álbum de la Jimi Hendrix Experience, *Are You Experienced?*, que contenía, además de «Hey Joe» y «Stone Free», «Purple Haze», «Foxy Lady», «The Wind Cries Mary» y «Fire».

Entre octubre de 1966 y enero de 1967, Paul McCartney había asistido al menos a cinco conciertos de la Jimi Hendrix Experience: junto a John Lennon lo había admirado en el Saville Theatre de Brian Epstein en los primeros meses de 1967. Se dice que fue justamente McCartney quien convenció a los organizadores del concierto de Monterey Pop Festival de que invitaran a la Jimi Hendrix Experience. Y quizás como agradecimiento, el guitarrista estadounidense, en el escenario del Saville, frente a Paul y Ringo, tocó una originalísima versión de «Sgt. Pepper's Lonely Hearts Club Band» poquísimos días después de la aparición del álbum.

> «La atmósfera del álbum estaba en sintonía con el espíritu de aquel período, porque nosotros mismos estábamos permeados por aquel espíritu.»
>
> PAUL McCARTNEY

Ni siquiera un mes más tarde, el 25 de junio de 1967, los Beatles fueron invitados a participar en el primer programa televisivo en Mundovisión. Para la ocasión, se les pidió que escribieran una canción simple que pudiera ser comprendida por los telespectadores de todas las naciones. El tema elegido expresaba a la perfección las aspiraciones que la juventud alimentaba durante el Summer of Love. Lo que se emitió fue una típica sesión de grabación de los Beatles. «Nos habían dicho que nos verían grabar desde todo el mundo, en el mismo momento —cuenta McCartney—, y nuestro mensaje estaba claro: amor. Se necesita más amor en el mundo».

En efecto... All you need is love.

EL NEW YORK DE ANDY Y LOU

«Vibraciones» diversas sacuden a la Gran Manzana. El extraño encuentro entre Andy Warhol y Lou Reed y la formidable aventura de los Velvet Underground, entre rock, poesía, sexo, droga y paranoia.

El Cafe Bizarre era un pequeño local del Village, en la 3rd Street. Pequeño y oscuro, no servía bebidas alcohólicas: solo café, té, zumo de manzana y helados. Pero garantizaba un escenario para bandas de rock emergentes, hasta el punto de que, en diciembre de 1965, Al Aronowitz (amigo de Dylan y de los Beatles), propuso a un grupo en el que creía: se hacían llamar The Velvet Underground.

Una noche, en el Cafe Bizarre se presentaron el director Paul Morrisey y su amigo Andy Warhol. El primero había visto a los Velvet justamente la primera noche en que se habían exhibido en el Bizarre. Desde hacía tiempo albergaba un sueño: producir a un grupo de rock para ganar un montón de dinero. Pero tenía que convencer a Andy.

En los años cincuenta, Warhol era un creativo de éxito: había ganado varios premios y un montón de dinero con curiosas ilustraciones para revistas y fantasiosos dibujos publicitarios para diarios. Convencido defensor del «Sueño Americano», sabía cómo vender sus obras. A principios de la década de 1960 dio un giro a su visión artística partiendo de una intuición: utilizar temas comunes, a veces banales (como latas de sopa o de Coca Cola) que la gente usaba todos los días, y darles una dignidad artística.

En efecto, porque de esta manera Warhol estaba convencido de que podría entrar a formar parte del mundo del arte, el arte con «A» mayúscula. Es más: después de las muertes de Marilyn Monroe y de John Kennedy, Andy comenzó a trabajar en sus imágenes (y en las de grandes iconos del siglo, de Mao a Elvis), retocándolas para dar vida a originales imágenes múltiples.

Nacía el «pop art».

SONGS FOR DRELLA

Después de años ignorándose mutuamente, Lou Reed y John Cale se volvieron a hablar el 1 de abril de 1987 en los funerales de Andy Warhol, en Nueva York. En aquella ocasión, el pintor Julian Schnabel les sugirió que escribieran juntos un tema conmemorativo para Andy. El 7 y el 8 de enero de 1988, Lou y John tocaron, en la iglesia de St. Anne, en Brooklyn, una serie de canciones a las que llamaron *Songs for Drella*. «Drella» era una contracción de Drácula y Cinderella, y era el apodo que Ondine (una de las superstar) había dado a Warhol. Las canciones hablaban de las relaciones personales y experiencias de Andy Warhol desde su punto de vista, desde el de Reed y Cale y desde el de un narrador anónimo. El 11 de abril de 1990 salió el álbum *Songs for Drella* y en 1993 los Velvet Underground dieron vida a su último *reunion tour*.

Su cuartel general se llamaba The Factory, tenía su sede en un loft en la calle 47. Además de ser el laboratorio en el que comenzó a producir litografías y serigrafías de sus obras (que vendía a un precio muy alto), la Factory se convirtió en un lugar de encuentro de los pintorescos sujetos con los que Andy gustaba de rodearse. Artistas de todo tipo: pintores, escultores, actores, directores, poetas y escritores. Además de estos, el grupo de sus preferidos, «the Warhol superstars»: personajes curiosos que se convirtieron en protagonistas de sus películas experimentales y transgresoras. Porque, como le gustaba repetir, «cada cual tiene derecho a sus 15 minutos de celebridad».

Entretanto, Morrisey se había adelantado, y había dicho a los Velvet Underground que Warhol estaba interesado en convertirse en su mánager. Cuando Andy entró en el Cafe Bizarre se quedó hipnotizado por la banda: vestidos de negro, cantaban sobre sadomasoquismo y heroína para un público de fieles. En aquel momento, Warhol entendió que Lou Reed, John Cale, Sterling Morrison y Maureen Tucker producían (en música) exactamente lo que él ponía en su arte: transgresión, poesía, fuerza y desesperación.

Lou Reed era hijo de una familia judía del Brooklyn de los años cuarenta y cincuenta. En 1959, cuando no había cumplido todavía los 18 años, sus padres lo enviaron a un psiquiatra para curar sus pulsiones homosexuales y sus alarmantes cambios de humor. Fue sometido a electroshocks con efectos traumáticos: necesitó casi un año para volver a encontrar la

EDIE SEDGWICK
Factory Girl

En marzo de 1965, durante una fiesta en casa del productor Lester Persky, Andy Warhol se quedó encantado por una presencia femenina. Se trataba de una muchacha californiana de 22 años: actriz, modelo, pero sobre todo, bellísima. Se llamaba Edie Sedgwick. Warhol la invitó, junto a su amigo y mánager Chuck Wein, a la Factory. Edie se presentó un día en que Andy estaba rodando la película *Vinyl*, una adaptación de la novela *La naranja mecánica* de Anthony Burgess. El *casting* era enteramente masculino, pero Warhol quería que Edie estuviera presente en algunas escenas. Cosa que hizo también en *Horse:* sus participaciones causaron furor. Andy decidió crear una película a su medida, *The Poor Little Rich Girl*. A partir de aquel momento, Edie Sedgwick se convirtió en la actriz preferida de Warhol, hasta el punto de que fue famosa como «Chica del año 1965». Después de participar en el célebre *Chelsea Girls*, Sedgwick comenzó a apartarse del mundo de la Factory. Se estableció en el Chelsea Hotel, conoció a Bob Dylan y se enamoró de él. Pero Dylan se casó en secreto sin siquiera decírselo a Edie. Hay quien sostiene que fue Albert Grossman, mánager de Dylan y de Sedgwick, quien se lo dijo a Edie. También hay quien sospecha que fue el propio Andy Warhol. Dylan siempre negó una relación con Sedgwick, especialmente después de que ella flirteara durante mucho tiempo con su amigo Bob Neuwirth. Después de la prematura, trágica y, en ciertos aspectos, misteriosa muerte de Edie Sedgwick (acaecida mientras dormía, a la edad de 28 años) Dylan admitió haberla conocido bien. Hay quien está convencido de que una de las canciones de amor más bonitas escritas por Bob Dylan («Just Like a Woman») estaba dedicada justamente a ella.

Lou Reed, Sterling Morrison, la modelo alemana Nico, Maureen Tucker y John Cale, en The Factory.

estabilidad psicológica. Y para volver a hacer lo que le gustaba más: tocar la guitarra y escribir canciones. A Lou le encantaba Bob Dylan, pero no quería imitarlo. Pero sobre todo, deseaba convertirse en una estrella de rock. Después de abandonar a sus padres, a los que no perdonaba el episodio del electroshock, se fue a estudiar en la Syracuse University, donde conoció a Sterling Morrison. Ambos compartían la pasión por el rock y se hicieron amigos. Se volvieron a encontrar unos años más tarde en Nueva York, donde Lou entró en el círculo de La Monte Young y conoció a John Cale, estudiante galés de música clásica emigrado a los Estados Unidos con el sueño de conocer a Aaron Copland.

Lou consumía y vendía varios tipos de drogas: marihuana, LSD, anfetaminas y heroína. Quería dar de sí mismo una imagen misteriosa y maligna, pero sobre todo buscaba una

THE FACTORY, la fábrica de las ideas

La primera sede de la Factory de Andy Warhol estaba en el quinto piso del edificio situado en el 231 de la calle 47 este, en Midtown Manhattan. El alquiler costaba 100 dólares al año. En la acera, el famoso «diván rojo», uno de los símbolos de la «fábrica de las ideas».

En 1968, Warhol y los suyos dejaron el edificio (que al parecer se tenía que demoler) para trasladarse al Decker Building, en el 33 de Union Square, esquina con la calle 16. Allí se quedaron hasta 1973, antes de trasladarse a pocos pasos (860 Broadway, en el lado norte de Union Square). Pero a pesar de que este último espacio era muy amplio, aquí no se rodó ninguna película. Finalmente, en 1984, la última sede de la Factory: un oficio muy normal en el número 22 de la calle 33 este. Quien estuvo ahí durante cierto tiempo, como John Cale, recuerda que «el nombre The Factory, la fábrica, no era casual. Andy tenía una ética muy fuerte del trabajo, y allí se trabajaba siempre: había una cadena de montaje que producía serigrafías, mientras otros rodaban películas. Cada día sucedía algo nuevo».

Además de los habituales de Warhol y sus «superstars», frecuentaban la Factory estrellas de rock como Mick Jagger, Bob Dylan, Brian Jones, Jim Morrison, artistas como Salvador Dalí, escritores y poetas como Truman Capote o Allen Ginsberg.

Desde 2012, frente a la tercera sede de la Factory (en el 860 de Broadway) se alza «The Andy Monument», una estatua cromada de casi tres metros de altura creada por Rob Pruitt.

banda que pudiera tocar sus canciones. A Cale y a Morrison se unió Maureen (la hermana de un amigo, Jim Tucker) que tocaba la batería. Los Velvet Underground actuaron por primera vez en la Summit High School, en Nueva Jersey, el 11 de diciembre de 1965: ganaron 75 dólares.

Su rock descarnado, poético e irreverente impresionaba a quien lo escuchaba, y encantó a Warhol, que los invitó a su corte. Pero fue Morrisey quien sugirió otra voz para las canciones de Lou Reed: Nico, la bellísima modelo alemana que se había hartado de la moda y del cine y que buscaba en la música una nueva identidad artística. Había visitado la Factory y no había pasado desapercibida: a su sensual aspecto de nórdica, Nico combinaba una voz glacial que penetraba como un filo en el corazón de los oyentes. Y, a propósito de corazones, Nico había hecho sangrar ya los de Brian Jones, Bob Dylan y Jackson Brown, y se aprestaba a entrar en la historia del rock por la puerta principal. Andy Warhol vio que la combinación entre ella y los Velvet sería extraordinaria, y pidió a Lou (muy contrario a la idea de que cualquier otra persona cantara sus canciones) que encontrara un par de piezas para Nico. Reed y Cale, aun a regañadientes, pero queriendo contentar a Andy, eligieron «I'll Be Your Mirror», «Femme Fatale» y «All Tomorrow's Parties» (y le dejaron hacer los coros en «Sunday Morning»). De este modo comenzaron las grabaciones del primer álbum de los Velvet: lo financió Warhol, que también se ocupó de la carátula. Un plátano que (en la primera idea del artwork) se podía «pelar»: bajo la piel aparecía un fruto de color rosa carne...

Transgresor, visionario, innovador, padre del noise rock y poeta descarnado, Lou Reed es un referente de la cultura popular del siglo XX.

Tras firmar en 1966 un contrato discográfico con Verve/MGM, el disco se publicó casi un año más tarde (marzo de 1967), porque se consideraba «extraño» y porque en 1966, la misma casa discográfica acababa de sacar un álbum todavía más raro, *Freak Out* de Frank Zappa. Para Nico y los Velvet, Andy Warhol se inventó un nuevo hallazgo: les hizo tocar mientras que en la pantalla se podían ver las imágenes de una película muda en blanco y negro que había rodado él mismo, *Velvet Underground and Nico: A Symphony of Sound*. A partir de aquí la idea evolucionó rápidamente: además de las filmaciones de Andy, en el escenario junto a la banda había bailarinas, intérpretes varios y «shows de luz», en el estilo de los que se hacían en San Francisco. Nacía así «The Exploding Plastic Inevitable», espectáculo multimedia en el que la banda de Lou Reed y John Cale mostraba todo su repertorio: destellos de R&B, rock'n'roll canónico, improvisaciones casi jazz. Además, las vocalizaciones de Nico, estaban en los límites de la experimentación.

«Éramos conscientes de hacer algo revolucionario.
Tanto yo como Lou lo sentíamos.»

ANDY WARHOL

A la espera de la salida del álbum, la banda estaba preparada para dejarse ver fuera de los límites de Nueva York. En la Gran Manzana, gracias a los buenos oficios de Warhol, los Velvet Underground eran conocidos y apreciados.

Recibieron una invitación: ir a tocar en Los Ángeles, en The Trip.

Nico, los Velvet y los demás miembros del Exploding Plastic Inevitable partieron, pues, hacia California. Su contrato era de tres semanas, del 3 al 29 de mayo. Pero las cosas no

Cantautora, modelo y actriz alemana, Nico es conocida tanto por su colaboración con el grupo musical The Velvet Underground como por su trabajo como solista.

resultaron como se esperaban, ya desde la primera sesión. En la sala, entre otros, estaban Jim Morrison, John Phillips y Cher que, fríamente, comentó: «Esta música me deprime. Es una exhortación al suicidio».

El grupo, vestido de negro, que hablaba de sexo, droga y paranoia no gustó en California, del mismo modo que a los Velvet no les gustó el sonido de la costa oeste. Al cabo de tres días, The Trip decidió cancelar el espectáculo. En el Fillmore de San Francisco las cosas no fueron mejor: los Velvet fueron acogidos por abucheos de desaprobación de los hijos de las flores. Mientras, entre Andy y Lou se había roto algo.

Warhol comprendió que el disco no tendría el éxito esperado (y acertó), mientras que Lou consideraba que la «protección» de Warhol, a la larga, podría resultar contraproducente. Y de este modo, ambos se separaron de mutuo acuerdo.

En efecto, el álbum se vendió poco (como Andy había imaginado) pero sería uno de los más influyentes de la historia: se dice que todo aquel que adquirió una copia del mismo acabó formando una banda.

También concluía la unión «forzosa» entre Nico y los Velvet: después de haber estado en la cama de Lou primero y en la de John después, la cantante alemana intentó la carrera solista producida precisamente por John Cale. Los Velvet prosiguieron su recorrido solos, influyendo a centenares de artistas, especialmente en el punk y en el rock alternativo estadounidense. El vínculo con Warhol siguió vivo: basta escuchar «Walk on the Wild Side», incluida en *Transformer* (1972), el segundo álbum como solista de Lou Reed producido por David Bowie. La canción habla justamente de las «superstars» de la Factory, desde la «drag queen» Candy Darling hasta Joe Dallesandro, pasando por Sugar Plum Fairy o Holly Woodlawn.

4 DE NOVIEMBRE DE 1970 ◄

En el Landmark Hotel de Hollywood hallan el cuerpo sin vida de Janis Joplin. La causa de la muerte es una sobredosis de heroína.

3 DE JULIO DE 1971 ◄

Jim Morrison es encontrado muerto en el baño del apartamento de París que comparte con su novia, Pamela Courson.

1 DE AGOSTO DE 1971 ◄

En el Madison Square Garden de Nueva York se celebra el *Concert for Bangladesh,* evento benéfico para ayudar a las poblaciones indias víctimas de la guerra y la hambruna. George Harrison, que conoce el drama de Bangladesh por su amigo Ravi Shankar, organiza un evento sin precedentes. Con ellos, Ringo Starr, Eric Clapton y Bob Dylan.

28 DE JULIO DE 1973 ◄

En Watkins Glen tiene lugar el *Summer Jam,* con Allman Brothers, Grateful Dead y The Band, delante de 600.000 personas.

25 DE NOVIEMBRE DE 1976 ◄

En el Interland de San Francisco, The Band celebra su concierto de despedida, inmortalizado por las cámaras de Martin Scorsese. La película concierto pasará a la historia como *The Last Waltz.*

8 DE DICIEMBRE DE 1976 ◄

Los Eagles publican «Hotel California».

4 DE FEBRERO DE 1977 ◄

Aparece *Rumours* de los Fleetwood Mac.

19 DE SEPTIEMBRE DE 1979 ◄

Comienzan en Nueva York los cinco días de música de *No Nukes: The Muse Concerts for a Non-Nuclear Future,* festival organizado por el colectivo de artistas que están contra la energía nuclear. Entre estos, Jackson Browne, Graham Nash y Bonnie Raitt. Para documentar y apoyar la iniciativa se publican una película y un álbum (triple).

«No había ninguna otra banda de rock que hiciera lo que hacíamos nosotros, es decir, hablar de cosas reales, aunque fuera duro, pero tratar la realidad. Justamente como Andy.»

LOU REED

Antes de que en Nueva York se difundiera la semilla de la revolución punk, junto a los Velvet Underground había otra banda que intentaba conjugar rock y poesía. Se habían formado en 1963 y se hacían llamar The Fugs. Dos poetas (Ed Sanders y Tuli Kupferberg) eran los polos de un grupo capaz de mezclar sátira política con lírica inspirada, desencadenando las iras de la CIA y del FBI, que juzgó sus canciones como «vulgares, repugnantes y alusivas». Cercanos a los radicales y contrarios desde siempre a cualquier tipo de medias tintas, los Fugs estaban más en sintonía con los activistas de Berkeley que con los hippies de San Francisco. Sanders se trasladó en 1970 a California como enviado de *Los Angeles Free Press* para seguir las fases del proceso contra Charles Manson, al término del cual publicó el libro *The Family*, un gran éxito editorial que le permitió fundar la revista literaria *The Woodstock Journal* y proseguir durante años su actividad como divulgador cultural y artístico.

La extraña mezcla entre rock y poesía, transgresión y paranoia, magníficamente ejemplificada por Velvet y Fugs tuvo otros epígonos en una ciudad del este famosa por su industria automovilística pero también por otra interesante escena musical. Incluso a la Detroit de la Motown llegaron «vibraciones psicodélicas» que a partir de 1966 comenzaron a difundirse a lo largo de las orillas del Grand River. Allí, el Dj Russ Gibb, después de haber estado en San Francisco, decidió crear un local tipo Fillmore. Junto a su amigo John Sinclair, abrió el Grande Ballroom, al que se invitó a los grupos californianos, pero también a bandas locales, como Ted Nugent o como la que gestionaba el mismo Sinclair, los MC5, acrónimo de «Motor City Five». Como los Velvet, fueron rockeros proto punk. Su álbum de debut, *Kick Out the Jams* (1969) era un directo grabado justamente en el Grande Ballroom donde, en el mismo período, actuaba una banda de la vecina Ann Arbor, The Stooges, cuyo cantante, Iggy Pop, se convirtió en poco tiempo en un icono del rock internacional.

Sinclair, fundador del movimiento subversivo de los White Panther Party (especie de contrapunto de los Black Panther afroamericanos y, como estos, antirracista y socialista) estaba constantemente monitorizado por la CIA y el FBI. En la primavera de 1969 dio ingenuamente dos porros a agentes de paisano: le cayeron diez años de prisión. Y con ello se desencadenó la ira de toda la comunidad artística y contracultural, de Abbie Hoffman a John Lennon.

NEXT STOP IS VIETNAM

El mundo del rock se moviliza contra la guerra. Para los hippies de los Estados Unidos, el binomio «peace and love» adquiere un significado concreto. Las canciones pacifistas de Arlo Guthrie y Country Joe, el himno estadounidense revisado por Jimi Hendrix y el «Give Peace a Chance» de John & Yoko.

El final de la Segunda Guerra Mundial y el inicio de la Guerra Fría modificaron notablemente el clima político y social en los Estados Unidos. El segundo «red scare» comenzó a difundirse una decena de años después de la conclusión de la guerra. La «cuestión comunista» provocó en el cuerpo social norteamericano la herida y la fractura ética, psicológica y política más grave desde la época de la guerra civil; el anticomunismo y el temor a infiltraciones, conjuras y actos de espionaje contra la seguridad del país alcanzaron niveles muy elevados (basta recordar al senador McCarthy y a su tristemente famosa «caza de brujas»), que recordaron los de la inmediata posguerra, precisamente la época del primer «miedo rojo». El desafío con el comunismo se convirtió en el elemento que condicionaba la vida política, las decisiones del gobierno relativas al escenario internacional, así como la teoría y la praxis de la expansión.

La delicadísima cuestión del sureste asiático se inscribía en esta lógica. En aquella zona, algunos regímenes comunistas apoyados por la Unión Soviética (sobre todo Laos) habían creado una situación de gran tensión para el mundo occidental. Entre los estados más agresivos estaba Vietnam del Norte que, en varias ocasiones, había intentado invadir al colindante Vietnam del Sur, cuya capital era Saigón. La cuestión se arrastraba desde hacía tiempo. Eisenhower primero y Kennedy más tarde la habían afrontado de mala gana. Por otra parte, la CIA siempre había considerado que la situación de Laos, y sobre todo el caso de Cuba, eran bastante peligrosos.

La primera semana de agosto de 1964,

VIETNAM BLUES

J.B. Lenoir, *bluesman* desconocido en el Chicago de los años cincuenta y sesenta, escribió en la segunda parte de su carrera muchos temas contra las guerras y los abusos que el país estaba llevando a cabo en aquellos años. Entre «Korea Blues» y «Down in Mississippi», Lenoir compuso «Vietnam Blues», uno de los temas más fuertes de su repertorio, magníficamente interpretado por Cassandra Wilson en la película documental *Soul of a Man*, de Wim Wenders, en la que (además de las de Blind Willie Johnson y Skip James) se narra la vida del propio J.B. Por su parte, «Vietnam», de Jimmy Cliff, es una canción escrita en forma de carta mandada por un amigo que está combatiendo en el sureste asiático. Publicada en 1969, inspiró un tema de Paul Simon, mientras que para Bob Dylan era «la mejor canción de protesta jamás escrita».

buques de la marina estadounidense, bajo el mando del almirante George Steven Morrison, fueron atacadas mientras vigilaban el golfo de Tonkín. El «incidente» (ya fuera verdadero o presunto) representaba una excelente excusa para el presidente Lyndon B. Johnson: el Congreso concedió la autorización a los Estados Unidos de América de atacar a Vietnam del Norte.

Pocos meses más tarde se produjo otro acontecimiento desencadenante: en las primeras horas del 7 de febrero de 1965, los Vietcong atacaron el campamento militar de Pleiku, donde se hallaban establecidos los inspectores estadounidenses, ocho de los cuales murieron. El presidente de la nación reaccionó de modo violento ordenando un masivo ataque militar para el día siguiente; comenzaba así la operación «Rolling Thunder», que duraría tres años.

Hasta entonces, la mayor parte de los ciudadanos estadounidenses no habían oído nunca nombrar la palabra Vietnam. Ni siquiera sabían dónde estaba. Tampoco podían entender las razones de un conflicto que escapaban incluso a los más despiertos analistas político-militares de la época. Y todavía menos podían comprender, y en consecuencia aceptar, por qué debían coger un fusil e ir a combatir (arriesgando la vida) en medio de la selva indochina.

«Teníamos la percepción –contaba Phil Lesh, bajista y miembro fundador de los Grateful Dead– que aquello era una guerra civil entre los dos regímenes vietnamitas, y que los Estados Unidos no pintaban nada en el asunto. Y que, por lo tanto, no tenían ningún derecho a intervenir. Ninguno de nosotros creía en la denominada teoría del dominó, según la cual si un estado se volvía comunista, el de al lado también lo acababa siendo. Con la consecuencia de que el comunismo habría podido conquistar el mundo en poco tiempo.»

JOAN BAEZ, VIAJE A VIETNAM

Corría la Navidad de 1972. Joan Baez, junto a una pequeña delegación de pacifistas estadounidenses, viajó a Hanoi, capital de Vietnam del Norte, «el enemigo». Justamente en aquellos días, la aviación norteamericana estaba llevando a cabo un ataque terrorífico: los bombarderos B-52 soltaron una enorme cantidad de bombas, destruyendo edificios y causando estragos entre los civiles. Joan tuvo que refugiarse en el búnker bajo su hotel: se pasó el tiempo cantando góspel y rezando. «He estado muy cerca de la muerte», comentó. Tras fracasar su misión, cuando Joan volvió a casa grabó el álbum *Where Are You Now, My Son?*, que contenía grabaciones de los bombardeos, de las sirenas de las ambulancias, pero también relatos conmovedores y baladas para piano y voz.

40 años más tarde, en el tour que celebraba los 100 años de «Big Joan» (su madre), Baez volvió al mismo hotel de la capital norvietnamita que hoy se llama The Metropole Hanoi y que es más o menos como era a principios de la década de 1970. Joan se encontraba aquí en un viaje privado para visitar una escuela y hablar con los estudiantes. Pero decidió regresar a los sótanos del hotel, donde antaño estaba el búnker; improvisó «Oh Freedom», un tema contra el racismo que cantaba en los años sesenta ,y dejó un cuadro suyo: el retrato de un niño vietnamita.

Por entonces no existía la CNN. Pero las crónicas en los periódicos, la radio y la televisión comenzaban a desenmascarar la propaganda gubernativa que anunciaba a diario boletines inverosímiles del tipo: «Dos norteamericanos heridos, diez mil norvietnamitas muertos». Desde el homicidio de Kennedy hasta el mes de junio de 1965, el presidente Johnson había multiplicado exponencialmente la intervención armada: de 25.000 soldados a 175.000. Como recordaba Peter Yarrow (el Peter de Peter, Paul & Mary) «nos estaban contando un montón de embustes. Lo que

hasta aquel momento teníamos motivo de creer que era una América decente, de repente se convertía en la patria de las mentiras».

Resulta curioso pensar que Jim, primogénito del almirante Morrison (el del incidente de Tonkín) cuando su padre sancionó de hecho el inicio del conflicto del sureste asiático, ya estaba dando vida, con sus poesías y con las canciones de los Doors, a una onda musical pacifista y revolucionaria. Pero fue Joan Baez la artista que, por encima de los demás, tomó una posición firme

UNA GUITARRA CONTRA LA GUERRA

Jimi Hendrix ejecutó su versión del himno estadounidense por primera vez el 17 de agosto de 1968 en Atlanta. En marzo de 1969 la grabó en estudio (aparecería en el póstumo *Rainbow Bridge*). Un mes más tarde, en el Forum de Los Ángeles, Jimi la propuso de nuevo al público californiano, provocando no pocas polémicas. Pete Johnson, de *Los Angeles Times*, lo acusó de «sensacionalismo mediocre», sosteniendo que «en su protesta falta la sinceridad de personajes políticamente comprometidos como Fugs, Phil Ochs o Country Joe McDonald». Por su parte, Country Joe era partidario de aquella especial revisión de «Star Spangled Banner»: «Hendrix supo combinar su genio guitarrístico superior con el imaginario colectivo de los jóvenes estadounidenses –decía– desencadenando el ataque más potente (y sugestivo) contra la guerra en Vietnam.

(pero original) contra la guerra en Vietnam, la «no guerra», como la llamaba ella. «Me sentí ofendida a nivel personal –recordaba Baez–, así que decidí iniciar una investigación para entender a cuánto ascendían los gastos militares respecto de nuestro presupuesto. Descubrí que representaban cerca del 60%. Entonces me dije: yo no pago el 60% de mis impuestos».

Ningún joven estadounidense de aquellos años lograba llegar a identificar a Vietnam como una nación enemiga. Pero cada vez veía más claramente la guerra en Vietnam como una pesadilla. Especialmente cuando comenzaron a llegar a casa las tarjetas de recluta-miento.

La idea de la deserción comenzó a ser de actualidad. Hasta el joven hijo de Woody Guthrie (Arlo) la desarrolló en un álbum conceptual/película (*Alice's Restaurant*) que representa todavía hoy una piedra miliar del pacifismo. La historia se inicia precisamente a partir de un episodio real: el 25 de noviembre de 1965, en el día de Acción de Gracias, Arlo, de 18 años, y su amigo Richard Robbins son arrestados por haber arrojado basura en un momento y en un lugar en el que no podían hacerlo. Los muchachos acababan ape-nas de cenar en una iglesia desconsagrada en Great Barrington, Massachusetts. Estaban limpiando el lugar que los había acogido: se llamaba Alice's Restaurant, aunque no era propiamente un restaurante. Inmediatamente resulta claro que Obie Obanhein (el policía que efectúa el arresto) se la tiene jurada a los dos jóvenes porque llevan el cabello largo y presentan un *look* excéntrico. Dos días más tarde, ante el juez, Obanhein escenifica un auténtico proceso contra los muchachos, que termina con una sentencia de culpabilidad. Ambos tienen que pagar 50 dólares de multa y deben llevar la basura a otra parte.

Publicada en 1967, *Alice's Restaurant* se convirtió en una película (escrita e interpreta-da por el propio Arlo, con la dirección de Arthur Penn) que muy pronto se transformó en una «cult movie» contra la guerra en Vietnam.

A partir de entonces, cada año, muchas emisoras radiofónicas, en el día de Acción de Gracias, emiten la versión original de *Alice's Restaurant*, con toda la historia: una pieza de 18 minutos y 34 segundos de duración.

Arlo Guthrie y el mundo de la música (no solo folk) se alinearon de manera neta contra la guerra. La voz más creíble a este respecto fue la de Country Joe McDonald, que había sido soldado en Corea. McDonald tomó prestada de la vieja tradición del ragtime una base musical sobre la que escribió un texto directo y acusador que hablaba de la interven-ción militar en Vietnam. Estrofa por estrofa se dirigía, justamente como Dylan en «The Times They Are A-Changin'» a toda una serie de categorías concretas interpelándolas de modo directo pero al mismo tiempo irónico. Como también era irónico el título de la canción «(I Feel Like) I'm Fixin' To Die Rag», el «rag de "me siento como si me hubieran condenado a muerte"».

«John y yo no nos alineábamos solo contra la guerra del Vietnam.
Estábamos contra todas las guerras, contra las armas, contra los soldados.»

YOKO ONO

*«Ánimos, hombres fuertes y grandes / El Tío Sam todavía os necesita / Se ha metido
en un lío tremendo / Allí en Vietnam / Así que dejad los libros y coged los fusiles /
Nos vamos a divertir todos un rato.*

*Uno, dos, tres, / ¿Por qué combatimos? / No me lo preguntes, no me interesa / Mi
próxima parada es Vietnam / Cinco, seis, siete / Abrid las puertas del Paraíso / No
hay tiempo de preguntarse el por qué / ¡Alegría! Estamos yendo todos a la muerte.*

*Ánimos, generales, apresuraos / Finalmente llegó la gran ocasión / Salid y capturad
a esos "rojos" / El único comunista bueno es el muerto / Sabéis que la paz será posible /
Solo cuando los habremos mandado a todos al Creador.*

*Ánimos, mánagers de Wall Street, no perdáis tiempo / Esta guerra será un gran
negocio / Se pueden hacer montones de dinero / Solo con los suministros al ejército /
Esperemos tan solo que cuando desenganchemos la "bomba" /
Lo hagamos sobre el Vietcong.*

*Ánimos, madres de todo el país / Empaquetad a vuestros hijos hacia Vietnam /
Ánimos, padres, no dudéis ni un instante / Enviad a vuestros muchachos antes de
que sea demasiado tarde / Podréis ser los primeros de vuestro vecindario /
Con un hijo que regresa a casa en un ataúd.»*

Joe McDonald escribió el tema en verano de 1965, a menos de dos años de la composición de «The Times They Are A-Changin'». Acababa de dejar la Armada.

«En aquellos días, Vietnam era una idea fija que tenía, y el rag fue una consecuencia
natural —explicaba Country Joe—, es una canción contra la horripilante realidad de la
guerra, contra los vergonzosos beneficios de la industria militar, contra los falsos ideales
propugnados para justificarla. Pero sobre todo, es un tema contra el servicio militar, por
entonces obligatorio.» En aquellos años, se inducía a muchos jóvenes a que pensaran
que responder a la llamada del Tío Sam representaba lo justo. Y que desertar significaba
ser cobardes y antipatriotas. Para aligerar los tonos, Country Joe introdujo aquel tipo de
humorismo satírico, de tipo militar, que los norteamericanos denominan «GI Humor»:
una manera de lamentarse de la propia situación de manera diplomática, sin que aquello

pudiera crear problemas. Pero que sobre todo permitía la supervivencia mental en una situación peligrosa como la que vivían los militares. Grabado en octubre de 1965, el «Fixin' to Die Rag», aunque censurado por todas las emisoras de radio y televisión del país, se convirtió en poquísimo tiempo en una de las canciones más queridas por los jóvenes estadounidenses. Cuando Joe lo cantó, en agosto de 1969, delante de la Woodstock Nation, precedido por el celebérrimo *Fuck Cheer* («gimme an F, gimme a U, gimme a C, gimme a K: what's that spell? FUCK!), el tema se convirtió en el himno pacifista por excelencia.

Los jóvenes que asistieron a los tres días de paz, amor y música en Woodstock estaban allí para ver el mayor concierto de rock de todos los tiempos, para compartir una experiencia comunitaria pero sobre todo para protestar contra la guerra en Vietnam. El *peace* del binomio *peace and love* tenía un significado concreto para los jóvenes estadounidenses de la década de 1960. Por este motivo, en el escenario de Woodstock, canciones como «Military Madness» (CSNY), «Handsome Johnny» (Richie Havens) o «Volunteers» (Jefferson Airplane) suscitaron fuertes reacciones.

Aunque lo que sí pasó definitivamente a la historia fue la versión de «Star Spangled Banner», el himno estadounidense, ejecutada por Jimi Hendrix en el mismo escenario de Woodstock.

Hendrix siempre había sido sensible a la espinosa cuestión de Vietnam aunque, al menos en sus inicios, se había alineado paradójicamente a favor de la guerra. Por ello, en verano de 1967, el ejército lo había invitado a participar en una transmisión radiofónica para promover el enrolamiento de jóvenes capaces de proporcionar un relevo adecuado a las tropas apostadas en Indochina. En aquel contexto, junto a la Experience, Jimi tocó «Purple Haze» y concedió una entrevista tras la cual, el conductor del programa, el Dj Harry Harrison, lanzó un eslogan discutible: «Decidid vosotros vuestro futuro: elegid el Ejército». Unos meses más tarde, como decenas de millones de norteamericanos profundamente indignados por el desarrollo de la guerra, Hendrix se quedó horrorizado por las noticias cada vez más inquietantes de matanzas en la selva vietnamita. Sus sentimientos, sus emociones, como siempre, se vehicularon magistralmente a través de su fiel Stratocaster, con la que se mostró capaz de versionar de modo desacralizador (aun sin faltarle al respeto) nada menos que el himno nacional estadounidense. En el lenguaje hendrixiano, «Star Spangled Banner» se convirtió en un grito desgarrador, una denuncia contra «Amerika», un aullido desesperado contra los horrores de una guerra cuyos motivos la gente ignoraba. Las notas del himno aparecían tensas, las estrofas dilatadas, las melodías modificadas entre un diluvio de distorsiones y *feedbacks* en los que se mezclaban ruidos que recordaban incesantes ráfagas de ametralladora, ensordecedoras sirenas de ambulancias, siniestros silbidos y fragorosas explosiones de bombas y granadas. Metafóricamente, la guitarra de Jimi se transformó en una despiadada arma pacifista.

«He visto el concierto de Hendrix en Woodstock cerca del escenario –recordaba Country Joe McDonald–, era lunes por la maña- na, poco después del alba, y la mayor parte del público ya se había ido. De aquel show recuerdo dos cosas: el *look* formidable de Jimi, con su bonita chaqueta de piel blanca con flecos, y la extraordinaria interpretación del himno nacional».

> «La guerra en Vietnam es una herida que ya nunca podrá cicatrizar.»
>
> ED SANDERS (The Fugs)

Igualmente eficaz, musicalmente y también en tanto que impacto emotivo, fue «Machine Gun», otro inolvidable caballo de batalla hendrixiano que Jimi ejecutó en dos versiones en los conciertos de fin de año de 1970 en el Fillmore East con la Band of Gypsys, primera banda de rock negra de la historia. Hendrix la anunció al público del Fillmore sin un énfasis particular: «Esta canción está dedicada a las tropas que combaten en Harlem, Chicago y... en Vietnam».

El ataque del redoble de Buddy Miles (un ra-ta-ta-tá inequívoco que recordaba las ráfagas de las ametralladoras) servía de trampolín de lanzamiento: el tema despegaba y la guitarra de Jimi entraba en órbita espacial. Dedicado a los soldados de todas las guerras («Los seres humanos malvados quieren que te mate / Los seres humanos malvados quieren que tú me mates / Y en cambio ni siquiera nos conocemos... En el momento en que me dispares / Recibirás un dolor tres veces superior / Y deberás avergonzarte de ti mismo...»), el tema partía de un alma ins-

ARLO GUTHRIE
y el restaurante de Alice

«You can get anything you want at Alice's Restaurant...», cantaba en 1967 un chaval de pelo rizado de nombre importante en lo que sería una de las baladas folk más famosas de la historia. Arlo Guthrie tenía 20 años cuando debutó con «Alice's Restaurant», de 18 minutos de duración y con un texto que parecía un cuento. Pero los hechos, los lugares y las personas eran rigurosamente ciertos, incluida Alice (apellidada Brock), propietaria del mítico restaurante, que vivía en una iglesia desconsagrada en Great Barrington, Massachusetts. Corría el Día de Acción de Gracias y Arlo había comido en casa de Alice; mientras vaciaba el cubo de la basura, un policía lo llamó al orden y lo acusó, de malas maneras, de estar llevando a cabo un acto ilegal. Fue arrestado y procesado, pero a causa de este crimen, que figuraba en su historial penal, resultó no hábil para el servicio militar.

En consecuencia, la canción se convirtió en un himno contra la guerra y, en particular, en una especie de «incitación a la deserción» del servicio militar. En 1969, el director Arthur Penn rodó la película *Alice's Restaurant,* basada en la historia de la canción. Patricia Queen encarnaba a Alice. Guthrie se interpretaba a sí mismo, como también lo hizo el agente Obie, porque al parecer prefería interpretar él mismo su papel de estúpido antes que dejarlo a otro. La banda sonora la firmaba Guthrie, y en la película también participó Pete Seeger, con el que Arlo compartió durante mucho tiempo el escenario, justamente como lo había hecho su padre Woody, a quien hoy está dedicado el centro que tiene su sede justamente en la iglesia desconsagrada de Great Barrington, escenario de la situación que lo originó todo.

trumental de gran valor. Hendrix aprovechó todo su arsenal sónico, una mezcla entre efectos «futuribles» (wha-wha, fuzz, Univibe, Octavia) e invenciones «cósmicas», para pintar un cuadro acústico que por su variedad, amplitud e intensidad igualaba la expresividad de una obra maestra de Picasso. Su vocabulario eléctrico hecho de gruñidos, gemidos, suspiros y pasiones viscerales expresaba rabia, lamento, sufrimiento cruento. Su estilo guitarrístico tortuoso, oblicuo, imprevisible (y sin embargo maravilloso) evocaba con fuerza poética y con extraordinaria eficacia narrativa el caos de los bombardeos, la atrocidad del napalm, la cruel visión de los cuerpos desgarrados.

Los «encuentros pacifistas» de la pareja que despertó más chismorreos de la historia del rock, la formada por John Lennon y Yoko Ono, habían suscitado reacciones en cierto modo más fuertes todavía. Seis meses después del festival de Woodstock y pocos días después de casarse en Gibraltar, ambos decidieron hacer una extravagante luna de miel. En vez de embarcarse en un viaje exótico, pensaron exhibirse en una serie de excéntricas performances por la paz en el mundo. Sabían perfectamente que existía una curiosidad morbosa en relación con sus actividades sexuales. Y de esta manera decidieron mostrar al planeta qué hacían cuando estaban juntos en la cama. En la habitación 902 del hotel Hilton de Ámsterdam, John y Yoko, desnudos, se intercambiaban dulces efusiones frente a los periodistas que habían acudido de todo el mundo para obtener declaraciones suyas. Fue el primero de una serie de «bed-in» que culminaron en la grabación del tema «Give Peace a Chance» en el hotel Queen Elizabeth de Montreal el 31 de mayo de 1969.

Mientras se estaba llevando a cabo el conflicto bélico en Vietnam, John y Yoko mandaron bellotas a los jefes de estado de las naciones más influyentes del planeta para que las plantaran en nombre de la paz.

EL PRIMER FESTIVAL ROCK

En Monterey, en California, la música rock alegra un fin de semana entre la vegetación: es la primera vez en la historia. En el escenario, todas las bandas de San Francisco y, además, The Who, Byrds, Mamas & Papas. Pero también el gran Otis Redding. Pero quienes sorprenden a todo el mundo son Janis Joplin y Jimi Hendrix.

18 de junio de 1967, Monterey, California.

The Mamas & The Papas acaban de terminar su actuación.

Junto a ellos, en el escenario dispuesto en el centro del área verde de los Fairgrounds, un centenar de personas, entre músicos y técnicos, reciben la ovación de los más de 40.000 presentes.

«Os prometemos un festival como este cada año –gritó al micrófono una entusiasta Mama Cass– o sea que, si queréis, os podéis quedar aquí esperando la edición del próximo año. Ha sido fantástico... ¡Hasta el verano que viene!

El concierto del grupo de John Phillips cerró oficialmente el Monterey Pop Festival, el primer gran evento rock de la historia, y abrió lo que, años más tarde, se llamaría «The Summer of Love», el verano del amor.

El Festival fue el fruto de una intuición de Alan Pariser, heredero del imperio Sweetheart Paper (la compañía que producía los platos de papel más populares de los Estados Unidos). En el otoño anterior, justamente en los Fairgrounds de Monterey, Pariser asistió a la novena edición del Monterey Jazz Festival, y quedó deslumbrado. «Sería fantástico –afirmaba– poder organizar algo similar con artistas de rock. No lo ha hecho nadie a parte de Alan Freed a principios de los años cincuenta: pero en su caso se trataba más que nada de fiestas, a base de rock'n'roll, que duraban una sola noche. Aquí se trataría de organizar todo un fin de semana en el campo, con artistas y público que puedan interactuar».

HENDRIX VS THE WHO

Pete Townshend montó un lío con los organizadores que habían programado a Hendrix antes que a los Who. «O tocamos antes que él o nos volvemos a Inglaterra», fue el ultimátum que impuso a John Phillips. «La prensa británica no espera otra cosa –continuó–, enseguida dirían que hemos copiado a Jimi.» Townshend se refería al acto de destrucción de los instrumentos con el que, desde siempre, los Who cerraban sus espectáculos y que Jimi también proponía al finalizar los suyos. Hubo quien sostuvo que existía un auténtico conflicto entre ambos, desmentido, por otra parte, por el propio Pete («nunca me discutí con Jimi, quizás nunca fuimos muy amigos pero siempre hubo un aprecio recíproco») y por otros testimonios oculares. En cualquier caso, cuando Hendrix comenzó su show, los Who ya estaban en el hotel.

Los Who cerraban sus espectáculos destruyendo algunos de sus instrumentos.

Cuando volvió a Los Ángeles, Pariser propuso su idea a Benny Shapiro, propietario de uno de los clubs musicales más buenos de la ciudad de Los Ángeles. Más tarde, los dos, junto a Derek Taylor, jefe de prensa de los Beatles, acudieron a John Phillips y a Lou Adler, el productor discográfico de los Mamas & Papas.

El proyecto comenzaba a despegar.

«Teníamos las ideas claras: las mayores estrellas del rock
de la época tenían que participar en nuestro festival.»

JOHN PHILLIPS (Mamas & Papas)

RALPH J. GLEASON, el primer crítico musical

Fue el primer periodista musical de la historia, la voz más autorizada de jazz, blues y rock en la California de las décadas de 1950 y 1960. Durante años escribió en el *San Francisco Chronicle*, fundó con Jann Wenner la revista *Rolling Stone*, hizo programas radiofónicos y televisivos, publicó ensayos y libros de música. Nacido en Nueva York en 1917, se trasladó a California a finales de los años cuarenta, después de una larga enfermedad gracias a la cual, sin embargo, descubrió el jazz y se enamoró perdidamente de él. «Recuerdo —escribía Gleason hablando de aquellos momentos— largas noches de insomnio durante las cuales mis únicos compañeros eran estos extraños sonidos que provenían de una vieja radio que mi madre me había dejado en la habitación.» En 1950 inauguró una sección de jazz y pop en el *Chronicle*, y su voz animó un show radiofónico que, en los años sesenta, se convirtió en un programa televisivo («Jazz Casual»). Fue el primero en comprender el genio de Bob Dylan, Lenny Bruce y Miles Davis, y en dar crédito a la naciente escena psicodélica de San Francisco, definiendo la música de los Jefferson Airplane como «jet age sound». A pesar de que tenía 50 años durante el Summer of Love, adoraba a los hijos de las flores. Incluso vestía de un modo más excéntrico que estos: era célebre su indumentaria a lo Sherlock Holmes, con trinchera, sombrero y pipa, con la que circulaba por los *backstages* de Monterey.

Pocos años más tarde (el 3 de junio de 1975) murió a causa de un infarto en su casa de Berkeley. Aquel día, Miles escribió tan solo cinco palabras: «Give me back my friend», devuélvanme a mi amigo...

«La idea de un festival –recordaba Derek Taylor– constituido tan solo por la pureza de la música de aquel período, y además con objetivos culturales y humanitarios, abrió una brecha en el corazón de las estrellas del rock y de algunos de sus mánagers: Lou Adler y los Mamas & Papas, Simon & Garfunkel, Andrew Oldham de los Stones, Paul McCartney. Sus nombres nos abrieron las puertas. El teléfono comenzó a sonar y ya no se detuvo. Nadie se atrevía a decir que no.»

Contaban además con un asesor de excepción: Ralph J. Gleason, que se convirtió en una especie de garante frente a la comunidad de Haight-Ashbury, del que el bigotudo crítico musical era el principal cantor.

«El festival de Monterey llega en un momento clave de la historia del rock y de la discografía –explicaba el historiador del rock Joel Slevin–, 1967 es el año en que el 45 rpm inicia su declive, el mundo del pop se inclina por la revolución rock y el 33 rpm asume el estatus de obra de arte. En aquel período, también el mundo de la comunicación musical vive un cambio radical: el formato radiofónico llamado "Top 40" muere, nacen las radios *underground* (FM). San Francisco está en el centro de estas transformaciones. Un laboratorio musical en constante ebullición, lleno de entusiasmo y de integridad artística. Lo opuesto a la escena de Los Ángeles: allí, como cantaba Frank Zappa, eran "plastic people". En San Francisco, ya en 1967, se comían alimentos macrobióticos.»

BRIAN & NICO
Blonde on Blonde

Brian Jones y Nico se habían conocido en 1965 durante las grabaciones para el primer single de la cantante, «I'm Not Saying» / «The Last Mile». Brian, que acababa de terminar la relación con Anita Pallenberg, había sido invitado al festival por Andrew Loog Oldham, a quien le habría gustado traer a los Stones a Monterey. Pero Jones no necesitaba invitaciones: la idea de pasar un fin de semana en California junto a su nuevo amor para asistir al debut estadounidense de su amigo Jimi Hendrix era un argumento más que suficiente. En Monterey, Brian y Nico estaban radiantes: él era la quintaesencia del «flower power», con pantalones blancos, camisa psicodélica, capa dorada con cuello de piel, collares y perlas. Ella, vestida elegantemente de negro con bufanda de colores y gafas de sol rectangulares, estilo Byrds, estaba muy seductora. Ambos muy rubios, parecían la encarnación del *Blonde on Blonde* de Dylan: eran el «rey y la reina» de Monterey.

Bajo el escenario, una larga pancarta acoge la leyenda programática «Love, flowers and music». Decenas de miles de jóvenes y vistosos hippies invaden pacíficamente la península de Monterey. Montañas de flores, flautas, címbalos, incienso y tambores se venden en los puestos que atestan el parque de los Fairgrounds. Y que, aunque posicionados en el exterior de la zona de los conciertos, garantizan un espectáculo igualmente excitante. Aparecen también una enorme estatua de Buda, una miríada de banderas con los colores del arco iris volando al viento, un tenderete de «comida para el alma».

«Quemar la guitarra es un gesto simbólico, un sacrificio en nombre del rock.»
JIMI HENDRIX

El primer día, viernes 16 de junio, estuvo marcado por la excelente actuación de Eric Burdon & The Animals, y por el formidable show final de Simon & Garfunkel: el dúo neo-yorquino, simplemente perfecto, se presentó con una guitarra acústica, dos voces angelicales y un puñado de inspiradísimas canciones. La elegante esencialidad de su propuesta fue realmente memorable. Como también lo fueron las versiones de «The 59th Street Bridge Song (Feelin' Groovy)», «Homeward Bound» o «The Sound of Silence», poesías sonoras en estado puro. En la tarde del sábado, después del concierto de los fabulosos Canned Heat, llegó el turno de Big Brother & The Holding Company. Aunque protagonistas de la escena de San Francisco, eran prácticamente desconocidos a nivel nacional. Pero en el ambiente corría la voz que esta banda psicodélica, con una cantante a la que le gustaba el blues, era realmente especial. Janis Joplin se presentó en escena con una discutible indumentaria constituida por una casaca y unos pantalones de punto dorado, pero su actuación fue asombrosa. Incluso quien la conocía bien se quedó pasmado. Para todos aquellos que no la habían oído nunca, Janis resultó una revelación absoluta, que convenció a todo el mundo. Incluso un censor severo como Phil Elwood, crítico de jazz del *San Francisco Examiner*, escribió: «En mi vida nunca he oído a una blanca cantar blues como Janis Joplin».

«Antes de Monterey nunca habíamos tocado ante un público tan numeroso.
Después del éxito del Festival, cada uno de nosotros
tenía un mánager y un abogado.»
SAM ANDREW
(Big Brother & The Holding Co.)

El concierto concluyó con una versión incendiaria de «Ball and Chain», un enorme blues de Big Mama Thornton que Janis interpretó de manera magistral: su canto extraordinariamente intenso alternó momentos melódicos con arranques rabiosos y roncos, aullidos de sufrimiento con explosiones de alegría, desahogos y llantos con carcajadas liberadoras. El resultado fue fenomenal.

En el mismo día tocaron, entre otros, Country Joe & The Fish, Quicksilver Messenger Service, Electric Flag, Byrds y Jefferson Airplane. Estos últimos, demostraron que la fama que les había precedido era más que merecida. Grace Slick era de una belleza deslumbrante, vestida con una larga túnica azul sobre la que lucía una especie de caftán marroquí con una capucha. Su voz se entrelazaba mágicamente con la de Marty Balin, dando vida a versiones fantásticas de nuevos clásicos («Somebody To Love»), pintando retratos psicodélicos de irresistible fascinación («White Rabbit»), aventurándose en piezas inéditas («The Ballad of You and Me and Pooneil») con maestría absoluta. El grupo secundaba a Grace a la perfección, y los efectos de luz que embellecían la actuación contribuyeron a que el conjunto fuera altamente sugestivo. La velada concluyó con lo mejor de la música negra del momento: Booker T. & The MGs y, para redondear la sesión, el único e inimitable Otis Redding.

Toda la tarde de domingo estuvo dedicada al mayor maestro de música clásica india: Ravi Shankar. Fue George Harrison quien sugirió su nombre a Derek Taylor. «Los organizadores querían que tocara el sábado por la tarde, entre dos actuaciones rock –recuerda Shankar–, insistí para resituar mi actuación. Así que aceptaron hacerme subir al escenario sin ningún grupo antes ni después de mi actuación. Había un gran ambiente: todos los músicos invitados estaban en las primeras filas, curiosos por escuchar mi sitar y mis ragas. Muchos estaban bajo los efectos de la droga, pero parecían atentos e implicados en mi música. Era la primera vez que tocaba frente a tanta gente en una situación tan inusual para mí».

Shankar explicó que su música era espiritual y sacra, y pidió que durante su actuación no se tomaran fotografías. Al mismo tiempo, invitó al público a no fumar. John McCleary, crítico musical, recordaba que «durante el concierto no volaba ni una mosca. Todos lo seguían con un silencio religioso». Al final, Shankar se levantó y, con un gesto de respeto, devolvió las flores que le habían lanzado.

La noche de domingo preveía uno de los momentos clave del festival: en ausencia de Beatles y Rolling Stones, The Who fueron los que debían mantener en alto el estandarte de la música británica. La banda de Pete Townshend, Roger Daltrey, John Entwistle y Keith Moon debutaba en suelo norteamericano.

En los Fairgrounds había curiosidad, pero también tensión. Las actuaciones de los Who en el Marquee eran legendarias. Pero menudeaban las crónicas acerca de la violencia sonora de sus exhibiciones que, tradicionalmente, concluían con un furioso rito colectivo de destrucción de los instrumentos en el escenario. Su filosofía no parecía estar en sintonía con el «Peace and Love» de los hippies de Haight-Ashbury. Pero su *look* de aquella velada (de dandis ingleses de finales del siglo XIX) pareció muy apropiado, y en consecuencia, tranquilizador. Sonido compacto, presencia escénica, textos intrigantes fueron las bazas de la banda inglesa. Sin olvidar la potencia de sonido y la acrobática espectacularidad del guitarrista y líder, Pete Townshend. El set era impecable, su rock preciso, potente, casi devastador. El público presente (incluidos casi todos los músicos de San Francisco) quedó totalmente cautivado.

Después de The Who no podían subir al escenario más que los Grateful Dead. El set de la banda de Jerry Garcia tenía el mismo espíritu místico y la misma atmósfera mágica que el de Ravi Shankar. Solo que ejecutado con una instrumentación eléctrica. Los Dead eran la quintaesencia de la filosofía psicodélica. Su música vivía en perfecta simbiosis con las visiones alucinógenas producidas por los ácidos, con los perfumes dulzones de los inciensos indios, con los relajantes efectos de cannabis Acapulco Gold.

> «Quería que la película fuera el reflejo fiel del Festival. No introduje comentarios: dejé que música e imágenes fueran más explicativas que cualquier texto.»
>
> D.A. PENNEBAKER

Cuando subió al escenario, Brian Jones anunció a un «grupo inglés con un guitarrista americano, es más, con el guitarrista más increíble que nunca he oído. Señoras y señores, The Jimi Hendrix Experience». Con Mitch Mitchell (batería) y Noel Redding (bajo) a su lado, Jimi Hendrix se presentó ante el público de Monterey: llevaba chaqueta adamascada, pantalones de terciopelo rojos, camisa de seda amarilla con chorrera, chaleco, boa de avestruz violeta y bandana. Sabía que era el momento que había estado esperando durante años. Para poder grabar un álbum y encontrar un público receptivo para su música cósmica de guitarra había tenido que viajar a Londres. Allí todo el mundo había enloquecido. Y más de uno había muerto de envidia. La Stratocaster de Hendrix parecía una prolongación de su cuerpo.

Jimi la utilizaba con una naturalidad abrumadora, y la Fender parecía encajar con su físico filiforme y su música robusta. Eficaces *back ups*, sorprendentes *interplays* y sutiles matices acústicos embellecían su manera de acompañar, que anticipaba los inimitables solos. Gracias en parte a la utilización de efectos extraordinariamente innovadores para la época, su guitarra lloraba, aullaba, susurraba y gritaba con la misma expresividad que la voz humana.

En el escenario de Monterey, Hendrix atacó con un viejo caballo de batalla suyo, «Killing Floor», un pedazo de blues de Howlin' Wolf, seguido por «Foxy Lady» y una versión estratosférica de «Like a Rolling Stone». Habían pasado menos de veinte minutos y Jimi tenía ya al público en el bolsillo: aficionados, colegas técnicos y músicos estaban ahí con la boca abierta frente a él. Jimi representaba lo mejor del rock, en todas sus formas: su guitarra se avanzaba en 20 o 30 años, él era la quintaesencia de la «love generation», la encarnación estética del «flower power», un icono absoluto de la cultura y del arte psicodélicos.

«Quería a Chuck Berry en Monterey. Lo llamé y le dije que no había caché,
y que lo que se obtuviera iría a beneficencia.
"Conozco una sola entidad benéfica —me dijo—, se llama Chuck Berry".»

JOHN PHILLIPS (Mamas & Papas)

La música de Hendrix transportaba al oyente «más allá de las puertas de la percepción», como demostraban «Hey Joe» o «Purple Haze». En fin, Jimi también era un chamán rock, «sacerdote» devoto a divinidades paganas como Chuck Berry y Little Richard, que con su incendiaria (en todos los sentidos) interpretación de «Wild Thing» purificó los pecados de toda una generación.

En aquel momento, también «su» Norteamérica entendió quién era el nuevo rey del rock'n'roll. Toda la manifestación fue filmada por las cámaras dirigidas por D.A. Pennebaker, director apreciado, autor del magnífico *Don't Look Back* (piedra de toque de los documentales rock) que testimoniaba el tour británico de Bob Dylan de 1964. Su película documental dio la vuelta al mundo, mostrando lo que todos los diarios y los principales medios de comunicación estadounidenses habían certificado desde hacía ya tiempo. Es decir, que Monterey no era tan solo el primer ejemplo de festival de rock de la historia, sino que era el inicio de una nueva época para el rock'n'roll.

LA MADRE DE TODOS LOS FESTIVALES

A mediados de agosto de 1969, un millón de jóvenes se dirige a una granja en el norte de Nueva York. Estaban allí para el primer y más grande encuentro de tres días de paz, amor y música de la historia. Nacía el mito de Woodstock.

Se dice que el Monterey International Pop Festival fue el evento más «puro» de la historia del rock. Pero hay quien no está de acuerdo.

De hecho, el increíble éxito de la manifestación había encendido los focos hacia la naciente escena contracultural. Y hubo quien comenzó a entender que aquello podría ser un negocio interesante. Los primeros en moverse en este sentido fueron los mánagers y las compañías discográficas. Por ejemplo, después de la espectacular actuación de Janis Joplin en el festival, se pusieron en contacto con ella Albert Grossman y Clive Davis: el mánager de Bob Dylan y uno de los productores más poderosos de los Estados Unidos le ofrecían un camino de rosas. Pero con una condición, que abandonase a sus amigos Big Brother & The Holding Co., su «familia de adopción». «Eres demasiado buena –le dijeron– mereces una banda de verdad, toda para ti.» Janis no pudo resistirse a las alabanzas, con lo que de hecho traicionaba aquella especie de «código hippie que preveía fidelidad absoluta a los valores éticos de la comunidad de Haight-Ashbury. Con el tiempo, la mayor parte de los protagonistas de aquella formidable revolución artístico-cultural que estaba cambiando el mundo terminó por renegar (quien más quien menos) de aquel mismo código. En parte porque, en poquísimo tiempo, las cosas cambiaron. De fenómeno de culto, vanguardia artística casi experimental, escena contracultural por antonomasia, la psicodelia se convirtió en una moda que arrolla primero en los Estados Unidos y luego Londres y, finalmen-

TOMMY y Abbie Hoffman

Los radicales de los Estados Unidos no querían perder la ocasión de arengar a la multitud de Woodstock. De este modo, su líder, Abbie Hoffman, hizo un pacto con la organización: «Si nos dejáis el escenario para algún anuncio, no la vamos a armar y vuestro festival irá como una seda». Pero Hoffman se equivocó en los modos y los tiempos de su intervención. Subió en medio del show de The Who, que presentaban la ópera rock *Tommy*. Cuando Pete Townshend vio que Hoffman cogía su micrófono y comenzaba a hacer un discurso en favor de John Sinclair, encarcelado por posesión de marihuana, perdió los estribos. Se abalanzó sobre él y, después de enviarlo a freír espárragos, le golpeó con su Gibson SG (modelo «diablillo») en plena cara. Años más tarde, declaró: «Fue el acto más democrático de mi carrera».

te, Europa y el resto del mundo. A los conciertos de rock asistían multitudes cada vez más numerosas, y los festivales, siguiendo los pasos de Monterey, comenzaron a florecer por todas partes. Y sin embargo, el acontecimiento destinado a cambiar para siempre la suerte del rock, el que congregaría a un mayor número de personas en la historia norteamericana en lo referente a un evento público, nació (aparentemente) casi por casualidad.

Woodstock, población situada en las Catskill Mountains, a un par de horas al norte de Nueva York, era una zona de vacaciones en auge en los años cincuenta, pero también una comunidad artística viva y progresista. A mediados de los años sesenta, se convirtió en la residencia de Peter Yarrow y de otros artistas folk, blues, y jazz. Pero también de Albert Grossman, primero, y de Bob Dylan después. Cuando se instaló este último, a finales de 1965, el nombre de Woodstock comenzó a pasar de boca en boca entre los aficionados del rock y alrededores. Dos de los cuales, un tal Artie Kornfeld, productor discográfico y autor del tema «The Pied Piper», y su amigo Michael Lang, joven hippie que en mayo de 1968 había trabajado con éxito en el Miami Pop Festival, tuvieron un sueño: realizar un estudio de grabación justamente en Woodstock e inaugurarlo con un gran concierto. Después de leer un extraño anuncio en el *Wall Street Journal* («Se buscan ideas, capitales ilimitados»), Kornfeld y Lang se presentaron en las oficinas de quienes habían publicado la oferta. Se trataba de John Roberts y Joel Rosenman, dos vástagos del empresariado neoyorquino. En realidad, John y Joel ya habían invertido en un estudio de grabación, y la cosa no había funcionado. Pero al escuchar la propuesta de Kornfeld y Lang, apreciaron sobre todo el final: «En Woodstock viven muchos artistas: una vez construidos los estudios, podríamos hacer una fiesta de inauguración con Bob Dylan y otras estrellas del rock».

«OK, lo financiamos nosotros —exclamaron al unísono Roberts y Rosenman—, pero solo la fiesta: el estudio de grabación nos importa un pepino.»

Y de esta manera, arrancó una extraordinaria aventura que, al cabo de doce meses, tomó vida hasta concretarse en un inolvidable fin de semana de agosto de 1969.

«Si vendemos 50.000 billetes, será un éxito», pensaron los organizadores, mientras estaban buscando una ubicación para su festival. Llegarían, más o menos, 800.000 personas, atestando las carreteras, creando el caos en la zona, sobreviviendo a un aguacero que el segundo día transformó el área en una enorme marisma. Y dieron vida a una auténtica «nación» (la «Woodstock Nation») que provenía de cualquier rincón de los Estados Unidos y que se formó allí, en el corazón de las Catskills, solo por estar ahí: «just to be in», justamente como en San Francisco, en el Verano del Amor. Porque aquella fiesta llamada «An Aquarian Exposition», que habría tenido que desarrollarse en Walkill pero que tuvo lugar en la granja de Max Yasgur, en White Lake, cerca de Bethel, a casi una hora al oeste de Woodstock, fue la apoteosis de la filosofía hippie, así como el momento de máximo esplendor del rock de los años sesenta. Para muchos, aquella manifestación representó el final de un gran sueño y, al mismo tiempo, el inicio de una pesadilla.

MOTEL WOODSTOCK
la historia de
ELLIOT TIBER

A mediados de la década de 1960, llevaba una doble vida: durante la semana era un interiorista de éxito en Manhattan, y frecuentaba la comunidad gay de la Gran Manzana, en los fines de semana daba una mano a sus padres para salvar El Monaco Motel. Para todos era, sencillamente, Elliot, el brillante hijo de los rudos cónyuges Tiber, pero también el responsable de los pocos eventos culturales en la zona de Bethel, White Lake, Woodstock y pueblos limítrofes en el condado de Sullivan.

De hecho, Elliot organizaba, con la complicidad de su amigo Max Yasgur (propietario de una granja que producía lácteos) un festival de música de modestas proporciones. En parte porque justamente el joven Tiber era el encargado de conceder los permisos públicos en la zona. Así que, cuando el 15 de julio de 1969 se enteró de que los organizadores de la *Aquarian Exposition* buscaban una sede porque la ciudad de Woodstock se la había negado, cogió el teléfono y llamó al organizador, Michael Lang, un viejo conocido de los tiempos de la escuela. «Michael —le dijo— creo que tengo el lugar adecuado para tu festival.»

Y de esta manera, de acuerdo con Max Yasgur, alquiló la granja, puso a disposición de la organización El Monaco Motel (que se convirtió en el cuartel general del Festival, el lugar de recepción de los artistas y el centro de comunicación) y contribuyó a resolver muchos de los problemas que aquel evento provocaba aun antes de empezar.

En 2009, cuarenta años más tarde, el director Ang Lee contó la historia de Tiber en la película *Motel Woodstock*. «La divertida historia de Elliot —testimoniaba su amigo Richie Havens— fue la de un hombre que luchaba por alcanzar su libertad. Justamente como los que vivieron el espíritu de Woodstock y justamente como canté yo desde aquel legendario escenario, cuando improvisé "Freedom"».

«En la historia del rock, Woodstock fue el Big Bang.
Desde entonces se habla de un antes y de un después de Woodstock.»

DAVID CROSBY

Durante años se discutió acerca de los resultados de Woodstock.

Los organizadores sostuvieron siempre que habían perdido dinero. En realidad, la película documental dirigida por Michael Wadleigh para la Warner Bros., no solo ganó un Óscar (única película rock de la historia), sino que recaudó millones y millones de dólares. Lo mismo sucedió con los dos álbumes, el triple y el doble, producidos después del evento. Todos los que formaron parte del festival, encima, debajo o detrás del escenario, vieron cómo su vida, artística o personal, giraba en torno al mito de la «paloma blanca sobre el mástil de la guitarra». Probablemente tuvieran razón los que sostenían que Woodstock había sido menos luminoso de lo que habría podido pensar. No tanto por los problemas organizativos, el océano de fango causado por las lluvias o las polémicas sobre recaudaciones reales o presuntas. Más bien porque, a pesar de las declaraciones de los organizadores, el festival tuvo un éxito tan estratosférico que marcó, para bien y para mal, el futuro de la música y de la cultura juvenil.

En aquellos días, la industria podía contar con una clamorosa confirmación de una tendencia que se estaba consolidando ya desde hacía un par de años: los jóvenes y su música representaban un mercado de un alcance formidable. En consecuencia, puso en marcha sus mecanismos comerciales, que terminaron por triturar los ideales de la «Woodstock Nation». Por encima y por debajo del escenario, los jóvenes de Woodstock eran un grupo compacto: se vestían, se movían y pensaban de modo similar. Y aun declarando que eran la «no logo generation», eran un objetivo perfecto para el mercado.

«Woodstock fue como la Segunda Guerra Mundial... histórico y arrollador.»

GRAHAM NASH

Los «hijos de las flores» se interesaban más por el contenido que por el envoltorio, también en lo referente a los gustos musicales. En tres días, bajo los reflectores se presentaron artistas muy diferentes entre sí, pero apreciados por todos, indistintamente. En efecto, convivieron el folk político de Joan Baez y el funky psicodélico de Sly & The Family Stone, el rock blues de Ten Years After y la música west coast de Crosby, Stills, Nash & Young, el acid rock de Grateful Dead, Jefferson Airplane, Country Joe & The Fish y la ópera rock *Tommy*, de los Who, la guitarra cósmica de Jimi Hendrix y la voz soul de Joe Cocker, el folk blues de Richie Havens y el country & folk de Arlo Guthrie. ¿Y cómo definir hoy la música de Santana? ¿Quizás como «afrocubanopsicoblues»? Para la «Woodstock Nation», Santana era una de las revelaciones del festival. Y punto. En otros términos, hasta aquel momento, la música rock no necesitaba subdividirse en subgéneros: aquella música fue apreciada, vivida y metabolizada con el mismo grado de intensidad, con la misma arrolladora pasión, con igual capacidad analítica. Pero la industria, con la discográfica en primer lugar, decidió seguir las leyes del marketing, entre las cuales la denominada «segmentación del mercado». De este modo, si Billboard comenzaba a diferenciar la música con clasificaciones diversas, las tiendas de discos creaban secciones específicas: de un lado el blues, del otro el folk, aquí el jazz y allí el rock psicodélico, más a la derecha el rock blues y...

Todo ello llevó en breve a un consumo «segmentado» de la música y a la formación de «tribus» que tenían «uniformes», actitudes y modalidades de comunicación específicas: el exacto contrario que los jóvenes de la «Woodstock Nation».

Quizás no se ha subrayado nunca lo suficiente hasta qué punto Woodstock, y aquel período, representaron la edad de oro para la música rock. Una música que, durante un breve momento, fue capaz de superar las barreras estilísticas, las divisiones ideológicas, incluso las barreras culturales, religiosas y raciales, para dirigirse con formidable eficacia comunicativa a toda una generación de jóvenes absolutamente receptiva. Es hermoso creer que en la mágica (y tal vez irrepetible) amalgama de elementos que distinguieron la contracultura juvenil de finales de la década de 1960 contribuyeron también la calidad, la inspiración y la fuerza de aquella música que en Woodstock vivió su consagración definitiva: en todas sus acepciones, acústica o eléctrica, ácida o muy dulce, refinada o visceral, distorsionada o limpísima, susurrada o chillada. De este modo es justo pensar que aquella ola arrolladora no fue tan solo un agradable trasfondo sonoro a trips alucinógenos, indigestiones de hierba, fumadas de hachís u otras amenidades lisérgicas. Sino que

La granja de MAX YASGUR

A finales de la década de 1960, con su granja (que acogió el festival de Woodstock) y con sus 650 vacas, Max Yasgur era el mayor productor de leche del condado de Sullivan. Además de los cerca de 10.000 dólares de alquiler, Yasgur recibió 50.000 más al final de la manifestación en concepto de daños y perjuicios provocados en su propiedad por los participantes en el festival. En 1971, Yasgur vendió el terreno (600 acres) y la casa antes de morir de infarto en Florida, un año y medio más tarde. Roy Howard y su mujer adquirieron la casa colonial y 100 acres. El resto, desde 1997, terminó en manos de Alan Gerry, riquísimo empresario televisivo, que adquirió los terrenos para construir Bethel Woods, un centro polifuncional con dos zonas para conciertos, un área para eventos y convenios y un estupendo museo multimedia enteramente dedicado al mito de Woodstock.

La zona en la que se desarrolló realmente el festival (protegida por vallas) permanece intacta. Para recordar el evento se ha erigido un monumento de piedra con el característico logo esculpido en el frontón, la paloma blanca sobre el mástil de la guitarra, y los nombres de los participantes.

En 2007, los Howard pusieron la casa colonial de Yasgur a la venta por 8 millones de dólares. En 2013, Roy Howard murió después de una larga enfermedad: tenía 78 años.

permitió que todos ampliaran su cultura, refinaran su sensibilidad y, sobre todo, gozarán de instantes de arte a niveles extraordinarios.

«Todavía creo en el espíritu de Woodstock,
e intento replicarlo en cada concierto mío.»

CARLOS SANTANA

Sin embargo, en los días en que todo esto sucedió, tuvieron la percepción del alcance del acontecimiento. Especialmente quien lo experimentó en primera persona. Lo explicaba a la perfección Country Joe McDonald que, después de ser protagonista en Monterey, el festival de Woodstock no lo vivió solo como músico.

«El jueves 14 de agosto de 1969 –contaba– cogí un vuelo de San Francisco a Nueva York y, por pura casualidad, en mi avión coincidí con Peggy Caserta, amiga de mi ex novia Janis Joplin. Un conocido común nos acompañó directamente a White Lake recorriendo callejuelas secundarias porque la principal estaba atestada de tráfico. Al llevar en el cuello un pase «all-access» pude moverme cómodamente por todas partes. Me paseé a lo largo y ancho entre la multitud, antes de que las condiciones climáticas empeoraran. Nunca tuve la percepción de que el festival sería un evento de importancia histórica. Estaba allí por la música, tal como imaginé que estaban allí los demás 800.000 presentes. Visité la zona gestionada por la Hog's Farm de Wavy Gravy, pero luego la muchedumbre tendía a aumentar y, viendo que era un poco claustrofóbico, preferí volver a la zona del escenario. Primero estuve en el *backstage* que, sin embargo, estaba muy mal organizado: no había nada, solo una mesa con cervezas. Por este motivo, la mayor parte del tiempo la pasé en el escenario. Un escenario de madera, enorme, my bonito. Como no lo había visto en mi vida».

A aquel escenario subió una banda que venía de la East Bay de San Francisco, justamente como Country Joe, aunque no propiamente de Berkeley, sino de El Cerrito. Se trataba de un cuarteto formado por los hermanos Fogerty (John y Tom), el bajista Stu Cook y el batería Doug Clifford. Grababan para la Fantasy de Saul Zaentz, histórica etiqueta de jazz, pero su música era completamente diferente: innovadora y anacrónica al mismo tiempo. A lo largo de los años habían cambiado varias veces de nombre: Blue Velvets, Golliwogs y ahora Creedence Clearwater Revival. Después de años de lucha, finalmente habían obtenido el merecido éxito: una versión suya de un tema rockabilly de los años cincuenta («Suzie Q», de Dale Hawkins) alcanzó un éxito inesperado. La banda de los hermanos Fogerty entraba de esta manera en la clasificación, abriendo el camino a otros covers como «I Put a Spell On You», hasta la salida de su primer álbum, *Bayou Country*, que contenía «Proud Mary». Ahora eran los preferidos de los aficionados, aunque sus rostros no eran conocidos. Sus canciones, que parecían venir de los pantanos de Luisiana más que de las calles de San Francisco, diferentes incluso estructuralmente respecto del acid rock californiano, contaban con la bella voz ruda y black de John Fogerty. Eran temas de gran impacto radiofónico, y parecían casi hechos a propósito para ser «consumidos» (como en la vieja tradición del rock'n'roll) en solo tres minutos. En un solo año, 1969, los Creedence publicaron tres álbumes: después de *Bayou Country*, en agosto salió *Green River* y, en noviembre, *Willie and the Poor Boys*. Contenían, entre otras, «Born on the Bayou», «Proud Mary», «Down on the Corner» o «Fortunate Son».

Los Creedence no eran hippies, no gustaban a los hippies, y dejaron fría a la crítica de la época. Pero vendieron millones de copias y, por fortuna, al cabo del tiempo se vieron revalorizados. No aparecieron en el documental de Michael Wadleigh porque, según John Fogerty, su actuación (muy tarde por la noche, después del gran show de los Grateful Dead) había sido deficiente. Por esta razón, en parte, muchos olvidaron que los Creedence estaban presentes en aquel escenario.

UNA PALOMA BLANCA SOBRE LA GUITARRA

Arnold Skolnick era un grafista publicitario conocido por sus inventos. Después de haber proporcionado numerosos premios a la agencia Young & Rubicam, comenzó a trabajar por su cuenta: grafismo y publicaciones de libros de arte. Después de que la Woodstock Ventures acudiera a él, Skolnick recibió el encargo de diseñar el póster para el festival. «Tiene que comunicar el concepto de paz combinado con la música», le dijeron un jueves por la noche en 1969. El siguiente lunes por la mañana, Skolnick entregó su creación: un logo con una paloma blanca apoyada en el mástil de una guitarra. Además de la compensación por su trabajo, Skolnick recibiría una sola asignación para los royalties: 15 dólares. «El logo de Woodstock no me cambió la vida; fue tan solo otra de mis obras que acabó siendo famosa», comentó.

Entretanto, las imágenes de la película y las músicas del triple álbum producido por la Warner pronto dieron la vuelta al mundo, fascinando a los jóvenes europeos, australianos, asiáticos y suramericanos, y estimulando en ellos un único deseo: replicar las gestas de los «tres días de paz, amor y música». Pero si en Woodstock, «800.000 hippies en medio de un mar de fango» (como titulaban los diarios en aquellos días)

lograban convivir de modo pacífico sin que hubiera desórdenes, enfrentamientos o actos de violencia, ni siquiera tres meses más tarde, otro festival cerró de manera sangrienta la década más luminosa del siglo y más creativa de la historia de la humanidad. En un autódromo en desuso en el norte de California (Altamont), los Rolling Stones organizaron la última fecha de su gira estadounidense: deseaban hacer un regalo a la ciudad de San Francisco, pero eligieron el lugar y el momento equivocados.

En Altamont todo funcionó mal. El clima nublado y oscuro no ayudó: hay quien comenzó a percibir «malas vibraciones». Las participaciones en el evento de Santana, CSNY, Jefferson Airplane y Flying Burrito Brothers hicieron hablar de un «Woodstock californiano». Pero la renuncia en el último minuto de los Grateful Dead hizo saltar un timbre de alarma. Los organizadores habían llamado a los Hell's Angels para que ejercieran el servicio de seguridad. Pero el grupo de moteros, nacido y crecido junto a la comunidad de Haight-Ashbury, estaba cambiando de dirección. Y, durante el show de los Stones, algunos Angels se tomaron demasiado en serio su papel de «guardaespaldas». Un fan entusiasta, un tal Meredith Hunter (un muchacho negro que luego resultó que tenía una pistola) se acercó demasiado al escenario: fue agarrado y acuchillado. Murió al cabo de poco, así como otras tres personas del público.

Durante el show de los Stones, los Hell's Angels ejercieron como servicio de seguridad, aunque se tomaron demasiado en serio su papel.

Todavía hoy, Altamont es sinónimo de sangre y muerte y, de hecho, constituye una mancha indeleble en la carrera de los Rolling Stones, ya minada por la muerte misteriosa de Brian Jones el 3 de julio del mismo año. Primero de una serie de luctuosas pérdidas (el famoso «Club del J27», es decir, músicos que murieron en circunstancias misteriosas a los 27 años y que tenían en todos los casos una J en el nombre) Brian Jones precedió el trágico fin de Jimi Hendrix (18 de septiembre de 1970), Janis Joplin (4 de octubre de

1970), Jim Morrison (3 de julio de 1971). De una manera o de otra, en medio estaba la heroína, la droga que había sustituido al LSD en los gustos de las estrellas de rock.

«Woodstock nos cambió también a nosotros, los organizadores. Nos convertimos en una comunidad unida por un credo social, un orgullo increíble y un desmesurado amor por la música.»

MICHAEL LANG y ARTIE KORNFELD

Hendrix y Morrison hicieron su última aparición importante en el escenario del primer y más grande festival rock europeo, el de la isla de Wight. A la isla, verde, tranquila, meta de pensionistas y golfistas inglesas, en el curso de la última semana de agosto de 1970 llegaron por todos los medios centenares de miles de jóvenes de toda Europa: querían participar en lo que sería el evento musical y social más importante después de Woodstock. En los corazones de los jóvenes europeos, que no habían podido vivir la experiencia norteamericana, aquel evento se percibía como la encarnación del espíritu del «peace and love». Y si los dos festivales precedentes en la isla de Wight, los de 1968 y 1969, si bien con pocos participantes, habían reportado un notable éxito artístico y comercial, en el tercero, los hermanos Faulk, organizadores del evento junto al promotor Rikky Farr, habían puesto más expectativas. De todos modos, si bien resultó una experiencia inolvidable desde el punto de vista artístico, el festival de la isla de Wight se reveló como un desastre desde el punto de vista financiero, con una serie de complicaciones no previstas. La elección del lugar resultó inadecuada para contener a los cerca de 600.000 participantes.

«Woodstock fue un festival de la gente, es más, el primer festival de la gente organizado en los Estados Unidos.»

RICHIE HAVENS

Rebautizada «Desolation Hill», la pequeña colina donde se situaban los que no pagaban, aunque lejana, permitía una excelente visión y una buena audición, provocando el resentimiento de los que habían desembolsado las tres libras esterlinas de la entrada. Por otra parte, la distancia entre el escenario y los espectadores no solo era física, sino que también era emotiva y simbólica. Estaba terminando la era del concierto «happening» y se estaban sentando las bases para los megashows que, a partir de mediados de la década de 1970 y en adelante, aumentarían cada vez más las distancias entre artista y público. En Wight, el clima era tenso. Un público agitado quería oír rock justamente en el momento en el que los músicos folk estaban en el escenario. Leonard Cohen tuvo que enfrentarse a una multitud irascible que aquella noche ya había echado a Kris Kristofferson. Joni Mitchell se vio obligada a interrumpir su concierto y entre lágrimas acusó al público de tener poco respeto por la música y por quien la proponía. Y sin embargo, a pesar de todo, fueron cinco días que pasaron a la historia, con un cast que incluía a artistas como Jimi Hendrix, Emerson, Lake and Palmer, The Doors, The Who, Miles Davis, Jethro Tull o los Moody Blues. Los jóvenes de entonces recuerdan que llegaron en moto, ciclomotor o en autostop; que se despertaron con la voz de Joan Baez pensando que se encontraban en el paraíso, o que al final del festival se habían quedado recogiendo los desechos para obtener algunos chelines. El triunfo de la isla de Wight, con su energía y sus ganas de cambiar el mundo, cerró una era. Si Woodstock había representado el final de los años sesenta, Wight dio entrada a lo que serían los años setenta. Y ya nada sería como antes.

JOE COCKER
y el diluvio universal

Bethel, domingo 17 de agosto de 1969. Faltaban pocos minutos para las dos de la tarde, y en el escenario de Woodstock había un grupo inglés, The Grease Band, que acababa de abrir la tercera jornada de paz, amor y música. Estaba entreteniendo al público con un par de instrumentales, covers de los Traffic. Luego subió el cantante. Se llamaba Joe Cocker, y parecía la versión hippie y blanca de Otis Redding. Su nombre parecía desconocido de todo el mundo. Quizás por esta razón, pocos prestaron atención a su actuación. Pero bastaron las primeras notas de «Let's Go Get Stoned» de Ray Charles para encantar a todo el mundo. La actuación iba en crescendo, y la multitud cada vez estaba más excitada: la voz ronca de Joe y aquellos agudos que romperían las cuerdas vocales de la mayor parte de los cantantes hicieron que la actuación fuera uno de los momentos más altos del festival. El diluvio que se desencadenó cuando Cocker concluyó su show con un memorable cover de «With a Little Help from My Friends» de los Beatles parecía una señal divina. A partir de aquel momento, todo el mundo conoció el talento de aquel extraordinario artista. Y el primer mánager que tuvo fue justamente Michael Lang, el organizador de Woodstock.

LAS LEYENDAS DEL CANYON

La música del Laurel Canyon, cuna de los cantautores rock modernos y del sonido west coast. La epopeya de CSN&Y, los «Beatles americanos», de Joni Mitchell y de los otros habitantes del Canyon. En Venice Beach nace el mito de los Doors.

Segunda mitad de la década de 1960: el sonido de California ya no estaba representado tan solo por el rock psicodélico de San Francisco, por las baladas folk rock de Byrds, Buffalo Springfield, Mamas & Papas o por las formidables canciones surf de los Beach Boys. Había un nuevo «west coast sound» que se estaba formando y que parecía capaz de fundir lo mejor de todas aquellas experiencias.

Uno de los personajes clave de esta nueva aventura artística (vínculo imprescindible entre la escena de San Francisco y la del sur de California) era David Crosby. En el escenario de Monterey, Crosby formaba parte todavía de los Byrds, pero justamente allí se consumó la ruptura entre él y el resto del grupo. McGuinn y Hillman no se tomaron bien los comentarios políticos de Crosby durante su show: en realidad, David lanzó acusaciones específicas contra el gobierno estadounidense y los servicios secretos en lo referente al homicidio de Kennedy. Y todavía les sentó peor su participación en la actuación de los Buffalo Springfield: en efecto, invitado por Stephen Stills, Crosby sustituyó a Neil Young. Es más, en los tres días del festival, David Crosby reforzó sus vínculos con los «gurús» de San Francisco. Hacia principios de la década de 1960, había conocido a Paul Kantner (Jefferson Airplane) y a David Freiberg (Quicksilver Messenger Service) en San José, cuando todos ellos contaban poco más que veinte años y formaban parte de la escena folk local. Una escena que, en aquellos mismos días, frecuentaba también una joven cantante de blues texana (Janis Joplin), a la que acompañaba un guitarrista muy brillante, Jorma Kaukonen. Pero si en San Francisco, en muy poco tiempo (como lo demostró la aventura de los Warlocks/

CANCIONES DEL CANYON

Van Dyke Parks lo llamó «el lugar del ritmo» («Laurel Canyon Bulevard», 1967), y los Mamas & Papas cantaron que «en Nueva York todo es oscuro y sucio, aquí las chicas llegan al Canyon y ya no hay necesidad de cerrar las ventanas» («Twelve Thirty», 1967). Si Graham Nash definió como «nuestra casa», el romántico *cottage* de madera de su novia Joni Mitchell en Lookout Mountain Road («Our House», 1970), Jim Morrison rebautizó como «Love Street» el Rothdell Trail donde, en el número 8021, vivía con su novia, Pamela Courson («Love Street», 1968). Pero el Laurel Canyon no inspiró tan solo temas sueltos: de hecho es la base de álbumes enteros, como el fantástico *Ladies of the Canyon*, de Joni Mitchell (1970) o el fascinante *Blues from Laurel Canyon*, de John Mayall (1968).

Grateful Dead), los músicos folk se convirtieron a la nueva fe psicodélica, en Los Ángeles, los sonidos tradicionales todavía eran vigentes. Y se focalizaban en una casa con nombre y dirección: Ash Grove, 8162 Melrose Avenue. El local, que abrió sus puertas en 1958, acogió lo mejor del blues y del folk revival: de Pete Seeger a Joan Baez, pasando por Johnny Cash, Son House y Muddy Waters, para todos el Ash Grove era «la universidad del folk en la costa oeste». Pero, además de las grandes leyendas, en aquel escenario actuaron también jóvenes promesas: Ry Cooder y Taj Mahal, Linda Ronstadt o los propios Byrds comenzaron en el club de Melrose Avenue sus carreras, como también hicieron Jackson Browne o los Flying Burrito Brothers. Había otro local que le corría a la zaga al Ash Grove: se llamaba Troubadour, se encontraba en el Santa Monica Boulevard a la altura de West Hollywood, se había inaugurado en 1957, y allí los Byrds presentaron por primera vez en público su versión de «Mr. Tambourine Man», los Eagles comenzaron a dejarse ver y Elton John lanzó su carrera norteamericana. Pero sobre todo, el Troubadour fue el escenario privilegiado de una nueva generación de cantautores, destinada a marcar de manera indeleble el sonido de la West Coast y, más en general, la evolución de la canción rock.

Así, pues, en el plazo de unos diez años de música cautivadora, rebelde e inconsciente, el rock se había ido purificando sumergiéndose en las aguas pantanosas del Misisipi y respirando el aire incontaminado de los montes Apalaches, para luego «atravesar las puertas de la percepción» entre neblinas violáceas y conejos blancos lisérgicos. Es decir, de ser una ola artística constituida por energía en estado puro (el rock'n'roll de los cincuenta), consciencia política (folk revival), moda planetaria (invasión British), tendencias visionarias, pacifistas y comunitarias (psicodelia), el rock encontró en el sur de

THE MANSION, el estudio embrujado

El edificio situado en el número 8134 de Tianna Road se remonta al año 1918. Y ya desde la época en que lo había adquirido la estrella de Hollywood Errol Flynn (a finales de la década de 1930) se rumoreaba que estaba infestado por fantasmas. De hecho se decía que el hijo del propietario de una tienda de muebles había arrojado a su amante por el balcón de aquella casa. Incendiada a finales de los años cincuenta, la mansión se reconstruyó más tarde para convertirse en un estudio de grabación. Por ahí transitaron Hendrix, Bowie y los Stones, entre otros. La usó muchísimo Rick Rubin (que hoy es su propietario) para grabar algunos de sus álbumes legendarios, como *Blood Sugar Sex Magik* o *Stadium Arcadium* de los Red Hot Chili Peppers, *Out of Exile* de los Audioslave, *De-Loused in the Comatorium* de los Mars Volta, *Minutes to Midnight* de los Linkin Park o *Vol. 3* (*The Subliminal Verses*) de los Slipknot. Justamente durante la fase de grabación de este último trabajo, algunos miembros de la banda vivieron experiencias extrasensoriales. Lo mismo le sucedió a los Mars Volta y al guitarrista de los System of a Down. También los Red Hot Chili Peppers experimentaron la compañía de los fantasmas de The Mansion, hasta el punto de que el batería Chad Smith prefirió no quedarse a dormir.

California y, en Los Ángeles en particular, una zona franca en la que mezclar lo mejor de estas experiencias. Para luego dar vida a una fórmula musical que representaría durante varios años un estándar de referencia absoluta para quien quisiera medirse con el arte de escribir canciones rock.

Además de los locales mencionados y los que, como London Fog, Pandora's Box, Whiskey A Go Go, etc., que menudeaban en Sunset Strip, es decir, en la «franja» central de Sunset Boulevard, había un lugar que, más que cualquier otro, se convirtió en la cuna de la nueva música. Su nombre era Laurel Canyon, situado en la zona de colinas de Los Ángeles, y corría en torno al Laurel Canyon Boulevard, una de las arterias principales que, de norte a sur, comunican West Hollywood con el valle de San Fernando. Hasta la década de 1960, el Canyon era una zona rústica, inmersa en la vegetación, con escasísimas actividades comerciales: un hotel, un country store y poco más. Y sin embargo, el gran ilusionista Houdini se había establecido allí, como también lo había hecho la estrella western del cine mudo Tom Mix, que vivía en una cabaña de madera. Los había traído la tranquilidad del lugar, la consiguiente privacidad y la proximidad respecto de los estudios de Hollywood. Al estar cerca también de los locales del Sunset Strip, del mismo Troubadour así como de los estudios de grabación, en la década de 1960 el Laurel Canyon resultó ser un lugar cómodo también para los músicos. Y de esta manera, en muy poco tiempo, como si siguieran al flautista de Hamelin, varios personajes de la escena folk rock californiana comenzaron a establecerse allí. Entre los primeros estaban precisamente los Byrds de

La particular forma de cantar de Mama Cass fue la clave para que el cuarteto vocal que integró en los sesenta, The Mamas and the Papas, tuviera un masivo éxito comercial.

David Crosby. Pero también Cass Elliot, John y Michelle Phillips de los Mamas & Papas. Frank Zappa se instaló en la «log cabin» que había pertenecido a Tom Mix, y el hijo del almirante Morrison se estableció en una casa en el 8826 de Lookout Mountain Road, junto con sus amigos Robby Krieger y John Densmore. También estaban los Turtles, Arthur Lee de los Love y Mickey Dolenz de los Monkees, el fotógrafo Henry Diltz, o los actores Warren Beatty, Peter Fonda y Jack Nicholson. No es casual que el espíritu de *Easy Rider* calcase a la perfección el del Laurel Canyon. «Los artistas necesitan respirar el mismo aire –explica Michael Walker, autor de *Laurel Canyon. The Inside Story of Rock'n'Roll Legendary Neighborhood*–, y el Canyon demostró ser un fantástico laboratorio de creatividad. Las casas de los músicos se transformaron en «salas de ensayo» formidables, lugares ideales para intercambiar ideas artísticas, e incluso más: encontrarse cada día y cada noche unos junto a otros estimulaba la fantasía, favorecía las uniones, aumentaba la calidad, consolidaba una identidad colectiva.

«What is up in Laurel Canyon / the seat of the Beat», cantaba Van Dyke Parks en su «Songs Cycle». Corría el año 1968, y la comunidad del Canyon, a diferencia de Haight-Ashbury, donde se experimentaban nuevos estilos de vida y formas diferentes de sociedad, estaba compuesta por artistas que ya estaban más o menos confirmados (los Byrds fueron los primeros en alcanzar el éxito. Al cabo de poco se convertirían en superestrellas absolutas e impulsarían de manera importante la industria discográfica, que ya estaba desplazando a Los Ángeles su epicentro.

Entretanto, al Laurel Canyon llegó también una muchacha canadiense descubierta por David Crosby en un pequeño local de Coconut Grove, Florida. Se llamaba Joni Mitchell, era muy bella, estaba llena de poesía y componía canciones de manera distinta a todos: parecía una especie de Bob Dylan con faldas, pero mucho más encantadora. Por su parte, David Crosby se veía cada vez más a menudo con Stephen Stills, que estaba pasando por una crisis con los Buffalo Springfield. La banda, que giraba en torno a las canciones escritas por él y por su amigo/enemigo Neil Young, había dado en el blanco cuando Stills, al asistir a las manifestaciones por el cierre del Pandora's Box y a los sucesivos incidentes entre jóvenes y policía, escribió «For What It's Worth». La canción, que se convirtió en uno de los himnos pacifistas más queridos de la historia del rock, tuvo un gran éxito pero, paradójicamen-

Joni Mitchell, cantante y cronista de la Norteamérica suburbana.

de dejar a su hermano Don, Nash hacía tiempo que estaba enemistado con los Hollies. Graham, inglés de Blackpool, era amigo de Mama Cass, que lo introdujo en la cultura psicodélica y en

te, agudizó las disensiones entre Stills y Young. Monterey acabó de marcar el final del grupo: Neil Young ya estaba fuera de juego, por lo que Stills invitó en su lugar a David Crosby.

Crosby y Stills se encontraban a menudo en casa de Mama Cass. Tocaban y cantaban muy bien, pero tal vez les faltaba todavía una ficha. «Deberíais tener una tercera voz –sugirió un día Cass–, un tenor alto. Los mejores del mundo son Phil Everly y Graham Nash.» Y si Phil no tenía la intención

las comunidades musicales californianas. A finales de 1967, Graham se encontraba en California y Cass le arregló un encuentro con Crosby y Stills. La primera reunión musical se produjo (se dice) en casa de Joni Mitchell: los tres cantaron a tres voces un tema de Stills («You Don't Have To Cry»), y la mezcla vocal resultó extraordinaria. Tanto desde el punto de vista tímbrico (sus voces se fundían a la perfección) como en el técnico. Parecían nacidos para cantar juntos. «Nos convertimos en los preferidos

HENRY DILTZ
El ojo de California

Henry Stanford Diltz era un músico folk que procedía de Kansas City, Missouri. A principios de la década de 1960, mientras vivía en Hawái, formó el Modern Folk Quartet, publicó dos álbumes y se convirtió en una de las atracciones del Greenwich Village. Posteriormente, en plena época folk rock, la banda se trasladó a California, fue producida por Phil Spector primero y por Jack Nitzsche después, abriendo los conciertos de Zappa, Byrds o Mamas & Papas. Pero Diltz, que entretanto se había establecido en el Laurel Canyon, se hallaba en el estudio con los Monkees divirtiéndose con su segundo hobby, la fotografía. Un día tuvo la ocasión de tomar una foto de sus amigos Buffalo Springfield que se convirtió en legendaria. A partir de aquel momento, fotografió a todas las estrellas del Laurel Canyon: suyas son las fotos de carátula (tratadas luego por su socio, el director de arte Gary Burden) de más de 100 álbumes, entre los cuales el primero de CSN, el legendario *Morrison Hotel*, de los Doors, pero también *Blue* de Joni Mitchell, *Sweet Baby James* de James Taylor, o *Desperado*, de los Eagles. Diltz fue uno de los fotógrafos oficiales de Woodstock. En 2001 fundó la Morrison Hotel Gallery, una galería de arte fotográfico rock.

de la comunidad del Canyon –recuerda Graham Nash–, apenas hacíamos un nuevo tema, nuestros amigos se volvían locos... Y estoy hablando de Mama Cass, Peter Fonda, Paul Rotchild, John Sebastian».

A pesar del entusiasmo que producían en sus amigos y también entre sí mismos («el primer año nos vimos prácticamente todos los días, 24 horas al día», suele decir Nash), los tres tenían las ideas claras en cuanto a su futuro artístico. «Nunca seríamos una auténtica banda», juraban. Y justamente porque estaban quemados por las experiencias individuales en sus respectivas bandas (Byrds, Buffalo Springfield, Hollies), Crosby, Stills & Nash decidieron no darse un nombre de fantasía, sino usar tan solo sus apellidos. Y sin embargo, más allá de sus intenciones, nació una especie de supergrupo en el que creyó ciegamente Ahmet Ertegun, el jefe de la Atlantic que produjo su primer long play, que salió en junio de 1969. *Crosby, Stills & Nash* encarnaba el espíritu del Laurel Canyon y mostró al mundo el nuevo sonido de la costa oeste: temas soñadores («Guinnevere»), instrumentación electro-acústica («Suite: Judy Blue Eyes»), textos introspectivos («You Don't Have To Cry») pero también comprometidos («Long Time Gone»), y baladas psicodélicas («Wooden Ships»). CSN demostraron que el rock, aun sin haber cumplido todavía los 20 años, era una forma de arte completa y madura. Los tres, cuando llegó el momento de comenzar la gira de promoción del álbum, buscaron un cuarto elemento para potenciar el set eléctrico. Querían a un poliinstrumentista capaz también de cantar: Steve Winwood habría sido el ideal. Pero Winwood había decidido adherirse al nuevo proyecto artístico de Eric Clapton, el intento de fundir a Cream y Traffic para dar vida a los Blind Faith. Por sugerencia de Ertegun, su puesto lo ocupó Neil Young. Con él, CSN&Y se convirtieron en los «Beatles americanos», barrieron en Woodstock (su segunda actuación

Crosby, Stills, Nash & Young son conocidos por sus armonías vocales, su activismo político y su influencia en la sociedad de Estados Unidos.

oficial) y durante 40 años fascinaron a los apasionados por su música y los inquietaron con discusiones e infinitas disoluciones/reuniones. Para abrir sus conciertos, llamaron a la «musa» Joni Mitchell.

Joni y Graham eran, dese hacía tiempo, «la pareja más bella del Canyon»: la casa de Mitchell en Lookout Mountain Road fue el tema de su canción de amor «Our House», uno de los grandes éxitos de CSN&Y. Por su parte, Joni contaba pensamientos y actitudes de la nueva comunidad hippie chic del sur de California en el álbum *Ladies of the Canyon*. Ella no estuvo en Woodstock (no había lugar en el helicóptero y tuvo que dejar marchar «a sus muchachos», CSN&Y), pero escribió la pieza homónima que, justamente en la versión de sus amigos se convirtió en un éxito. Sensible, genial, poética, diferente, Joni Mitchell compuso canciones melódicamente oblicuas y armónicamente complejas (el uso de inusuales «afinaciones abiertas» contribuía a dar esta sensación). Fue la primera en hacerlo desde una perspectiva «femenina». Así como Joan Baez había sido la reina del folk, y Janis, la primera mujer gran estrella del rock, Joni era «la señora de los hippies». Su creatividad superior, su carácter dominante, su belleza que intimidaba hacían estragos entre los corazones. Pero el que sangraba más que todos, al final, era el suyo propio, como testimonió en *Blue*, el álbum más íntimo, inspirado y autobiográfico de Mitchell: «A Case of You», «River», «California» son tres de las canciones más hermosas y poéticas de la historia del rock. El éxito de CSN&Y, la gran apreciación por

TROUBADOUR
El santuario de la costa oeste

En otoño de 1957 abrió sus puertas el local destinado a convertirse en uno de los más legendarios clubs musicales de los Estados Unidos. Lo fundó Doug Weston, y el club saltó en seguida a las primeras páginas tras el arresto (por actos obscenos en lugar público) del cómico «políticamente incorrecto» Lenny Bruce. El «caso Bruce» solo fue el primero de una larga serie de hechos que hicieron del Troubadour un pequeño mito de la historia de la música moderna. Allí se grabaron álbumes fascinantes (*Tim Buckley Live at Troubadour*, de 1969, *Miles Davis Live at Troubadour*, de 1975, *Elvis Costello y Steve Nieve Live at Troubadour*, de 1996), y se escribieron canciones inspiradas en el club, como «Sad Cafe», de los Eagles, «Chuck E's in Love» de Rickie Lee Jones o «Killing Me Softly with This Song», escrita por Lori Lieberman después de haber escuchado allí un show de Don MacLean. También acogió veladas legendarias como la reunión de los Byrds (1973), la mágica noche de los Knack (los de «My Sharona» que, en noviembre de 1978, compartieron el escenario con Tom Petty, Ray Manzarek, Bruce Springsteen y Stephen Stills, el primer concierto de los Guns N' Roses (1985), la primera actuación en directo en suelo estadounidense de Fiona Apple, el comienzo del tour de *OK Computer* de Radiohead y una de las últimas actuaciones en público de Johnny Cash junto a su mujer June Carter (22 de mayo de 1999). El Troubadour también era un escenario para eventos particulares: la noche del 12 de marzo de 1974, John Lennon y su amigo Harry Nillson fueron expulsados porque estorbaban en la actuación de los Smothers Brothers. El 6 de marzo de 1971, Carly Simon (que acababa de abrir el concierto de Cat Stevens), coincidió por primera vez con James Taylor: ambos se casaron en Nueva York el 2 de noviembre de 1972. El propio Taylor había debutado en el Troubadour en julio de 1969.

parte de la crítica de Joni Mitchell y el advenimiento en escena de otros «habitantes» del Laurel Canyon (como Jackson Browne y Gram Parsons) proyectaron hasta el vértice de las clasificaciones la música de la costa oeste, a la que se asociaron asimismo personajes procedentes de la costa opuesta que encontraron en el Troubadour un escenario que les permitía despegar definitivamente. Cantautores inspiradísimos como Carole King (autora ya de superéxitos en los tiempos del Brill Building) y James Taylor (primer artista en grabar para Apple, la etiqueta de los Beatles) cuya música, erróneamente desde el punto de vista geográfico pero correctamente partiendo de las atmósferas creadas, se englobó justamente bajo la categoría «costa oeste».

En el Laurel Canyon vivía también un cuarteto de rock que se convirtió en la banda residente del Whiskey A Go Go. Estaba formado por John Densmore, Robby Krieger, Ray Manzarek y Jim Morrison. Los dos últimos habían sido compañeros de universidad en la UCLA, y se habían diplomado en cinematografía. Se habían perdido de vista durante un tiempo, pero se volvieron a ver casualmente en julio de 1965 en la playa de Venice. Manzarek, que además del cine tenía una gran pasión por la música y deseaba crear una banda de rock, convenció a Morrison (que por su parte escribía poesías) que ejerciera de cantante. El nombre que eligieron fue el título del ensayo de Aldous Huxley, *The Doors of Perception*, que abreviaron más sencillamente en The Doors. Junto al batería de tendencia jazz John Densmore, se unió a ambos Robbie Krieger, guitarrista creativo que había comenzado a tocar flamenco antes de apasionarse por el folk, el blues y el jazz. Los

Considerados como los precursores de la psicodelia, The Doors fue uno de los grupos más importantes e influyentes de la década de los sesenta y principios de los setenta.

Doors, diferentes a todos los demás artistas del Canyon, parecían el vínculo que unía la escena californiana y las de Nueva York y Detroit (Velvet Underground, MC5, Stooges). Unían las visiones psicodélicas de la primera con el aliento poético/literario y el sentido de la realidad, más duro y maldito de las segundas. Al principio no fueron entendidos.

Hasta el punto de que, Pete Johnson, del *Los Angeles Times*, escribió: «Parecen unos muertos de hambre. Su sonido es interesante, pero tienen la peor presencia escénica que nunca se ha visto en un escenario de rock. Manzarek, el teclista, es brillante, pero está volcado en su instrumento como si estuviera leyendo las últimas páginas de una novela policíaca. Krieger, el guitarrista, tiene un estilo particular, una mezcla de blues, jazz y flamenco, pero vaga sobre el escenario de modo atolondrado. Densmore, el batería, parece vivir en un mundo propio. El peor de todos es Morrison, el cantante. A menudo da la espalda al público y cuando se gira canta con los ojos cerrados: ¿pero quién se cree que es?» El 4 de enero de 1967 salieron simultáneamente el álbum de debut *The Doors* y el single «Break On Through», acompañados por una importante campaña de difusión y promoción. Por primera vez en la historia del rock, un gigantesco cartel publicitario, situado en Sunset Strip, mostraba los rostros de la banda, el logo de los Doors y el mensaje: «Break On Through with an electrifying album» (tomad distancia con la música electrizante de este álbum). Artistas del calibre de Frank Zappa hablaron muy bien de ellos. Y sin embargo, al álbum le costaba despegar. En junio de 1967, a los cinco meses de su publicación, la compañía Elektra decidió que para lanzarlo entre un público más numeroso se necesitaba una nueva versión de «Light My Fire»: el arreglo original de siete minutos era demasiado largo y las radios no lo emitían. De esta manera, el productor Rothchild se dirigió a los estudios de Sunset Sound y acortó la pieza, hasta obtener un tema de dos minutos y medio. En julio, «Light My Fire» superaba en ventas a «With a Little Help From My Friends» de los Beatles y se situaba en el primer lugar de la clasificación del Billboard, donde permaneció durante tres semanas seguidas. «Light My Fire» se convirtió en el himno perfecto del Summer of Love, periodistas y críticos de todo el mundo comenzaron a elogiar a Jim Morrison y subrayaron las referencias literarias y filosóficas de sus textos. Hay quien intentó llamarlo «el poeta»; él prefería ser «el rey lagarto» o «Mr. Mojo Risin», anagrama blues de su nombre. Pero para todos, Jim era «El chamán». Y, a pesar de lo que había escrito Pete Johnson, Morrison tenía ya un impresionante dominio de la escena. No ocupaba el escenario como los demás: su manera de moverse y de sopesar las palabras transformaban cada espectáculo en un rito catártico en el que él era el sumo sacerdote. El público estaba fascinado, reconocía el carisma de Jim y compartía su mensaje: finalmente, «el chamán» había encontrado a su tribu. Pero quizás no era lo que buscaba. Cuatro años más tarde, James Douglas Morrison fue encontrado sin vida en la bañera de su residencia parisina, en el número 17 de la Rue Beautreillis. Todavía no había cumplido los 28 años y su música ya había terminado...

HOTEL CALIFORNIA

En menos de diez años, el sueño hippie parece desvanecerse. Y si las canciones de autor de la costa oeste están en la cumbre de las clasificaciones, la California de la segunda mitad de los años setenta se juega entre cowboys en el océano y estrellas del rock lascivas.

Carole King se trasladó a vivir a Laurel Canyon a finales de 1966.

Todavía no había cumplido los 25 años y ya tenía dos hijas, un divorcio, pero también un buen puñado de éxitos escritos junto a su ex marido, Gerry Goffin, cuando ambos formaban una de las parejas de autores más prolíficas del Brill Building. Con temas como «Will You Love Me Tomorrow» (cantada por las Shirelles), «The Loco-Motion» (interpretada por Little Eva, la canguro de Carole y Gerry), «You Make Me Feel Like a Natural Woman», el gran hit para la garganta de oro de Aretha Franklin, la sociedad Goffin-King era una garantía para compañías discográficas y editores musicales. En el Canyon, donde formó la banda The City, junto a su futuro marido Charles Larkey y a Danny Kortchmar, Carole frecuentó a Joni Mitchell y James Taylor. Fue precisamente este último quien la impulsó hacia la carrera como solista: cuando luego escuchó, en la galería del Troubadour, un tema de King que le encantó («You've Got a Friend»), JT ya no tuvo dudas. Tampoco las tuvo Lou Adler, que contrató a King y en 1970 le publicó su álbum de debut (*Writer*), al que seguiría el mayor éxito de su carrera, uno de los discos que han marcado una época en la historia del rock. Se titulaba *Tapestry* y, en la foto de cubierta, tomada por Jim McCrary, Carole aparecía inmortalizada junto a su gato Telemachus en el salón de su casa de Appian Way, en el Laurel Canyon. Con clásicos como «It's Too Late», «So Far Away» o «You've Got a Friend», Carole King asaltó las clasificaciones, permaneció en el número uno durante 15 semanas seguidas, ganó cuatro premios Grammy y estableció el récord absoluto de

SE CIERRA EL CÍRCULO

Corría el año 1971. Una banda de country rock con aspecto y actitudes hippies tuvo un sueño: unir a dos generaciones de músicos old time, country y bluegrass en un único y gran proyecto. Ellos eran la Nitty Gritty Dirt Band, ex grupo de Jackson Browne, que se habían formado en las jam session en el McCabe's de Santa Monica, la tienda de instrumentos musicales más destacada del sur de California. Desde Colorado (donde vivían) se fueron a Nashville y convencieron a «grandes viejos» como Roy Acuff, Merle Travis, Maybelle Carter, Earl Scruggs y Doc Watson para que participaran en dúos con ellos. Así nacía *Will the Circle Be Unbroken* (1972), un álbum triple que marcaba el renacimiento del interés por el old time y el bluegrass. Se vendieron más de un millón de copias: en 1989 y en 2002 se publicaron los volúmenes 2 y 3.

ventas para el mundo de la discografía: 13 millones de copias en un año (que a finales de 2010 eran 25 millones). En aquellos mismos días en los que Carole King grababa *Tapestry*, en el estudio B de la A&M, en Hollywood, James Taylor, a pocos centenares de metros, estaba terminando *Mud Slide Slim & The Blue Horizon*, con la colaboración de la propia Carole y de Joni Mitchell. Su versión de «You've Got a Friend» saltó al número uno y ganó un Grammy. El álbum, que seguía al triunfal *Sweet Baby James*, certificó la

LOWELL GEORGE,
de Frank Zappa a los Little Feat

Su padre criaba chinchillas y proporcionaba prendas de piel a los estudios cinematográficos. Pero para el pequeño Lowell Thomas George, Hollywood solo era su lugar de nacimiento. De hecho, desde muy joven, Lowell era un apasionado por la música. Pero prefería el jazz antes que el rock'n'roll. Hasta que, en 1965, creó su primera banda (The Factory), que gustó a Frank Zappa. Y tres años más tarde, justamente Zappa quiso que él se uniera a los Mothers of Invention. Para George la experiencia fue importante: absorbió la filosofía de Zappa y afinó su arte. Ayudó a Frank en la producción de las GTOs, la extravagante banda de *groupies* capitaneada por Pamela Des Bares. Luego se peleó con Zappa y, juntamente con Bill Payne, dio vida a los Little Feat. El nombre del grupo se refería a los «piececillos» de Lowell: la grafía «feat» (en lugar de feet) era un homenaje suyo a los Beatles. En 1971 salió el álbum de debut con «Willin'», fascinante *ballad on the road* en la que se explicitaba la referencia al alcohol y a la marihuana. Hay quien sostuvo que este fue el motivo del desacuerdo entre George y Zappa, riguroso defensor de la salud ante todo. En la década de 1970, los Little Feat publicaron varios álbumes, entre ellos el formidable *Dixie Chicken*, que mezclaba las atmósferas californianas con los perfumes y los ritmos de Nueva Orleans. La intrigante slide guitar de Lowell George se puso al servicio, además de los Little Feat, de trabajos de Bonnie Raitt, John Cale, Jackson Browne o Robert Palmer. En junio de 1979, mientras estaba de gira para promover su álbum solista *Thank, I'll Eat It Here*, murió a causa de un ataque cardíaco: tenía 34 años.

maestría compositiva refinadísima de JT y su «pertenencia espiritual» al nuevo sonido de la costa oeste, que ya estaba ganando adeptos. Los más rápidos en acaparar a los nuevos talentos que gravitaban en torno al Laurel Canyon fueron Elliot Roberts y David Geffen, que habían trabajado en la William Morris Agency, una de las agencias de management musicales más potentes de los Estados Unidos. Residentes ambos en el Canyon, Roberts y Geffen eran amigos del los artistas que además eran vecinos suyos. Y de esta manera, además de pilotar la carrera de Joni Mitchell y de Neil Young, ambos fundaron la Lookout Management y una etiqueta discográfica, Asylum, que entre otros, contrató a un joven cantautor que ya había dado que hablar por haber escrito temas importantes para otros intérpretes: Jackson Browne. Cuando vivía en Nueva York, Jackson se había enamorado de Nico: él fue el autor de «These Days» y de otros temas de *Chelsea Girl*. Cuando regresó a California, Browne frecuentó el circuito folk. Formó parte de la Nitty Gritty Dirt Band, uno de los grupos más importantes de la naciente escena country rock, y colaboró, entre otros, con un cantautor de Detroit (Glenn Frey) que, para ir tirando, ejercía de músico de sesión. Junto a un batería/cantante texano (Don Henley), Frey dio vida en aquellos días a un grupo que nació en el Troubadour y que, al principio, acompañaba a Linda Ronstadt, sensacional vocalista que era una de las joyas de aquel círculo. Al cabo de poco, a Henley y Frey se le unieron el bajista Randy Meisner y el poliinstrumentista Bernie Leadon. En 1971, los cuatro firmaron con Asylum. Se hacían llamar Eagles, y el primer single que publicaron («Take It Easy») era un tema escrito justamente por Jackson Browne con la aportación de su amigo Glenn Frey. Los Eagles lograron mezclar de manera magistral climas y atmósferas de la costa oeste con una pizca de country rock. Este último híbrido musical nació en 1968 cuando los Byrds publicaron *Sweetheart of the Rodeo*. Grabado en Nashville, la capital del country, el álbum contaba con la presencia decisiva del neo-Byrd Gram Parsons, de 22 años y un gran talento, nacido en Florida. Fue él quien dirigió la banda de Hillman y McGuinn hacia nuevos territorios estilísticos en los que se mezclaban instrumentos de la nueva y de la vieja tradición (como banjo, fiddle, mandolina, pero también pedal steel guitar) con ritmos y actitudes rock. Ni siquiera un año más tarde, convenció a Chris Hillman a que se separara de los Byrds para dar vida a los Flying Burrito Brothers, cuyo *The Gilded Palace of Sin* puede considerarse como el primer álbum auténtico de country rock. Artista original y sensible de personalidad frágil y compleja, Parsons llevaba una vida disoluta, inmerso en los vapores de alcohol y droga. Cuando Los Stones visitaron los Estados Unidos en otoño de 1969, él y Keith Richards se hicieron amigos. La relación produjo resultados artísticos excepcionales, como por ejemplo «Wild Horses», grabada por los Burrito Bros, antes de los Stones, los arreglos de «Country Honk» o las sesiones de *Exile on Main Street*, en las que Parsons (en el esplendor lascivo de Nellcote, la mansión de la Costa Azul alquilada por Richards y sus amigos) era el «compañero de meriendas» preferido de Keef. Una vez de nuevo en los Estados Unidos, Parsons descubrió a una estrella del country de gran talento, Emmylou Harris. Con ella efectuó una gira por el país y grabó un par de álbumes antes de que, el 19 de septiembre de 1973, la enésima dosis de heroína inyectada en el amado desierto de Joshua Tree, se lo llevara.

Los Eagles capitalizaron la intuición de Gram Parsons y la incrementaron en cuanto a espectacularidad: *Desperado*, su segundo álbum (en cuya carátula aparecían con indumentaria «old west») era una especie de «concept» que consolidó su estilo, siempre en admirable equilibrio entre sonoridades country y folk, ritmos rock, armonías vocales que incluso los CSN&Y podían envidiar y melodías románticas sencillas que gustaban a público y crítica. Todo ello inmerso en las relajadas atmósferas del sur de California. «Tequila Sunrise», junto con la canción que daba título al álbum, era comparable a algunos caballos de batalla de su álbum de debut (que, además de la citada «Take It Easy», contenía también «Witchy Woman» y «Peaceful Easy Feeling»). En definitiva, para gozo de su astuto mánager, el abogado Irving Azoff, a mediados de los años setenta los Eagles ya eran un clásico del rock norteamericano. No es casual que sus *Their Greatest Hits (1971-1975)*, con 42 millones de copias vendidas, se convirtiera en el séptimo álbum más vendido de la historia del pop-rock, después de *Thriller*, de Michael Jackson, *Back in Black* de los AC/DC, y *The Dark Side of the Moon*, de los Pink Floyd, pero antes de los Beatles, los Stones, Springsteen o Queen.

> «¿El country rock? Gram Parsons y yo lo inventamos en los Byrds
> y lo consolidamos en los Flying Burrito Brothers.
> Los Eagles lo usaron para hinchar su cuenta en el banco.»
> CHRIS HILLMAN (The Byrds)

Pocos años después de Woodstock, el panorama del rock había cambiado por completo. Experimentaciones artísticas, estilos de vida alternativos, escenarios culturales diversos y un sentido de comunidad, un deseo de compartir, dejaron su lugar a los aspectos más clásicos del *show business*. Incluso las drogas eran diferentes: el hachís, la marihuana y el LSD habían dejado su puesto a la cocaína y la heroína. Joni Mitchell, extraordinariamente profética, describía a la perfección, y con una mira autocrítica, la situación en el tema «For Free»: «Estaba parada ante un semáforo / esperando a que se pusiera verde para cruzar / en el otro lado de la calle había un tío que tocaba muy bien y gratis el clarinete / En cambio yo actúo en lugares prestigiosos y solo si me dan un montón de dinero / Quiero una limusina negra y dos guardaespaldas que me acompañen al escenario / mientras que aquel hombre en la acera tocaba muy bien y gratis». Todavía lo hicieron mejor los Eagles en 1976, con uno de sus temas más apreciados y conocidos, aquel «Hotel California» que certificaba, siquiera en modo metafórico, la definitiva desaparición del espíritu hippie. El estado dorado que había cambiado la visión del mundo ahora tan solo era un hotel de lujo en el que uno se seguía pudiendo registrar (si contaba con las credenciales requeridas) pero del que era imposible salir. La misma actitud, en definitiva, que Courtney Love y las Hole denunciarían en «Celebrity Skin» y que los Red Hot Chili Peppers contarían en 1999 en *Californication*.

HOTEL CALIFORNIA
¿Existía realmente?

«El Hotel California es una metáfora, una manera de describir la decadencia de Los Ángeles del *show business* en los años setenta y el deterioro del Sueño Americano.» A pesar de las múltiples declaraciones oficiales de Don Henley y del resto de los Eagles acerca del significado de «Hotel California», a lo largo de los años se multiplicaron las especulaciones. Muchos intentaron descubrir de qué hotel se trataba, cuál era aquella «lovely place en el que uno siempre se puede registrar pero del que es imposible salir». En Todos Santos, en la Baja California, desde 1947 había un establecimiento pintoresco llamado «Hotel California». En los años ochenta, el propietario empezó a hacer correr la voz de que era el lugar en el que los Eagles habían compuesto el tema. Después de recibir por parte del management de la banda un apremio (el tema había nacido en la casa de Malibú de Don Felder), el hotel de Todos Santos evitó seguir con el tema. También en la década de 1980, algunos grupos de evangelistas sostuvieron la tesis de que la canción tenía contenidos satánicos. De hecho, en la foto interior se veía a Anton LaVey, fundador de la Iglesia de Satán, secta de la que los Eagles eran simpatizantes. La hipótesis era que «Hotel California» era la Black House (la sede de la Iglesia) en California St., en San Francisco.

El hotel inmortalizado en la carátula del álbum era, en realidad, el Beverly Hills Hotel de Los Ángeles, el llamado «pink palace», frecuentado por las estrellas de Hollywood. La foto la realizaron David Alexander y John Kosh, y para ello se situaron sobre una grúa a veinte metros del suelo, para poder captar el ocaso por encima de los árboles.

Hubo quien como Robbie Robertson, decidió despedirse del mundo del rock. O, por lo menos, de aquella banda que él mismo contribuyó a convertir en el mejor grupo de músicos de sesión de la historia. Cuando vivían en la «gran casa rosa» en Woodstock, Robbie y sus compañeros eran tan apreciados que la gente, cuando los veía, decía simplemente: «Hey, the band is coming». Y de esta manera, ni siquiera

The Band fue una banda musical canadiense de rock formada por Rick Danko, Garth Hudson, Richard Manuel, Robbie Robertson y Levon Helm.

tuvieron necesidad de imponerse un nombre de fantasía: para todos ellos eran simplemente The Band. Los dos primeros álbumes (*Music from Big Pink* y *The Band*) mostraron de qué modo podían convivir todas las «músicas de las raíces» (blancas y negras) con ritmos y actitudes rock. Su música fascinaba a todo el mundo: de Eric Clapton, su mayor fan, a Dr. John, Muddy Waters, Van Morrison, Neil Young, Joni Mitchell, Ronnie Wood, Ringo Starr y, obviamente Bob Dylan, y también a Martin Scorsese que, a principios de la década de 1960, compartía su apartamento neoyorquino justamente con Robbie Robertson. Scorsese y Robertson decidieron transformar el último concierto de The Band en una película: un espectacular adiós a los escenarios. Pero en lugar de actuar en el tejado de su casa discográfica, como habían hecho los Beatles en enero de 1969, The Band eligió el lugar (la Winterland Ballroom de San Francisco) que había acogido su primer concierto. El que se desarrolló en el día de Acción de Gracias (elección emblemática), el 25 de noviembre de 1976, pasaría a la historia como *The Last Waltz*, un último vals que reunía el rock de los años sesenta, a *bluesmen* y *soul men* extraordinarios, cantantes de folk y cantautores de primera línea. Después de algunos álbumes solistas, Robbie Robertson se dedicó a la música de cine: justamente él sería el autor de las bandas sonoras de todas las grandes películas de Martin Scorsese, desde *Taxi Driver* hasta *Toro Salvaje*. Diez años exactos después del Summer of Love y de la aparición de álbumes históricos como *Surrealistic Pillow* (Jefferson Airplane), *Are You Experienced* (Jimi Hendrix) o como los LPs de debut de Doors y Velvet Underground, impresionaba pensar que había quien, como Robbie Robertson, decidía «jubilarse», pero también que los álbumes «californianos» de mayor éxito de 1976-1977 fueran los de dos artistas/bandas «ingleses»: *Frampton Comes Alive!*, de Peter Frampton, y *Rumours*, de Fleetwood Mac.

Después de haber formado parte de los Humble Pie con Steve Marriott, Frampton (inglés nacido en Bromley) emprendió una carrera como solista y se trasladó a los Estados Unidos. Grabado en el Winterland de San Francisco, *Frampton Comes Alive!* contenía «Baby I Love Your Way» y «Show Me the Way», que impulsaron el disco a la cima de las clasificaciones. Frampton se convirtió en un maestro del «talk box», que embellecía aquel rock suyo tan fácil que se abrió brecha en el corazón de los Estados Unidos. Inmortalizado con el torso desnudo por el objetivo del neoyorquino Francesco Scavullo en la cubierta de *Rolling Stone,* Peter Frampton se convirtió en un ídolo y *Frampton Comes Alive!*, en el álbum en vivo más vendido de la historia (6 millones de copias). Pero su carrera registraría un inexorable declive desde aquel momento.

Distantes a años luz de la banda rock blues de finales de los sesenta, que presentaba con orgullo el genio de Peter Green, los Fleetwood Mac eran ahora medio ingleses (Mick Fleetwood, John y Christine McVie) y medio «californianos» (Stevie Nicks y Lindsay Buckingham. Proponían un pop rock sofisticado que constituía un guiño a las sonoridades brillantes del formato radiofónico AOR (Album o Adult Oriented Rock) que, en California, tenía en Journey, Steve Miller Band, Doobie Brothers o Steely Dan a sus artistas de referencia. Grabado en los Record Plant de Sausalito, *Rumours* tuvo una génesis curiosa. Las dos parejas (la inglesa formada por John y Christine McVie) y la «californiana» (Buckingham y Nicks) estaban en fase de separación. El propio Mick Fleetwood acababa de salir de una complicada causa de divorcio. En los estudios había montones de cocaína, pero también de tensión: entre crisis histérica y pacificaciones temporales, llantos desconsolados y peleas furibundas nació uno de los discos más memorables de la historia. En efecto, porque a pesar de su imagen muy «late Seventies», *Rumours* era un álbum que contenía canciones muy bonitas y fuertemente emblemáticas. Oír a Nicks y a Buckingham cantar juntos «Go Your Own Way» («toma tu propio camino») impresionaba, como también lo hacían «las voces» del título que se convertían en realidad en «You Make Loving Fun», en la que Christine McVie ponía en evidencia (y a la cara de John) su nuevo idilio con el técnico de iluminación de la banda. Y si Stevie Nicks daba en «Dreams» una esperanza para su futuro, Lindsey Buckingham era más pesimista en «Never Going Back Again». El álbum se enriquecía con piezas como «Don't Stop» (que Bill Clinton usaría como tema de su campaña presidencial de 1992), la efervescente «Second Hand News» o la magnífica «Gold Dust Woman», un himno a la cocaína, que versionarían muchos artistas, entre los cuales Courtney Love, Willie Nelson y Sheryl Crow. Vencedor del Grammy como mejor álbum de 1977, de *Rumours* se vendieron 45 millones de copias.

«Henley y Frey fueron los Lennon y McCartney del sur de California.»

Ed Sanders (The Fugs)

LOVE, DEVOTION, SURRENDER

Las estrellas del rock buscan maestros de vida: los encuentran en los gurús indios. Como siempre, los Beatles son los primeros. Los siguen muchos músicos, y de aquella experiencia espiritual nacen nuevas ideas artísticas.

El 24 de agosto de 1967, los Beatles conocieron en el Hilton de Londres al Maharishi Mahesh Yogi, maestro indio de meditación trascendental. El interés de George Harrison por la música y la cultura de la India había despertado la curiosidad de los otros, de Lennon en particular.

A partir del día siguiente, los Fab Four participaron en un seminario que el Maharishi celebraba en Bangor, en Gales. Por desgracia se vieron obligados a interrumpir el workshop cuando se enteraron de la trágica desaparición de su mánager Brian Epstein. Pasaron seis meses, y los Beatles decidieron visitar el ashram del Yogi en Rishikesh, en el valle de los santos, en las pendientes del Himalaya. En febrero de 1968 eran unos 60 los que llegaron a la capital india de la meditación. Además de los cuatro Beatles y sus mujeres y compañeras estaban, entre otros, las hermanas Mia y Prudence Farrow, el cantautor escocés Donovan, el jazzista Paul Horn y Mike Love, de los Beach Boys. También se unió al grupo un joven director canadiense, Paul Saltzman, que realizó fotos muy bellas de aquella aventura espiritual.

«Rishikesh es un lugar increíble –dijo George Harrison, que siempre había sido el más entusiasta por la cultura y la filosofía india–, se encuentra donde

SHAKTI
FUSIÓN INDO-JAZZ

En 1975, después de la experiencia con Miles Davis, la saga de la Mahavishnu Orchestra y la aventura espiritual-creativa con Carlos Santana, John McLaughlin dio vida al proyecto Shakti (en sánscrito, «energía cósmica primordial»). Se unieron al guitarrista dos fuera de serie como Zakir Hussain (hijo del legendario tablista Alla Rakha, colaborador de Ravi Shankar) y el violinista L. Shankar. Además, estaban el fenomenal Vikku Vinayakram al Gatham y Ramnad Raghavan que tocaba el tambor de la música carnática. Además de la fusión indo-jazz, Shakti mezclaba tradición hindustani (norte de la India) con la carnática del sur. La guitarra especial usada por McLaughlin la habían ideado los lutieres de Gibson: además de las seis cuerdas tenía otras siete que vibraban por simpatía y un mástil con teclas para recordar el sonido y las técnicas del sitar.

el Ganges baja del Himalaya, en la llanura entre Delhi y las montañas». «Estamos apartados de todo –recordaba Lennon–, me he quedado meditando en una habitación cinco días, he escrito centenares de canciones, he tenido alucinaciones, he tenido sueños en los que sentía olores y sabores.»

Ringo Starr fue el primero en cansarse de tanta espiritualidad. Hay quien sostiene que odiaba la comida india y que su mujer no soportaba los insectos. Lo siguió en breve McCartney. En parte porque se dice que Paul quedó desilusionado por el hecho de que el Maharishi había «probado» con Mia Farrow... Más amargado que él estaba Lennon, que no dejaba de cantar el incesante mantra «Maharishi, what have you done? You made a fool for everyone» (Maharishi, qué has hecho, nos has tomado el pelo a todos). Paul sus-

EL ASHRAM DEL YOGI

Del ashram situado en las orillas del Ganges, a los pies del Himalaya, hoy no quedan más que ruinas. Siguiendo el sendero al sur del Swargashram, primer e histórico centro de yoga que popularizó Rishikesh como capital mundial de la meditación, se pueden ver (en parte ocultos por la frondosa vegetación) los restos del centro del Maharishi Mahesh Yogi. Todavía se perciben los tejados de algunos edificios, las salas de meditación y las de lectura. Pero también la casa del Yogi y la *guest house* ocupada por los Beatles.

Mirando las cúpulas derruidas de piedra recubiertas de hierbas cuesta imaginar cómo podría ser todo en los años sesenta.

A diferencia de otros centros de meditación, las crónicas lo describen como lujoso y de cariz «occidental», con baños y agua caliente, calefacción e incluso una pista de aterrizaje.

Hoy frecuentan aquellos restos grupos de fans de los Fab Four que, además de la vista bellísima, pueden gozar de la Beatles Cathedral Gallery, una extravagante muestra de arte dedicada a John, Paul, George y Ringo, pero también a los diferentes yogis y al Dalai Lama: un lugar de paz, reflexión e inspiración que los visitantes son invitados a apoyar dejando un mensaje en las paredes.

tituyó el nombre Maharishi por el de Sexy Sadie y de esta manera nació la pieza que, al cabo de poco, se incluiría en el *White Album*, que contiene otro tema («Dear Prudence») escrito en los días de Rishikesh. Se refería a la hermana de Mia Farrow, Prudence, tan sugestionada por los rituales del Maharishi que se quedaba aislada en su cabaña ocho días seguidos. De hecho, George Harrison y John Lennon volvieron a Inglaterra el 19 de abril de 1968. Pocos días más tarde entrarían en los estudios de Abbey Road para dar vida a su álbum más controvertido: un doble LP con la carátula blanca que salió en noviembre del mismo año. El *White Album*, el disco más rock de la discografía de los Fab Four, era una mezcla de experiencias, sonoridades y mensajes diversos.

> «Para mí, lo más importante es llevar al público
> a un éxtasis espiritual a través de la música.»
> CARLOS SANTANA

Los Beatles ya eran un fenómeno planetario, y cada estornudo suyo provocaba una reacción de primera plana. En menos de diez años habían pasado de los sótanos de Hamburgo a Mundovisión, habían vivido cuatro años como ídolos de los adolescentes pero, al mismo tiempo, habían sido los primeros músicos pop rock que habían atraído la atención del mundo de la música culta. Adorados por el pueblo y reverenciados por las familias reales, estimados por los críticos y envidiados por amigos y colegas, los Beatles, con una decena de álbumes, trazaban una parábola artística inimitable. Desde las canciones despreocupadas de la Beatlemanía hasta los temas de autor de *Rubber Soul*, las innovaciones artísticas de *Revolver*, el concepto revolucionario de *Sgt. Pepper*, hasta el *collage* variado del *White Album*, que incluía, de modo natural, baladas bucólicas como «Mother Nature Son», «Rocky Racoon» o «Blackbird», temas rock rudos como «Back in the U.S.S.R.» o «Birthday», piezas protopunk («Helter Skelter»), cancioncillas pop («Ob-La-Di Ob-La-Da»), piezas «políticas» («Revolution 1») y hallazgos sónicos («Revolution 9»).

> «Las religiones tienen un problema: pretenden la exclusiva.
> Yo no creo que ninguna exclusiva sea justa.»
> JOHN McLAUGHLIN

Después del viaje a la India, John Lennon oficializó su historia de amor con Yoko Ono, pero los Beatles, entendidos como grupo, habían terminado ya meses antes de su última aparición pública, el 30 de enero de 1969, en el tejado de Apple en Savile Row. Los posteriores *Abbey Road* y (sobre todo) *Let It Be* serían más una obra de cada individualidad que no de la entidad colectiva. Pero a pesar de las sucesivas carreras solistas, ninguno de ellos lograría nunca siquiera acercarse a la importancia e influencia que el grupo tuvo en la historia del rock; ni siquiera como valor de las canciones, con la gloriosa excepción de «Imagine». Basta pensar que un episodio curioso pero, en definitiva, marginal de su carrera, el citado «viaje a la India», creó una auténtica moda entre los músicos de la época y entre los jóvenes de todo el mundo.

El mayor intérprete de música clásica india, Ravi Shankar, que tocaba el sitar y era el maestro de George Harrison, fue el protagonista de los grandes festivales rock (Monterey y Woodstock), encantando al público y dando a conocer a los occidentales un universo sonoro y

cultural diferente. En Woodstock subió al escenario otro indio, el gurú Swami Satchidananda Saraswati. «El mundo os está mirando –dijo–, América ayuda al mundo desde el punto de vista económico, pero ha llegado el momento de que también juegue su papel en el plano espiritual.»

> «No toquéis lo que hay: tocad lo que no se ha hecho nunca.»
>
> MILES DAVIS

Sri Chinmoy era un maestro espiritual que enseñaba meditación en Nueva York, a donde se había trasladado desde su nativa Bangladesh, en 1964. En su centro de Queens, acogía a varios «discípulos», pero sus ideas fascinaban a miles de personas en todo el mundo. Escritor, poeta, artista y músico, Chinmoy basaba sus teorías en el lema «Love, devotion, surrender» (amor, devoción, abandono), proponía un estilo de vida que prohibía el alcohol y las drogas y fundamentaba su modelo educativo en la actividad deportiva. Su filosofía

PAUL SALTZMAN
En la India con los Beatles

Primavera de 1968: Paul Saltzman tenía 23 años, y se encontraba en la India para seguir como ingeniero de sonido un documental (*Juggernaut*) del National Film Board of Canada. Su novia lo acababa de dejar y él, una vez concluido el trabajo, se quedó en la India y decidió seguir un curso de meditación con el Maharishi Yogi. Cuando los Beatles llegaron al ashram de Rishikesh lo invitaron a unirse a ellos. Saltzman aprovechó la ocasión y tomó numerosas fotografías (publicadas en el libro *Beatles in Rishikesh*) que dieron la vuelta al mundo. También ocuparon la primera plana las confesiones que Saltzman recogió de George Harrison: «Somos los Beatles, tenemos todo el dinero que queremos y la popularidad que cualquiera podría desear. Pero todo esto no procura amor, salud, felicidad, paz interior. Por esto hemos venido a Rishikesh».

Después de aquel viaje de 1968, Saltzman estuvo en la India otras 55 veces, y como productor y director (después del primer documental sobre Bo Diddley de 1972) ha realizado más de 300 películas, entre documentales y filmes de ficción.

gustó a varios músicos que se convirtieron en adeptos suyos: Roberta Flack, Narada Michael Walden, Clarence Clemons pero, sobre todo, John McLaughlin y Carlos Santana.

El primero, después de haber militado en la banda de Miles Davis fundó la Mahavishnu Orchestra, conjunto de jazz rock fusion con perfumes indios. El segundo, después de los fastos de Woodstock, recorrió caminos más artísticos con el álbum *Caravanserai*. Fue justamente Chimnoy quien los presentó. Ambos guitarristas encontraron terreno en común, no solo en cuanto a la espiritualidad de su gurú, sino también en la pasión que compartían por John Coltrane, a quien dedicaron los dos primeros temas («A Love Supreme» y «Naima», dos versiones del legendario Trane) de un trabajo al que dieron el nombre de *Love, Devotion, Surrender* en honor a su maestro de vida.

El cruce entre el rock y el jazz ya era parte de un proceso evolutivo de la música que cambió el mundo. Habían comenzado a experimentarlo Al Kooper en Nueva York con los Blood, Sweat and Tears y los Chicago en la Windy City, pero también Colosseum y Soft Machine en Londres antes de que Miles Davis, con el legendario *Bitches Brew*, pusiera su sello indeleble.

Justamente del formidable conjunto de aquellas sesiones con Davis surgieron John McLaughlin, Joe Zawinul y Wayne Shorter. Estos dos últimos, en 1971, con la creación de los Weather Report constituyeron el arquetipo de la banda de «fusion». Pero una vez más sería una californiana, aunque de adopción, como Joni Mitchell, la que llevara esta fórmula musical al formato de canción. Con los L.A. Express (la banda de John Guerin y Tom Scott con Larry Carlton primero y Robben Ford después a la guitarra) y con la posterior asociación con Jaco Pastorius, el «Jimi Hendrix del bajo», ya en la corte de Zawinul y Shorter, Joni logró crear un estándar inimitable que alcanzó su cima en *Hejira, Don Juan's Reckless Daughter* y *Mingus*.

El directo de Mitchell de aquel período (documentado en el álbum y en el vídeo *Shadows and Light*) mostraba la «superbanda fusion» de todos los tiempos: Pat

JONI, MINGUS Y LAS BALLENAS

Le habían gustado los arreglos de *Paprika Plains* y, en parte por esto, quería que la «señora del Canyon» embelleciera de poesía sus composiciones. Charles Mingus, maestro del hard bop, y desde hacía tiempo enfermo de esclerosis lateral amiotrófica, vivía en México, en Cuernavaca, y apenas conseguía ya moverse. Joni Mitchell lo fue a ver y juntos comenzaron a trabajar en un álbum de viejas composiciones del maestro (entre las cuales «Goodbye Pork Pie Hat») y nuevos temas para los cuales Mitchell escribió los textos. Para las grabaciones, Joni llamó a Jaco Pastorius, Herbie Hancock, Wayne Shorter y Peter Erskine. El álbum, *Mingus*, que inicialmente recibió duras críticas de los puristas, salió en junio de 1979. Unos meses antes, el 5 de enero de 1979, Charlie Mingus murió a los 56 años; al parecer, en las horas cercanas a su muerte, se encontraron 56 ballenas «varadas» en la costa mexicana.

Metheny a la guitarra, Jaco Pastorius al bajo, Lyle Mays en los teclados, Michael Brecker al saxofón y Don Alias en las percusiones. Faltaban tan solo Herbie Hancock, Chick Corea y los restantes miembros de los Weather Report.

Las sugerencias jazzy de Joni Mitchell fueron recogidas por una pareja que se pasaba los días en el Tropicana Motor Lodge, en Santa Monica Boulevard, justo en el último tramo de la mítica Route 66. En aquel mismo hotel (famoso por su piscina embaldosada de color negro) vivió Jim Morrison y a Janis Joplin le encantaba emborracharse mientras que Led Zeppelin, Beach Boys, Frank Zappa y Byrds iban hasta allí de picos pardos. Allí, en 1977, un extravagante cantautor de Pomona, California, y una hipster rubia de Chicago, después de haberse conocido en el Troubadour, compartieron una habitación pero también una loca historia de amor, música, sueños y esperanzas.

Ella, Rickie Lee Jones, escribió un tema («Easy Money») que fue grabado por Lowell George en su primer álbum como solista. De su talento purísimo se dio cuenta Lenny Waronker, productor de la Warner, que en su activo tenía el bellísimo *Sail Away* del gran Randy Newman. De este modo, en 1979 aparecía el álbum de debut de Rickie Lee que contenía «Chuck E.'s In Love», canción que contenía el tema del «ménage à trois» en el Tropicana entre ella, Tom Waits y Chuck E. Weiss, otro cantautor de la época. En tres años, Rickie Lee Jones publicó *Pirates* y *Girl at Her Volcano*, que confirmaban su valor como autora, su clase como intérprete y los refinados arreglos que, todavía hoy, influyen a cantautoras (o aspirantes a tales) de todo el mundo.

«Los Beatles dieron a conocer al mundo la música y la cultura india.»

RAVI SHANKAR

Waits y Jones vivieron los días del Tropicana en medio de un elevado índice de alcohol. Con álbumes como *Nighthawks at the Diner*, *Small Change* y *Foreign Affairs*, Waits exploraba su pasión por el jazz, el blues y el «spoken word». Pero fue con *Blue Valentine*,

---

THE BEATLES
Sgt. Pepper's Lonely Hearts Club Band
(Emi, 1967)

El álbum por antonomasia que superó las fantasías más desenfrenadas y las expectativas más elevadas de los admiradores, el primero de todos Brian Wilson. De las técnicas de grabación a la legendaria carátula, de las historias que hay detrás de las canciones a la maravilla poético-sonora de «A Day in the Life», el *Sgt. Pepper* es, para muchos y con razón, el «disco más importante de la historia del rock».

JEFFERSON AIRPLANE
Surrealistic Pillow
(RCA, 1967)

La mejor expresión del San Francisco Sound. «Suena como una almohada surrealista», comentó Jerry García cuando escuchó las primeras grabaciones. Con «Somebody To Love» o «White Rabbit» el «jet age sound» de los Airplane entraba en órbita (psicodélica).

THE DOORS
The Doors
(Elektra, 1967)

El debut discográfico de la banda de rock que quería ir más allá de «las puertas de la percepción». «Light My Fire», «Break On Through», «Soul Kitchen» y «The End» han entrado en la historia: comenzaba el mito de Jim Morrison.

THE VELVET UNDERGROUND & NICO
The Velvet Underground & Nico
(Verve, 1967)

Quien compró este disco luego formó una banda. Influyente como pocos, el debut de los Velvet y Nico (bajo el ala protectora de Andy Warhol) contiene temas legendarios como «Sunday Morning», «Femme Fatale», «I'll Be Your Mirror», «Venus in Furs» o «Heroin».

THE JIMI HENDRIX EXPERIENCE
Are You Experienced
(Track, 1967)

En su debut discográfico, Hendrix mostró todo su talento: creatividad, voz original, espíritu psicodélico y fenomenales cualidades como arreglador (véase «Hey Joe»). Por encima de todo, su guitarra cósmica con invenciones técnicas, back ups y sonidos nunca oídos antes. «Purple Haze», «Foxy Lady», «The Wind Cries Mary»: lo difícil es elegir...

BIG BROTHER & THE HOLDING CO.
Cheap Thrills
(Columbia, 1968)

Janis todavía formaba parte de la banda de sus amigos Sam Andrew y Peter Albin, y de la comunidad de Haight-Ashbury. Pero su voz era la más potente, emocionante y voluptuosa del rock en femenino. A destacar «Summertime», «Piece of My Heart» o «Ball and Chain».

GRATEFUL DEAD
Live Dead
(Warner Brothers, 1969)

Fieles al «código hippie», los Dead siempre fueron un grupo de concierto. Este épico *live* de 1969 capta a la perfección su espíritu psicodélico, su capacidad de soltarse en jams y su sonido original e inimitable. La cabalgata de «Dark Star» es impagable.

FRANK ZAPPA
Hot Rats
(Bizarre/Reprise, 1969)

Experimental, creativo, provocador, extravagante, genial, único. Cuando todos fumaban marihuana y entonaban el «peace and love», Zappa demostraba que el rock era sobre todo una forma de arte de nivel absoluto.

VARIOS ARTISTAS
Woodstock: Music from the Original Soundtrack and More
(Sony Legacy, 1970)

El documento sonoro del mayor evento de la historia del rock recoge lo mejor de la película de Wadleigh: Joe Cocker, Santana, The Who, Sly Stone, Richie Havens, CSN&Y, Country Joe, Ten Years After. Un álbum triple de colección.

DAVID CROSBY
If I Could Only Remember My Name
(Atlantic, 1971)

Es el álbum manifiesto del sonido californiano de finales de los años sesenta y principios de los setenta, el vínculo entre Haight-Ashbury y el Laurel Canyon, la banda sonora de una época.

de 1978 (publicado también por la Asylum de David Geffen) cuando mostró la evolución de sus composiciones y se abrió al mundo del cine, que lo descubrió como actor y autor de bandas sonoras.

Tras pasar a la Island, a mediados de los años ochenta, con *Swordfishtrombones* y *Rain Dogs*, Tom Waits certificaba su estatus de cantautor único e inimitable.

JONI MITCHELL
Blue
(Reprise, 1971)

La casa en el Laurel Canyon ya no era «Our House»: Joni había dejado a Nash para lanzarse a los brazos de James Taylor antes de huir a Creta. Su corazón inquieto y su mente lúcida produjeron el álbum perfecto de cantautor, destinado a las generaciones futuras.

CROSBY, STILLS, NASH & YOUNG
Four Way Street
(Atlantic, 1971)

La quintaesencia del sonido west coast, el ejemplo de lo que los «Beatles americanos» sabían hacer en un escenario. El repertorio de los cuatro y los dos sets (eléctrico y acústico) aparecen equitativamente divididos. El disco daba fe al título: *CSN&Y* eran un camino con cuatro sentidos de marcha.

CAROLE KING
Tapestry
(Decca, 1971)

La «reina del Brill Building» decidió salir a primera fila. Y realizó el primer álbum de cantautora femenina que alcanzó el número uno en la clasificación. «So Far Away», «It's Too Late» y «You've Got a Friend» son algunas de las joyas de la colección.

JAMES TAYLOR
Sweet Baby James
(Warner, 1971)

Después de debutar con la etiqueta de los Beatles, JT volvió a los Estados Unidos seguido por Peter Asher (que dejó a los Fab Four por él). Su estilo elegantísimo de cantautor, embellecido por un picking original y una voz que es marca de fábrica, dejó huella. Costaba menos de 10.000 dólares y rindió 1.000 veces más.

THE EAGLES
Desperado
(Asylum, 1973)

Segundo álbum para la banda que llevó el country rock a la cima de la clasificación. La epopeya del viejo Oeste junto con las atmósferas californianas y las magistrales armonías vocales produjo el milagro. Las águilas volaban altas.

CARLOS SANTANA & MAHA-VISHNU JOHN McLAUGHLIN
Love, Devotion, Surrender
(Columbia, 1973)

Encuentro en la cumbre entre dos divinidades de la guitarra en crisis mística. Jazz, espiritualidad y toneladas de clase para un álbum tributo al arte de John Coltrane.

JACKSON BROWNE
Late for the Sky
(Asylum, 1974)

Amor, sentimiento de pérdida, crisis de identidad, apocalipsis: la tormenta sentimental en el corazón y en el alma de Jackson Browne se halla en plena expansión en el álbum que presenta canciones deliciosas como «Fountain of Sorrow», «For a Dancer» y «Before the Deluge». El espíritu del Laurel Canyon nunca muere.

FLEETWOOD MAC
Rumours
(Warner Bros., 1977)

Cuando la pareja estalla: peleas conyugales, dramas sentimentales, espíritus inquietos y kilos de cocaína. El álbum produjo canciones memorables («Don't Stop», «Go Your Own Way», «Gold Dust Woman») y vendió 43 millones de copias.

STEELY DAN
Aja
(ABC, 1977)

Pop, rock y jazz se funden maravillosamente en un álbum que, como describió Ian Dury, «no podía concebirse en otro lugar que no fuera Los Ángeles, en California». La banda de Becker y Fagen se servía de contribuciones preciosas (Wayne Shorter) para confeccionar uno de los trabajos estéticamente más admirables de toda la historia del rock.

TOM WAITS
Blue Valentine
(Asylum, 1978)

La cubierta del disco lo dice todo: delante, Tom con los ojos cerrados y una botella en la mano; detrás está inmortalizado con Rickie Lee Jones. Las imágenes remiten a las atmósferas poéticas, sentimentales y alcohólicas del Tropicana, donde blues, canción de autor, rock y jazz encontraban un punto de encuentro.

OTROS LIBROS DE EZIO GUAITAMACCHI

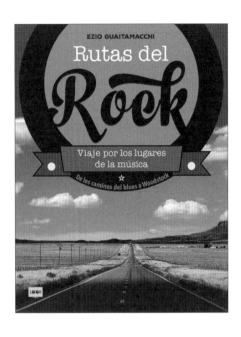

RUTAS DEL ROCK

Ezio Guaitamacchi

De los caminos del blues a Woodstock.
Nashville, Nueva Orleans, Memphis, Chicago,
Nueva York...

Este libro, a medio camino entre una guía turística y una enciclopedia, es un magnífico relato en clave de viaje musical que estimula la fantasía y la imaginación del lector desvelando curiosidades de todos aquellos lugares –sagrados, famosos o históricos– que el autor ha visitado, y que coinciden siempre con diferentes itinerarios que han marcado la historia de la música.

El excepcional talento narrativo de Ezio Guaitamacchi y la evocación de los lugares míticos del rock hacen de este libro una obra excepcional, un viaje poliédrico a las entrañas de la historia de la música.

NUEVAS RUTAS DEL ROCK

Ezio Guaitamacchi

Del sueño californiano al latido irlandés.
San Francisco, Seattle, Liverpool, Londres,
Dublín...

Este libro quiere desvelar anécdotas e «historias que han hecho historia», de los lugares que han sido testimonio de fantásticas aventuras musicales. Como la que protagonizaron Jimi Hendrix, Janis Joplin o Grateful Dead en la costa oeste americana; o Neil Young en el festival de Monterey; o los Eagles y su «Hotel California»... En este lado del Atlántico el autor hace una incursión en el Liverpool de los Beatles para trasladarse luego al Londres del Marquee, de Abbey Road, del distrito punk y de los macroconciertos en Wembley con David Bowie, Elton John o Pink Floyd. Finalizando con un paseo tintado de Guiness por la verde Irlanda de la mano de los Commitments, de U2, de Van Morrison y de los Cranberries.

Ambos volúmenes también
disponibles en estuche